옥국재 가사 연구

이승복

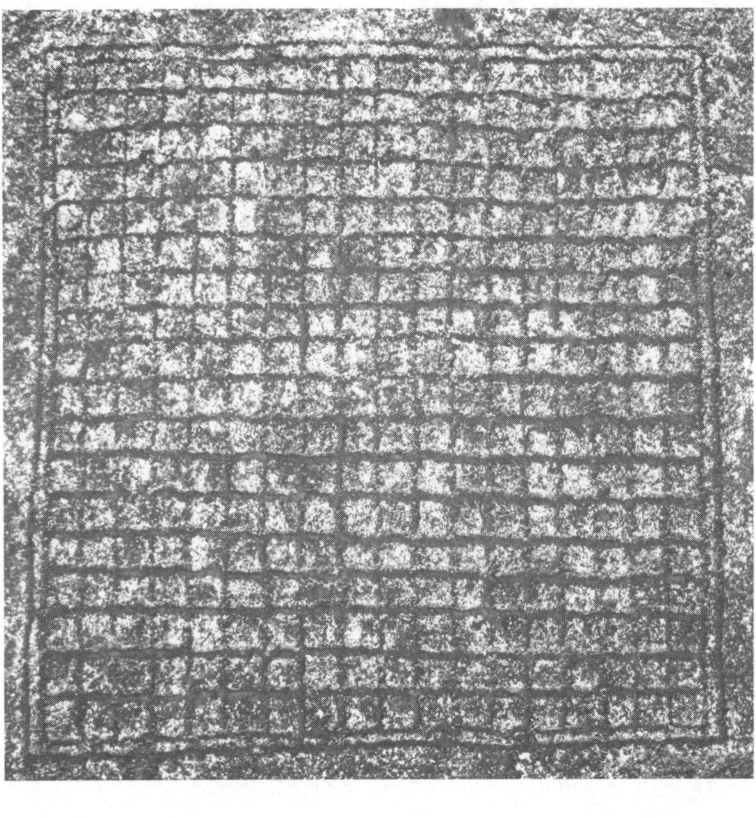

도서출판 월인

본 연구는 2013학년도 상명대학교 교내연구비를 지원받아 수행하였음.

머리말

18세기에 활동한 옥국재(玉局齋) 이운영(李運永)은 경화사족의 한 사람으로 해학과 풍류를 즐기는 문인이었다. 그는 항상 좌중에 웃음이 끊이지 않게 하고, 승경을 찾아 유람을 즐겼다. 또 단양 사인암과 금강산 만폭동에 바둑판을 새기고, 옥돌로 바둑판을 만들어 곁에 두고 '옥국재'라 자호할 정도로 바둑에 심취하였다고 한다. 천여 수의 한시와 오십여 편의 문이 그의 문집에 수록되어 있고, 여섯 편의 가사와 야담집 『영미편』이 별도로 전해지고 있다.

필자가 옥국재 가사에 관심을 갖게 된 것은 <수로조천행선곡>이라는 작품 때문이었다. 청나라에 사신 가는 사람들을 전별하면서 왜 수로로 조천한다고 노래했을까 하는 의문이 들었고, 그것을 해결하기 위해 이런저런 자료들을 찾아본 것이 계기가 되었던 것이다. 이어 <달강달강>이라는 민요를 변용하여 청자인 손자에게 밤 껍질은 밉고 미운 네 외할아버지를 주고 알맹이는 너와 내가 먹자고 한 <세장가>를 보면서 이 작품이 과연 표면에 드러난 것처럼 사돈에 대한 불만이나 원망을 노래한 것인지 궁금하였다. 이에 대해서도 나름의 해답을 찾아가면서 필자는 옥국재라는 인물이 과연 어떠한 사람인지, 또 그의 다른 작품들은 어떠한지 옥국재와 그의 가사 문학 전반으로 관심을 폭을 점차 확대해나가게 되었다.

이 책은 그렇게 시작한 옥국재와 그의 가사에 대한 작업의 결과를 약간 손질하여 엮은 것이다. 전체를 3부로 나눠 제1부에는 옥국재라는 인물에 대한 이해를 위해 그의 생애와 일상의 면모를 정리하여 제시하였다. 이어 제2부에는 옥국재 가사 각 편에 대한 작품론과 그것을 종합한 논의를 수록하였다. 작품론의 배열은 옥국재 가사가 수록된 『언사』의 작품 순서를 따르지 않고 작품의 제재를 고려하여 작자 자신과 집안의 일을 다룬 <착정가>와 <세장가>, 작자가 보고 들은 다른 사람들의 일을 다룬 <순창가>와 <임천별곡>, 이념이나 국가적 차원의 문제와 연관된 <수로조천행선곡>과 <초혼사>의 순으로 하였다. 그리고 그 뒤에는 작품 분석의 결과를 바탕으로 '일상성'이라는 측면에서 옥국재 가사 전반을 조망한 논의를 수록하였다. 제3부에는 옥국재 후손의 가사에 대한 논의와, 『언사』의 원문 및 주석을 실었다. 옥국재의 아들 이희현(李羲玹)은 홍경래란을 다룬 <정주가>를, 옥국재 손녀의 손자인 홍정유(洪鼎裕)는 금강산 유람 체험을 기록한 <동유가>를 남겼다. 두 사람 모두 옥국재의 영향을 받아 가사를 창작하였다. 그리고 옥국재 가사와 이희현의 <정주가>가 수록된 『언사』에는 난해구와 마모된 글자, 오기 등이 있어 보다 정확한 원문 판독과 주석이 요청되고 있다. 후손이 보관하고 있는 원본을 직접 보고 판독, 주석하였으나 미진한 부분이 많아 앞으로 완벽한 주석이 이루어지기를 기대한다.

옥국재 가사는 일상적 삶을 노래하는 경향이 두드러지기도 하고, 표면의 진술과 다른 이면의 의미를 함축하기도 하고, 민요나 무가를 비롯한 다른 시가 장르들을 수용하기도 하고, 해학적 시선으로 작품 속 사건을 조망하기도 하는 등 다양한 특징을 지니고 있다. 이 책이 옥국재 가사의 다양한 면모와 성격을 제대로 드러내고 있는지 걱정이 앞선다. 또 좀 더 깊고 조심스럽게 따져보았더라면 하는 아쉬움 역시 떨칠 수 없다. 다만 옥국재 가사와 18세기 가사 문학을 이해하는 데 조금이라도 보탬이 되었으면 하는 소망 하나로 이 책을 세상에 내놓는다.

항상 관심을 갖고 지켜봐주시는 이상택 선생님께서 예전에 하버드대학교에 소장된 <동유가>를 발굴, 소개하셨기에 이 책에 수록된 <동유가>에 대한 논의가 가능할 수 있었다. 진심으로 감사의 말씀을 올린다. 아울러 그간 많은 조언을 해주신 김석회 선생님과, <동유가>에 옥국재에 대한 언급이 나온다고 알려줘 필자로 하여금 <동유가>를 살펴보도록 한 김종철 선생님께도 감사를 드린다. 책을 정성껏 만들어주신 도서출판 월인의 박성복 사장님을 비롯한 여러분들께도 고맙다는 말을 전한다.

2013년 8월

이 승 복

차례

제1부

옥국재 이운영의 생애와 일상의 면모

옥구재 가사 연구

옥국재 이운영의 생애와 일상의 면모

1. 머리말

옥국재(玉局齋) 이운영(李運永, 1722:경종2～1794:정조18)은 그가 남긴 가사 작품이 발굴·소개되면서 학계에 알려지기 시작하였다. 그런데 그는 비단 가사의 작자일 뿐 아니라 이른바 경화사족(京華士族)의 한 사람으로 18세기 영·정조 연간에 활동하면서 많은 한시와 한문 산문을 남긴 문인이었다. 따라서 그의 가사 작품을 정당하게 해석하고 이해하는 것은 물론, 18세기 문학의 양상과 성격을 온전하게 파악하기 위해서는 옥국재라는 인물에 대한 심도 있는 검토가 필요하다고 할 수 있다. 이에 여기에서는 옥국재의 가문과 생애에 대한 사실들을 구체적으로 확인함으로써 앞으로의 본격적인 논의를 위한 단서를 마련해 보고자 한다.

옥국재의 가사는 『언사(諺詞)』라는 필사본 가사집 속에 수록되어 있다. 『언사』에는 옥국재가 지은 <착정가(鑿井歌)>, <슌챵가(淳昌歌)>, <슈로죠텬힝션곡(水路朝天行船曲)>, <초혼ᄉ(招魂辭)>, <셰장가(說場謌)>, <임쳔별곡(林川別曲)> 등의 여섯 작품과,[1] 옥국재의 차자인 이희현(李羲玄, 1765:영조41～1828:순조28)[2]이 지은 <뎡쥬가(定州歌)> 한 작품이

---

1) 『언사』의 속표지 앞뒤 면에는 작품 목록을 한자로 제시하고 있는데 <슈로죠텬힝션곡>은 '水路朝天曲'으로 기록하고 있다. 또 <셰장가>의 '셰장'은 어린아이와 손을 맞잡고 앞뒤로 흔드는 이른바 '세장질'을 가리키는 것으로 어원이 분명치 않은 말인데 목록에는 '說場謌'로 표기하고 있다. 그리고 <초혼ᄉ>는 목록에 '招魂辭'로 적혀 있는데 『옥국재유고(玉局齋遺稿)』의 「기년록(紀年錄)」에는 '칠백의사초혼사(七百義士招魂詞)'로 기록되어 있다.

2) 자는 사소(士昭), 호는 현루(玄樓)이다. 1801년 진사시에 급제한 후 건릉참봉(健

차례로 수록되어 있으며,[3] 말미에는 필사 경위에 대한 홍정유(洪鼎裕)의 발문이 첨부되어 있다.[4] 이 자료는 소재영에 의해 처음 소개되었는데 그는 『언사』의 서지 사항, 작자, 수록 작품의 내용 등을 간략히 살핀 다음 작품 원문을 제시한 바 있다.[5] 이후 한대희는 옥국재 가사를 검토하여 『언사』의 서지, 작자, 작품별 특성과 문학사적 의의 등을 포괄적으로 살폈고,[6] 고순희는 옥국재의 작품이 인유(引喩)와 해학을 통한 즐김의 미학을 바탕으로 하고 있다고 하여 옥국재 가사의 전반적인 성격을 확인하였으며,[7] 박연호는 옥국재 가사의 장르적 특성을 검토하였다.[8]

이러한 기존 연구에 의해 옥국재의 생애에 대한 개략적인 소개가 이루어졌고, 그의 가사가 서민적, 민요적 특성을 지니고 있다는 점이 논의되었다. 그러나 노론계 경화사족의 한 사람인 그가 서민적이고 민요적인 가사를 창작한 이유, 그러한 성격의 가사가 그의 한문 작품들과 맺고 있는 관계, 나아가 그의 문학이 문학사에서 차지하는 위상 등에 대한 문제는 거의 논의되지 못하였다. 앞으로 이러한 문제들을 제대로 해결하기 위해서는 가사를 포함한 그의 문학 전반에 대한 총체적인 검토가 필요하고, 그의 문학에 대한 검토를 위해서는 무엇보다도 옥국재라는 인물에

陵叅奉)을 시작으로 관직에 나아가 세자익위사(世子翊衛司) 사어(司禦), 연안부사, 황주목사 등을 역임하였다. 김조순(金祖淳), 김려(金鑢), 홍한주(洪翰周) 등과 깊이 교유하였으며 글씨를 잘 썼다고 한다.

3) 『언사』의 각 작품들 제목 아래에는 '도뎡공가ᄉᆞ', '황쥬공가ᄉᆞ'라고 명기하여 작자를 밝히고 있다. '도정공'은 돈령부(敦寧府) 도정(都正)을 지낸 옥국재를, '황주공'은 황주목사를 지낸 이희현을 가리킨다.

4) 홍정유(1829~1879)는 이희현의 사위인 홍재현(洪載顯)의 손자로 1852년 진사시에 급제하고 옥천군수, 김해부사, 무주부사 등을 지냈다. 홍정유는 자기 할머니가 필사한 『언사』를 집에 보관하고 있다가 이희현의 손자인 이승검(李承儉)의 요청으로 한 벌 베껴 보낸다고 하였다.

5) 소재영, 「『언사(諺詞)』 연구」, 『민족문화연구』 21, 고려대 민족문화연구소, 1988.

6) 한대희, 「이운영의 가사 연구」, 고려대 교육대학원 석사논문, 1995.

7) 고순희, 「인유와 해학의 미학 -이운영의 가사 6편-」, 『이화어문논집』 15, 이화어문학회, 1997. 9.

8) 박연호, 「옥국재 가사의 장르적 성격과 그 의미」, 『민족문화연구』 33, 고려대 민족문화연구원, 2000.

대한 이해가 선행되어야 할 것이다. 먼저 그의 가문부터 살펴보기로 한다.

2. 성장 배경으로서의 가문

옥국재 이운영은 본관이 한산(韓山), 자가 건지(健之)로 고려말의 학자이며 문인인 목은(牧隱) 이색(李穡)의 14대손이다. 그의 고조는 이조참판을 지낸 이정기(李廷夔, 1612:광해4～1671:현종12)로 자는 일경(一卿), 호는 귀천(歸川)이다. 병자호란 때 강화도에서 순절한 선원(仙源) 김상용(金尙容)이 일찍이 예조판서로 동몽(童蒙)의 과시(課試)를 주관한 적이 있었는데 그때 귀천에게 상을 주고 사위를 삼을 만하다며 손녀[9]를 시집보낼 정도로 어릴 때부터 기품과 용모가 남달랐다고 한다.

문과 정시에 장원하여 여러 관직을 두루 거치던 중 억울하게 무함(誣陷)을 받은 일을 계기로 모든 관직을 사양하여 임금이 특지(特旨)로 부르는 경우에도 사은만 하고 물러났다. 하지만 임금의 후의를 끝까지 저버릴 수만은 없어 잠시 한성부 좌윤으로 나아가 밤낮 없이 주린 백성들을 진휼(賑恤)하고 돌아온 후 병을 얻어 금방 세상을 떠났다.[10] 후일 이조판서에 추증되었다.[11]

---

9) 수북(水北) 김광현(金光炫)의 셋째 딸임.

10) <가장(家狀)>(『한산이씨양경공파세보(韓山李氏良景公派世譜)』 권1, 1982), 임영(林泳)이 지은 <고가선대부이조참판이공행장(故嘉善大夫吏曹叅判李公行狀)>(『창계집(滄溪集)』 권17), 송시열이 찬한 <이조참판이공신도비명 병서(吏曹叅判李公神道碑銘 幷序)>(『송자대전(宋子大全)』 권169) 참고.

11) 귀천이 이조판서에 추증된 것은 손자 이병상(李秉常, 1676～1748)이 판돈령부사에 올랐기 때문으로 짐작된다. 이병상의 자는 여오(汝五)이고 호는 죽현(竹峴), 삼산(三山)이다. 영조 때 정미환국으로 소론이 집권하고 노론사대신의 관작과 시호가 추탈되자 한사코 출사를 거부하여 종성에 유배되기까지 하였다. 이후 사대신의 관작과 시호가 회복되자 판돈령부사, 대제학 등을 지내고 치사 후 봉조하가 되었다. 시호는 문청(文淸)이다(조두순(趙斗淳), <대제학이공병상시장(大提學李公秉常謚狀)>, 『심암유고(心庵遺稿)』 권27 참고).

원자보양관(元子輔養官)의 적임자로 귀천과 이은상(李殷相)이 거론될 때 홍명하(洪命夏)가 문장으로 논하면 이정기가 이은상만 못하지만 경학으로 논하면 이은상이 이정기만 못하다고 하자 현종이 귀천으로 보양관을 삼은 것을 보면[12] 그가 경학에 상당히 능했다는 것을 알 수 있다. 그가 남긴 『귀천유고(歸川遺稿)』[13]의 수창시(酬唱詩)와 주변 인물들의 문집을 통해 그가 송준길(宋浚吉), 송시열(宋時烈), 이일상(李一相), 이단상(李端相), 이은상, 이홍상(李弘相), 유계(兪棨), 홍명하, 남용익(南龍翼), 윤선거(尹宣擧), 윤문거(尹文擧), 윤원거(尹元擧), 조복양(趙復陽), 김익희(金益熙) 등 같은 서인에 속하는 인물들과 긴밀하게 교유하였음을 알 수 있다.[14]

옥국재의 증조는 귀천의 차자인 평창군수 이행(李涬, 1647:인조25～1702:숙종28)으로 자는 중심(仲深)이다. 정관재(靜觀齋) 이단상(李端相)의 사위이자 문인으로 김창협(金昌協), 김창흡(金昌翕), 임영(林泳), 그리고 처남 이희조(李喜朝) 등과 동문수학하였다. 또 우암(尤菴) 송시열에게 나아가 『가례(家禮)』를 수학하였으며, 박세채(朴世采)에게 상례(喪禮)를 묻기도 하였는데[15] 임영과 김창협은 그가 예학과 도수지학(度數之學)에

12) 『현종개수실록』, 7년 11월 19일조.

13) 4책으로 된 필사본이 규장각에 소장되어 있다. 제1책은 시, 제2·3책은 주의류(奏議類) 산문, 제4책은 부록으로 이루어져 있다.

14) 『귀천유고』 제4책에는 귀천에 대한 현종의 제문과 서문중(徐文重), 송이석(宋彛錫), 이희조(李喜朝), 김수항(金壽恒), 김수흥(金壽興) 등의 제문, 그리고 이경석(李景奭), 정태화(鄭太和), 정치화(鄭致和), 김수항, 정지화(鄭知和), 박장원(朴長遠), 이경억(李慶億), 이정영(李正英), 윤문거(尹文擧), 홍처량(洪處亮), 이은상(李殷相), 강백년(姜栢年), 남용익(南龍翼), 김만기(金萬基), 윤원거(尹元擧), 장선징(張善徵), 남구만(南九萬), 임유후(任有後), 오정위(吳挺緯), 이준구(李儁耈), 정익(鄭榏), 이동직(李東稷), 안진(安縝), 이단하(李端夏), 이숙(李䎘), 홍처대(洪處大), 윤비경(尹飛卿), 이익(李翊), 원만리(元萬里), 이익상(李翊相), 이연년(李延年), 유창(兪瑒), 박세견(朴世堅), 신정(申晸), 홍주국(洪柱國), 윤증(尹拯), 윤계(尹堦), 조근(趙根), 김만중(金萬重), 이훤(李藼), 윤경교(尹敬敎), 서문상(徐文尙), 강시경(姜時敬), 강필주(姜弼周), 이수언(李秀彦), 이지렴(李之濂), 양응준(梁應濬) 등의 만사(輓詞)가 실려 있다. 이 중에는 의례적인 경우가 있겠지만 이를 통해 그의 교유 관계를 파악할 수 있다.

15) <답이중심행문상례(答李仲深涬問喪禮)>, 『남계집(南溪集)』 권50 참고.

대단히 뛰어났다고 하였다. 청양현감(靑陽縣監)으로 있을 때 우암을 비롯한 서인들이 대거 축출·사사되는 기사환국(己巳換局)이 일어나자 벼슬을 내던지고 결성(結城) 삼산리(三山里)로 내려가 향저(鄕邸)를 새로 마련하고 은둔하였다. 삼산은 그의 외가가 있는 홍주에서 그리 멀지 않은 곳으로 아버지 귀천이 대단히 좋아하던 곳이었다고 한다. 서인이 재집권하게 된 갑술환국(甲戌換局) 이후 다시 서울로 돌아와 관직에 나아갔으나 오래지 않아 세상을 떠났다. 이희조와 김창협은 그가 재능과 뜻이 있으면서도 병 때문에 학문을 크게 성취하지 못하고 세상을 떠난 것을 매우 안타까워하였다.[16] 손자 이태중(李台重)[17]이 판서가 되자 이조참판에 추증되었다.

옥국재의 조부는 이행의 독자 이병철(李秉哲, 1674:현종15~1711:숙종37)로 자는 군보(君保)이다. 7세 때 부명(父命)으로 당시 조정에 나와 있던 우암을 찾았을 때 우암이 '몽양정(蒙養正)' 세 글자를 써주었다고 한다. 외숙인 지촌(芝村) 이희조와 삼수헌(三秀軒) 이하조(李賀朝) 형제에게 수학하였다. 부친을 따라 결성으로 내려갈 때의 나이가 16세였으나 집을 새로 짓는 것을 비롯하여 모든 집안일을 주관하고 병든 부친에 대한 봉양을 게을리 하지 않았으며, 부모 사후에는 외당숙 이해조(李海朝)와 서

16) 김창협이 찬한 <이중심묘지명 병서(李仲深墓誌銘 并序)>(『농암집(農巖集)』 권27), 이희조가 지은 <군수이공묘표(郡守李公墓表)>(『지촌집(芝村集)』 권24) 참고. 관련 자료가 그다지 많이 전해지지 않는데 우암을 비롯한 몇 사람이 보낸 편지글과 김창흡, 어유봉(魚有鳳), 이건명(李健命), 이해조가 지은 만시 등이 남아 있다.

17) 이태중(1694~1756)은 자가 자삼(子三), 호가 삼산(三山)이다. 1735년 영조에게 노론사대신의 관직과 시호의 회복을 청하다 흑산도에 귀양을 갔었는데 이후 거의 출사를 하지 않았다. 그러다가 1753년 영조가 직접 불러 관직을 과도하게 사양한다고 하면서 군신(君臣)이 서로 동갑으로 함께 늙어가니 앞으로 섬길 날이 얼마이겠느냐 하고, 또 지금 해서의 백성들이 가뭄으로 모두 죽을 지경이니 자기의 걱정을 풀어달라고 하자 황해감사에 부임하였다. 이후 평안감사, 호조판서 등을 지냈다(김조순(金祖淳), <호조판서이공시장(戶曹判書李公諡狀)>, 『풍고집(楓皐集)』 권14 참고). 시호는 문경(文敬)이고, 후일 증손 경재(景在)가 정승이 되자 이조판서에 증직되었다.

로 이웃하여 가까이 지냈다. 익릉참봉(翼陵叅奉)에 제수되었지만 그 이듬해 38세의 나이로 세상을 떠났다. 나중에 둘째 아들 태중이 판서가 되자 이조판서에 증직되었다. 전배명공(前輩名公)들이 기대하는 인재였다고 하나 자료가 부족하여 구체적인 사실과 교유 관계를 파악하기 곤란한데 어유봉(魚有鳳)이 지은 만시(輓詩)가 있는 것으로 보아[18] 서로 교유가 있었음을 알 수 있다. 아들 다섯을 두었는데 그 중 셋째 아들이 옥국재의 부친이다.[19]

옥국재의 부친 이기중(李箕重, 1697:숙종23～1761:영조37)은 자가 자유(子由)로 군자감정(軍資監正)을 지냈다. 그는 중형(仲兄)인 삼산(三山) 이태중과 함께 이희조에게 수학하였는데 이때 김창집(金昌集), 김창협, 김창흡, 민진후(閔鎭厚), 김진규(金鎭圭) 등 노론의 원로명공(元老名公)들에게서 정승 재목으로 인정을 받았다고 한다.[20] 경종 원년 신축환국(辛丑換局)으로 소론이 집권한 상황에서 태학생 윤지술(尹志述)이 희빈 장씨의 사사(賜死)에 관한 사실과 윤증(尹拯)이 스승 우암을 배신했다는 숙종의 판정을 숙종의 지문(誌文)에 명확히 기록할 것을 청하다 극형을 당하자[21] 당시 반임(泮任)을 맡고 있던 그는 유생들을 이끌어 권당(捲堂)을 하고 윤지술의 상소와 같은 내용의 글을 초하여 경종에게 진정하고자 하였다. 또 희빈 장씨의 사우(祠宇)를 대내(大內)에 세우고 추보(追報)해야 한다는 논의가 일자 그것의 부당함을 논하는 상소를 올리기도 하였다.[22] 다음해 노론 인사들이 대대적으로 처형되는 임인옥사(壬寅獄事)가 일어나자 마침내 그는 서울을 떠나 결성으로 내려갔다. 영조(英祖)가 즉위한 후 서울로 돌아왔지만 정미환국(丁未換局)으로 다시 소론이 집권하자 대

18) <이참봉병철만(李叅奉秉哲挽)>, 『기원집(杞園集)』 권4.

19) 옥국재 조부에 대해서는 김원행(金元行)이 찬한 <참봉이공묘표(叅奉李公墓表)>(『미호집(渼湖集)』 권18), 남유용(南有容)이 지은 <익릉참봉 증이조판서이공묘갈명(翼陵叅奉 贈吏曹判書李公墓碣銘)>(『뇌연집(雷淵集)』 권23) 참고.

20) 諸長老皆以公輔許之(이운영, <선부군묘표>).

21) 이희환, 『조선후기당쟁연구』, 국학자료원, 1995, 218면 참고.

22) 『경종실록』, 2년 1월 18일조.

과(大科)에 대한 뜻을 접고 결성으로 내려가 김신겸(金信謙) 형제, 김시발(金時發) 형제 등과 교유하며 지냈다. 이후 장녕전(長寧殿) 참봉(叅奉)을 시작으로 관직에 나아가 내외직을 역임하다가 담양부사 재직시 관아에서 세상을 떠났다. 후일 옥국재가 동지중추부사(同知中樞府事)에 오르자 이조참판에 추증되었다.

그는 관직에 있으면서 신하들이 흉년이라는 사실을 쉬쉬할 때 이를 영조에게 직고(直告)하고, 굶주린 백성들을 구휼하는 등 직임에 충실하였다 한다. 여유가 있을 때에는 바둑과 산수 유람을 즐겼는데 산수를 좋아한 나머지 평소 벼슬에 관해서는 전혀 말을 하지 않던 그가 어느 날 사람들 앞에서 단양(丹陽)에 자리가 나면 가겠다고 뜻밖의 말을 하였다. 그러자 유언민(兪彦民)은 이를 두고 시를 읊고, 이조판서 이천보(李天輔)는 다른 사람들의 요구를 물리치고 그가 단양군수로 나아갈 수 있도록 배려하기도 하였다.[23] 그가 단양군수로 부임하게 됨으로써 그의 장자이며 옥국재의 백씨(伯氏)인 이윤영(李胤永, 1714:숙종40～1759:영조35)[24]은 단양의 산수에 심취하여 호를 단릉(丹陵)이라 하면서 단양에 은거하려 하기도 하였다.[25]

이와 같이 옥국재의 가문은 처음에는 서인, 나중에는 노론의 정치적 입장을 견지하고 있었다. 특히 그의 부친은 노론이 대거 축출·사사되던 신임사화(辛壬士禍)의 와중에서도 성균관의 권당을 주도하고 상소를 올렸으며, 그의 중부(仲父) 삼산은, 영조가 탕평책을 강력하게 추진하여

---

23) 옥국재 부친에 대해서는 옥국재가 지은 <선부군유사(先府君遺事)>와 묘표(墓表), 이민보(李敏輔)가 찬한 <군자감정이공묘지명(軍資監正李公墓誌銘)>(『풍서집(豊墅集)』 권9) 참고.

24) 자는 윤지(胤之), 호는 단릉(丹陵)으로 후일 손자 우재(愚在)가 참판이 되자 이조참의에 추증되었다. 이하 옥국재 가문의 인물들에 대한 각주는 『한산이씨양경공파세보』 권4 참고.

25) 연암(燕巖)의 아들 박종채(朴宗采)가 편찬한 『과정록(過庭錄)』에 따르면 연암이 단릉의 집에서 『주역』을 읽었을 때 단릉이 칭찬하며 아들 희천(羲天)과 서로 종유(從遊)하도록 하였다고 한다. 『과정록』을 통해 옥국재와 연암이 교유하였던 사실도 확인할 수 있다(김윤조 역주, 『과정록』, 태학사, 1997, 23～4면, 53면).

당론을 극력 배척할 때 영조에게 직접 신임사화 때 희생된 서덕수(徐德修)의 억울함을 말하고 노론사대신(老論四大臣)[26]의 관직과 시호의 회복을 청하다가 흑산도에 위리안치(圍籬安置) 되기도 하였다.[27]

한편 당시로서는 당연한 일이겠지만 그의 가문은 같은 노론 가문의 사람들과 일상적인 교유뿐 아니라 사승(師承)이나 혼인 관계 등을 통해 깊은 유대를 지속하고 있었다. 앞에서 어느 정도 확인되었지만 그 가운데 연안 이씨(延安李氏), 안동 김씨(安東金氏)와의 유대는 각별했던 것으로 보인다.

먼저 연안 이씨와의 관계를 보면 옥국재의 고조 귀천은 월사(月沙) 이정구(李廷龜)의 손자들인, 이일상 형제 및 그 종형제들과 교분이 두터웠다. 옥국재의 증조는 이일상의 아우인 정관재의 사위이며 문인이었고, 처남 이희조가 그의 묘표(墓表)를 지었다. 또 옥국재의 조부는 외숙인 이희조, 이하조 형제에게 수학하고, 이일상의 아들인 외당숙 이해조와 서로 이웃하여 살면서 자주 만나 통음(痛飮)하는 등 각별하게 지냈으며, 이일상의 증손인 이정보(李鼎輔)가 그의 묘지(墓誌)를 지었다. 뿐만 아니라 옥국재의 중부와 부친이 모두 이희조에게 수학하였고, 이일상의 아우 이가상(李嘉相)의 증손인 이천보는 이조판서로 있을 때 옥국재의 부친에게 단양군수 자리가 돌아갈 수 있도록 배려를 하기도 하였다. 그리고 이하조의 손자 이민보(李敏輔)는 옥국재와 그 부친, 백씨 등과 함께 유람을 하는 등 상당히 친밀하게 지냈으며, 옥국재 부친과 옥국재의 묘지명을 모두 지었다.

안동 김씨와의 관계는 귀천이 선원의 손서(孫壻)가 되고, 선원의 종손(從孫)이며 청음(淸陰) 김상헌(金尙憲)의 손자들인 김수흥(金壽興), 김수항(金壽恒) 형제들과 교유하면서 긴밀해진 것으로 보인다. 옥국재의 증조는

26) 신임사화 때 죽음을 당한 김창집, 이이명(李頤命), 이건명(李健命), 조태채(趙泰采)를 가리킨다.

27) 김조순, <호조판서이공시장> 참고.

정관재의 문하에서 김수항의 아들인 김창협, 김창흡 형제와 동문수학하였다. 특히 김창협과는 서로 동서간이기도 하였는데 김창협이 후일 그의 묘지명을 지었다. 그리고 김창협의 손자인 김원행(金元行)은 옥국재 조부의 묘표를 지었으며, 옥국재 형제가 김원행을 방문하기도 하였다. 옥국재의 부친은 어릴 때 김창집, 김창협, 김창흡 형제들의 칭찬을 받았으며, 옥국재의 중부는 영조에게 노론사대신 가운데 특히 김창집의 신원복관(伸寃復官)을 강하게 주청하기도 하였다. 또한 옥국재의 부친은 소론의 집권으로 결성에 내려가 있을 때 김창집의 동생인 김창업(金昌業)의 아들 김신겸 형제, 선원의 현손인 김시발 형제와 교유하며 울적한 심사를 달래기도 하였다. 그리고 옥국재의 형 단릉은 김창흡의 손자 김범행(金範行)과 사돈 간이었다. 옥국재는 김창집의 동생인 김창즙(金昌緝)의 아들 김용겸(金用謙), 선원의 현손인 김시눌(金時訥)과 김시찬(金時粲), 김창집의 손자인 김탄행(金坦行), 김창협의 손증(孫曾)인 김원행과 김이안(金履安), 그리고 김범행 등과 교유하였고, 김창집의 증손 김이중(金履中)이 선물한 성천(成川)의 옥돌로 바둑판을 만들어 재명(齋名)을 '옥국재(玉局齋)'라 하였으며, 그의 묘갈명을 김이중의 아들인 김조순(金祖淳)이 지었다. 옥국재의 아들 이희현은 김조순과 함께 시회를 열기도 하였는데[28] 그가 과천(果川) 명덕리(明德里: 현 서울 서초동)에 새로 집을 짓자 김조순이 '명덕신지(明德新址)'라는 현판을 직접 써 주기도 하였다.

이러한 가문의 정치적·학문적 입장과 태도, 다른 가문과의 유대와 교유, 그리고 부형(父兄)의 각별한 산수 취향 등이 옥국재의 삶과 의식에 상당한 영향을 끼쳤으리라는 것은 쉽게 짐작할 수 있다.

---

28) 김조순, <기봉원사유(記奉元寺遊)>, 『풍고집』 권15 참고.

3. 생애와 교유

옥국재의 생애는 그의 문집인 『옥국재유고(玉局齋遺稿)』(10권 5책)의 「기년록(紀年錄)」, 아들 희연(羲淵, 1755~1820)[29]과 희현 형제가 편찬한 『선부군유사(先府君遺事)』, 이민보가 지은 <이건지묘지명(李健之墓誌銘)>, 김조순이 찬한 <동지중추부사이공묘갈명(同知中樞府事李公墓碣銘)> 등을 통해 확인할 수 있다.[30]

옥국재는 1722년(경종2) 4월 18일 서울 야동(冶洞)에서 태어났다. 어머니 경주 김씨(慶州金氏)는 증호조참판 세호(世豪)의 딸이다. 옥국재가 태어나던 당시는 한창 신임사화가 벌어져 노론이 대거 축출되고 있던 때였다. 신임사화로 인해 그의 가문이 직접적인 피해를 입은 것은 아니지만 가문의 입지는 축소될 수밖에 없었을 것이다. 더구나 영조 즉위 후 을사환국(乙巳換局)으로 일시 노론이 등용되었으나 곧 이어 정미환국으로 다시 소론이 집권하게 되자 성균관 유생으로 반임을 맡아 적극적인 활동을 하던 옥국재의 부친은 결국 대과에 대한 뜻을 접을 수밖에 없었다. 이러한 상황에서 옥국재는 결성으로, 다시 서울로 이사를 해야만 했는데 조모가 세상을 떠나 부친이 시묘하며 결성에 머물 때에는 어머니와 함께 서울에 있었던 것으로 보인다.

앞에서 살핀 것처럼 옥국재의 증조는 정관재와 우암에게, 조부와 부친 형제는 지촌에게 수학하였다. 백씨 단릉은 도암(陶菴) 이재(李縡)에게 수학하였는데[31] 옥국재는 임재(臨齋) 윤심형(尹心衡, 1698~1754)을 스승으로 섬겼던 듯하다.[32] 윤심형은 문과에 장원하여 관직에 나아갔다가

---

29) 자는 사정(士靖). 1783년 생원시에 급제한 후 혜릉참봉(惠陵參奉)을 시작으로 관직에 나아가 삼척부사, 세자익위사 사어, 광주목사(光州牧使) 등을 지냈다. 박기수(朴綺壽)가 그의 묘지명을 지었다.

30) 이하의 내용은 이 자료들을 통해 확인한 사실들을 정리한 것으로 필요한 경우가 아니면 주를 생략한다.

31) 강효석(姜斅錫), 『전고대방(典故大方)』, 한양서원, 1927, 권3 22면.; 김순동(金舜東), 『한국고사대전(韓國故事大典)』, 회상사, 1969, 665면.

영조 때 소론이 집권한 정미환국 이후 모든 벼슬을 사양하고 나아가지 않았다. 성리학자 병계(屛溪) 윤봉구(尹鳳九)의 당질인데 옥국재의 중부 삼산과 사돈 간으로 옥국재의 중부, 부친과 친밀하게 교유하였다. 옥국재가 임재에게 언제, 무슨 가르침을 받았는지 구체적으로 확인할 수는 없지만 옥국재가 그의 청렴과 지조를 사모하였으리라는 것은 충분히 짐작할 수 있다.

옥국재는 15세 때(1736) 부사(府使) 임행원(任行元)의 딸 풍천 임씨(豊川任氏)와 혼인하였는데 8년 만에 임부인이 세상을 떠나자 2년 후(1746) 참봉 강규환(姜奎煥)의 딸 진산 강씨(晉山姜氏)와 혼인하여 아들 희연과 희현을 낳았다.

그는 18세 때(1739) 백씨 단릉, 처남인 임매(任邁), 임과(任薖) 형제, 그리고 이인상(李麟祥) 등과 함께 7월 보름밤에 서울 서지(西池)에서 연꽃을 완상하며 시를 주고받았다. 이후 40대 초반 관직에 나아갈 때까지는 주로 서울 근교를 유람하거나 부친의 외직 임소(任所)에 머물면서 근처 승경을 완상하는 일이 많았다. 22세 때(1743)에는 부친의 재령 임소에 있으면서 백씨와 함께 장단 화석정(花石亭), 금천 영수루(映水樓) 등을 두루 완상하였다. 25세 때(1746)에는 계부(季父) 상중(商重),[33] 백씨, 삼종숙 산중(山重),[34] 윤심형 등과 함께 도봉(道峯)을 유람하고 김원행을 방문하였다. 그해 10월 부친의 김제 임소로 내려가 이듬해(1747) 부친, 백씨, 근처 고을의 수령들인 장인 임행원, 심정최(沈廷最), 홍익삼(洪益三), 그리고

---

32) 『옥국재유고』 권8에 수록되어 있는 <기승지만(奇承旨挽)>의 '昔者吾師尹臨齋曰'이라는 구절을 통해 옥국재가 윤심형을 스승으로 섬겼으리라 추측된다. 이 사실은 이 글이 처음 발표된 후 신형웅(「옥국재(玉局齋) 이운영(李運永) 가사의 특성과 의미」, 서울대 석사논문, 2010)에 의해 확인된 바 있다.

33) 이상중(1711~1768)은 자가 자익(子翼)으로 순창군수를 지냈으며 손자 희온(羲溫)이 동지돈령부사가 되자 이조참의에 추증되었다.

34) 이산중(1717~1775)은 자가 자정(子靜)이다. 옥국재 부친의 팔촌 아우로 군자감정을 지냈으며 나중에 이조판서에 추증되었다. 혜경궁 홍씨가 고모의 딸이어서 혜경궁 홍씨와 서로 내외종간이 된다.

처남 임매 등과 함께 변산의 여러 승지를 두루 유람하였으며, 그 다음해(1748)에는 다시 부친과 백씨를 모시고 황산에서 윤심형을 만나 율곡(栗谷) 이이(李珥), 우계(牛溪) 성혼(成渾), 사계(沙溪) 김장생(金長生)을 배향하고 있는 황산서원(黃山書院)에 첨배(瞻拜)한 후 팔괘정(八卦亭), 고란사(皐蘭寺), 조룡대(釣龍臺) 등을 관람하였다. 그리고 29세 때(1750) 3월에는 백씨, 이보행(李普行) 등과 함께 도성의 성첩(城堞)을 따라 꽃구경을 하고 이양천(李亮天)의 집에 이르렀는데 이인상이 나중에 와서 함께 어울렸다.

이러한 유람과 완상은 단양군수(丹陽郡守)로 부임한 부친을 시봉(侍奉)하러 단양으로 내려간 30세 때(1751)부터는 한동안 단양 지역에 집중된다. 내려가던 해 3월에는 백씨, 윤상후(尹象厚)와 함께 배를 타고 한벽루(寒碧樓)로 내려가 김상묵(金尙默), 김종수(金鍾秀)를 만나 밤새도록 이야기를 나누며 풍기로 귀양가는 이유수(李惟秀)를 작별한 후 구담(龜潭), 도담(島潭), 사인암(舍人巖), 삼선암(三仙巖) 등의 승경을 두루 구경하였으며, 5월에는 백씨와 함께 영춘에 가서 민우수(閔遇洙), 영춘현감 민백분(閔百奮)과 함께 북벽(北壁), 남굴(南窟) 등을 유람하였다. 다음해(1752) 4월에는 중부, 부친, 백씨와 함께 한벽루에서 제천현감 이재(李在)와 그 아들 이유수를 만나 월악산 신륵사[35]에 가서 용추(龍湫) 등을 구경하고, 황강(黃江)[36]에 이르러 우암과 권상하(權尙夏)의 화상에 배례하였으며, 5월에는 백씨가 중부, 윤심형, 이의철(李宜哲), 홍장한(洪章漢) 등과 함께 수로로 서울에서 오자 부친과 충주까지 배를 타고 가서 맞이하여 탄금대(彈琴臺) 등을 구경하고 단양으로 들어왔다. 그 이듬해 32세 때(1753)에는 4월에 윤상후, 조정(趙晸) 등과 배를 타고 구담에서 노닐고 사인암 앞 바위 위에 바둑판을 새겼으며 박재원(朴在源), 신철(申瞮), 조덕장(趙德章) 등과 여러 곳을 배를 타고 유람하였다. 또 9월에는 조카 희천(羲天),[37]

35) 월악산에 있는 신륵사로 여주 신륵사와는 다른 곳임.
36) 구체적으로는 청풍의 황강서원(黃岡書院)을 가리킴.
37) 이희천(1738~1771)은 자가 사춘(士春), 호가 석루(石樓)이다. 아들 우재(愚在)가 참판이 되자 이조참판에 추증되었다.

당질 희문(羲文),[38] 그리고 김이용(金履鏞) 등과 함께 강선대(降仙臺)에서 노닐고, 다시 선암(仙巖)으로 들어가 김시눌, 이백상(李伯相)을 따라 삼선동(三仙洞)과 운암(雲巖) 등을 유람하였다.

33세 때(1754) 정월에는 부친을 배행하여 서울로 올라오면서 여주 벽사(甓寺)[39]에서 부친, 이규진(李奎鎭), 이기진(李箕鎭), 김진상(金鎭商), 민우수 등이 베푼 기영회(耆英會), 관동회(冠童會)에 부친을 모셔 참석하고, 남한산성 내의 개원사(開元寺)에서 이민곤(李敏坤), 조명정(趙明鼎)을 만나고 서울로 들어왔다. 윤4월에는 종제(從弟) 서영(舒永)[40]과 더불어 부친을 모시고 김범행, 신야(申埜) 등과 함께 사인암 등에서 노닐었다. 8월에는 김탄행과 봉서정(鳳棲亭)에서 노닐었고, 9월에는 백씨와 함께 구담에 가서 권진응(權震應)과 그 아들 권중일(權中一), 남기택(南紀澤), 성천주(成天柱)와 그 아우 성운주(成雲柱) 등과 어울려 옥순봉(玉笋峰) 아래를 주유(舟遊)하고 창하정(蒼霞亭), 사인암 등에서 노닐었다. 다음해인 34세 때(1755) 5월에는 황간(黃幹)과 그 아우 황반(黃槃), 심빈(沈鑌), 민백흥(閔百興), 홍역(洪櫟) 등과 전후로 만나 연일 여러 승지를 두루 유람하였는데 부친의 벼슬이 바뀌어 곧 서울로 돌아오게 된다.

이처럼 30세에서 34세까지 옥국재는 주로 단양에 머물면서 부형, 선배, 붕우와 함께 부근 승지를 빈번하게 찾았다. 그 동안 백씨 단릉은 단양의 산수를 사랑하여 구담에 창하정, 사인암에 서벽정(棲碧亭) 등의 정자를 세우기까지 하였다. 그러나 옥국재는 단양을 떠난 이후 다시 단양을 찾지는 않은 듯한데 이는 부친과, 일찍 세상을 떠난 백씨에 대한 추회(追懷) 때문이었을 것으로 생각된다.

---

38) 이희문(1740～1808)은 이태중의 아들인 이득영(李得永)의 장자로 자가 사관(士觀)이며 아산현감, 부평부사 등을 지냈다.

39) 여주 신륵사(神勒寺)의 이칭.

40) 이서영(1736～1800)은 옥국재의 백부인 금산군수 이화중(李華重, 1693～1747)의 아들로 자는 의지(誼之)이다. 천안군수, 서흥부사 등을 지냈으며, 연암과 교유하며 시를 창수하기도 하였다(<대은암창수시서(大隱菴唱酬詩序)>, 「공작관문고(孔雀館文稿)」, 『연암집(燕巖集)』 권3 참고).

서울로 돌아온 그해(1755) 9월에는 계부, 백씨, 종형 희영(喜永),[41] 이민보, 서족대부(庶族大父) 병점(秉漸),[42] 족제 하영(河永)[43] 등과 함께 부친의 인천 임소에 가 능허대(凌虛臺)에서 바다를 관망하고 정관재와 지촌을 병향(幷享)하고 있는 학산서원(鶴山書院)에 첨배하였다. 10월에는 평안감사로 있는 중부 삼산을 평양에 가서 모시면서 여러 승지와 누정(樓亭), 성안의 군사 훈련 등을 보고 돌아왔다. 이듬해 35세 때(1756) 5월에는 백씨, 종형 희영, 김종수와 함께 인천에서 배를 타고 바다를 유람하였는데 자연도(紫烟島)를 거쳐 용류도(龍流島)에 이르렀을 때 큰 풍랑을 만났으나 네 사람은 안색의 변화 없이 여전히 시를 지었다 한다. 7월에는 백씨, 종제 서영, 이유수, 조정, 김종수, 김상묵, 김광묵(金光默), 김상숙(金相肅) 등과 문묵(文墨)의 모임을 가진 후 북영(北營)에 이르러 완대정(緩帶亭)[44]에 오르니 김종후(金鍾厚), 이인상, 김시묵(金時默)이 뒤따라와 같이 노닐었다.

그런데 그해(1756) 10월 중부가 세상을 떠나고, 이듬해(1757)에는 부친이 수원으로 귀양을 갔으며, 그 2년 후(1759)에는 백씨의 상을 당하였다. 따라서 이때는 산수 유람을 할 수 있는 상황이 아니었다. 하지만 39세 때(1760) 부친이 담양부사로 부임하자 담양과, 계부의 임소인 순창을 오가며 지내다가 백양사(白羊寺), 벽취령(碧鷲嶺), 신흥사(神興寺), 쌍계사(雙溪寺), 불일폭(佛日瀑), 화개동(花開洞) 등을 둘러보기도 하였으며, 7월에는 동복에 와있던 권진응을 만나 적벽(赤壁)에서 주유(舟遊)하기도 하였다. 그리고 9월에는 부친의 생신을 맞이하여 잔치하고 부친, 계부, 그리고 인근 네 고을의 수령들과 강천사(剛泉寺)를 유람하였으며, 이어 장성에 유배와 있는 김시찬을 모시고 있던 그 아들 김상행(金常行)과 함께

41) 이희영(1715~1790)은 이화중의 장자로 자는 구지(懼之)이며 인천부사, 첨지중추부사 등을 지냈다.

42) 이병점(1711~1788)은 자가 여홍(汝鴻)이다.

43) 이하영(1733~1793)은 자가 청보(淸甫)로 성주목사를 지냈다.

44) 남한산성 안에 있던 정자.

장성 백암산(白巖山)의 백련(白蓮), 운문(雲門) 등의 암자를 둘러보고, 서로 시를 부쳐 화답하였다. 이듬해 40세 때(1761)에는 종형 희영이 화순 현감이 되어 백모를 모시고 오자 담양, 화순, 순창의 인접한 세 고을에 집안 식구들이 모이게 되어 단란하고 화락하게 지내던 중 11월에 부친이 세상을 떠나 서울로 돌아오게 된다.

이와 같이 관직에 나아가기 전까지 그는 주로 서울 근교나 부친 임소 주변의 산수를 유람하였다. 물론 유람만 한 것은 아니고 29세 때(1750)에는 임매, 임과, 윤상후 등과 함께 봉은사(奉恩寺)에서 사륙문을 지었고, 31세 때(1752)에도 서울에서 종제 극영(克永),[45] 김옥(金鈺) 등과 사륙문을 지었으며, 33세 때(1754) 겨울에는 대흥사(大興寺)에서 글을 읽는 등 문장 수련과 독서를 하기도 하였다. 한편 부인 임씨가 아들과 딸을 낳았으나 모두 어렸을 때 죽고 임부인마저 세상을 떠났으며 재취한 강부인에게서 낳은 아들과 딸이 죽는 등 참척(慘慽)과 상배(喪配)의 고통을 겪었고, 서로 곁을 떠나지 않던 백씨가 세상을 떠난 지 2년 만에 부친이, 그 다음해(1762)에는 모친이 세상을 떠나는 연이은 아픔을 겪기도 하였다. 그렇기는 하지만 앞에서 살펴본 것처럼 환로에 나아가기 전까지 그는 대개 서울이나 부친의 외직 임소에 머물면서 백씨, 친우들과 함께 산수를 유람하고 그들과 어울려 시를 짓는 일에 주력했던 것으로 보인다.

옥국재는 1759년 38세 때 사마시에 급제하여 진사가 되었다. 그 이전에도 정시초시(庭試初試), 감시양장(監試兩場), 승보초시(陞補初試) 등에 수차 합격하였으나 입신을 위해서 과거 공부에 전념한 것 같지는 않다. 그의 백씨 단릉은 처사로서의 삶을 추구하면서 산수 유람과 문묵을 삶의 가장 소중한 부분으로 여겼던 인물이다. 옥국재는 이러한 백씨의 태도와 취향에 공감하여 많은 영향을 받았던 듯하다. 이는 이민보가 "그 규모와 취향이 질박하고 옛스러우며 툭 트이고 넓어서 윤지(胤之: 단릉의 자)와

---

45) 이극영(1726~1804)은 이태중의 아들로 숙부인 이형중(李衡重, 1709~1726)의 계후(繼後)가 되었다. 자는 세지(世之)로 돈령부 도정을 지냈다.

같지 않음이 없었다."[46]라고 한 데에서 짐작할 수 있다. 따라서 옥국재가 가끔 과거에 응시하기는 하였으나 그것이 그의 삶의 중요한 목표는 아니었던 것으로 보인다.

그는 급제 이듬해(1760) 9월 세자익위사(世子翊衛司) 세마(洗馬)에 제수되었다. 그러나 백씨의 죽음 이후 기력이 많이 쇠한 부모를 담양 임소에 두고 혼자 서울로 올 수 없어 취임하지 않았다. 이후 어머니의 삼년상이 끝난 1764년 43세 때에 세자익위사 부수(副率)에 임명되어 관직에 나아갔다. 당시에는 정조(正祖)가 동궁으로 있었는데 그는 입직(入直)할 때마다 서연소대(書筵召對)에 오르고, 동궁을 배행하여 진연(進宴), 진하(陳賀) 등의 행사에 참석하여 어제(御製)에 갱진(賡進)하기도 하고, 전강(殿講)에 참석하기도 하였다. 영조와 동궁의 병이 나아 숭정전(崇政殿)에서 진하할 때에는 김용겸과 수창하고 다른 신료들이 이에 화답하여 시축을 이루기도 하였다. 임기가 차서 자리를 옮길 때 '호학(好學)' 두 자를 들어 동궁을 권면하였는데 정조는 후일 이 일을 거론하며 옥국재에 대한 각별한 마음을 드러내기도 한다.

46세 때인 1767년 6월 한성부(漢城府) 주부(主簿)로 옮겨서는 능침의 기신제(忌辰祭)를 비롯한 여러 제사의 제관으로 차출되고, 전교(傳敎)를 받아 죄인을 다스리기도 하고, 조참(朝參)에 참석하기도 하였다. 12월 형조좌랑이 되고, 다음해(1768) 6월 형조정랑이 되어 진하, 진연, 조참, 상참(常參) 등에 참석하였으며, 그 이듬해인 1769년 2월 금성현령(金城縣令)이 되어 도임하였다.

옥국재는 처음 관직에 나아간 지 3년이 지나면서부터 친족이나 벗들과 어울려 서울 근교의 승지를 완상하는 여유를 갖게 된다. 46세 때(1767) 정월 보름날 밤에는 서지(西池) 옆에 있는 삼종숙 해중(海重)[47]의

46) 其規模趣尙 樸古疎曠 與胤之 未始不同也(이민보, <이건지묘지명>, 『풍서집』 권10).

47) 이해중(1727~1778)은 자가 자함(子涵)으로 예조참판을 지냈다. 혜경궁 홍씨와 내외종간이며, 『계서야담(溪西野談)』을 편찬한 이희평(李羲平)의 조부이다.

집에서 김종정(金鍾正), 윤승렬(尹承烈) 등 여러 사람들과 어울렸다. 다음해(1768) 3월에는 종제 주영(周永),[48] 서영, 직영(直永),[49] 그리고 윤상후 등과 함께 행주나루를 주유하고 낙건정(樂健亭),[50] 귀래정(歸來亭)[51]에 올랐으며, 5월에는 서영, 직영, 족제 하영, 심환(沈鍰)과 함께 청담(淸潭)[52]에 가서 윤상후, 성덕조(成德朝)를 만나 함께 노닐었고, 6월에는 삼종숙 해중, 종제 득영(得永),[53] 족제 준영(俊永)[54]과 하영, 김이기(金履基), 민기수(閔起洙) 등과 옥폭동(玉瀑洞)[55]에서 피서하였다. 10월에는 종제 주영, 직영, 익영(翊永),[56] 조카 희천 등과 함께 윤상후가 군수로 있는 고양 관아로 가서 이진상(李鎭常), 성덕조를 맞아 즐겼으며, 11월에는 태창(太倉)[57]을 관리하고 있는 신광온(申光蘊)을 서영, 직영, 김이중과 함께 찾아가 시를 짓고 담소하며 밤을 보내기도 하였다.

관직에 나섰지만 그렇다고 해서 결코 산수에 대한 흥취가 줄어든 것은 아니었기 때문에 시간이 지나 어느 정도 여유가 생기자 종형제, 친구들과 어울려 서울 근교의 승지와 벗들을 찾아 노닐었다. 그러던 중 금강산 입구에 있는 금성에 부임함으로써 단양에 이어 다시 한번 산수를 마음껏 즐기게 된다.

그는 부임하자마자 주린 백성들부터 구휼하였는데 5월에 서울에 있던

---

48) 이주영(1731～1812)은 이화중의 아들로 자는 종지(宗之)이며 첨지중추부사를 지냈다.

49) 이직영(1737～1772)은 이태중의 아들로 자가 응지(應之)이다.

50) 김동필(金東弼)이 행주 덕양산에 세운 정자.

51) 김광욱(金光煜)이 행주 덕양산 기슭에 지은 정자.

52) 북한산 북쪽 기슭의 고양(高陽) 청담리(淸潭里)를 가리킴.

53) 이득영(1722～1780)은 이태중의 아들로 자가 덕지(德之)이다. 중화부사, 승지 등을 역임하였다.

54) 이준영(1729～1791)은 자가 대지(大之)로 해주판관을 지냈다.

55) 서울 서부 반송방(盤松坊)에 있던 동네로 옥 같이 맑은 물이 폭포를 이루며 흐르던 시내가 있었다. 현재의 서대문구 옥천동(玉川洞)임.

56) 이익영(1741～1803)은 이태중의 아들로 자가 필지(弼之)이다. 강서현령, 보은현감, 사복시주부, 옥천군수, 통천군수 등을 지냈다.

57) 관리들의 봉급을 관리하던 관청인 광흥창(廣興倉)의 다른 이름.

부인 강씨가 세상을 떠났다. 그는 관찰사에게 인사를 하는 연명(延命)을 행한 후 즉시 말미를 얻어 장례를 치른 다음 어린 아들들을 데리고 금성으로 돌아와 농토와 군사를 점검하는 등 본래의 직임을 수행하였다. 그런 가운데 공적인 일이나 사적인 유람을 위해 자주 금강산을 찾았으며, 서울을 오가는 도중에는 지나는 곳의 승지를 구경하였다.

부임하던 해(1769) 8월에는 내금강을 두루 관람하고 통천군수 이명걸(李命杰)과 장안사에서 만났으며, 9월에는 서울로 오는 길에 금수정(金水亭),[58] 창옥병(蒼玉屛), 백로주(白鷺洲) 등을 보았고 돌아가는 길에는 조카 희천과 조계(曹溪[59])를 두루 둘러보았다. 같은 달 철원 공도회(公都會)[60] 초택시관(初擇試官)이 되자 철원부사 윤병연(尹秉淵), 금화현령 이학조(李學祚), 은계찰방 이성곤(李性坤) 등과 북관정(北寬亭)[61]에 오르고 출방(出榜) 후에는 고석정(孤石亭), 박담(薄潭), 삼부연(三釜淵)을 보고 돌아왔다. 10월에는 금강산 영원동(靈源洞)에서 봉안사(奉安使) 해운군(海運君) 이연(李楩)을 마중하고, 12월 전문차사원(箋文差使員)[62]으로 서울에 올라갈 때에는 춘천 소양정(昭陽亭)을 둘러보았다.

다음해(1770) 3월에는 평강현령 홍배한(洪配漢), 황서(黃遾) 등과 함께 금강산에 들어가 정양사(正陽寺)에서 관찰사를 맞고 수미탑(須彌塔), 만폭동(萬瀑洞) 등을 관람하였다. 이어 다시 금강산에 들어가 팔담(八潭)을 유람하고 만폭동 돌 위에 '삼산국(三山局)'이라 이름 붙인 바둑판을 새겼다.[63] 백운대(白雲臺)와 비로봉(毘盧峰)에 오르고 유점사(楡岾寺)에서 회양

58) 포천에 있는 정자로 양사언(楊士彦)이 즐겨 찾았음.
59) 포천 백운산에 있는 계곡으로 김창협이 즐겨 찾았음.
60) 감사나 유수(留守)가 자기 지방의 유생들에게 보이는 소과의 초시.
61) 철원 북쪽에 있는 정자로 송강의 <관동별곡>에도 나옴.
62) 임금에게 올리는 전문을 가지고 가는 관원.
63) 옥국재의 진외현손(陳外玄孫)인 홍정유는 가사 <동유가(東游歌)>에서 만폭동 입구 금강문의 '金剛門'이라는 글자 역시 옥국재의 글씨인데 옥국재의 손자인 회양부사 이정재(李定在)가 1861년 봄에 자획이 완연하도록 더 깊이 새겼다고 하였다.

부사 김광백(金光伯)을 만났으며, 발연사(鉢淵寺)에 들렀다가 구룡연(九龍淵)을 보고 옥류동(玉流洞)에 제명(題名)한 다음 만물초(萬物草), 온정(溫井)을 구경하였다. 고성에 이르러 고성군수 이규장(李奎章), 이숭우(李崇祐), 윤동승(尹東昇)과 함께 해금강(海金剛), 대호정(帶湖亭), 해산정(海山亭)을 관람한 후 삼일포(三日浦)에 이르러 단서벽(丹書壁)에 제명하였으며, 금란굴(金蘭窟)을 거쳐 총석정(叢石亭)에 가서 일출(日出)을 보고 추지령(楸池嶺)을 넘어 12일 만에 돌아왔다. 윤5월 회양 번고관(反庫官)[64]이 되었을 때 다시 금강산에 들어가 구기연(九岐淵)을 구경하고 돌아왔다. 9월에는 말미를 얻어 서울에 왔다가 다시 철원 공도회 시관이 되자 종제 극영, 신심동(愼心東)과 함께 출발하여 금성위(錦城尉) 정자,[65] 백로주, 화적연(禾積淵)을 구경하고 철원에서 시험을 보인 후 칠만암(七萬巖), 정자연(亭子淵) 등을 두루 보고 금성으로 돌아왔다. 같은 달 표훈사(表訓寺)의 중이 단풍첩(丹楓牒)을 올리자[66] 극영, 신심동과 함께 금강산에 들어가 옥경대(玉鏡臺), 헐성루(歇惺樓), 수미동(須彌洞), 강암(舡菴), 가섭동(迦葉洞), 백운대, 팔담 등을 둘러보았다. 10월에도 극영, 신심동, 그리고 먼저 금강산에 와 있던 종제 학영(學永)[67]과 함께 장연사(長淵寺)에서 노닐었다.

이듬해(1771) 3월에도 족숙 돈중(敦重),[68] 황순(黃栒), 서유성(徐有成)과 함께 금강산에 들어가 옥경대(玉鏡臺)에 제명(題名)한 다음 두루 내금강을 관람하고 돌아왔으며, 4월에는 철원에 가서 판부사 이창의(李昌誼)를

64) 창고의 물건과 장부를 대조하여 검사하는 관리.

65) 박윤원(朴胤源)의 시 <한식후이일 자양주선묘귀과진애금성위정자 소게(寒食後二日 自楊州先墓歸過震崖錦城尉亭子 小憩)>(『근재집(近齋集)』 권3)와 박준원(朴準源)의 시 <재과족형금성도위진애별업(再過族兄錦城都尉震崖別業)>(『금석집(錦石集)』 권2)을 통해 금성위 박명원(朴明源)의 정자가 '진애(震崖)'라는 곳에 있었음을 알 수 있다.

66) 승려들이 단풍첩을 올리는 것은 옥국재에게서 비롯되었는데 이것이 이후 관례가 되었다 한다.

67) 이학영(1745~1795)은 이태중의 아들로 자가 문지(文之)이다. 개령현감, 장성부사 등을 지냈는데 후일 손자 경재(景在)가 정승이 되자 좌찬성에 추증되었다.

68) 이돈중(1731~1774)은 자가 중인(仲仁)이다.

맞이한 다음 평강현령 서간수(徐簡修)와 함께 북관정, 궁왕의 궁궐터 등을 둘러보고 곡식을 평강, 이천(伊川) 등으로 나눠 옮겼다.

그런데 5월말 조카 희천이 극형을 당하는 가화(家禍)가 일어났다. 당시 청나라 사람 주린(朱璘)이 지은 『명기집략(明紀輯略)』이라는 책이 수입되었는데 책 속에 태조의 종계(宗系)와 인조의 사적(事蹟)을 잘못 기재하는 등[69] 조선 왕실에 모욕이 될 수 있는 내용이 담겨 있어 논란이 야기되었다. 이희천은 책을 구입만 하고 아직 읽지 않았는데 논란이 일자 바로 불태워버렸다. 하지만 격노한 영조는 이희천을 처형하고 그 처자를 흑산도의 관비로 삼게 하였다.[70] 곧 이어 영조가 자기의 지나침을 후회하면서 이희천을 신설(伸雪)하고 그 처자에 대한 처벌을 거두지만[71] 이 일은 옥국재에게 상당히 큰 충격이 아닐 수 없었다. 그는 즉시 말미를 청해 우선 서울로 올라왔다가 용인 서천리(鋤川里)에 가 머물면서 백씨의 면례(緬禮)와 조카의 장례를 치른다. 이 일로 인해 벼슬을 버리고 숨어살고자 하였으나 영조가 후회하는 뜻을 보이고 주위 사람들이 만류하여 어쩔 수 없이 철원에 가서 공도회 시관의 임무를 수행하고 금성으로 돌아갔다.

8월에는 관찰사를 맞기 위해 금강산에 들어가 먼저 조진형(趙鎭亨)을 만나고 고성에 이르러 이웃 고을 수령들인 이성진(李星鎭), 이화(李禾) 등과 함께 관찰사 김종정(金鍾正)에게 연명을 행한 다음 백탑동(白塔洞)까지 갔다가 돌아왔다. 그해 12월 면천군수(沔川郡守)에 승배(陞拜)하여 다음해인 1772년 정월 금성을 떠났다.

이와 같이 금성에 있던 3년 동안 옥국재는 전후 아홉 차례나 금강산을 유람·완상하여 산수에 대한 열망을 마음껏 풀었으나 집안의 화변을 겪고는 무거운 마음으로 금성을 떠날 수밖에 없었다.

---

69) 『영조실록』, 47년 5월 27일조.
70) 『영조실록』, 47년 5월 26일조.
71) 『영조실록』, 47년 6월 27일조.

면천에 부임해서는 2월에 연명을 행하고, 3월에 결성으로 가서 중모(仲母)의 시묘를 하고 있는 종형제들을 만난 후 전에 노닐던 곳들을 둘러보고 수사(水使) 박성환(朴聖煥)을 만나 잠시 영보정(永保亭)[72]에 올랐다. 돌아와 4월에는 기우제를 지냈다. 그런데 면천 생활은 오래가지 못했다. 5월에 사돈인 송재경(宋載經)이 관찰사로 부임하자 친혐(親嫌)으로[73] 체관(遞官)되어 서울로 돌아오게 된 것이다.

이후 관직에서 물러나 있던 3년 동안 그는 주로 종형 희영이 재임하고 있는 인천과 선영이 있는 용인을 오가며 지냈다. 면천에서 올라온 그해(1772) 12월에는 종제 서영과 함께 인천에 갔다가 용인 서천리에서 과세(過歲)를 하고 매탄(梅灘)과 태촌(苔村)[74]의 절사(節祠)를 행하고 돌아왔다. 윤3월에는 종제 주영, 서영, 당질 희원(羲元),[75] 희관(羲觀),[76] 아들 희연, 그리고 윤휘동(尹徽東), 이종해(李宗海) 등과 인천에서 만나 배를 타고 영종도(永宗島)에 들어갔다가 월미도(月尾島)에 이르러 행궁(行宮)을 둘러보고 이어 팔미도(八尾島), 용류도 앞 바다를 선유하였으며, 10월에 다시 이민보, 주영, 서영과 함께 인천으로 가는 길에 시를 창화하고 인천에 3일을 머물다가 돌아왔다.

이듬해(1774) 정월 당질 희원과 인천에 갔다가 2월에 용인의 서천, 태촌, 갈천(葛川), 광주(廣州)의 추령(秋嶺), 낙계(樂溪) 등을 둘러보고 돌아왔으며, 당질 희운(羲雲[77])이 진사가 되자 종제 서영, 박재원 등과 함께 다

72) 보령의 충청수영성(忠淸水營城) 안에 있던 정자.
73) 일정 범위 내의 친인척이 같은 곳에 근무하면 사정(私情)이 개입될 수 있다는 혐의를 가리키는데 친사돈 간의 경우에는 '친사혐(親査嫌)'이라는 용어를 쓰기도 하였다. 이러한 친혐을 피하기 위해 낮은 관직의 사람이 그 자리에서 물러나도록 법제화되어 있었다.
74) 매탄은 부모와 강부인의 묘, 태촌은 백씨와 조카의 묘가 있는 곳임.
75) 이희원(1749~1817)은 이극영의 장자로 자가 사미(士美)이다. 아들 도재(道在)가 참판이 되자 이조참판에 추증되었다.
76) 이희관(1753~1791)은 이주영의 아들로 백부 이희영의 계후가 되었다. 자는 사득(士得)으로 정언, 수찬, 교리 등을 지냈다.
77) 이희운(1744~1801)은 이득영의 아들로 당숙 이가영(李嘉永, 1716~1733)의 양자가 되었다. 군위현감을 지냈으며 아들 경재(經在)가 판서가 되자 이조판서에

시 인천에 가서 이틀 밤을 묵고 돌아왔다. 같은 달 서울에서 성 위에 올랐다가 윤홍렬(尹弘烈), 김영(金寧), 이영원(李英遠) 등과 해후하여 같이 식기암(息機菴)에서 노닐었고, 4월에는 신대손(申大孫), 남기명(南紀溟), 남기운(南紀雲), 신광온, 신대년(申大秊), 이한진(李漢鎭), 오재소(吳載紹) 등과 취미대(翠微臺)[78]에 모여 시회를 열었으며, 다시 인천에 갔다가 5월에 돌아왔다. 8월에 또 다시 인천에 가 7일을 머물고 돌아오면서 용인에 이르러 외숙 장례에 참석하고 매탄과 태촌에서 절사를 행하였다. 이처럼 관직을 떠나있는 동안 그는 바다를 선유하기도 하고, 친우들을 만나 시회를 열기도 하였으나 주로 인천과 용인을 오가는 비교적 단조로운 생활을 하며 지냈다.

옥국재는 54세 때인 1775년 4월 세자익위사 익위(翊衛)가 되어 다시 관직에 나아갔다. 동궁 정조를 9년 만에 다시 배위(陪衛)하여 소대에 오르고 왕세손청정(王世孫聽政)의 시작을 위한 조참, 진하, 진연에 참석하였다. 이때 정조는 옥국재가 전에 익위사를 떠나면서 자기에게 학문을 권면했던 일을 일컬으며 각별하게 대우하였다.

다음해(1776) 황간현감(黃澗縣監)이 되어 2월에 부임하였다. 이후 수차 연명을 행하고, 녹봉을 덜어 가학루(駕鶴樓)를 중수하고 중수기를 지었으며, 대동차원(大同差員)으로 차출되어 서울에 올라왔다가 병이 위중하여 수개월간 서울에 머물기도 하였다. 또 주린 백성들을 진휼(賑恤)하고, 우암이 거처하면서 강학하던 곳에 유허비를 세웠으며, 차사원(差使員)이 되어 우암 묘소에 비석 세우는 일을 지휘하기도 하였는데 1780년 12월 임기가 차서 서울로 돌아왔다.

황간에서도 그는 수령의 직임을 수행하는 가운데 가끔 근처의 산수와 승지를 찾았다. 부임 직후에는 우암의 진상(眞像)을 봉안하고 있는 냉천서원(冷泉書院)을 찾아 첨배하고 근처의 환학암(喚鶴菴)과 몽소루(夢蕭

추증되었다.

78) 경복궁 북쪽 신무문(神武門) 밖의 북악산 기슭을 가리킴.

樓)[79]를 둘러보았다. 다음해(1777) 3월에는 화양동과 속리산을 유람하였고, 10월에는 종제 목영(牧永)[80]과 함께 종형 복영(復永)[81]의 안의(安義) 임소에 가서 수일을 머물며 해인사를 구경하였다. 그 이듬해(1778) 12월에는 신심동, 김적(金適)이 찾아와 환학암에서 수신회(守申會)[82]를 베풀었는데 아들 희연, 송환심(宋煥心), 도상엽(都尙曄), 산인(山人) 성규(聖奎) 등이 좇아 놀았다. 1779년에는 금산군수 김이안(金履安)과 함께 무주부사 김순택(金純澤)을 찾아가 만나고 돌아왔으며, 이후 8월에는 연명을 행하고 속리산에 들어가 회덕현감 심정진(沈定鎭), 관찰사 이병정(李秉鼎), 평택현감 김두열(金斗烈) 등과 차례로 창화하였다.

황간은 본래 수석이 청한(淸閑)한 곳이지만[83] 여건이 용이하지 않았는지 가변을 겪은 후 산수에 대한 흥취가 감하였는지 분명치 않지만 그의 유람은 단지 세 차례 속리산을 구경하는 데 그쳤다.

서울로 돌아온 옥국재는 이듬해(1781) 3월 황간에서 옥국재를 비방하는 말을 들은 암행어사의 보고로 형구(刑具)가 격식에 어긋났다 하여 재임했던 황간에 귀양을 갔다가 다음해(1782) 12월에 풀려났다. 상주목사 이학원(李學源)이 매월 편지와 필요한 물품을 보내주었고, 지례현감인 족숙 성중(性重)[84]은 조천서당(藻川書堂)[85]까지 찾아와 하룻밤을 묵어 가고

---

79) 환학암과 몽소루 모두 윤봉오(尹鳳五)가 세움.

80) 이목영(1748～1788)은 이태중의 아들이며 윤봉구의 사위로 자는 술지(述之)이다. 용인현령을 지냈고 손자 준재(駿在)가 가선대부 경주부윤이 되자 이조참의에 추증되었다.

81) 이복영(1719～1794)은 이태중의 장자로 자는 초지(初之)이다. 공조판서를 지냈으며 시호는 충숙(忠肅)이다.

82) 경신일(庚申日)에 잠자지 않고 밤을 새우는 모임. 도가에서 경신일마다 사람 몸속에 있는 귀신이 천제에게 사람의 허물을 고하기 때문에 그날 잠을 자지 않고 수도했다는 데에서 유래하였다 한다.

83) 옥국재가 황간현감에 배할 때 당시 이조판서 김종정(金鍾正)이 황간은 수석이 청한하여 아취에 맞기는 하나 고을이 지나치게 가난하니 곧 자리가 빌 백천(白川)을 기다리는 것이 어떻겠느냐고 하였다. 이에 옥국재는 기다리는 것은 어렵지 않지만 고을의 풍성하고 가난한 것을 가려 마치 주머니 속의 물건 취하듯 하는 것은 세도가나 하는 일이라 하여 황간으로 결정 받았었다(이희연・이희현, 『선부군유사』).

옥국재가 해배되어 올라갈 때에는 직지사(直指寺)에서 송별연을 벌여주었다. 그는 유배 첫해인 1781년에 여항패사(閭巷稗史)와 예전에 겪은 일들을 모아 『영미편(潁尾編)』[86] 2책을 엮었다.

해배되어 돌아온 이듬해(1783) 정월 직첩(職牒)을 돌려받았다. 그는 아들 희연이 4월, 종제 학영과 당질 희곤(羲坤)[87]이 10월에 소과에 급제하자 이들을 데리고 선영에 영소례(榮掃禮)를 행하기도 하고, 종제들과 절에서 중부의 행록(行錄)을 수정하기도 하면서 지냈는데 다음해인 1784년 2월 세자익위사에 천거되었다가 3월 사복시(司僕寺) 주부(主簿)가 되었다. 여러 차례 제관으로 차출되고, 윤대관(輪臺官)으로 입시(入侍)해서는 수차 소회를 묻는 정조에게 황간의 효자와 열부에 관한 사실을 고하기도 했다. 5월에는 종형 복영이 사복시정(司僕寺正)이 되자 친혐으로 자리를 옮겨 공조좌랑(工曹佐郞)이 되었다. 제관이 되어 의릉(懿陵) 기신제, 종묘와 사직에 왕세자책례(王世子冊禮) 고유제(告由祭) 등을 지냈으며, 8월 문효세자(文孝世子)의 왕세자책봉례에 참석한 다음 정조의 명으로 익위사 사어(司禦)가 되어 문안과 진하 등에 참여하였다.

64세 때인 1785년 7월 금산군수(錦山郡守)가 되어 다시 외직으로 나아갔다. 연명 후 고경명(高敬命), 조헌(趙憲) 등을 배향한 종용당서원(從容堂書院)에 첨배하고, 서원 뒤에 있는 칠백의사총(七百義士塚)과 영규사(靈圭祠)를 둘러보고 <칠백의사초혼사(七百義士招魂詞)>[88]를 지었다. 외직에

84) 이성중(1737~1829)은 자가 사순(士純)으로 충주목사, 동지돈령부사 등을 지냈다. 『한산이씨양경공파세보』 권4에는 '강중(綱重)'으로 기록되어 있다.

85) 김천에 있는 서당으로 '조천서당(藻川書堂)'이라고 쓴 현판이 우암의 친필이라 함.

86) 문집에는 수록되어 있지 않다. 제목을 '영미편(穎尾編)'이라고 한 것은 유배 생활을 하고 있는 집[鵩舍]이 영수(穎水)의 끄트머리에 있었기 때문이라 한다. 이 글이 처음 발표되었을 때에는 『영미편』의 존재를 알 수가 없었는데 2009년 신현웅이 일본 교토대학[京都大學] 가와이문고[河合文庫]에 소장되어 있음을 확인하고 개략적인 소개를 한 바 있다(「옥국재 『영미편』의 자료적 특징과 가치」, 『한국한문학연구』 46, 한국한문학회, 2010). 발견된 『영미편』은 제목의 '영'자가 '穎' 앞에 '삼수변[氵]'이 있는 글자로 되어 있어 「기년록」의 '穎'자와 차이가 있다.

87) 이희곤(1756~1792)은 이극영의 차자로 자는 사강(士剛)이다. 혜릉참봉을 지냈으며 아들 시재(時在)가 참판이 되자 이조참판에 추증되었다.

있을 때에는 늘 그렇듯이 금산에서도 여유가 있거나 관아 밖에서 공무를 수행하면서 틈이 날 때에는 친족이나 친우들과 함께 주변 승지를 둘러보았다. 9월에는 함열현감으로 있는 종제 서영, 아들 희연과 희현, 그리고 김성한(金星漢), 최시순(崔時淳) 등과 함께 광석정(廣石亭)에서 주유(舟遊)하였으며, 10월에는 우암을 배향하는 정읍 고암서원(考巖書院)에 권상하를 추배(追配)하기 위한 제사에 집사로 참석한 후 금산사(金山寺)를 구경하였다.

다음해(1786) 3월에는 함열 성당창(聖堂倉)[89]에 가서 서영을 만났으며, 말미를 얻어 회덕에 가서 충청감사 김광묵과 사돈 송재경을 만나 이틀을 묵고 돌아왔다. 5월에 문효세자가 세상을 떠나자 6월에 서울에 올라와 빈전에 곡하였는데 이후 계방(桂坊), 즉 세자익위사의 옛 신료라 하여 문효세자의 장례, 소상, 대상 등에 모두 참석하였다.

1787년에는 전년의 흉년으로 백성들의 사정이 크게 어려지자 감사에게 진휼을 청했지만 허락받지 못하였다. 그러자 그는 자기의 봉급을 내놓고 부호들을 권하여 정월부터 4월까지 백성들을 구휼하였다. 그러던 중 2월에 암행어사 심진현(沈晉賢)이 근거 없는 말을 듣고 출두했다가 사실이 아님을 알게 되자 옥국재를 청하여 예전에 그 이름을 듣고 만나기를 원했다며 담소하고 돌아갔다.

8월에는 무주에 가서 진산군수 윤속(尹鱐), 무주부사 서간수(徐侃修)와 함께 환수정(喚睡亭)에서 잔치를 열어 즐기고 함께 적상산성(赤裳山城)에 들어가 사고(史庫) 등을 둘러보았으며, 돌아오는 길에 영동(永同)에서 김상무(金相戊)를 곡하고 청산(靑山)에 들러 현감 김상정(金相丁)을 잠시 만난 다음 종제 익영의 보은 임소에 가서 내상(內喪)을 위로하였다. 다음달에는 윤속, 서간수(徐侃修), 금산에 귀양 와 있던 박인영(朴仁榮)과 그 손자 박종만(朴鍾萬), 그리고 아들 희연, 희현 등과 함께 용강(龍江)에 가서

88) 가사 <초혼수>를 가리킴.
89) 현 익산 성당리에 있던 조선시대 조창(漕倉).

가무를 베풀고 늦게 다시 배를 타고 제원(濟原)에 이르러 비선각(飛仙閣)에서 묵고 돌아왔으며, 10월에는 윤속, 박인영, 희연, 희현, 종손(從孫) 노재(魯在),[90] 박종만 등과 함께 원효암(元曉菴)에 올랐다. 그리고 다음해(1788) 3월에는 공무로 성당창에 갔다가 황산서원에 첨배하고 팔괘정을 둘러보았다.

이처럼 옥국재는 모처럼 이웃 고을의 수령들과 잔치를 베풀기도 하고 산수도 유람하였다. 그런데 12월 감사 서용보(徐龍輔)가 근거 없는 말을 제대로 살피지 않고 전최(殿最)[91]에서 중고(中考)[92]로 평가를 하자 옥국재는 전최의 결과가 섭섭할 것은 없으나 사람들 입에 오르내리고 또 지리하기도 하다며 치사(致仕)할 생각으로 관부(官簿)를 정리하였다. 이듬해(1789) 2월에는 관아에 있던 식구들을 서울로 올려보내고, 3월에는 고제봉순절비각(高霽峯殉節碑閣)을 중수하였다. 4월 문효세자의 문희묘(文禧廟) 봉안제(奉安祭)에 참석하고 입시하였을 때 정조에게 치사를 청하려 하였으나 속히 돌아가라는 명 때문에 어쩔 수 없이 돌아왔다.

그러던 중 정조가 사도세자의 무덤을 이장하기에 앞서 사도세자 당시 세자익위사에 있던 관료들을 승자(陞資)하라는 명을 내렸는데 옥국재는 당시 세마에 임명되었었기 때문에 1789년 8월 통정대부(通政大夫) 돈령부(敦寧府) 도정(都正)에 발탁되어 서울로 돌아왔다. 10월 사도세자를 천장(遷葬)하는 현륭원(顯隆園) 천봉례(遷奉禮)에 참석하고, 11월에는 연우궁(延祐宮)[93] 동지헌관에 차출되었으며, 다음해(1790) 6월에는 원자탄생 축하 진하(進賀)에 참석하였다.

---

90) 이노재(1758~1820)는 옥국재의 조카 이희천의 장자로 자가 예백(禮伯)이며 진주목사를 지냈다.

91) 관찰사가 시행하는 각 고을 수령에 대한 평가로 상(上)을 최(最), 하(下)를 전(殿)이라 한 데에서 연유한 말. 매년 6월 15일과 12월 15일 두 차례에 걸쳐 시행하였다.

92) 관원에 대한 평가 가운데 중(中)에 해당.

93) 영조의 아들인 효장세자(孝章世子)의 생모 정빈 이씨(靖嬪李氏)의 사당. 효장세자는 정조 때 진종(眞宗)으로 추존되었다.

이후 옥국재는 1791년 8월 70세의 나이로 오위장(五衛將)에 배했다. 전에 도정이 될 때 외직에서 즉시 벼슬이 바뀌는 바람에 정조에게 사은하지 못한 것을 한으로 여기던 차에 오로지 천안(天顔)을 한번 우러러 볼 기회를 얻기 위해 오위장을 자원하였다 한다. 고령임에도 불구하고 순경(巡更)을 다른 사람과 바꾸지 않았는데 이밖에는 별다른 일이 없어 때때로 정존중(鄭存中), 신광리(申光履)와 바둑을 두며 즐기곤 하였다. 10월 전강시사(殿講試士) 때 전좌(殿座)를 시위하고 나서 체직(遞職)을 청했으나 허락을 받지 못하고, 다음달 경모궁(景慕宮)[94] 행차에 시위하였다가 다시 청하여 체직을 하락 받았다.

1793년 정월에는 진전(眞殿)[95] 작헌례(酌獻禮)에 참석하였다. 6월에는 서지(西池) 옆 삼종숙 해중의 옛 집터에 세워진 천연정(天然亭)에 이민보와 함께 올라 종형 복영, 윤희후(尹羲厚), 윤심약(尹心約), 김회빈(金晦彬)을 맞이하여 함께 노닐었고, 같은 달 다시 윤홍렬, 황승원(黃昇源)과 함께 또 정자에 올라 노닐었다. 그해 10월 첨지중추부사(僉知中樞府事)가 되고, 11월에는 이듬해 오순(五旬)이 되는 왕대비 정순왕후(貞純王后)와 육순(六旬)을 맞는 혜경궁(惠慶宮)에 대한 세수(歲首) 칭경(稱慶)을 청하는 정청(庭請)에 참가하였다.

73세 때인 1794년 정월 초하룻날 병이 있어 원조(元朝) 하례에 참석하지 못하였는데 그날 옥국재를 가선대부(嘉善大夫)로 승품(陞品)하면서 직접 나와 고명(誥命)을 받으라는 어명이 있었다. 날이 점차 늦어지고 있었으나 인마를 내어 작은 수레를 타고 돈화문(敦化門) 서쪽의 금호문(金虎門)으로 입궐하여 명정전(明政殿)에 이르렀으나 날이 저물어 입시하지 못하고 창경궁 동쪽의 선인문(宣仁門)으로 나왔다. 그런데 종자(從者)들이 모두 금호문 밖에 있었기 때문에 한참 후에야 가까스로 만나 돌아올 수 있었는데 이로 인해 병이 더욱 심해졌다. 이때 동지중추부사(同知中樞府

94) 사도세자의 신위를 봉안한 사당.
95) 조선 역대 왕의 어진(御眞)을 봉안한 선원전(璿源殿)의 이칭.

事)에 제수되었는데 정조가 옥국재에게 동지돈령부사(同知敦寧府事)와 오위도총부(五衛都摠府) 부총관(副摠官)을 아울러 허락한다며 금번 정사(政事)에서 부총관으로 의망(擬望)하라고 명하였다. 병이 이미 깊어진 그는 이 사실을 알고 부총관은 임금을 곁에서 모시는 시종직으로 자기의 본분이 아니라며 불안해하였다. 그러나 다시 일어나지 못하고 그달 10일 세상을 떠났다. 3월 13일 용인(龍仁) 기곡면(器谷面) 서천리(鋤川里)에 장례를 지냈으며, 다음해 10월 추령의 임부인 묘와 매탄의 강부인 묘를 이장하여 합장하였다.

이와 같이 옥국재는 관직에 나아가기 전에는 부형을 좇아 산수를 유람하였고, 관직에 나아간 뒤에는 직임을 수행하면서 임소 주변의 승경을 두루 구경하고 시를 짓는 것을 즐겨했다. 그런 가운데 뜻과 취향이 맞는 친우, 선배, 친족 들과 폭넓게 교유하면서 돈독한 유대를 맺기도 하였다. 그런데 그는 정조와도 단순한 군신 관계 이상의 인간적 유대를 맺고 있었던 것으로 보인다.

옥국재는 익위사 부수에서 자리를 옮길 때(1767) 당시 16세이던 동궁 정조에게 자기는 정조가 읽기를 잘하지 못하고 외기를 잘하지 못하는 것을 보지 못하였으나 '호학(好學)' 두 글자에 있어서는 정조가 능하다고 감히 말할 수 없다며 호학할 것을 권면한 바 있었다. 이후 다시 익위사에 들어갔을 때(1775) 마침 옥국재가 백모의 상을 당하여 서연에 오르는 것을 꺼리자 정조는 해가 될 것이 없다며 들어오도록 하고서는 몇 년 만에 다시 들어왔는지를 묻고 전날 떠나면서 누누이 권면하던 말을 잊을 수가 없었는데 다시 보니 대단히 기쁘다며 어려운 글 뜻을 묻기도 하였고, 또 얼마 뒤에는 옥국재의 시와 글씨에 관심을 보이며 부친이 누구냐고 묻기도 하는 등 친밀감을 표현하였다.

이후 정조는 옥국재가 사복시 주부에 의망되자(1784) 옥국재가 지은 시구를 읊조리며 낙점하였다. 이어 윤대관으로 입시하였을 때에는 별다른 소회(所懷)가 없다고 아뢰어도 재삼 말하라 하여 옥국재가 황간의 효부와 열녀의 일을 말하자 승지 홍수보(洪秀輔)가 격식 밖의 진회(陳懷)라며 추고(推考)를 청했지만 정조는 듣지 않고 효부와 열녀를 정려하도록 하였다. 그리고 그해 정조는 삼대, 즉 사도세자, 정조, 문효세자에 걸쳐 계방에서 배종(陪從)하는 것은 대단히 희귀한 일이라며 특별히 옥국재를 익위사 사어로 삼았다. 다음해(1785) 정조는 수망(首望)을 제쳐놓고 옥국재를 금산군수에 낙점하였는데 옥국재가 사조(辭朝)할 때 계방의 옛 신료로 잊지 못하고 있기 때문에 특별히 낙점하였다고 하면서 금산은 산수가 좋은 곳으로 수토(水土)가 청량(淸凉)하니 매우 적합한 곳이라 하였다. 취향까지 고려하면서 익위사의 옛 신료를 배려한 것이었다.

이듬해(1786) 서울에 올라와 입시하자 정조는 옥국재에게 6월 전최의 제목과 옥국재의 결송제사(決訟題辭)에 대해 물었다. 그 얼마 전 유생 김모라는 사람이 같은 소론인 관찰사 이재학(李在學)을 믿고 산송(山訟)을 일으켰는데 옥국재가 조사하여 낙송(落訟)시키자 그는 자기가 소론이기 때문에 낙송되었다며 소송을 물려줄 것을 누누이 청하였다. 그러자 옥국재는 그의 망발을 깨우쳐 주기 위해 관장이 노론이고 소장을 낸 자는 소론이니 감영에 접수하여 소론 관장을 찾아 소송하라고 제사를 써주었다. 그가 이를 감영에 접수시키자 감사는 색목(色目)을 거론하였다 하여 전최에서 옥국재에게 낮은 등급을 매기고, '굳이 속규(俗規)를 따르지 않으니 송사 듣기를 마땅히 신중히 해야 한다[固不循俗 宜愼聽訟]'고 전최 제목을 기록하였던 것이다. 정조의 거듭되는 물음에 어쩔 수 없이 전후 사실을 말하자 정조가 크게 웃으며 그렇다면 옥국재의 제사가 괴이할 것이 없다고[96] 하였는데 도승지 홍수보가 연석(筵席)에서 색목을 거론했다며 옥국재의 추고를 청하였다. 정조는 홍수보가 두 번씩이나 옥국재의 추고를 청하니 옥국재와 홍수보의 관계가 이상하다며 추고를 허락하였

96) 「기년록」에는 "上大笑曰 此則汝之題辭怪矣"라 씌어있는데 그 위에 "辭下當有無字"라 쓴 첨지가 붙어있다. 규장각에 소장된 『옥국재유고』에는 옥국재의 장자 이희연의 장서인이 찍혀 있는데 수정을 위한 첨지가 군데군데 붙어있는 것으로 보아 이희연이 수정 작업을 했던 것으로 보인다.

다. 그러면서 혼잣말로 자신이 핍박해서 물었으니 추고가 애매하다고 하며 다시 크게 웃고 나서는 옥국재에게 이제부터는 속법을 따르라 하고 두 번이나 옥국재를 향해 가까이 몸을 굽히고서는 잘할 수 있겠느냐고 물었다. 옥국재가 물러나자 정조는 옥국재가 많이 쇠하지는 않았다고 하였다. 공식 문서에 색목을 거론하고, 임금 앞에서도 색목을 일컫는 옥국재의 속규에 얽매이지 않은 솔직한 태도에 정조가 친밀감을 드러낸 것이었다.

나중에 아들 희연이 혜릉참봉(惠陵叅奉)이 되어 사은 입시하였을 때 정조는 옥국재의 안부를 묻고 계방에 있을 때의 일을 말하면서 옛날 사람[古人]이라 일컬으며 항상 잊지 못하는 정을 전하라 하였으며, 옥국재 사후 희연이 도정(都政)에서 의릉참봉(懿陵叅奉)으로 결정되자 정조는 이 희연이 속되지 않아 그 아버지의 남은 풍모가 있느냐고 좌우에 물으면서 옥국재는 마음이 대단히 즐겁고 편안한[樂易] 좋은 사람이었다고 말하기도 하였다.

이와 같이 옥국재는 관직에 나아가서도 산수와 시를 즐기고, 취향과 마음이 맞는 사람들과 교유하면서 시속에 얽매이지 않는 탈속적인 삶을 지향했던 사람이라 할 수 있다. 이제 그의 취향과 일상적 삶의 모습을 좀 더 구체적으로 살펴보자.

4. 취향과 일상의 면모

사대부들의 산수 유람은 물론 일상적 삶에는 거의 필수적으로 시가 수반된다. 옥국재의 문집 10권 가운데에는 1권에서 8권까지 1,000수 정도의 시가 수록되어 있는데 동일 제목 아래 연작한 시들을 각각 헤아리면 그가 남긴 시는 이를 훨씬 상회한다.

그는 이러한 시에 대한 관심과 취향 때문에 시회를 열기도 하였다. 금성현령으로 있을 때에는 수청초부(水青樵夫), 시승(詩僧) 보월(寶月) 등과 시회를 열기도 하고, 면천군수에서 물러나 서울에 있을 때에도 여러 사람들과 시회를 열었다. 수청초부의 이름은 정일(鄭逸)인데[97] 방외인(方外人)이라고 한다.[98] 시를 잘 지었던 것으로 보이는데 사대부들의 모임에 참석해 몸을 굽히고 대청 아래에서 시를 바쳤다고[99] 한 것을 보면 신분은 낮았을 것으로 짐작된다. 옥국재는 수청초부와 어울려 시회를 열고 금강산 유람을 함께 하였으며, 그의 시에 차운(次韻)한 작품을 여러 편 남기고 있다. 옥국재가 이러한 인물이나 불승과 시회를 열고 시를 주고받았다는 것은 시에 능한 사람이면 그 신분을 문제 삼지 않고 어울릴 정도로 옥국재가 시를 좋아했다는 것을 말해준다.

시에 대한 그의 취향은 일상의 풍류로까지 이어지고 있었다. 그가 금성에 있을 때 마침 이조정랑 유의양(柳義養)이 함흥에 시호를 전하러 가다가 금성에 들어오게 되었다. 예에 따르면 아전이 미리 오리장(五里狀)을 올리고 수령이 공복을 갖춰 맞이해야 하는데 옥국재는 칠언절구 1수로 공첩(公牒)을 대신하여 주기(廚妓) 1명으로 하여금 오리정(五里程)에 나아가 올리게 하였다. 이를 기이하게 여긴 유의양이 곧장 동각(東閣)으로 들어와 격식을 던져버리고 시주(詩酒)와 음악으로 마음껏 즐기다가 이별하면서 주인의 풍도는 동국소설(東國小說)에 기록할 만하다고 하기도 하였다.

또 황간현감으로 있을 때에는 흉년으로 인한 백성들의 어려운 사정을 보고하면서 장편의 입마시(立馬詩)를 같이 올렸다. 그러자 관찰사 이명식(李命植)이 시에 백성들의 정상이 잘 드러나 있어 눈으로 보는 것 같으니 그대로 시행하라고 하여 유독 황간의 건의만이 삭감되지 않고 그대로 받아들여진 일도 있었다. 이는 시가 산문보다 현실을 실감 있게 형상화

97) 남공철(南公轍), <이상서동원아집도기(李尚書東園雅集圖記)>, 『금릉집(金陵集)』 권12.

98) 김종수, <몽오김공연보(夢梧金公年譜)> 권1, 『몽오집(夢梧集)』.

99) 傴僂立堂下獻詩者 水青樵夫鄭逸也(남공철, 앞의 글).

하여 사람을 감동시킬 수 있다는 것을 그가 충분히 이해하고 있었다는 것을 말해준다.

그의 시에 대해서는 정조도 관심을 보인 바 있다. 옥국재가 익위사 익위로 있을 때 정조는 『계방고사(桂坊故事)』에 실려 있는 옥국재의 시를 보았다며 그의 시에 대해 하문한 바 있었다. 또한 그가 황간에 있을 때 전답을 두루 조사하던 중 관마(官馬)에 사고가 생기자 소를 타는 것이 해로울 것이 있겠느냐며 지은 율시 가운데 "누가 황간의 소 탄 수령을 알리오. 일찍이 세자궁의 세마였다네[誰知黃澗騎牛令 曾是青宮洗馬官]."라는 시구가 있었는데 이것이 서울 사우(士友) 사이에 회자되었다. 얼마 뒤 사복시 주부에 의망되었을 때 정조는 이 시구를 읊조리며 가작이라 하고, 이 벼슬에 부합한다며 옥국재를 낙점하였다.

옥국재는 육유(陸游)와 성당(盛唐) 시인들을 좋아하여 『검남집(劍南集)』과 당시(唐詩)를 손수 초록하여 상에 얹어두고 보았다. 손자가 동인시(東人詩)를 읽는 것을 보고서는 동인시는 조격(調格)이 낮으니 초학자는 비록 과문(科文)이라도 이에 먼저 힘을 쏟아서는 안 되고 당송시를 취하여 기본 공정을 삼아 익숙해진 다음에 동인시를 보아야 의미가 있다고 하였다. 이를 통해 그가 성당의 시인들과 육유의 시를 시의 기본이며 정수로 여겨 배우고 익히고자 했음을 알 수 있다. 남송의 시인인 육유는 비장하고 격정적인 작품과 함께 이와 대조적인 한적하고 표일(飄逸)한 작품을 남겼는데 자연의 산수를 묘사하는 데 특출하였다고 한다.[100] 따라서 옥국재가 송나라의 여러 시인 가운데 특히 육유를 좋아한 것은 그의 산수 취향과 관련이 있을 것으로 짐작된다.

옥국재는 시뿐 아니라 글씨에도 상당히 능했던 것으로 평가되고 있다.[101] 익위사 익위로 소대에 올랐을 때 정조는 계방 현판 아래 팔분체(八分體) 글씨를 옥국재가 썼느냐고 하면서 그의 글씨에 관심을 보이기

100) 호운익(胡雲翼) 저, 장기근 역, 『중국문학사』, 문교부, 1974, 274면.
101) 김순동, 앞의 책, 739면.

도 하였다. 그는 소시부터 전서(篆書) 쓰기를 좋아하였다 하는데 여러 글체 가운데 특히 예서(隸書)에 능했던 것으로 보인다. 많은 사람들이 글씨를 받아다 걸었는데 노년에는 필력이 더욱 강건하여 명산 암벽에 많은 글씨를 남겼으며, 명가의 서첩을 항상 옆에 두고 보면서 즐겼다. 단양 객사 근처의 하천이 여름마다 범람하자 군수이던 부친이 우화교(羽化橋)라는 다리를 놓고 그 옆에 남유용(南有容)의 글을 받아 우화교기사비(羽化橋記事碑)를 세울 때 그 글씨를 쓰기도 했고, 본인이 황간현감으로 있을 때에는 우암이 거처하던 터에 예서로 쓴 유허비를 세우기도 하였으며, 또 예서로 자기 조부와 부친의 묘표를 쓰기도 하였다.

옥국재가 교유했던 인물들 가운데에는 후세까지 서화에 능하다고 평가받는 사람들이 많았다. 백씨 단릉은 그림과 글씨에 능했는데 산수와 인물을 잘 그렸고, 글씨는 전서와 예서를 잘 썼다. 또 삼종제 구영(耈永)[102]의 장인으로 서로 사돈 간이기도 한 배와(坯窩) 김상숙(金相肅)은 글씨를 잘 썼으며, 능호관(凌壺觀) 이인상(李麟祥)은 시서화에 모두 능했다. 섬촌(蟾村) 민우수(閔遇洙)와 경산(景山) 이한진(李漢鎭)은 글씨를 잘 썼는데 이한진은 특히 전서에 능했으며, 저암(著庵) 유한준(兪漢雋)은 그림에 능하였다.[103] 시와 글씨에 대한 옥국재의 취향과 재능은 물론 타고난 것이겠지만 관심을 공유하는 사람들과의 긴밀한 교유는 그것이 한껏 발현될 수 있도록 크고 작은 영향을 주었을 것이다.

한편 그는 바둑에도 남다른 취향이 있었다. 낮과 밤이 다하도록 두어도 싫증을 느끼지 않았으며 조용히 앉아 그 이치를 생각하기도 하였다 한다. 일찍이 단양 사인암 앞 바위 위에 바둑판을 새겼으며, 금성에 있을 때에는 금강산 만폭동에 '삼산국'이라는 바둑판을 새기기도 하고 피금정(披襟亭)의 정자 이름을 쓴 현판과 시판(詩板)을 새로 만들어 달 때 귀양에서 풀려 돌아가던 서명천(徐命天)을 만나자 정자 위에서 반일 동

102) 이구영(1736~1787)은 자가 국지(國之)로 사옹원 첨정을 지냈다.
103) 김순동, 앞의 책, 738~40면.

안 바둑을 두기도 하였다. 황간에 귀양 가 있을 때에는 시붕기우(詩朋棋友)들과 함께 시 짓고 바둑 두면서 소일하였고, 금산군수 시절에는 김이중이 보내준 성천의 옥돌로 바둑판을 만들어 종형 희영과 유한준이 지은 명(銘)을 아들 희현으로 하여금 바둑판 뒤에 쓰도록 하고서는 거처하는 방의 이름을 '옥국재'라 하고 이를 호로 삼았다.104)

그는 시, 글씨, 바둑에 대한 취향뿐 아니라 해학을 즐기는 풍도도 아울러 지니고 있었다. 마음이 맞는 사람을 만나면 우아한 해학을 섞어 담소하여 풍류와 운치가 뛰어났다고 한다. 금산군수로 있을 때 이조판서 오재순(吳載純)이 그가 새로 지방관으로 부임할 나이가 지난 것을 모르고105) 순흥부사로 잘못 의망한 일이 있었다. 나중에 오재순이 이 일을 사과하자 그가 옛날에 망년지교(忘年之交)가 있었다더니 오늘 이를 다시 보겠다고 하자 듣는 사람들이 크게 웃으며 그의 해학이 줄지 않았다고 하였다 한다. 그가 여항의 패사(稗史)를 정리하여 『영미편』을 엮고, 해학적인 일화를 바탕으로 <임천별곡>과 같은 가사 작품을 지은 것은 이러

104) 이 글이 처음 발표된 후 신현웅이 옥국재가 '옥국재'라는 호를 사용하기 이전에 '청련선옹(青蓮仙翁)', '대표자(大瓢子)' 혹은 '대표옹(大瓢翁)' 등의 호를 사용하였음을 밝힌 바 있다(신현웅, 「옥국재(玉局齋) 이운영(李運永) 가사의 특성과 의미」, 서울대 석사논문, 2010, 20~1면, 주41). 옥국재는 황간에 유배되어 있을 때 연못을 파 연꽃을 심고 스스로 호를 청련선옹이란 하였는데 이는 김정묵(金正默)의 <이황간운영적황간 착지종련 자호청련선옹(李黃澗運永謫黃澗 鑿池種蓮 自號青蓮仙翁)>이라는 제목의 칠언절구를 통해 확인할 수 있다(『과재선생유고(過齋先生遺稿)』 권1). 대표자 혹 대표옹은 옥국재가 황간에 있을 때 오동나무 옹두리를 얻어 큰 바가지를 만들어서 『장자(莊子)』의 '텅 비었으나 크다'는 뜻을 취하고 또 '대표(大瓢)'로 재명(齋名)을 삼았다[在澗時 得梧桐癭作大瓢 因取莊子枵然大之義 又以大瓢名齋]는 기록(이희연 · 이희현, 『선부군유사』), 그리고 <제망실묘문(祭亡室墓文)>과 <제망자부묘문(祭亡子婦墓文)>(『옥국재유고』 권9)에 각각 대표자, 대표옹이라는 호가 쓰이고 있음을 보아 알 수 있다. 그런데 <제망실묘문>과 <제망자부묘문>이 황간에서 해배되어 온 이듬해(1783) 4월 장자 희연이 소과에 급제하여 선영에 영소례(榮掃禮)를 행할 때 지은 글들이라는 점을 고려할 때 청련선옹보다는 대표자나 대표옹이라는 호를 더 오래 사용했던 것으로 짐작된다.

105) 여러 예외가 있지만 65세가 지나면 새로 지방관으로 임명하지 않았다(한국고전국역위원회 역주, 『국역 대전회통』, 고려대 출판부, 1960, 87면 참고).

한 그의 성품과 무관하지 않은 것으로 보인다.

그렇지만 그의 삶을 풍류나 취향, 해학으로만 설명하고 말 수는 없다. 그는 시와 바둑, 산수 유람을 통해 호탕하게 놀기도 하고, 해학으로 항상 좌중에 웃음이 끊이지 않게 하였지만 일찍이 그 몸가짐을 흐트러뜨리지 않고 행동과 언소(言笑)에 진속(塵俗)의 태가 없었다 한다. 한가히 있을 때에는 의관을 정제하고 하루 종일 단정히 앉아 게으른 빛이 전혀 없었으며, 기한과 질고가 심하더라도 전혀 내색하지 않아 곁에서 시봉하는 사람들도 알 수 없었다 한다. 또한 지팡이나 책상도 항상 두는 곳이 정해져 있었으며 좌우에는 단지 책과 문방제구(文房諸具), 바둑판, 투호(投壺) 등을 놓아두었는데 반드시 기고(奇古)한 것을 취하고 속되고 우아하지 않은 것은 눈에 띄지 않도록 하였다.

외직에 있을 때에는 관청 물건을 함부로 쓰지 않고 재산을 모아 전답을 사거나 하는 일이 전혀 없어 관직에서 물러나 집으로 돌아오면 열흘이 못되어 양식이 떨어지곤 했으며, 음식과 의복 등을 사치스럽게 하는 것은 사군자가 마음에 두어서는 안 되며 선인들의 덕에 누를 끼치는 것이라며 자식들에게 사치를 극력 경계하였다. 또 두 아들의 혼인을 앞두고 세도가와 외척에게서 수차 청혼이 들어왔지만 이를 모두 물리쳐 시세(時勢)와 권력에 영합하려 하지 않았다.

그리고 조카 희천이 화를 당했을 때에는 소식(蘇軾)이 '자식들이 어리석고 노둔하기를 바란다[願子愚魯]'고 한 뜻을 취하여 그 아들들의 이름을 노재(魯在), 우재(愚在)라 짓고 돌보아 주었으며, 금산군수로 있을 때에는 화공을 시켜 동당(同堂)의 여러 형제숙질들의 화상을 그려 '간운첩(看雲帖)'[106]이라 하고 때때로 펴보았다. 재종조 병상(秉常)의 증손 희석(羲碩)[107]이 부모가 모두 세상을 떠나 의지할 곳이 없자 데려다 양육하

106) '간운첩'이라는 말은 두보(杜甫)의 시 <한별(恨別)>에 "고향 집 생각하며 달빛 속을 거닐다 맑은 밤에 서 있고, 아우 생각하며 구름을 보다가 한낮에 존다(思家步月淸宵立 憶弟看雲白日眠)"에서 취한 것으로 보인다.

107) 이희석(1783~1840)은 자가 원과(元果)로 능주목사를 지냈다.

면서 직접 공부를 가르쳤으며, 일가의 어렵고 곤궁한 사람이 있으면 힘이 닿은 대로 돌보아 주었고, 또한 자손들에는 집안의 제사 참여를 강조하기도 하였다. 이처럼 그는 친족 간의 화합과 우애를 실천하고 그것을 가풍으로 삼아 자손들을 교육하였다.

이상과 같이 옥국재는 시와 글씨, 바둑에 대한 관심과 취향, 그리고 해학과 풍류를 지니고 있으면서도 한편으로는 세속과의 영합을 거부하고 청렴과 검박(儉朴)을 숭상하여 이를 자손들에게 강조하고, 친족 간의 화합을 중시하였다. 옥국재의 부음을 들은 윤시동(尹蓍東)이 세속을 벗어나 옛날 군자의 전형(典型)이 있는 사람을 다시 볼 수 없게 되었다고[108] 하고, 이민보가 건지(健之) 형제는 그 뜻과 행실이 비범해서 지금까지 사대부들이 고상히 여기지 않는 사람이 없다[109] 하고, 또 김조순이 그를 '선생(先生)'이라 지칭하면서 옛날 군자의 유풍과 여운이 있었다고[110] 한 것은 단순한 의례적 칭송이 아니라 그의 이러한 면모를 가리킨 것이라 할 수 있다.

5. 맺음말

옥국재 이운영은 여섯 편의 가사와 1,000여 수에 달하는 한시를 남긴 18세기 경화사족의 한 사람인데 현재 연구자들의 관심은 그의 가사에만 한정되어 있다. 이에 이 글에서는 그의 가사 작품은 물론 그의 문학을 총체적으로 이해하여 문학사에 정당하게 자리매김하기 위해서는 우선 옥국재라는 인물에 대한 검토가 필요하다는 판단에서 그의 가문과 생애를 고찰하였다.

108) 尹判書蓍東 聞府君凶音 謂人曰 士友之中 翛然出俗 有古君子典型者 當世不復見矣(이희연 · 이희현, 『선부군유사』).
109) 獨健之兄弟 其志行有絶人者 至今士大夫無不高之(이민보, <이건지묘지명>).
110) 卓然有古君子遺風餘韻(김조순, <동지중추부사이공묘갈명>, 『풍고집』 권11).

옥국재는 노론의 학맥을 계승하면서 노론의 정치적 입장을 견지하고 있는 가문에서 출생, 성장하였다. 특히 그의 부친과 중부가 노론의 입장을 강경하게 내세우기도 했던 만큼 옥국재의 정치적·학문적 태도나 교유의 범위는 노론의 그것에서 벗어나지 않았던 듯하다. 그러나 그는 정치나 학문의 논쟁에 몰입하기보다는 부형의 영향을 받아 취향과 뜻이 맞는 친우들과 어울려 산수와 시와 바둑과 해학을 즐기면서 권력과 사치를 멀리하고 시속과 격식에 얽매이지 않는 삶을 추구하였다. 40대 초반 관직에 나아가 내외직을 두루 역임하였지만 이러한 삶의 태도는 그 이전과 크게 달라지지 않았다. 그는 과거를 보기는 했으나 과거 공부에 전념하지 않았고, 오는 벼슬을 물리치지 않고 받았으나 어떤 자리를 바라거나 추구하지 않았다. 이런 점에서 그는 시속과 어울리면서도 시속에 얽매이지 않았던 사람이라 할 수 있다.

그러나 옥국재의 진정한 면모는 이러한 그의 삶의 태도와 그의 작품들을 보다 폭넓고 심도 있게 검토해야 드러날 수 있을 것이다. 이 글에서는 몇 가지의 자료들을 통해 그의 생애와 교유 관계를 정리하였는데 앞으로 그의 문학에 대한 본격적인 논의가 이루어지기를 기대한다.

제2부

옥국재 가사의
작품 세계

Ⅰ. <착정가>의 의미와 의의

1. 머리말

<착정가(鑿井歌)>는 옥국재(玉局齋) 이운영(李運永, 1722~1794)이 창작한 가사 가운데 한 편이다. 옥국재 가사는 사대부 가사의 상투적인 표현을 벗어난 문제작들로 평가되는데[1] <착정가>는 이러한 옥국재 가사가 지닌 특징의 일단을 보여주는 작품이라 할 수 있다. 일찍이 이 작품에 대해서는 작자가 미처 확인되지 않은 상태에서 전체의 절반 정도쯤 되는 원문과 함께 작품의 내용과 형식에 관한 간략한 소개가 이루어진 바 있다.[2] 이후 옥국재 가사 여섯 편의 존재가 확인되면서 이 작품의 작자가 구체적으로 밝혀지고 작품 원문이 모두 소개되었다.[3] 이어 옥국재 가사 전반을 다루는 논의들이 진행되면서 부분적으로 이 작품의 내용과 표현의 특징들이 거론되었다.[4] 이러한 기존 논의들을 통해 이 작품의 성격이 어느 정도 드러났다고 할 수 있다. 하지만 작품의 특성과 의의를 분명하게 확인하기 위해서는 무엇보다도 작품 자체에 대한 구체적인 분

---

1) 조동일, 『한국문학통사』 3(4판), 지식산업사, 2005, 347면.
2) 최강현, 「우물파기 노래(鑿井歌) 감상」, 『새국어교육』 13, 한국국어교육학회, 1969.
3) 소재영, 「『언사』 연구」, 『민족문화연구』 21, 고려대 민족문화연구소, 1988.
4) 한대희, 「이운영의 가사 연구」, 고려대 교육대학원 석사논문, 1995.; 고순희, 「인유와 해학의 미학 -이운영의 가사 6편-」, 『이화어문논집』 15, 이화어문학회, 1997.; 박연호, 「옥국재 가사의 장르적 성격과 그 의미」, 『민족문화연구』 33, 고려대 민족문화연구원, 2000.; 김희정, 「옥국재 이운영 가사의 서사적 성격 연구 -<임천별곡>, <순창가>, <착정가>를 중심으로-」, 충남대 교육대학원 석사논문, 2004.

석이 선행될 필요가 있다. 이에 여기에서는 <착정가>를 대상으로 작품의 구조와 의미를 검토하여 이 작품이 지니고 있는 특성과 의의를 확인하고자 한다.

2. 구조와 표면적 의미

<착정가>는 제목 그대로 새로 우물을 판 일을 노래하고 있다. 옥국재와 같은 사대부가 다른 일도 아니고 우물 판 일을 노래한 것은 상당히 특이해 보인다. 이는 조선후기 시조와 가사가 주변의 일상적인 일을 노래하는 경향을 띠기도 한다는 점을 고려하더라도 그렇다. 평범한 일상의 일 가운데에서도 왜 하필 우물을 판 일일까. 이 작품은 우물과 관련하여 집안 살림에 대한 내용을 집중적으로 다루고 있기 때문에 여성 작가가 창작한 규방가사로 파악되기도 했다.[5] 그렇다면 옥국재는 사대부라는 자기의 신분에 어울리지 않게 집안 살림에 관심이 많았던 것인가. 아니면 물로 인한 생활의 불편을 심하게 겪었기 때문에 새로 우물을 판 일에 관심을 기울이지 않을 수 없었던 것인가. 이제 작품의 내용을 좇아가며 이 문제를 따져보기로 한다.

그ᄃᆡᄂᆞᆫ 속ᄀᆡᆨ이라 ᄂᆡ 일홈 어이 알고
오날〃 ᄂᆡ 일홈을 그ᄃᆡ다려 니르리니
인츙 삼ᄇᆡᆨ의 머리 지은 농이로쇠
죠션이 부명ᄒᆞ야 셩현이 나시도다
삼한을 어루만져 한양의 도읍ᄒᆞ니
인물이 번셩ᄒᆞ고 녀염이 박지ᄒᆞ다

5) 최강현, 앞의 글, 57면.

어와 옥황샹제 건쳔문을 여르시고
졔쥬 구졈연의 하토를 구버보샤
일폭 홍나됴를 슈국의 젼ᄒᆞ사ᄃᆡ
동문외 십니지ᄂᆞᆫ 쳥뇽이네 직희고
남문외 십니지ᄂᆞᆫ 젹뇽이네 직희고
셔문외 십니지ᄂᆞᆫ ᄇᆡᆨ뇽이네 직희고
북문외 십니지ᄂᆞᆫ 흑뇽이네 직희고
왕셩ᄂᆡ 십니지ᄂᆞᆫ 황뇽이네 직희여
우물의 물을 쌤어 민무를 니케 ᄒᆞ라
우리ᄂᆞᆫ ᄇᆡᆨ뇽이라 셔방을 가음아라
반송방 노쳔졍계 팔각졍 나린 ᄆᆡᆨ의
구혈을 졈지ᄒᆞ여 삼ᄇᆡᆨ 년 거져 이셔
ᄭᅩ리를 ᄒᆞᆫ번 치면 감쳔이 소사ᄂᆞ니
이러므로 셰상의셔 칭지왈 초리우물

서두에서 화자는 '그대'라고 지칭하는 인물에게 자기는 옥황상제의 명을 받아 한양 서문 밖의 우물을 주관하는 백룡이라고 소개하였다. 이 작품은 이처럼 용을 화자로 설정하고, 그 용이 '그대'라고 지칭되는 인물에게 말을 건네는 방식으로 이루어져 있다. 화자는 자기 자신에 이어 '초리우물'이라는 우물을 소개하고 있다. 이 우물은 '반송방 노쳔졍계 팔각졍 나린 ᄆᆡᆨ'에 있다고 했다. 그리고 용처럼 흐르는 산줄기 맥의 끝, 곧 용의 꼬리에 해당되는 부분에 있어 용이 꼬리를 한번 치면 감천이 솟아나기 때문에 세상 사람들이 '초리[꼬리] 우물'이라고 한다고 했다. 여기에서 작자가 용을 화자로 내세운 것은, 용이 물을 주관하는 신격 때문이기도 하지만 '초리우물'이라는 이름 자체가 이미 용과 관련되어 있기 때문이라는 것을 알 수 있다.

반송방(盤松坊) 노첨정계(盧僉正契)는 서울 서부, 곧 서대문 밖에 있던 행정구역이다. 작자가 생존해 있던 1788년경에 만들어진 것으로 추정되는 「도성도」와 1901년경에 제작된 「한성부지도」를 보면 서대문 밖을 나서서 남쪽으로 흐르는 개천 위에 놓인 경교(京橋)를 건너면 바로 남쪽으로 유점동(鍮店洞)이 있고, 유점동의 서쪽에 팔각정(八角亭), 남쪽에 미정동(尾井洞)이 있는 것을 볼 수 있다. '초리우물'이 있던 동네가 미정동일 것은 어렵지 않게 알 수 있다. 이를 통해 초리우물은 용처럼 굽이치는 산줄기가 팔각정을 지나 유점동 쪽으로 이어지면서 점차 낮아져 유점동 남쪽 용의 꼬리처럼 생긴 부분에 있었고, 초리우물이라는 이름은 우물의 위치가 그러했기 때문에 붙여졌으리라 짐작된다.[6] 그런데 이런 초리우물에 문제가 생겼다.

그러나 슈근은 유한ᄒᆞ고 먹그리도 하도흘ᄉᆞ
아츰이야 져녁이야 ᄉᆡ벽이야 밤듕이야
직샹의 집 션ᄇᆡ의 집 호반의 집 한량의 집
국슈집 팟쥭집 썩집이며 엿집이라
통이로셰 동의로셰 쟝군이야 항셜이야
깃거니 푸거니 이 우물의 운집ᄒᆞ니
두레도 ᄊᆡᆨ지우고 족박도 ᄭᆡ이는동
아야지야 살인이야 빠홈이 지〃괴고

6) 서대문구청 홈페이지의 '고장 이야기'에 따르면 팔각정은 현재 경기대학교 아래의 인창중고등학교 자리에 있었고, 초리우물은 현재의 경찰청 건물 북쪽에 있었다고 하는데 이곳들은 「도성도」나 「한성부지도」에 제시된 팔각정, 미정동의 대략적인 위치와 부합한다. 따라서 초리우물의 위치를 현재의 금화초등학교 근처로 추정한 기존 논의(소재영, 앞의 글, 31면)는 수정될 필요가 있다. 실제 독립문의 북동쪽에 뾰족한 두 개의 봉우리가 있는 바위산이 있고, 거기에서 뻗어나간 산줄기가 무악재 고개 마루를 지나 구불구불 이어지다가 팔각정이 있던 인창중고등학교 쪽으로 낮아지면서 초리우물이 있던 경찰청 건물 쪽으로 향하고 있음을 볼 수 있다. 따라서 고층건물이 없던 예전에는 멀리서 보면 뾰족한 두 개의 봉우리를 지닌 바위산은 뿔이 있는 용의 머리처럼, 초리우물이 있던 곳은 용의 꼬리처럼 보였을 듯하다.

웨걱데걱 분답이 덥옥 심ᄒᆡ
ᄡᅡᆯ을 ᄡᅳᆯ코 팟츨 간들 물 업시 밥이 되며
감곽과 증곤포ᄂᆞᆫ 바리로 ᄡᆞ혀 잇고
ᄉᆡᆼ치와 ᄃᆡ하 ᄉᆞ미 아모리 쎄엿신들
이 물이 업게 되면 국이 어이 되올넌고

우물물은 한정이 있는데 그것을 사용하려는 사람들이 늘어나면서 극심한 물싸움이 벌어지게 되었던 것이다. 새벽에서 밤중까지 물을 담아갈 통, 동이, 장군, 항아리 등을 갖고 모여들어 서로 먼저, 많이 긷고 푸려는 과정에서 심한 다툼이 벌어졌다. 이러한 다툼이 벌어지게 된 것은 많은 사람들이 모여 살고, 상점들이 늘어났기 때문이다. 재상 집, 선비 집, 호반 집, 한량 집을 열거한 것은 다양한 계층의 많은 사람들이 살게 되었다는 것을 가리킬 것이고 국수집, 팥죽집, 떡집, 엿집을 나열한 것은 많은 상점들이 들어섰다는 것을 의미하는 것일 것이다. 곧 서문 밖에 상업이 발달하고 도시화가 진행되면서 초리우물을 이용하려는 사람들이 늘어나 물싸움이 심하게 벌어지게 된 것이다. 바로 이런 이유 때문에 새로 우물을 파게 되었다.

션문외 천만가의 물빠홈 고극터니
그ᄃᆡᄂᆞᆫ 슬긋ᄒᆞ여 녀듕의 호걸이라
기연이 ᄉᆡᆨ각하되 ᄉᆡ 물 어이 못 파리요
올흔손의 자만 들고 후정으로 드러가셔
지ᄆᆡᆨ을 혜아리고 ᄉᆞ방을 둘너보아
차환을 분부ᄒᆞᄃᆡ 이곳을 깁히 파라
졍셩이 고즉ᄒᆞ니 ᄂᆡ 마음 감동ᄒᆞ여
창ᄒᆡ의 ᄡᆞ힌 물을 머그며 ᄉᆡᆷ머ᄂᆡ니
그ᄃᆡ네 북찬하의 감노슈가 졀노 ᄂᆞᆫ다

구양 션ᄉᆡᆼ 고산쳔은 이상ᄒᆞ기 두 번이요
소동파의 셕구졍은 신긔ᄒᆞ기 일반이라
구만니 은하슈가 야반의 ᄡᅥ러진가
만괵 파려주를 옥호의 담아ᄂᆞᆫ 듯
ᄌᆞ미롭다 그ᄃᆡ 우물 죻요롭다 그ᄃᆡ 우물
졔ᄉᆞ를 받드오며 빈ᄀᆡᆨ을 ᄃᆡ졉ᄒᆞᆯ 졔
취지무금이요 용지불갈이라
김쟝이야 셰답이야 물 걱정 다시 ᄒᆞᆯ가
다홍이야 옥ᄉᆡᆨ이야 ᄌᆞ지야 초록이야
퍼라퍼라 이 우물의 물 드리기 더욱 죠타
창두젹ᄀᆡᆨ이 우물길을 니별ᄒᆞ니
오날〃 이 우물은 그ᄃᆡ 집 보ᄇᆡ로다

우물을 판 사람은 화자가 '그대'라고 지칭하고 있는 여성이다. 여기에 이르러 작품 서두에서 화자가 말을 건네면서 이야기를 시작한 '그대'가 단순히 예상되는 독자가 아니라 어떤 구체적인 인물을 가리키고 있다는 것이 드러난다. 물론 우물을 파는 일이 집안 살림과 관련되는 것이기에 우물을 판 '그대'를 여성으로 설정했을 뿐이라 할 수도 있겠으나 그렇게만 보기에는 상황이 구체적이다. 그 여성의 집에서는 초리우물의 물을 길어 생활했을 것이다. 하지만 우물을 이용하려는 사람들이 늘어나 마침내 물싸움까지 일어나자 그 여성은 스스로 지맥(地脈)을 살펴 자기 집 뒤뜰 북쪽으로 난 창 아래에 아랫사람들을 시켜 우물을 파게 했다. 이를 보면 그 여성은 신분이 높거나 부유한 집안에서 '슬기롭고 호걸스럽게' 살림을 주관하는 주부의 위치에 있음을 알 수 있다.

화자인 용은 그 여성의 정성에 감동하여 그렇게 판 우물에 맑은 물이 넘치도록 하였다고 하였다. 자기가 그렇게 함으로써 그 집에서 제사를 받들고 빈객을 대접할 때, 김장하고 빨래할 때, 또 천에 물을 들일 때 전혀 물 걱정을 할 필요가 없어 새로 판 우물이 그 집의 보배가 되었다고 하였다.

작품을 크게 두 부분으로 나눈다면 여기까지가 우물 판 일을 동기, 과정, 결과 등을 갖춰 노래한 전반부에 해당한다고 할 수 있다. 후반부에서는 새 우물과 관련된 다른 내용이 전개된다.

그ᄃᆡ는 혜여보소 ᄂᆡ 은혜 엇더ᄒᆞᆫ고
그ᄃᆡ는 혜여보소 ᄂᆡ 은혜 니즐손가
ᄂᆡ 은혜 이러ᄒᆞ니 아니 갑고 어이 ᄒᆞᆯ고
속담의 일너시되 일쳔 냥이 두 돈 오 푼
그ᄃᆡ 아들 ᄉᆡᆼ일 잔ᄎᆡ ᄇᆡᆨ농이 ᄂᆡ 아던가
국왕이 죤듕ᄒᆞ사 ᄃᆡ한의 긔우ᄒᆞᆯ 졔
옥ᄇᆡᆨ을 가초아셔 농궁의 비러시니
그ᄃᆡ만치 인ᄉᆞ 알고 날 ᄃᆡ졉 아니ᄒᆞᆯ가
송아치 삼형졔를 ᄌᆡ샹을 시겨노코
가막ᄀᆡ 노랑ᄃᆞᆰ을 슈 업시 효시ᄒᆞ고
슈쪽으로 삼긴 거슨 각젼의 모도 뽈고
ᄉᆡᆼ치와 졔육으란 삐업시 모화 노코
굽거니 ᄉᆞ리거니 지〃거니 회치거니
동ᄃᆡ쳥 ᄒᆞᆫ가온ᄃᆡ 어두어케 버려 노코
문어 젼복 ᄃᆡ구 명ᄐᆡ 졀육을 버려 노코
국슈와 원반빢기 무진무진 데여ᄂᆡ며
ᄯᅥᆨ으로 일홈ᄒᆞᆫ 것 항혀 ᄒᆞ나 ᄲᆡ지오리
어져 이져고야 켤〃ᄒᆞ면 어이 ᄒᆞᆯ고
가지김치 ᄇᆡᆨ쳥 타셔 미슈로 ᄃᆡ령ᄒᆞ고
길일 양신으란 소경의게 갈희여셔
삼듕셕 돗벼ᄀᆡ의 상빈으로 쳥ᄒᆞ리는

그ᄃᆡᄂᆡ 독하 듕의 어ᄂᆞ 님ᄂᆡ 겨오신고
ᄂᆡ 말ᄃᆡ로 이 잔ᄎᆡ를 밧비 거힝ᄒᆞ게 ᄒᆞ소

화자는 물 걱정을 덜어준 자기의 은혜가 대단하니 잊지 말고 은혜를 갚으라고 하였다. 그리고 임금도 기우제를 지낼 때 예물을 갖춰 용궁에 빌었으니 그대는 인사를 아는 사람이니 자기를 대접하지 않겠느냐며 차려야 할 음식들을 열거하였다. 쇠고기, 닭고기를 비롯한 온갖 재료로 음식을 마련하여 대청 한가운데 벌여놓고, 국수와 원밥수기를 때 맞춰 데어내라고 하였다. 또 모든 떡을 하나도 빠뜨리지 말 것이며, 목이 컬컬할지 모르니 가지김치에 백청(白淸)을 타서 대령하라고 하였다. 그리고는 날을 따로 받아 상빈(上賓)으로 청할 사람이 조카 중에 누가 있느냐며 이 잔치를 바삐 거행하라고 하였다.

이처럼 화자는 자기의 은혜를 갚으라며 많은 음식을 차리고 손님을 청하는 잔치를 하라고 했다. 그런데 용의 은혜를 갚기 위해 잔치를 하라고 하였지만 이 잔치는 또 다른 성격을 지니고 있는 듯하다. 화자는 속담에서 '일천 냥이 두 돈 오 푼'이라고 하였다며 '그ᄃᆡ 아들 ᄉᆡᆼ일 잔ᄎᆡ'를 백룡인 자기가 알겠느냐고 하였다. 속담 가운데에는 '천 냥짜리 서푼도 본다'는 말이 있다. 이는 물건 값은 보기에 달렸다는 의미이다.[7] '일천 냥이 두 돈 오 푼'이라는 속담의 의미를 정확하게 파악하기는 어렵지만 대략 비슷한 의미일 것으로 생각된다. 곧 어떤 일이나 물건도 보기에 달렸다는 뜻일 것이다. 그렇다면 '그대 아들의 생일 잔치를 백룡인 내가 알겠느냐'는 말은 '그대 아들의 생일 잔치라도 백룡인 나는 그대 아들의 생일 잔치가 아니라 나를 대접하는 잔치로 여기겠다'는 의미를 함축하고 있다고 할 수 있다.

요컨대 화자는 '그대' 아들의 생일 잔치를 크게 벌여 자기를 대접하라

---

7) 이기문 편, 『개정판 속담사전』, 일조각, 1991, 502면.

고 한 셈이라 할 수 있다. 그렇기 때문에 많은 음식을 장만하라고 하면서도 굳이 그 음식으로 자기의 은혜를 어떤 식으로 갚으라고 구체적으로 지시하지 않았으며, 상빈으로 청할 손님으로 다른 웃어른이 아닌 '그대' 아들과 같은 항렬의 조카를 거론한 것으로 보인다. 이어 화자는 '그대'가 큰 잔치를 벌일 수 있는 능력이 있고, 또 그렇게 해도 괜찮다며 잔치를 벌일 것을 다시 강조한다.

이덕이를 판들 말며 덕남이들 판들 말가
그ᄃᆡᄂᆡ 셰간 슈를 ᄂᆡ 발셔 아라거니
과천셔 시러온 벼 셩뫼셔 드려온 ᄡᆞᆯ
홍쥬 ᄆᆡ셩이셔 타작ᄒᆞ야 ᄇᆡ짐ᄒᆞᆫ 것
졀반만 작젼하면 이 잔ᄎᆡ 걱졍ᄒᆞᆯ가
하물며 의릉참봉 ᄂᆡ자봉ᄉᆞ 상의쳠정 한셩셔윤
션혜낭청 호죠좌랑 ᄒᆞᆫ 번 ᄒᆞ며 두 번 ᄒᆞᆯ가
녹ᄡᆞᆯ과 구ᄎᆞ 돈을 다 혜오면 언마 되며
삼ᄇᆡᆨ뉵십 쥬에 ᄒᆞ나 가ᄂᆞᆫ 평양셔윤
왕셩 반일졍의 죵요로운 김포군슈
그ᄃᆡ네 ᄃᆡ즉 아비 환녹궁이 져러ᄒᆞ니
이십 년 쳥ᄇᆡᆨ으란 날 위ᄒᆞ야 조곰ᄒᆞ다
글노셔 탐이 되며 뉘라셔 나무랄가
소경의게 월니 ᄂᆡᆫ들 어ᄃᆡ가 업다 ᄒᆞᆯ가
뇽이라 ᄒᆞᄂᆞᆫ 거ᄉᆞᆫ 셩곳 ᄂᆡ면 어려우니
ᄂᆡ 말ᄉᆞᆷ 올히 녁여 인ᄉᆞ을 차리랴면
며ᄂᆞ리 죵 아희을 오날노셔 분부ᄒᆞ야
도마라도 싹가 노코 찬칼이나 가라 노코
노구솟 가마 ᄉᆡ옹 ᄌᆡᆼ반 ᄃᆡ졉 슈져들은
기와장 갈늘 마아 죠촐이 삣가시고

것잣시나 무러 짜고 호초라도 마으라소
나롯시 셕자라도 먹이야 영감이니
ᄂᆡ 마음 즐거워야 그ᄃᆡ도 깃브리니
쳔 년ᄃᆡ 만 년ᄃᆡ의 오복이 구비ᄒᆞ리

이덕이, 덕남이는 분명치 않으나 아마 '그대'의 집에서 부리는 종을 가리키는 듯하다. 비용이 모자라 설사 종을 판다고 해도 잔치를 그만둘 수 없다고 하였다. 그러면서 화자는 '그대'네 집안 살림을 자기가 다 알고 있는데 과천, 홍주 등지에서 올라오는 벼와 쌀의 절반만 팔면 잔치를 걱정할 필요가 없다고 하였다.

이어 당시 '그대'의 집안사람들이 맡고 있던 관직들로 보이는 의릉참봉, 내자시봉사, 상의원첨정, 한성서윤, 선혜청낭청, 호조좌랑, 평양서윤, 김포군수 등을 열거하고 집안사람들이 이러한 관직에 있어서 받는 녹봉과 구채(驅債)가 적지 않을 것이라고 하였다. 이 역시 '그대'의 집이 큰 잔치를 벌일 능력이 있음을 말하는 것이다.

그런데 화자는 여기에서 그치지 않는다. '이십 년 청백을 잠깐 굽혀 잔치를 한다고 해서 그것이 탐욕이 된다고 누가 나무라겠느냐', 또 '정 돈이 없어 달변을 얻는다면 어디에서 구하지 못하겠느냐', '자기가 성을 내면 어려울 것이다'라며 잔치를 벌이라고 하였다. 이러저러한 근거를 들어 '그대'네 집이 충분히 잔치를 벌일 능력이 있음을 말하는 데에서 나아가 이제는 떼를 쓰고, 강요와 협박을 하는 단계에까지 이르렀다.

다음으로 화자는 잔치 준비를 위해 며느리와 종에게 분부하여 도마, 찬칼, 솥, 쟁반 등 음식을 장만하고 담을 도구를 준비하고, 양념을 마련하라고 하면서 자기를 잘 대접해야 오복이 갖춰지리라고 하였다. 잔치를 위한 준비 사항까지 일일이 챙기면서 복을 받으려면 잔치를 벌이라고 다시 한번 강조하고 있는 것이다.

이와 같이 이 작품은 초리우물을 둘러싸고 물싸움이 벌어졌고 그 때문에 새 우물을 파게 되었다고 하여 우물을 파게 된 동기와 과정을 순서대로 제시한 전반부와, 물이 솟아나게 한 용의 은혜를 갚기 위해 준비해야 할 잔치의 규모를 말하고 그러한 잔치를 마련할 능력이 있다며 잔치를 벌일 것을 수차 강조하는 후반부로 구성되어 있다. 이에 따라 기존 연구에서는 이 작품이 속객과 용의 대화체를 빌어 우물파기에 얽힌 서민생활을 노래한 것이라 하기도 하고,[8] 초리우물 근처에 사는 한 집안에서 실제로 우물을 판 일이 있자 작자가 그 집안의 어른에게 용을 위하여 제사를 지내야 한다는 것을 말해주고 싶어서 지은 것이라 하기도 하였다.[9] 또 작품의 주제는 물을 뿜어 준 용에게 감사하라는 것이며 이는 물의 소중함을 강조하기 위한 우회적 표현이라 하기도 하였다.[10]

하지만 작품 전체가 서민생활을 노래하고 있다고 보기 곤란하고, 또 작품 속에서는 용을 위해 잔치를 하라고 했을 뿐이지 음식을 장만해 용에게 어떻게 제사를 지내라고 한 구체적인 서술이 보이지 않는다. 그렇다면 이 작품의 의미를 물의 소중함을 일깨우기 위해 용에게 감사하라는 것으로 파악할 것인가. 작품 자체만을 보았을 때에는 그렇다고 할 수 있을 것이다. 그런데 혹시 작자의 다른 속내가 작품의 이면에 감춰져 있는 것은 아닌가 하는 의문이 남는다. 이 문제를 좀 더 생각해보자.

3. 이면적 의미와 작품의 의의

작품의 표면적인 서술 속에 이면적 의미가 함축되어 있을 수 있다는 생각은 무엇보다도 작품 속의 '그대'가 과연 누구일까 하는 궁금증에서 비롯된다. '그대'가 어떤 구체적인 대상이라면 작품의 의미와 의도가 달

8) 소재영, 앞의 글, 32면.
9) 고순희, 앞의 글, 364면.
10) 박연호, 앞의 글, 318면.

리 파악될 수도 있겠기 때문이다. '그대'는 여성이고, 앞에서 언급한 것처럼 집안의 살림을 주관하는 주부인 것으로 추측된다. 또 아들과 며느리도 있는 것으로 보인다. 그런데 중요한 것은 작자가 '그대'라고 지칭하고 있다는 점이다. 만약 다른 집의 여성이라면 아무리 가상의 화자를 설정했다고 하더라도 '그대'라고 지칭하는 것은 쉽지 않을 것이다. 따라서 초리우물의 물싸움 때문에 새로 우물을 판 '그대'는 일단 작자 집안의 여성이라고 보는 것이 타당할 것이다.

작자가 실제 서울 서문 밖 반송방 경교 근처, 곧 초리우물이 있는 근방에 살고 있었으며, 작자의 후손들 사이에 작자의 집안에서 우물을 새로 파고 그것을 기록으로 남겼다는 말이 전해오는 것을 보면[11] <착정가>의 내용은 실제 작자 집안에서 있었던 일을 노래한 것으로 보인다.

그렇다면 '그대'는 과연 작자와 어떤 관계에 있는 인물일까. 생각해볼 수 있는 사람들은 작자의 어머니, 형수, 그리고 아내일 것이다. 어머니와 형수는 아들도 있고, 며느리도 있어 작품에 제시된 요건을 충족시킨다고 할 수 있다. 작자의 어머니는 1762년에 세상을 떠났으니 만약 작중의 '그대'가 어머니를 가리킨다면 이 작품은 1762년 이전에 지어졌을 것이며, 형수는 1780년에 세상을 떴으니 '그대'가 형수라면 이 작품은 1780년 이전에 창작되었을 것이다. 하지만 가상의 화자를 동원했다 하더라도 어머니를 '그대'라고 지칭하는 것은 아무래도 어색하다. 사정은 형수의 경우에도 마찬가지이다. 아무리 친숙한 사이라 하더라도[12] 형수를 '그

11) 작자의 6대손인 인구(麟求), 태구(兌求)씨에 의하면 작자의 집안은 서대문 밖 경교 근처에 살고 있었기 때문에 '새문밖 이씨 경교파'라고 불렸다 한다. 경교는 서대문을 나서서 초리우물이 있는 유점동, 미정동으로 가는 길목에 있는 다리이다. 또 후손 득구(得求)씨는 옥국재 집이 현재 농협중앙회 본점 건물 근처, 곧 초리우물이 있던 경찰청 건물 맞은편에 있었다는 말을 오래 전에 부친에게서 들었다고 한다. 그리고 후손들은 작자가 집에 우물을 파고 그것을 기록한 글을 남겼다고 하는데 문집에서 별도의 기록을 찾기 어려운 것으로 보아 그 글은 <착정가>를 가리킬 것이다. 이러한 점을 고려할 때 새로 우물을 판 것은 작자의 집안에서 실제 있었던 일로 보아 무방할 것이다.

12) 작자는 1771년 조카 희천(羲天)이 『명기집략(明紀輯略)』이라는 책을 소지한 죄

대'라고 하는 것은 부자연스러울 수밖에 없기 때문이다.

그러면 남는 것은 아내의 경우이다. 아내라면 '그대'라고 부르는 것이 별반 이상한 일은 아닐 것이다. 작자의 초취 부인인 풍천 임씨(豊川任氏)는 일찍 세상을 떠났다. 아들과 딸을 낳기는 하였으나 모두 금방 죽고 말았다. 따라서 임부인의 경우는 '그대 아들 생일 잔치' 운운하는 작품의 서술과 부합하지 않는다. 그런데 작자가 재취로 맞은 진산 강씨(晉山姜氏)는 아들 둘을 낳아 길렀기 때문에 작품의 내용과 부합한다고 할 수 있다. 다만 강부인은 두 아들이 혼인하기 전에 세상을 떠나 며느리를 보지 못했기 때문에 '며ᄂᆞ리 죵 아희을 오날노셔 분부ᄒᆞ야'라는 내용과 꼭 들어맞지는 않는다. 하지만 이때의 '며ᄂᆞ리'는 한집에 같이 살거나 가까이 살았을 조카며느리를 가리키는 것일 수 있어 큰 문제가 되지는 않을 듯하다. 따라서 작자의 아내인 강부인이 작품에 제시된 '그대'에 가장 근사한 인물이라 할 수 있다.

다음의 기록은 이러한 강부인이 살림을 도맡은 주부로서의 역할을 충실히 하고 있었음을 알려주고 있다.

> 돌아보건대 나는 부모님 상 이후로 집안일에 즐거움이 없었으며 성품이 심히 소활하여 집안의 자잘한 일에 간섭하고 싶지 않았소. 그대가 혹 그런 일을 이야기하면 나는 그대를 꾸짖으며 냉담하게 대한 적이 많았소. 나는 일찍부터 음식이 반드시 입에 맞아야 한다거나 의복이 몸에 편해야 한다는 데 대해 경계하는 바가 있어 평생 먹고 입는

로 사형을 당한 가변이 있은 후 형수를 자기가 수령으로 있던 금성 관아에서 봉양했다고 한다(이희연・이희현, 『선부군유사(先府君遺事)』 참고). 또 형수는 작자가 황간현감으로 있던 1780년에 세상을 떠났는데 이에 대해 연보에는 '형수의 부고를 들었다'가 아니라 '형수의 상을 만났다[遭兄嫂孺人金氏喪]'고 기록되어 있으며, '치상 성복 후 연명을 행하고 다시 관아로 돌아왔다[治喪成服後 發行至巡營 延命于新使沈公頤之 由後谷仍還官]'고 되어 있어 형수가 황간에 있다가 세상을 떠났다는 것을 알 수 있다. 따라서 그 이전은 분명치 않으나 작자는 조카가 죽은 이후 형수를 늘 가까이 모시고 있었던 것으로 보인다(「기년록(紀年錄)」, 『옥국재유고(玉局齋遺稿)』 권10 참고).

> 일에 대해서는 일찍이 한마디도 한 적이 없었소. 그대는 이런 나를 잘 모르고 내가 그대를 족히 말할 만하게 여기지 않아서 말을 하지 않는 줄로 의심하였었소. 아! 그대는 물 긷고 절구질하는 살림살이의 어려움에 대비하고 그것을 다스려가면서도 부부간의 즐거움은 알지 못했으니 보내고 돌아가는 오늘날 후회가 더욱 많소.[13)]

이는 강부인이 세상을 떠난 후 아직 장례를 치르기 전에 작자가 쓴 제문의 일부이다. 이 글에서 작자는 자기가 집안일에 관심을 기울이지 않아 강부인 혼자 물 긷고 절구질하는 집안 살림[井臼之役]을 꾸려나가게 하였고, 또 스스로 지키는 바가 있어 음식과 의복에 대해 아무런 말을 하지 않은 것이 강부인으로 하여금 남편이 자기를 무시하는 것으로 의심하게 했다며 좀 더 부부의 정을 느끼도록 따뜻하게 대하지 못한 것을 후회한다고 하였다. 여기에서 물 긷고 절구질한다는 것은 집안 살림을 한다는 관용적 표현으로 강부인이 우물을 판 사실을 암시한다고 하기는 어렵다. 하지만 어쨌든 위의 글을 통해 강부인이 집안 살림을 도맡아 꾸려나갔다는 사실만은 분명히 확인할 수 있다.

위의 사실들을 두루 고려할 때 물 걱정을 덜기 위해 직접 나서서 우물 자리를 잡아 새 우물을 파게 한 여중호걸인 '그대'는 집안 살림을 도맡아 꾸려가던 강부인을 가리킬 가능성이 상당히 크다고 할 수 있다. 그렇다면 이 작품은 큰아들이 태어난 1755년에서 강부인이 세상을 떠난 1769년[14)] 사이에 지어졌다고 할 수 있는데 창작시기를 좀 더 압축해볼 수도 있을 듯하다. 작자는 1761년 아버지가 세상을 떠나기 전에는 대개

---

13) 顧余自草土以後 無樂乎閨門之內 性甚疎濶 不欲干家間瑣務 子或以此爲言 吾以訶責 而加子冷淡而待子者多矣 余嘗有戒於飮食之必取適口 衣服之必取便體 平生不曾以喫着事出一言 子不知我 疑余以子爲不足言而不言 吁嗟乎 子備經井臼中苦楚 不知夫婦間歡愉 送歸今日 尤悔多端(<제망실강숙인문(祭亡室姜淑人文)>, 『옥국재유고』 권9).

14) 강부인은 작자가 1769년 금성현령으로 부임한지 얼마 되지 않았을 때 서울에서 세상을 떠났다.

서울을 떠나 부친의 임소(任所)와 적소(謫所)에 있었다. 그리고 1762년 어머니가 세상을 떠나 삼년상을 마친 1764년부터 금성현령(金城縣令)으로 도임한 1769년까지의 6년간은 내직을 받아 줄곧 서울 본집에 머물렀었다. 따라서 이 시기에 <착정가>가 지어졌을 가능성이 큰 것으로 보이는데 이때는 앞의 제문에서 작자가 거상 이후 집안일에 관심이 없어 강부인 혼자 살림을 꾸려나갔다고 한 시기와 일치한다.

그러면 이제 다시 본론으로 돌아가자. 표면적으로 작자는 용의 목소리를 빌어 우물물이 솟아나도록 해준 용에게 큰 잔치를 벌여 감사하라고 하였다. 하지만 떼를 쓰듯이, 강요하고 협박하듯이 용에 대한 감사를 촉구하여 아내로 하여금 물의 소중함을 일깨우려 한 것이 과연 작자가 이 작품을 창작한 궁극적인 목적이었을까. 그렇다고 하기에는 무언가 부족한 느낌을 지우기 어렵다. 그것은 정구지역(井臼之役)을 도맡아 물의 소중함을 그 누구보다도 잘 알고 있고, 그래서 새 우물까지 판 아내에게 새삼 물의 소중함을 일깨우려 했다는 것은 아무래도 어색하기 때문이다. 그렇다면 작자가 하고 싶었던 말은 잔치를 하자는 것에 모아질 수밖에 없다. 그 잔치는 아들의 생일 잔치였다.

결국 작자가 의도했던 것은, 집에 새 우물을 판 후 마침 아들의 생일이 닥치자 용에 대한 보답을 구실로 생일 잔치를 평소보다 크게 벌여 한 번 흔쾌히 즐겨보자고 한 것이라 할 수 있다. 그렇게 함으로써 수고롭게 살림을 꾸려가며 새 우물까지 판 아내를 위로하고 그 노고를 치하하고 싶었을 듯하다. 집안 살림에 관심을 기울이지 않던 작자이지만 아내의 노고를 그저 바라만 보고 있을 수는 없었을 것이다. 그러한 의미를 지닌 잔치이기에 살림을 걱정하면서 주저할 아내에게 떼를 쓰듯이, 강요하고 협박하듯이 해서라도 꼭 벌이고 싶었을 것이다.

이 작품의 중점이 정서의 표출에 있지 않고, 용에 대한 감사를 촉구하여 물을 소중함을 일깨우는 데 있기 때문에 이 작품은 서정적 양식이 아니라 주제적 양식에 해당한다고 한다.[15] 하지만 앞에서 살펴보았듯이 이 작품은 단순히 있었던 일, 있어야 할 일을 제시하고만 있다고 하기 어렵다. 표면적으로는 그렇다고 할 수 있지만 그 이면에는 일상의 삶 속에서 우러난 아내에 대한 작자의 마음이 배어있기 때문이다. 이 작품이 지니고 있는 의의는 바로 이러한 점에서 찾을 수 있을 것이다.

작자가 지은 또 다른 작품인 <세장가>는 표면적으로는 사돈에 대한 원망과 섭섭함을 드러내고 있지만 이면적으로는 오히려 사돈에 대한 친밀감을 확인하면서 그 외손자이기도 한 자기 손자에 대한 사랑을 노래하고 있다.[16] 이처럼 작자 나름의 속내를 작품의 이면에 감추고서 표면적으로는 짐짓 다른 말을 하는 방식을 <착정가>에서도 볼 수 있다는 점에서 그러한 표현 방식이 옥국재 가사의 중요한 특징 중 하나라는 것을 확인할 수 있다.

4. 맺음말

여기에서는 옥국재 이운영의 가사 가운데 한 편인 <착정가>를 대상으로 그 구조와 의미를 살펴 작품의 특성과 의의를 확인하고자 하였다. 이 작품은 물의 신격인 용을 화자로 설정하여 기존의 우물을 이용하는데 많은 불편이 있자 집 안에 새로 우물을 파게 된 경위를 서술한 전반부와, 새 우물에 물이 솟구치게 한 용을 위해 잔치를 벌이라는 내용을 서술한 후반부로 크게 구분된다. 이에 따라 작품의 의미는 용에 대한 감사를 촉구하여 물의 소중함을 일깨우는 것처럼 보인다. 그러나 그것은 표면적인 의미에 불과한 것으로 생각된다.

작품 속에서 화자가 말을 건네고 있는 '그대'는 직접 나서서 우물을

---

15) 박연호, 앞의 글, 318면 참고.
16) 이승복, 「<세장가>의 구조와 의미」, 『한국민족문화』 24, 부산대 한국민족문화연구소, 2004 참고.

새로 파게 한 여성으로 실제 집안 살림을 도맡아 꾸려나가던 작자의 아내로 추측된다. 따라서 작자의 의도는 우물을 판 후 때마침 닥친 아들의 생일 잔치를 크게 벌여서 수고롭게 살림을 꾸려가며 우물까지 판 아내를 위로하고 그 노고를 치하하고 싶었던 데 있었던 것으로 보인다.

이처럼 이 작품은 표면의 서술과 이면의 의도가 서로 어긋나는 방식을 취하고 있는데 그렇게 함으로써 있었던 일과 있어야 할 일을 단순히 제시하는 밋밋함에서 벗어날 수 있었다. 이 작품의 의의는 여기에서 찾을 수 있을 것이며, 이를 통해 옥국재 가사, 나아가 18세기 가사 문학이 지닌 특성의 일단을 확인할 수 있을 것으로 생각한다.

Ⅱ. <세장가>의 구조와 의미

1. 문제 제기

이 글에서는 옥국재(玉局齋) 이운영(李運永, 1722～1794)이 지은 가사인 <세장가>의 구조와 의미를 작품에 수용된 기존 민요와의 관계에 주목하면서 검토하고자 한다. 옥국재는 천여 수의 한시와 오십여 편의 문, 그리고 여섯 편의 가사 작품을 남긴 시인이며 문인이다. 아직까지 그의 한문 작품에 대해서는 전혀 논의가 이루어지지 못했지만 그가 남긴 가사는 몇 차례의 검토를 통해 나름의 특징을 지니고 있다는 사실이 확인되었다.

옥국재 가사는 <착졍가>, <슌챵가>, <슈로죠쳔힝션곡>, <초혼ᄉ>, <셰장가>, <임쳔별곡> 등인데 이 작품들은 그의 아들 이희현(李羲玄, 1765～1828)이 지은 <뎡쥬가>와 함께 『언사(諺詞)』라는 필사본 가사집에 수록되어 있다.[1)] 소재영은 『언사』를 소개하면서 서지 사항, 작자, 개별 작품의 내용 등을 간략히 살피고 작품 원문을 제시하였으며,[2)]

---

1) 『언사』에는 이운영이 지은 <착졍가>, <슌챵가>, <슈로죠쳔힝션곡>, <초혼ᄉ>, <셰장가>, <임쳔별곡>이 차례로 수록되고 그 뒤에 이희현의 <뎡쥬가>가 실려 있다. 각 작품의 제목 밑에 '도뎡공가ᄉ', '황쥬공가ᄉ'라고 적혀 있어 작자를 확인할 수 있다. 도정공은 돈령부(敦寧府) 도정(都正)을 지낸 적이 있는 이운영을, 황주공은 황주목사(黃州牧使)를 지낸 이희현을 가리킨다. 『언사』는 2음보를 1구로 하여 짝이 되는 두 구를 나란히 병기한 귀글이 3단으로 필사되어 있다. 홍정유(洪鼎裕)가 1863년에 쓴 발문을 통해 『언사』의 필사 경위를 알 수 있다. 홍정유는 이희현의 딸인 자기 할머니가 필사한 『언사』를 집에 보관하고 있었는데 정작 이희현의 집안에 『언사』가 없어져서 이희현의 손자인 이승검(李承儉)의 요청으로 한 벌 베껴 보낸다고 하였다.

한대희는 『언사』의 서지, 작자, 그리고 작품별 특성과 문학사적 의의를 포괄적으로 검토하였다.[3] 이어 고순희는 옥국재의 풍류적인 삶의 자세와 관련하여 그의 가사가 인유(引喩)와 해학(諧謔)을 통한 즐김의 미학을 바탕으로 하고 있다는 사실을 확인하였고,[4] 박연호는 장르적인 시각에서 옥국재 가사를, 민요 형식을 사용한 작품과 구비서사물을 가사화한 작품으로 구분하고 개별 작품들을 보다 심도 있게 분석하여 논의를 진전시켰다.[5] 그리고 최근에는 옥국재 문학 전반이 지닌 특성과 문학사적 위치를 확인하기 위해서는 옥국재라는 인물에 대한 이해가 선행되어야 한다는 전제 아래 그의 가문, 생애와 교유, 취향과 일상의 면모 등에 대한 검토가 이루어지기도 하였다.[6]

이러한 기존 연구들을 통해 옥국재의 삶이 구체적으로 확인되고, 그의 가사가 지니고 있는 특성이 어느 정도 드러날 수 있었다. 하지만 그의 가사 작품에 대한 올바른 이해를 위해서는 아직도 해결해야 할 많은 과제가 남아있는 것이 사실이다. 무엇보다도 중요한 것은 개별 작품에 대한 타당성 있는 의미 해석이 필요하다는 것이다. 그것은 지금까지의 연구가 모두 옥국재 가사 전반을 대상으로 한 것들인 만큼 개별 작품에 대한 치밀한 분석이 미처 이루어지지 못했기 때문일 것이다. 현재 작품의 의미 해석에 대한 재검토가 필요한 작품 중의 하나가 <세장가>이다. 이 작품에 대해서는 기존 시가와의 관계, 작품의 의미, 창작 시기 등에 대한 논의가 이루어진 바 있으나 작품의 의미가 선명히 드러났다고 하기는 어렵다.

---

2) 소재영, 「『언사』 연구」, 『민족문화연구』 21, 고려대 민족문화연구소, 1988.
3) 한대희, 「이운영의 가사 연구」, 고려대 교육대학원 석사논문, 1995.
4) 고순희, 「인유와 해학의 미학 -이운영의 가사 6편-」, 『이화어문논집』 15, 이화어문학회, 1997. 9.
5) 박연호, 「옥국재 가사의 장르적 성격과 그 의미」, 『민족문화연구』 33, 고려대 민족문화연구원, 2000.
6) 이승복, 「옥국재 이운영에 대한 전기적 고찰」, 『고전문학과 교육』 7, 한국고전문학교육학회, 2004. 2.

우선 기존 시가와의 관계에 있어서 소재영은 이 작품을 민요적인 성격의 노래라 하고,[7] 고순희는 아이를 어르는 민요 사설을 개작하여 창작하였다고 하여[8] 모두 이 작품과 민요의 관계에 주목한 바 있다. 박연호는 이를 구체화하여 이 작품이 당시에 유행하던 <자장가>를 변형하였고,[9] 작품을 이끌어 가는 힘은 대상에 대한 풍자와 민요의 형식에서 가져온 발랄하고 경쾌한 율동성에서 찾을 수 있으며 그러한 민요적인 율동성은 해학을 가능하게 하는 보조도구로 이용되었다고 하였다.[10] 민요적인 율동성이 어떤 것인지, 또 그것이 해학과 어떻게 관련되는지 보다 구체적인 논의가 요청된다고 할 수 있지만 민요의 수용과 그 효과에 주목한 것은 충분한 의의를 갖는다고 할 수 있다. 이처럼 기존 연구들을 통해 <세장가>가 민요를 수용하여 창작되었다는 사실이 확인되었다. 하지만 이 작품에 민요가 수용된 이유, 민요를 수용함으로써 거둘 수 있는 효과, 그리고 민요의 변용 양상과 그 의미 등을 제대로 구명하기 위해서는 기존 민요 작품과의 대비를 통한 좀 더 구체적이고 심도 있는 검토가 필요한 것으로 보인다.

작품의 의미 내지 성격과 관련하여 소재영은 면천군수(沔川郡守)로 있던 작자가 충청감사로 부임한 사돈으로부터 억울하게 해임된 데 대한 직설적인 불만이 드러나 있다고 하였으며,[11] 고순희는 아이에게 말하는 식의 장난기 어린 발언을 빌려 사돈에 대한 묵은 유감을 토로하였다고 하였다.[12] 박연호 역시 이 작품이 사돈인 충청감사가 작자를 파직시킨 데 대한 원망의 정서를 표출하는 데 중점을 두고 있다고 하였다.[13] 이에

7) 소재영, 앞의 글, 35면.
8) 고순희, 앞의 글, 369면.
9) <세장가>는 어린아이와 손을 맞잡고 앞뒤로 흔드는 이른바 세장질을 할 때 부르는 민요 <달강달강>을 바탕으로 한 작품으로 <자장가>와는 거리가 있다.
10) 박연호, 앞의 글, 305~7면.
11) 소재영, 앞의 글, 35면.
12) 고순희, 앞의 글, 368면.
13) 박연호, 앞의 글, 305~6면.

비해 한대희는 억울하게 해임된 데 대한 직설적 불만을 표시했다고 보는 것은 무리라고 하면서 사돈에 대한 가벼운 원망이 드러난 정도로 파악하였다.[14] 이러한 논의의 공통점은 정도의 차이가 있기는 하지만 이 작품을 군수직에서 물러나도록 한 충청감사, 곧 사돈에 대한 불만과 원망을 표현한 작품으로 해석하고 있다는 것이다. 물론 작품의 문면에 그러한 표현이 직접 드러나 있는 것은 사실이다. 그러나 그러한 문면의 서술을 작자가 전달하고자 한 작품의 궁극적인 의미로 받아들여야 할 것인지에 대해서는 좀 더 세심한 검토가 필요하다고 할 수 있다. 작자가 실제 자신이 하고 싶은 이야기를 표면적으로는 전혀 얼토당토않게 우회적으로 표현하는 경우가 문학 작품에는 얼마든지 있기 때문이다.

창작 시기에 대해 소재영은 '이제라도 생각하면'이라는 작품 속 서술을 통해 작자의 면천군수 당년인 1772년 이후 얼마간의 세월이 지난 다음에 지어진 것으로 추정하였으며,[15] 박연호도 이에 동의하였다.[16] 그리고 한대희는 1776년 작자가 황간현감(黃澗縣監)으로 부임하는 상황에서 지은 것으로 추정하였으나 그렇게 볼 수 있는 구체적인 근거를 제시하지는 않았다.[17] 문면의 서술을 고려할 때 이 작품은 작자가 면천군수에서 물러난 1772년 5월 이후부터 작자의 몰년(沒年)인 1794년 사이에 지어진 것이 분명하다. 그러나 1780년 전후로 추정한 고순희의 지적처럼[18] 창작 시기를 좀 더 압축해 볼 여지는 있을 것으로 생각된다.

이와 같이 기존 연구에 의해 <세장가>에 민요가 수용되어 있다는 점, 자신을 군수직에서 물러나도록 한 충청감사에 대한 원망이 드러나 있다는 점 등이 확인되었는데 이제 앞에서 검토한 문제점들에 유의하면서 작품의 구조와 의미를 검토하기로 한다.

---

14) 한대희, 앞의 글, 32~3면.
15) 소재영, 앞의 글, 35~6면.
16) 박연호, 앞의 글, 305면.
17) 한대희, 앞의 글, 34면.
18) 고순희, 앞의 글, 362면.

2. 민요의 수용 양상과 작품의 구조

옥국재의 가사 가운데 <수로조천행선곡>, <초혼사> 등에서는 동일한 어구가 반복구로 되풀이되는 것을 볼 수 있다. 그런데 <세장가>에는 반복구와 같은 민요적 요소가 개입되는 수준을 넘어서서 기존의 민요가 그대로 작품 속에 수용되어 있다. <세장가>는 4음보 단위로 행을 구분할 때 전체 19행밖에 되지 않는 짧은 작품인데 앞으로의 논의를 위해 단락 구분을 해서 전문을 제시하면 다음과 같다.

[가]
달강 〃 〃 〃 〃 〃 〃 〃 〃 〃 〃 〃 〃[19)]
셰쟝 셰쟝 우 셰장의 강남 져ᄌᆞ 어제 가셔
밤 ᄒᆞᆫ 되를 어더다가 독 안의 너허더니
어러 감은 ᄉᆡ양쥐가 다 ᄶᅡ먹고 다만 ᄒᆞ나 남아시니
밋 업슨 가마의 물 업시 살마ᄂᆡ여
썹질과 본일낭은 누구을 쥬ᄌᆞ 말고
너희 외죠 한아버지 긔나마 쥬어볼가

[나]
①
바질업슨 츙쳥감ᄉᆞ 임진년의 얼픗 와셔
관문 노코 면쳔군슈 날 쬬ᄎᆞ 보ᄂᆡ더니
이졔라도 ᄉᆡᆼ각ᄒᆞ면 뮙고 뮙고 또 뮙도다

②
고마 슈영 ᄉᆡᆼ복이야 아산 평ᄐᆡᆨ 황셕슈어

---

19) 소재영이 앞의 글에서 소개한 원문과 『18세기 가사문학전집』(이상보, 민속원, 1991, 325면)에 수록된 원문에는 이 부분이 누락되어 있다.

양지 방쥭 황금부어 두 눈 굼기 말동말동
광쳔쟝 비웃슨 ᄒᆞᆫ 흔ᄒᆞ니 데여 두고
기다ᄒᆞᆫ 낙지로셔 넙젹ᄒᆞᆫ 곳게로셔
오증어 ᄭᅩᆯ독이을 ᄉᆡ오를 ᄃᆡ바치라
이리 조흔 ᄒᆡ삼 진미 ᄉᆞᆷ속의나 먹어본가

③
도연명의 ᄑᆡᆼ틱녕을 가는 듯 도라오니
이졔라도 ᄉᆡᆼ각ᄒᆞ면 뭡고 뭡고 ᄯᅩ 뭡도다

[다]
다디단 겸살낭은 너고 나고 둘이 먹ᄌᆞ

기존 논의에서는 '뭡고 뭡고 ᄯᅩ 뭡도다'라는 어구가 여음처럼 반복되고 있는 지점에서 문단을 구분했지만[20] 기존 민요와의 관련을 고려할 때에는 위와 같이 [가], [나], [다] 세 부분으로 구분하는 것이 보다 타당한 것으로 생각된다. 이미 문면을 통해 충분히 짐작할 수 있듯이 이 작품에는 최근까지 널리 불린 다음과 같은 민요가 수용되어 있다.

[1]
세상 ~ 한아비가
서울길을 가다가
밤 한 말을 사셔
고무다락에
치처 두엇더니

20) 박연호, 앞의 글, 305면.

머리 감은 식양쥐가
다— 까먹고
밤 한 톨이
남앗거늘
너고 나고 먹자
달궁 ~[21]

[2]
달강 ~ ~
서울길노 가다가
밤 한 되를 주어셔
시령 밋헤 두엇더니
머리 감은 생쥐가
들낙날낙 싸 까먹고
밤 한 말을 남겻더라
옹솟헤 삶을까—
가마솟헤 삶을까—
함박으로 건질까—
조리로 건질가—
할아바지 껍질 주고
할머님게 번의 주고
알망이는 ~
너구 나구 먹—자[22]

---

21) <달궁~(橫城)>, 엄필진, 『조선동요집』, 창문사, 1924, 14~5면(김선풍 편, 『한국민요자료총서』 제1권, 계명문화사, 1991, 26~7면에 영인 수록).
22) <栗밤 (淸州)>, 위의 책, 51~2면(위의 책, 63~5면에 영인 수록).

[1]에서는 '한아비'가 밤 한 말을 사다 놓았는데 생쥐가 다 까먹고 한 톨이 남았으니 너와 나 둘이 먹자고 하였고, [2]에서는 자기가 주운 밤을 생쥐가 다 까먹었으니 남은 것을 삶아 껍질은 할아버지를 주고, 본의(本衣), 즉 속껍질은 할머니를 주고, 맛있는 알맹이는 너와 내가 먹자고 하였다. [1]에서는 밤을 가져온 사람이 '한아비'이고, [2]에서는 '나'여서 차이가 있다. 하지만 두 작품 모두 생쥐가 먹고 남은 밤을 다른 사람은 따돌리고 너와 나 둘이서만 먹자고 한 점에서는 공통된다. 그런데 사실 그 사람들은 따돌려서는 안 될 사람들이다. [1]에서 우리가 밤을 주지 않을 한아비는 정작 밤을 사온 사람이고, [2]에서 먹을 수 없는 겉껍질과 속껍질을 받을 사람은 집안의 어른인 할아버지와 할머니이다. 직접 밤을 사온 한아비나 집안의 어른인 할아버지, 할머니에게도 주지 말고 너와 나만 먹자는 것은 이치나 윤리보다도 너와 나의 친밀함과 애정이 소중하기 때문에 이치나 윤리를 살짝 어기면서 그러한 친밀감과 애정을 나누는 데에서 즐거움을 느껴보자는 것이다. 이 노래가 웃음을 자아내는 이유는 바로 여기에 있다고 할 수 있다.

따라서 <세장가>를 이해하는 데 있어서는 이러한 기존 민요의 의미와 의도를 충분히 고려하여야 할 것이다. 앞에 제시한 <세장가> 전문을 보면 [가]와 [다]가 기존 민요를 수용한 부분임을 알 수 있다. 그리고 내가 저자에서 밤을 얻어 왔고, 먹을 수 없는 껍질과 속껍질을 '너희 외죠 한아버지'를 주자고 한 것을 보면 [1]보다는 [2]와 같은 형태의 작품을 수용하고 있다는 것을 알 수 있다. [2]와 다른 점은 할아버지와 할머니 대신 너의 외할아버지라고 한 것이다. 그럼으로써 따돌려진 사람은 너의 외할아버지이고, 그 외할아버지를 소외시키고 너와 내가 밤을 먹으면서 친밀감과 애정을 나누고, 그러한 모습을 너의 외할아버지에게 과시하자는 것으로 기존의 노래가 변용되고 있는 것이다. 그런데 왜 하필 너의 외할아버지인가. 그 이유를 제시하기 위해 기존 민요에 없는 [나]가 필요했다.

그런데 [나]에서는 느닷없이 충청감사가 임진년에 와서 면천군수인 자신을 쫓아냈기에 지금 생각해도 밉다고 하였다. 그렇다면 충청감사가 자신을 쫓아낸 일과 너의 외할아버지를 따돌리고 너와 나만 밤을 먹자는 것은 어떻게 연결될 수 있는가. 이를 제대로 이해하기 위해서는 작품 외적인 지식이 필요하다. 작자 옥국재는 금성현령(金城縣令)으로 있던 1771년 12월 면천군수에 승배(陞拜)하여 다음해인 임진년 정월에 부임하였다. 2월에는 관찰사에게 인사를 하는 연명(延命)을 행하고 3월에는 결성(結城)으로 가서 중모(仲母)의 시묘를 하고 있는 종형제들을 만나고 돌아왔으며 4월에는 기우제를 지냈다. 그러다가 5월에 사돈이 충청감사로 부임하자 군수 자리에서 물러나 서울로 돌아왔다.[23]

그때 새로 충청감사가 되어 내려온 사돈은 송재경(宋載經)이라는 사람이다. 자가 자중(子中)인데 옥국재의 장자인 이희연(李羲淵, 1755~1820)의 장인이었다. 희연과 송재경의 딸이 1771년 10월에 혼인하였으니 송재경이 충청감사로 부임하여 옥국재가 군수직에서 물러난 것은 서로 사돈을 맺은 지 일곱 달 만의 일이었다. 이후 1777년 9월 송씨에게서 아들 최재(冣在)가 태어났는데 최재는 송씨의 유일한 혈육이었다.[24]

이러한 사실을 통해 너의 외할아버지를 따돌리고 너와 나만 밤을 먹자고 한 것과 충청감사가 자신을 쫓아낸 일이 어떻게 연관되는지 알 수 있다. 곧 작자가 말을 건네면서 친밀감을 나누자고 한 '너'는 손자 최재를, 그리고 소외시키려고 하는 '너희 외죠 한아버지'는 사돈 송재경을 가리키며, 손자의 외할아버지를 따돌리자고 하는 것은 그가 충청감사가 되어 옴으로써 작자가 군수직에서 물러나게 되었기 때문인 것이다. 그렇다면 이 작품은 최재가 태어난 1777년 9월부터 최재가 아직 어리던 수년 사이에 창작되었으리라는 추정이 가능하다.[25]

---

23) 이승복, 앞의 글, 173면.

24) 「기년록(紀年錄)」, 『옥국재유고(玉局齋遺稿)』 권10 참고. 이민보(李敏輔)가 지은 <이건지묘지명(李健之墓誌銘)>에 희연이 덧붙인 추기(追記)에 따르면 최재의 초명은 영재(寧在)였는데 피휘(避諱)하기 위해 개명하였다고 한다.

이처럼 <세장가>는 이치나 윤리를 떠나 다른 사람을 소외시키면서 둘이서만 친밀감을 나누자는 기존 민요를 수용하여 창작된 작품으로 [가]와 [다]에서는 이러한 기존 민요의 틀을 수용하여 사돈을 소외시키면서 손자와 친밀감을 나누겠다는 마음을 표현하고 있으며, 기존 민요에 없는 [나] 부분을 추가하여 사돈을 소외시켜야 하는 이유를 제시하고 있다. 따라서 기존 민요와 구분되는 이 작품의 특징이 [나]에 집중되어 있다고 할 수 있는데 이 부분은 겉으로는 사돈을 소외시키려는 이유를 제시하고 있는 것처럼 보이지만 그 속뜻이 결코 단순하지 않다. 이제 [나]를 중심으로 작품의 의미를 살펴보자.

3. 작품의 의미와 해학적 서술태도

<세장가>가 기존 민요의 틀에 나와 손자, 나와 사돈과의 관계를 대입하여 창작한 작품이라는 것을 확인하였다. 그렇다면 과연 작자가 이 작품을 통해 궁극적으로 제시하고자 한 것이 기존 민요처럼 '너'와 '나'의 친밀감, 다시 말하면 손자에 대한 사랑인가, 아니면 기존 연구의 지적처럼 자신을 파직한 사돈에 대한 원망인가 하는 점을 따져 보아야 할 것이다. 비교적 짧은 분량의 노래이지만 그 의미를 파악하는 일이 간단하지 않은데 이 문제를 해결할 수 있는 관건은 앞에서 말한 바와 같이 기존 민요의 틀에 새로 덧붙인 [나]에 있다고 할 수 있다.

우선 [나]의 ①에서는 사돈인 충청감사가 임진년에 와서 자신을 쫓아

25) 작품 속의 '너'를 실제 손자 최재가 아니라 막연히 작품 속에 끌어들여 말을 건네는 대상으로서의 손자로 파악할 가능성이 전혀 없는 것은 아니다. 그러나 나중에 다시 논하겠지만 이 작품이 사돈에 대한 불편한 심기를 드러내는 데 목적이 있지 않기 때문에 굳이 막연한 제삼자를 끌어들여 말을 건네고 있는 것으로 파악하기보다는 작품 속의 '너'를 실제 손자인 최재를 가리키는 것으로 보는 것이 보다 타당할 것으로 생각된다.

내 밉다고 하여 사돈을 소외시키려는 이유를 제시하였다. 다음 ②에서는 충청도 각 지역의 유명한 해산물들을 열거한 다음에 그것들을 꿈속에서나 먹어볼 수 있을지 모르겠다고 하여 군수 자리에서 물러남으로써 그러한 것들을 먹지 못하게 된 사정을 노래하였다. 이어 ③에서는 도연명(陶淵明)이 팽택령(彭澤令)이 되었다가 금방 그만두고 돌아온 것처럼 자신도 금세 물러났으니 그렇게 만든 사돈이 밉다고 하였다. 이러한 표면적 진술만을 주목하면 자신의 면직(免職)을 노골적으로 불평하고 있다거나[26] 사돈에 대한 묵은 유감을 토로하고 있다거나[27] 충청감사에 대한 원망의 정서를 표출하고 있다고[28] 할 수 있다.

그러나 문제는 그러한 표면적 진술이 과연 작자의 진심이겠는가 하는 것이다. ①에서 작자는 충청감사가 임진년에 내려와서 관문(關文) 놓고 면천군수인 나를 쫓아 보냈기 때문에 밉다고 하였다. 충청감사가 나를 쫓아 보냈다고 하여 그것이 마치 사돈인 충청감사의 의지에서 비롯된 것처럼 표현하고 있는 것이다. 나아가 작자는 그렇게 자신을 쫓아 보낸 사돈을 이제라도 생각하면 밉고 밉고 또 밉다고 하여 그때의 일이 내내 잊히지 않는 충격으로 남아있는 것처럼 표현하고 있다. 하지만 실제 작자가 군수직에서 물러난 것은 충청감사가 파직시켜서가 아니라 사돈 간에 서로 감사와 군수가 될 수 없다는 규정에 따른 것이다.

조선조에는 부정을 방지하기 위해 일정한 범위의 친족 관계에 있는 자들을 같은 곳에서 근무하지 못하도록 하는 상피제(相避制)를 실시하여 하위직에 있는 사람이 교체되도록 하였다. 『경국대전』 이후의 교령(教令) 등을 모아 1746년에 간행한 『속대전』에는 혼인한 양가의 인척도 상피하도록 하여 상피의 범위 안에 사돈을 포함하고, 같은 도의 관찰사, 병마절도사, 수령, 첨사 및 만호 등도 모두 교차하여 상피하도록 함으로써

26) 소재영, 앞의 글, 36면.
27) 고순희, 앞의 글, 368면.
28) 박연호, 앞의 글, 306면.

사돈 간에 관찰사와 수령으로 같이 근무할 수 없게 명문화되어 있음을 볼 수 있다.[29] 따라서 작자가 군수직에서 물러난 것은 사돈이 관찰사로 부임하게 되자 수령인 자신이 체직될 수밖에 없는 인사 규정, 이른바 친사혐(親査嫌)에 따른 것이지 사돈에 의해 해임되었기 때문이 아니었다. 상피에 따른 체직은 흔히 있는 일이어서 1784년 사복시(司僕寺) 주부(主簿)로 있던 작자는 종형(從兄) 이복영(李復永)이 사복시정(司僕寺正)이 되자 또 다시 상피하여 공조좌랑(工曹佐郞)으로 자리를 옮기기도 하였다.[30]

그렇다면 작자는 자신이 군수 자리에서 물러나게 된 것을 왜 사돈이 자기를 쫓아냈기 때문이라고 했을까. 상피 규정에 의해 물러났지만 만약 사돈이 그때 감사로 오지 않았더라면 군수 자리에서 물러나지 않았을 것이니 모든 것이 다 사돈 탓이라고 생각했던 것인가. 그래서 사돈에 대해 원망과 섭섭한 마음을 갖게 되었고, 억지로 물러난 군수 자리에 대한 미련도 아직 남아있는 것인가. 지금 와서도 그 일을 생각하면 사돈이 밉고 밉고 또 밉다고 했으니 그렇게 생각해 볼 수도 있을 것이다. 그러나 그것이 작자의 진심이라고 하기에는 무언가 석연치 않다는 것을 ②와 ③에서 확인할 수 있다.

②에서는 고마 수영의 생복(生鰒),[31] 아산 평택의 황석수어(黃石首魚)[32] 등 충청도 여러 지역의 이름 있는 해산물들을 열거하고 이러한 것들을 꿈속에서나 먹어볼 수 있을지 모르겠다고 하였다. 이는 그러한 진미들을 군수로 있었더라면 쉽게 먹어볼 수 있었을 텐데 군수에서 물러나 먹지 못하게 되어 섭섭하다는 의미일 것이다. 진미를 열거하는 방식이 흥미롭기는 하지만 여기에서 주목할 것은 사돈에 대한 섭섭함, 군수 자리에 대한 미련의 실체가 맛있는 음식을 먹을 수 없게 된 것이라고 한 점이다.

29) 한국고전국역연구위원회 역주, 『국역 대전회통』, 고려대 출판부, 1960, 148면.
30) 이승복, 앞의 글, 175~6면.
31) 익히지 않은 전복(全鰒).
32) 참조기.

기존 연구에서는 이를 두고 해임으로 인해 산해진미를 못 먹게 되었기 때문에 충청감사가 밉다고 한 것으로 심각한 문제는 가볍게 젖혀두고 가벼운 문제를 심각한 것처럼 전면에 부각시키고 있다고 지적한 바 있다.[33] 그러나 군수 자리라는 것이 한갓 맛있는 것들을 마음껏 먹을 수 있는 자리이고, 사돈 때문에 그것들을 먹을 수 없게 되어 사돈이 섭섭하고 밉다고 하는 것은 심각한 문제를 가볍게 젖혀 둔 것이라기보다는 자신이 군수 자리에서 물러난 것은 애시당초 문제거리조차 되지 않는다는 것을 의미하는 것일 수 있다. 다시 말하면 군수 자리라는 것이 별것이 아니고, 그래서 그것에서 물러난 것이 대단한 일이 아니라는 것이다. 그렇다면 그러한 대단치 않은 일이 일어나도록 한 사돈을 굳이 섭섭해 하고 미워할 이유도 없다. 따라서 ②에서는 표면적 의미와 이면적 의미가 서로 모순된다고 할 수 있다.

다음 ③에서는 자신이 면천에 부임한지 얼마 되지 않아 물러났던 것을 도연명이 팽택령으로 나아갔다가 금방 돌아온 것에 비유하면서 이제라도 생각하면 상황을 그렇게 만든 감사가 밉고 또 밉다고 하였다. 따라서 이 부분은 표면적으로는 부임한지 불과 다섯 달 만에 자기를 물러나도록 만든 사돈에 대한 원망과 섭섭함을 표현하고 있다고 할 수 있다. 그러나 여기에도 또 다른 의미가 내포되어 있는데 그것은 자신의 경우를 도연명의 경우에 비유하고 있는 데에서 짐작할 수 있다. 평소 뜻이 높아 시속과 어울리지 않던 도연명은 속대(束帶)를 하고 독우(督郵)를 맞아야 한다는 말을 듣자 그 길로 벼슬을 내던지고 집으로 돌아갔다. 따라서 자신이 면천군수에서 물러난 것을 도연명이 팽택령을 내던진 것에 비유하고 있는 것은 자기 역시 세상의 벼슬자리에 연연해하거나 미련을 두고 있지 않다는 것을 암시하는 것일 수 있는 것이다. 곧 ③에서도 부임한지 얼마 되지 않은 군수 자리에서 자신을 물러나게 한 충청감사가

---

33) 박연호, 앞의 글, 306면.

밉다고 하였지만 그러한 표면적 진술의 이면에는 그와 상반되게 자신은 벼슬자리에 연연해하거나 미련을 갖고 있지 않기 때문에 군수에서 물러난 것이 섭섭할 것이 없다는 함축적인 의미가 담겨있는 것이다.

이와 같이 ②와 ③에는 표면적 의미를 뒤집는 이면적 의미가 제시되어 있고, 그러한 이면적 의미는 ①의 진술 내용까지 부정하고 있다. 따라서 작자가 사돈으로부터 억울하게 해임된 데 대한 직설적인 불만을 드러내거나 사돈이 자신을 파직시킨 데 대한 원망의 정서를 표출하고 있다고 하기는 어렵다. 충분히 짐작할 수 있듯이 만약 사돈에 대한 불만과 원망을 드러내려고 했다면 굳이 군수 자리라는 것이 대단한 것이 아니라거나 그렇기 때문에 자신이 그것에 연연해하지 않는다는 의미를 함축적으로 제시할 필요는 없을 것이기 때문이다. 그렇다면 이 부분에서 작자가 궁극적으로 제시하고자 한 것은 과연 무엇인가. 자신을 물러나게 한 사돈이 밉다는 표면적 진술을 자신은 군수 자리에 연연해하거나 미련을 두고 있지 않다며 이면적으로 부정했으니 그러한 이면적 의미가 작자가 [나]에서 전달하고자 했던 바로 그것인가. 이 문제를 해결하기 위해 [나]의 표면적 진술에 드러난 작자의 서술태도를 다시 살펴보자.

[나]의 ①에서는 앞에서 살펴보았듯이 자신이 인사 규정에 따른 정당한 절차에 의해 군수직에서 물러났음에도 불구하고 그것이 전적으로 사돈의 자발적 의지에 의해 이루어진 것처럼 전가하여 서술함으로써 사실을 왜곡하고 있다. 또 자신이 물러나게 된 과정을 할 일 없는 사돈이 갑자기 나타나 요란을 떨며 자기를 쫓아 보낸 것처럼 과장하여 그리고 있다. 실제로는 대단한[34] 사돈이 감사로 부임하여 스스로 대단치 않다고 한 군수 자리에서 자신이 물러난 것임에도 그것을 대단치 않은 사돈이 마치 대단한 일이나 한 것처럼 그리고 있는 것은 실상을 반대로 뒤집어 표현하고 있는 것이라 할 수 있다.

34) 다시 구체적으로 논하겠지만 작자는 사돈 송재경을 그의 곧은 성품 때문에 높이 평가하고 존중했었다.

②에서는 군수가 맛있는 음식이나 실컷 먹을 수 있는 대단치 않은 자리라는 것을 암시하여 ①의 내용을 금방 부정하고 있는데 이를 위해 작자는 각 지역의 유명한 해산물들을 열거하고 그것들을 '꿈속의나 먹어본가'라는 말로 포괄함으로써 마치 자신이 그것들을 끔찍이도 좋아하고 먹고 싶어 하는 것처럼 제시하여 스스로를 치기(稚氣)를 못 벗은 우스운 존재로 그리고 있다.

그리고 ③에서는 자신이 군수 자리에 연연해하지 않음을 암시하기 위해 수령 자리를 헌신처럼 내던진 도연명을 끌어들였지만 표면적으로는 탈속한 도연명의 태도와 아직도 사돈을 미워한다는 자신의 진술을 나란히 제시함으로써 스스로를 세속적 욕망을 떨쳐버리지 못하는 대단치 않은 존재처럼 보이게 하고 있다.

이처럼 작자는 사실을 왜곡·과장하여 전혀 엉뚱하게 뒤집어 표현하기도 하며, 앞의 말을 금방 부정하는 모순을 드러내면서 스스로를 치기를 못 벗은 대단치 않은 존재처럼 그리고 있다. 작자가 충청감사에 대한 불만이나 비판을 의도하고 있는 것이 아닌 이상 이러한 서술태도는 비판적 의미를 함축한 풍자보다는 인간과 사회에 대한 관조적 자세에서 우러나오는 해학에 가깝다고 할 수 있다.[35)]

그런데 주목할 것은 이러한 해학적 서술태도에 의해 사돈도 나도 대단치 않은 인물로 그려지고 있다는 것이다. 서로 존중해야 할 사돈 간임에도 불구하고 사돈을 요란을 떨며 작자를 쫓아낸 물색없는 인물로, 작

35) 작품에 수용한 기존 민요의 틀 자체가 해학에 기반하고 있기 때문에 해학적인 서술태도는 작품 전편에 드러나 있다고 할 수 있다. 예를 들어 작자가 [가]에서 하나 남은 밤을 '밑 없는 가마에 물 없이 삶아내자'고 한 것도 그 중 하나라고 할 수 있다. 이 부분에 대해 기존 연구에서는 말도 안 되는 상황을 제시하여 자신을 파직시킨 충청감사의 잘못된 처사를 비유하려 했다고 하였으나(박연호, 앞의 글, 305면) 충청감사에 대한 원망과 불만을 드러내려는 것이 작자의 궁극적인 의도가 아닌 이상 이 구절은 단지 터무니없고 불가능한 일을 아무렇지도 않게 슬쩍 제시하는 데에서 오는 웃음, 곧 해학적 효과를 의도한 표현으로 이해할 수 있을 것이다.

자는 맛있는 것이나 먹고 싶어 하며 그것을 못 먹게 만든 사돈을 미워하는 분별없는 인물로 제시하고 있는 것이다. 이처럼 사돈과 자기를 모두 대단치 않은 인물로 그리고 있는 것은 기실 사돈에 대한 친밀감의 표현일 수 있다. 만약 자신을 물러나게 한 사돈을 정말 미워했다면 자신마저 대단치 않은 인물로 그릴 리가 없다. 또 표면에 제시된, 사돈에 대한 불만과 원망이 진실이었다면 그것은 어려운 사돈 간에 심각한 문제를 야기할 수 있는 것으로 해학적인 태도로써도 쉽게 드러낼 수 있는 것이 아닐 것이다. 이런 점에서 작자는 이면적 의미를 통해 사돈에 대한 표면적 진술이 진실이 아니라는 것을 담보하면서 해학적인 터치로 '사돈도 못나고, 나도 못났다'라고 함으로써 서로 간의 친밀감을 확인시키려 했다고 할 수 있다.

그렇다면 손자의 외할아버지를 소외시키려는 이유를 제시하기 위한 [나]가 그 외할아버지와의 친밀감을 확인하는 구실을 하게 된 모순이 생기게 되었다고 할 수 있는데 이제 이 문제를 작품 전체의 맥락과 논리를 통해 검토하고 작품의 궁극적인 의미를 살펴보자.

<세장가>에서 작자는 기존 민요의 틀에 따라 손자와 친밀감을 나누기 위해 손자의 외할아버지를 소외시키자고 하였고, 그 외할아버지를 소외시켜야 할 이유를 제시할 필요 때문에 기존 민요에 없는 [나]를 덧붙였다. 이러한 맥락에 따라 [나]의 표면적 진술에는 그 이유가 제시되어 있다. 그러나 앞에서 검토한 바와 같이 이면적으로는 그렇지 않았다. [나]가 외할아버지를 소외시켜야 하는 이유를 제시하고 있는 것은 단지 표면적으로만 그럴 뿐이었다. 그런데 어찌 보면 이것은 당연한 결과일 수 있다.

기존 민요에서 밤을 얻어온 한아비, 집안의 어른인 할아버지와 할머니를 소외시키고 너와 나만이 친밀감을 나누거나 그것을 과시하자고 한 것은 그들과 우리 사이에 어떠한 문제가 있어서가 아니다. 이치나 윤리를 살짝 어기면서 나누는 친밀감이 더 정답게 느껴질 수 있다는 것뿐이

지 그들과의 사이에 문제가 있으니 그것을 따져서 그들을 정말 소외시키자는 것은 아닐 것이다. 이러한 성격을 가진 민요를 수용하면서 만약 [나]에서 정말 사돈이 충청감사로 내려와 자기를 군수에서 물러나도록 한 것이 원망스럽고 섭섭하다면서 사돈을 소외시켜야 할 심각한 이유를 드러냈다면 그것은 손자에게 서로 친밀감을 나누자는 것이 아니라 외할아버지를 같이 미워하자고 하는 것이 되고 말아 작품의 내적 논리가 파괴되었을 것이다. 그렇게 하는 것은 손자와의 친밀감이나 애정을 돈독히 하는 데 전혀 기여를 하지 못할 뿐 아니라 손자와의 관계를 소원하게 하는 것일 수 있기 때문이다. 이러한 사실을 고려할 때 [나]에서 사돈에 대한 친밀감을 표현하고 있는 것이 결코 논리적인 모순일 수 없다는 것이다.

정확하게 일치하는 경우는 아니지만 어린아이가 울 때 "우리 애기 누가 울렸어?"라고 말하고는 함께 앉아있는 다른 사람을 때리는 시늉을 하든가 밉다고 하면서 아이를 달래는 경우를 흔히 본다. 이때 정말 그 사람이 미워서 때리는 시늉을 하든가 밉다고 말하는 것은 아니다. 도리어 흉이나 허물이 없는 친밀한 사이이기에 같이 웃는 가운데에서 그런 시늉이나 말을 할 수 있는 것이다. 이와 마찬가지로 [나]에서 사돈이 밉다고 한 것은 정말 미워서가 아니다. 밉고 밉고 또 밉다고 강조하고 그것을 다시 반복하는 과장된 표현 방식은 오히려 그것이 진실이 아니라는 것을 보여준다. 절친하기 때문에 짐짓 밉다고 말할 수 있는 것이지 정말 미우면 어린 손자에게 그것을 이야기할 리가 없다. 손자와의 애정과 친밀감 또한 내가 손자의 외할아버지를 미워하고 소외해서가 아니라 그 외할아버지와 친밀한 관계를 유지해야 돈독해질 수 있는 것이다.

요컨대 이 작품의 표면적 논리에 따른 진술은 손자의 외할아버지가 예전에 나를 군수 자리에서 쫓아내서 미우니 그 외할아버지를 따돌리고 나와 손자만이 친밀감을 나누겠다는 것이다. 그러나 그것은 어디까지나 표면적인 것에 불과하고 내적 논리에 따른 작품의 의미는 손자의 외할아버지와 나의 지난 일을 들어가며 서로가 친밀한 관계임을 확인하고 그 바탕 위에서 나와 손자의 돈독한 애정과 친밀감을 다지겠다는 것이라 할 수 있다. 이러한 내적 논리에 따른 의미 파악을 가능하게 하는 것은, 기존 민요 속에 이미 배태되어 있었고 [나] 부분에 집중적으로 드러나 있는 해학적 서술태도라 할 수 있다.[36] 이런 점에서 이 작품의 해학은 인간과 사회에 대한 관조적 자세에서 나오는 웃음을 지향하는 데에 그치지 않고 표면의 진술을 뒤집고 이면의 진실을 드러나게 하는 작품 내적 기능을 수행하고 있다고 할 수 있다. 이제 이상의 논의가 과연 타당성을 지니는지 확인하고, 작품을 작자의 삶과 관련지어 폭넓게 이해하기 위해 작자와 사돈 송재경의 실제 관계를 살펴보자.

작자 옥국재는 1771년 10월 승지로 있던 송재경의 딸과 아들 희연을 혼인시켰다. 당시 금성현령으로 있던 작자는 잠시 말미를 얻어 서울에 와서 아들의 혼례를 치렀다. 송재경은 노론 중진 송상기(宋相琦)의 종손자(從孫子)인데 송상기는 신임사화 때 강진으로 유배되었다가 이듬해 유배지에서 세상을 떠난 인물이다. 따라서 당시로서는 당연한 일이겠지만 정치적, 학문적 입장을 같이 하는 노론 가문끼리 서로 사돈 관계를 맺었던 것임을 알 수 있다. 하지만 작자가 외척이나 벌열과는 혼인하지 않는다며 몇몇 가문의 청혼을 물리치고 굳이 송재경의 딸을 며느리로 맞은 것을 보면[37] 송재경에 대한 작자의 평가가 남달랐음을 알 수 있다.

작자는 송재경이 죽은 후 <송판서자중만(宋判書子中輓)> 여덟 수를 지었다.[38] 작자는 그 가운데 셋째 수에서 '세상 사람들이 모두 아첨을 배울 때 송재경 혼자 꽂꽂하였고 세상 사람들이 모두 입을 다물고 있을 때 송재경 혼자 직언하였으니 이러한 태도를 지니고 쇠미한 세상에서

---

36) 박연호는 이 작품이 부조리한 현실을 비판하면서도 결코 현실적인 힘의 논리에 저항할 수 없는 상황이기에 해학이 동반되었다고 하였으나 이것은 작품의 표면적 진술과 논리에만 주목한 해석이라 할 수 있다(위의 글, 307면).

37) 이승복, 앞의 글, 184면.

38) 『옥국재유고』 권8.

어찌 후한 녹을 누릴 수 있었겠느냐'며 그의 곧은 성품을 칭송하고 그것이 용납되지 못하는 세상을 개탄하였다.[39] 죽은 사람을 조상하기 위한 만시(輓詩)의 내용이기는 하지만 송재경의 성품에 대한 유사한 서술이 <송태자중화상찬(宋台子中畵像贊)>[40]에도 있는 것을 보면 의례적인 칭송만은 아닌 듯하다. 또 만시의 다섯째 수에서는 작자와 송재경이 서로 인접한 세자익위사와 세자시강원에 근무하면서 함께 어울려 흉금을 터놓고 이야기하곤 했었다는 사실을,[41] 여섯째 수에서는 자신이 황간현감으로 있을 때 감영을 오가는 도중에 자주 회천(懷川: 회덕)에 들러 송재경을 만났다고 하여 각별한 교유가 있었다는 사실을 밝히고 있다.[42] 이를 통해 작자가 송재경의 곧은 성품을 높게 평가하여 그를 존중하고 있다는 것, 또 두 사람이 서로의 마음을 훤히 알 정도의 깊은 교분을 맺고 있었다는 것을 확인할 수 있다.

그런데 이러한 사돈과의 관계에 있어서 마음 아픈 일이 있었다. 며느리 송씨가 혼인한지 6년 만에 아들 최재를 낳았는데 그 3년 뒤인 1780년 10월 어린 아들을 남겨둔 채 27세의 나이로 세상을 떠났다. 황간현감으로 있던 작자가 과만(瓜滿)이 되어 서울로 돌아오기 직전의 일이었다. 만시에 드러나 있듯 작자는 황간에 있을 때 자주 송재경을 방문하곤 했었는데 송재경이 영변부사(寧邊府使)가 되자 송씨가 친정아버지를 따라 영변에 갔다가 그만 관아에서 세상을 떠나고 말았던 것이다.[43] 이 일이 사돈이나 어린 손자를 대하는 작자의 마음을 아프게 하였으리라는 것을 짐작하는 것은 어렵지 않다. 그것은 송재경에 대한 만시 중 일곱 번째

39) [其三] 擧世學媚嫵 獨也骨骯髒 擧世事緘結 獨也言直讜 持此處衰世 那能厚祿享.

40) 『옥국재유고』 권9.

41) [其五] 春桂兩宮坊 相對接屋稜 花甎聯武步 銅樓連袂登 傾困永夜語 照心明紙燈.
이 시에 제시된 대로 작자와 송재경이 세자익위사와 세자시강원에 근무하면서 서로의 마음을 훤히 알 정도로 교분을 쌓은 것은 『영조실록』과 『옥국재유고』의 「기년록」을 참고할 때 1767년경으로 추정된다.

42) [其六] 懷川桑梓里 黃潤松桂鄉 錦營來去頻 我馬入仙庄 勝似城闉裡 過從每恨忙.

43) 「기년록」, 『옥국재유고』 권10.

수에서 작자가 사돈 간의 깊고 오랜 인연을 말한 다음 "내 며느리가 어질었으나 일찍 죽고 다만 아들 하나를 남겼는데 그 아이가 공의 무덤에 임한 것을 영령은 아는가 모르는가"[44]라고 읊고 있는 데에서도 어느 정도 확인할 수 있다.

이와 같이 작자가 송재경의 곧은 성품을 높이 평가하고 있었으며, 며느리의 죽음으로 인해 사돈과 손자를 대할 때마다 아픔을 느꼈으리라는 점을 고려할 때 면천군수에서 물러난 사실을 두고 사돈이 밉고 밉고 또 밉다고 한 것이 결코 작자의 진심이 아니었으리라는 것을 쉽게 짐작할 수 있다. 이 작품을 통해 어머니를 잃은 어린 손자에 대한 사랑을 노래하고자 했다면 딸을 잃은 사돈을 비난할 리는 더더욱 없었을 것이다. 물론 <세장가>는 손자가 태어난 1777년 이후에 창작된 것으로 보이기는 하지만 며느리 송씨가 세상을 떠난 1780년 이후에 지어졌다는 확증은 없다. 하지만 이 작품이 송씨가 세상을 떠나기 전에 지어졌다 하더라도 사정이 달라지지는 않는다. 작자가 지난 일 때문에 송재경을 원망하고 있었다면 그 무렵 자기 스스로 송재경을 방문하면서 두터운 교분을 나누려하지는 않았을 것이기 때문이다.

결국 <세장가>는 작품의 내적 논리와 사돈과의 실제 관계를 비롯한 작품외적인 사실을 두루 고려할 때 사돈에 대한 불만, 유감, 원망이 아니라 사돈에 대한 친밀감을 확인하면서 손자에 대한 사랑을 노래하고 있는 작품이며, 그러한 친밀감과 애정은 아이를 어르는 일상적 삶 속에서 불리는 기존 민요의 수용을 통해 효과적으로 표현될 수 있었다고 할 것이다.

44) [其七] 通家痛痒關 卄三年于玆 吾婦賢而夭 秖有一男兒 兒去臨公壙 英靈知不知.

4. 맺음말

옥국재 이운영의 가사는 몇 차례의 검토를 통해 나름의 독특한 성격을 지니고 있다는 사실이 확인되었다. 그러나 개별 작품의 의미 해석에 있어서는 아직도 많은 문제점이 남아있다고 할 수 있다. 그것은 기존 연구들이 옥국재 가사 전반의 특성을 파악하는 데 중점을 두고 있었기 때문일 것이다. 이에 여기에서는 옥국재 가사 가운데 한 편인 <세장가>를 대상으로 그 구조와 의미를 작품에 수용된 기존 민요와의 관계에 주목하여 검토하였다. 논의의 결과를 요약하면 다음과 같다.

<세장가>에는 생쥐가 먹고 남은 밤을 삶아서 껍질은 할아버지와 할머니를 주고 맛있는 알맹이는 너와 나만 먹자고 하는 기존 민요가 수용되어 있다. 이러한 민요의 의미는 집안 어른들을 살짝 소외시키면서 너와 나의 친밀감과 애정을 다지자는 것이라 할 수 있는데 <세장가>에서는 시적 화자 '나'가 말을 건네는 '너'는 '나'의 손자로, 소외시키자는 대상을 손자의 외할아버지, 곧 사돈으로 설정하고 사돈을 소외시키려는 이유를 제시하였다. 그 이유는 사돈이 충청감사로 부임해 와서 면천군수인 나를 쫓아내 밉기 때문이라는 것이다. 이러한 표면적 진술에 따라 기존 연구에서는 이 작품이 자신을 해임한 사돈에 대한 불만이나 유감, 원망을 표출한 작품으로 이해하였다.

그러나 작자는 그러한 표면적 진술의 이면에서 군수라는 것이 별것 아니고, 자신은 그러한 벼슬자리에 연연해하지 않는다는 것을 암시하여 표면적 진술을 스스로 부정하였다. 또 작자는 해학적인 서술태도로 사돈인 충청감사는 물론 자기 자신까지도 대단치 않은 사람으로 그려가고 있다. 이러한 사실들을 두루 고려할 때 표면적으로는 사돈에 대한 원망과 섭섭함을 표현했지만 실은 그 반대로 사돈에 대한 친밀감을 제시하고자 했다는 것을 알 수 있다. 이는 사돈에 대한 원망이 진실이었다면 그것은 서로 존중해야 할 사돈 간에 문제를 일으킬 수 있는 것으로 아무

리 해학적으로라도 결코 쉽게 드러낼 수 있는 내용이 아니고, 그것을 또 사돈의 외손자인 자기 손자에게 이야기하며 같이 미워하자고 하지는 않았을 것이라는 점에서도 충분히 짐작할 수 있다. 따라서 <세장가>는 지난 일을 통해 사돈과의 친밀감을 확인하면서 손자에 대한 사랑을 노래하고 있으며, 이를 위해 기존 민요의 구조와 의미를 적절히 활용한 작품이라고 할 수 있다.

조선후기에 사대부들이 민요에 대한 적극적인 관심을 표명하기도 하고, 직접 나서서 민요를 한시로 번역하기도 하고, 민요의 수법과 흥취를 한시 창작에 활용하기도 하였다는 것은 널리 알려져 있는 사실이다. 하지만 사대부들이 개별 민요 작품의 구조와 의미를 적극 수용하여 가사 창작에 활용한 경우는 별반 확인된 것이 없는 듯하다. 이런 점에서 <세장가>가 18세기 경화사족(京華士族)이 민요를 적극 수용하여 창작한 작품이라는 것은 중요한 시가사적 의의를 갖는다고 할 수 있다. 앞으로 옥국재 가사에 대한 보다 폭넓고 깊이 있는 검토가 이루어져 조선후기 가사의 양상과 성격에 대한 논의가 심화되기를 기대한다.

Ⅲ. <순창가>의 서술방식과 작가의식

1. 머리말

<순창가>는 옥국재(玉局齋) 이운영(李運永, 1722～1794)이 남긴 여섯 편의 가사 가운데 한 편이다. 이운영은 자연의 흥취나 전원생활의 한가로움을 노래한 작품을 남기지 않았다. 강호한정(江湖閑情)을 노래하지 않은 것은 그가 서울에 세거하는 경화사족(京華士族)이었기 때문에 그랬을 것이다. 하지만 금성현령(金城縣令)으로 있는 동안 전후 아홉 차례나 금강산을 유람한[1] 그가 산수의 흥취를 노래하지 않은 것은 이채롭다고 할 수 있다. 대신 그는 사소한 것처럼 보이는 일상의 삶을 노래하고, 주변에서 보고 들은 사건을 제시하거나 마주친 대상에 대한 감회를 작품으로 형상화하였다. 옥국재 가사 대부분이 그런 성격을 지닌다는 것은 그가 가사를 제재에 상관없이 무엇이든 자유롭게 노래할 수 있는 장르로 인식했다는 것을 말해주는 것이라 할 수 있다. <순창가>도 그러한 인식 아래 창작된 작품으로 순창(淳昌) 아전과 기녀들 사이에 벌어진 송사 사건을 다루고 있다.

<순창가>에 대해서는 소재영이 옥국재 가사가 수록된 『언사(諺詞)』라는 가사집을 소개하는 자리에서 처음으로 작품의 의미를 간략히 제시하고 원문을 소개한 바 있다.[2] 이후 옥국재 가사 전반이나 기녀 문제를 다룬 가사 작품들에 대한 논의 과정에서 이 작품의 성격과 의미가 부분적

1) 제1부 '옥국재 이운영의 생애와 일상의 면모' 참조.
2) 소재영, 「『언사』 연구」, 『민족문화연구』 21, 고려대 민족문화연구소, 1988.

으로 거론되곤 하였다. 이러한 기존 논의들을 살펴보면, 우선 <순창가>의 장르적 특성에 대해 고순희는 이 작품이 사건, 인물, 갈등현실을 갖추고 있다는 점에서 서사성을 지니고 있다고 하였고,[3] 박연호는 이 작품이 플롯과 아울러 인물과 서술자의 이중적 시점을 지니고 있어 서사적 양식에 속하는데 중요한 상황만이 장면화됨으로써 서사양식에 극적 장면화를 혼합한 방식으로 이루어져 있다고 하였다.[4]

또 작품의 의미와 관련하여 소재영은 이 작품이 순창 하리 최윤재라는 인물을 통하여 원님들의 호화호색하는 삶을 풍자하고 당시 기녀들의 고달픈 삶의 단면을 간접적으로 풍자했다고 하였으며,[5] 박연호는 부도덕한 지배층의 횡포에 시달리는 지방하리와 기생의 비극적인 삶이라는 역사적 사실을 해학적으로 그려냈다고 하였다.[6] 이에 비해 고순희는 작자 자신이 사건의 발단이 된 유람의 적극적인 향유자였기 때문에 관리들의 호화호색에 대한 풍자가 작자의 창작 의도는 아니라고 하였다. 그리고 작자는 사건이 지니는 해학성에 보다 관심을 두었기 때문에 그것을 생생히 전달하기 위해 구체화된 행동과 말로 사건을 표현해내려 하였고, 이로 인해 획득된 서사성으로 인해 작품의 의미는 작자의 의도와는 상관없이 풍자로까지 확대되기에 이르렀다고 하였다. 곧 관료들의 호사스러운 삶과 권속들의 고달픈 삶이 대비되면서 작자의 의도와 달리 작품이 관료들에 대한 간접적인 풍자의 의미를 지니게 되었다는 것이다.[7]

이처럼 기존 연구에서는 이 작품이 서사성을 지니고 있고, 풍자와 해학을 갖추고 있다는 점들이 주로 논의되었는데[8] 이를 통해 이 작품의

3) 고순희(a), 「18세기 가사에 나타난 기생 삶의 모습과 의미」, 『고전문학연구』 10, 한국고전문학회, 1995, 254면.
4) 박연호, 「옥국재 가사의 장르적 성격과 그 의미」, 『민족문화연구』 33, 고려대 민족문화연구원, 2000, 313면.
5) 소재영, 앞의 글, 33면.
6) 박연호, 앞의 글, 311~2면.
7) 고순희(b), 「인유와 해학의 미학 -이운영의 가사 6편-」, 『이화어문논집』 15, 이화어문학회, 1997, 375~6면 참고.

기본적인 성격이 어느 정도 드러났다고 할 수 있다. 이제 이 글에서는 이러한 기존 논의를 바탕으로 <순창가>의 서술방식과 작가의식을 구체적으로 검토하여 작품에 대한 이해를 좀 더 심화해 보고자 한다. 서술방식에 주목하는 이유는 그것이 작품의 특성을 구명하고, 작품의 의미 내지 작가의식을 확인하는 효과적인 방법이 될 수 있으리라는 판단 때문이다.

2. 창작 시기와 상황

<순창가>의 창작 시기에 대해서는 고순희가 이운영의 문집인 『옥국재유고(玉局齋遺稿)』의 「기년록(紀年錄)」에 근거하여 1760년경으로 추정한 바 있다.[9] 이러한 견해가 상당한 타당성을 지니고 있는 것은 사실이지만 다소 융통성 있는 접근이 필요할 듯하다. 이를 위해 먼저 창작 당시의 상황을 좀 구체적으로 살펴보자.

「기년록」에 따르면 작자는 39세 때인 1760년 봄 담양부사(潭陽府使)로

---

8) 이밖에 한대희는 이 작품이 최윤재라는 인물을 통하여 자신의 잘못을 다른 사람 때문에 입은 손해라고 떠넘기는 우를 범해서는 안 된다고 하여 관리들의 횡포를 폭로하고, 당시 기생들의 참담한 생활상을 상세하게 그려내고 있다고 함으로써 최윤재를 관리로 파악하고 이 작품이 그러한 관리의 횡포를 폭로했다는 견해를 제시하기도 하였다(「이운영의 가사 연구」, 고려대 교육대학원 석사논문, 1995, 68면). 또 김희정은 인물, 사건과 갈등, 서술자에 대한 검토를 통해 <순창가>의 서사성을 살폈으며(「옥국재 이운영 가사의 서사적 성격 연구 -<임천별곡>, <순창가>, <착정가>를 중심으로-」, 충남대 교육대학원 석사논문, 2004), 박수진은 이 작품의 구조와 인물의 기능을 검토하고 인간 대접을 받지 못하는 의녀들도 똑같은 사람이기에 인간다운 대접을 받아야 할 존재라는 것을 강조하는 데 이 작품의 궁극적인 주제가 있다고 하였다(「<순창가>의 구조와 인물의 기능」, 『한국언어문화』 28, 한국언어문화학회, 2005).

9) 고순희(b), 359~60면 참고. 한대희는 표현상의 특성을 고려하여 창작 시기를 1791~1793년 사이로 추정하였고(한대희, 앞의 글, 64면), 고순희는 1760년경으로 창작 시기를 추정하기 이전에는 작자의 50세(1771년) 이후의 작품이라는 견해를 밝힌 바 있다(고순희(a), 258면).

부임하는 부친 이기중(李箕重)을 배행(陪行)하여 담양으로 내려갔다. 이때 계부(季父) 이상중(李商重)이 순창군수(淳昌郡守)로 있었는데[10] 담양과 순창의 거리가 백리가 되지 않아 작자는 담양과 순창을 자주 오가곤 하였다. 그러면서 작자는 주변에 있는 남원과 운봉의 승경을 두루 찾기도 하고, 친우와 동복에 있는 적벽에서 선유(船遊)를 하기도 하였다. 9월에 세자익위사(世子翊衛司) 세마(洗馬)에 제수되었지만 부모가 몸이 불편할 때가 많아 사양하고 나아가지 않았다. 전년에 형 이윤영(李胤永)이 세상을 떠나 부모를 모시고 있을 사람이 작자밖에 없었던 것도 그 이유의 하나였을 것이다.

그달 14일은 부친의 생신이었는데 계부는 순창에서 미리 와 있었고, 이웃 네 고을의 수령들이 그날 일시에 도착하였다. 음악을 베풀어 즐기고, 이어 강천사(剛泉寺) 유람을 떠났는데 이 유람 길을 작자가 배행하였다. 「기년록」에는 밝혀져 있지 않지만 <순창가>를 통해 이때 잔치에 참석한 네 고을의 수령이 광주, 화순, 창평, 남평의 수령들임을 알 수 있다. 강천사는 순창의 강천산에 있는 사찰이다. 담양과 가까운 거리에 있는 강천산은 깊은 계곡에 맑은 물이 흐르고 기암절벽이 늘어서 있어 <순창가>에도 제시되어 있듯 일찍부터 호남 소금강으로 불리던 곳이다.[11] 이 강천사 유람 길에서 순창 아전이 낙마한 사건이 빌미가 되어 이후 아전과 기녀들 사이에 송사가 벌어지는데 작자가 이 일을 작품화한 것이 바로 <순창가>이다. 작자는 강천사 유람 이후 친우와 장성 백암산을 둘러보기도 하면서 한 해를 보냈다.

---

10) 「기년록」에는 계부(季父)라고만 되어 있는데 계부는 이기중의 막내 동생인 이상중을 가리킨다(『한산이씨양경공파세보(韓山李氏良景公派世譜)』 권4, 1982 참고).

11) 현재에는 순창군의 군립공원으로 지정되어 있다. 『옥국재유고』 권2에 수록된 경진년(1760)에 지은 시 가운데에는 이때 지은 것으로 보이는 '강천사(剛泉寺)'라는 제목의 시가 있는데 원문은 "十里山門溯水流 蕭然巾服帶淸秋 芙蓉秀色開顔好 環珮淙音引步幽 對岸忽高橫木棧 重林微缺出禪樓 再來留待楓酣葉 且償今行走馬遊"이다.

이듬해인 1761년에는 종형 이희영(李喜永)이[12] 그 어머니 박부인을 모시고 화순에 부임함에 따라 담양, 순창, 화순의 서로 이웃한 세 고을에 친척들이 모이게 되자 종형제들끼리 서로 빈번하게 오가며 단란하게 지냈다. 때로는 모친, 백모, 숙모를 모시고 왕래하여 잔치를 하고 음악을 베풀어 노년의 즐거움을 느끼시도록 하기도 하였다. 그러던 중 그해 11월 부친이 세상을 떠나고, 다음해 정월 부친의 장례를 치른 후에는 어린 딸이 죽었으며, 6월에는 장인이,[13] 7월에는 모친이 세상을 떠났다.

이와 같이 <순창가>의 내용과 관련된 작자의 당시 상황을 살펴보았을 때 두 가지 사실에 주목할 수 있을 듯하다. 하나는 작자가 수령들의 유람 길을 배행함으로써 당시 일어난 아전의 낙마 사건을 직접 목격했을 뿐 아니라 정황상 그로 인해 빚어진 송사의 전말까지 소상히 알고 있었을 것이라는 점이다. 이 사실은 <순창가>의 서술방식과 작가의식을 구명하는 데 중요한 참고가 될 수 있을 것이다. 또 하나는 작자가 강천사 유람 이후 이듬해 부친이 세상을 뜨기 전까지는 친척들과 서로 어울려 지극히 단란하고 즐거운, 그래서 상당히 여유 있는 생활을 지속하고 있었다는 점이다. 이는 이 작품의 창작 시기를 추정하는 단서가 될 수 있다.

<순창가>의 창작 시기는 물론 강천사 유람이 있었던 1760년 9월 이후일 것이다. 하지만 그렇다고 해서 1760년경이라고만 하기에는 아쉬움이 남는다. 그것은 작품에 순창 아전 최윤재가 유람 길에 낙마하여 얼마간 앓다가 관찰사에게 자신의 처지를 하소연하며 송사를 벌였다고 되어 있기 때문에 송사가 낙마 사건 직후에 벌어졌는지 확실치 않고, 또 낙마

12) 「기년록」에는 제이당형(第二堂兄)이라고만 되어있는데 제이당형은 작자의 백부인 이화중(李華重)의 큰 아들 이희영을 가리킨다(『한산이씨양경공파세보』 권4 참고).

13) 옥국재는 15세 때(1736) 부사(府使) 임행원(任行元)의 딸 풍천 임씨(豊川任氏)와 혼인하였는데 8년 만에 임부인이 세상을 떠났고, 2년 후(1746) 참봉 강규환(姜奎煥)의 딸 진산 강씨(晉山姜氏)와 재혼하였다. 이때 세상을 떠난 장인은 임행원이다.

사건에서 그리 멀지 않은 시점에 송사가 있었다고 해도 작자가 그 일을 금방 작품으로 형상화했다고 단정하기 어렵기 때문이다. 그런데 1761년 11월 부친이 세상을 뜨고 이후 딸이 죽고 장인과 모친이 또 세상을 떠나는 불행의 연속과, 부모의 삼년상을 치러야 하는 힘든 상황 속에서 작자가 해학적 성격을 지닌 <순창가>를 창작할 여유는 별반 없었을 듯하다. 이러한 점을 고려할 때 <순창가>는 대략 강천사 유람이 있었던 1760년 9월 이후부터 작자의 부친이 세상을 떠난 1761년 11월 사이에 창작되었을 것으로 추정하는 것이 보다 타당한 것으로 생각된다. 그 기간 작자는 친척들과 어울리며 단란하고 즐거운 한때를 보내고 있었기 때문에 <순창가>를 창작할 만한 마음과 시간의 여유를 충분히 갖고 있었을 것이다.

3. 서술방식

작자는 순창 아전 최윤재가 실족하여 넘어진 유람 길에 동행했을 뿐 아니라 이후에 벌어진 송사의 과정에 대해서도 잘 알고 있었다. 그렇다면 직접 보거나 들어서 전모를 자세히 파악하고 있던 사건을 작자는 어떠한 방식으로 형상화하고 있는지 작품을 따라가며 살펴보기로 한다.

[1]-1
슌창 하리 최윤ᄌᆡᄂᆞᆫ 지원극통 발괄소지
ᄉᆞ도젼의 알외ᄂᆞ니 명정쳐결 ᄒᆞ옵실가
구월 십ᄉᆞ일은 담양안젼 ᄉᆡᆼ신이라
소인의 관ᄉᆞ쥬ᄂᆞᆫ 젼긔삼일 치진ᄒᆞᆯ 제
소인이 수ᄇᆡ로셔 힝ᄎᆞ를 ᄇᆡ힝ᄒᆞ야
광쥬 고을 목ᄉᆞ도와 환슌 창평 남평 원님

> 십ᄉᆞ일 죠식 후의 일졔이 모히시니
> 방장셩찬은 ᄃᆡ탁의 버러 노코
> ᄉᆞ듁관현은 화각의 나렬ᄒᆞᄃᆡ
> 쳔운묘곡 장셩한 몸 상좌의 안자 잇고
> 도ᄂᆡ의 졔일곡은 담양 슌챵 명기들이
> 가무를 ᄃᆡ령ᄒᆞ여 이날은 보ᄂᆡᆫ 후의
> 십오야 ᄇᆞᆰ은 달의 후약이 어듸메오

순창 아전 최윤재가 사또에게 소장(訴狀)을 올리며 자기의 억울한 사정을 하소연한 내용을 [1]이라고 할 때 위의 [1]-1은 그 전반부이다. 여기의 'ᄉᆞ도'는 어느 한 고을의 수령이 아니라 관찰사를 가리킨다. 그것은 내용 전개의 전후 맥락을 고려하고, '슌찰ᄉᆞ도(巡察使道)'[14]라는 용어와 최윤재가 관찰사에게 직접 상소했음이 드러나는 '슌창 하리 의송(議送) 사연'이라는 말이 작품의 뒷부분에 제시되어 있는 것을 보면 알 수 있다. 이처럼 이 부분은 최윤재가 관찰사에게 소지(所志)를 통해 직접 하소연하는 형태를 취하고 있어 최윤재의 발화라고 할 수 있다.

최윤재는 우선 9월 14일이 담양부사 생신이기 때문에 자기가 수배(隨陪)로서 순창군수의 행차를 배행하여 사흘 전에 담양으로 떠났다고 하였다. 이어 14일 이웃한 네 고을의 수령들이 일시에 담양에 모이면서 벌어진 잔치의 모습을 제시하였다. 많은 음식이 차려지고 음악이 연주되는 가운데 담양과 순창 기녀들의 노래와 춤이 이어지는 잔치였다고 하였다. 그리고 '후약(後約)'이 있었다고 하여 모임이 그것으로 끝나지 않았음을 밝히고 있다.

그런데 위의 서술에는 관찰사에게 하소연하는 최윤재의 목소리로 보기 어려운 부분들이 있다. 우선 문맥에 어울리지 않는 독백적 표현이 보

---

14) 순찰사는 도내의 군무를 순찰하는 직책인데 관찰사가 겸임하였다.

인다. 'ᄉᆞ도젼의 알외ᄂᆞ니 명정쳐결 ᄒᆞ옵실가'에서 'ᄒᆞ옵실가'라는 표현은 대화체라기보다는 독백체에 가깝다. 이는 말을 건네는 어법에 맞지 않는 어색한 표현이라고 할 수 있는데 마찬가지의 경우를 '십오야 붉은 달의 후약이 어듸메오'에서도 볼 수 있다. '어듸메오' 역시 독백체로 말을 건네는 어법은 아니다. 또 음식을 벌여 놓고 가무를 베푸는 잔치에 대한 진술을 과연 최윤재의 직접적인 발언으로 볼 수 있을지 의문이다. 그것은 이러한 진술이 억울한 사연을 전달한다는 본래의 의도에서 벗어난 불필요한 것처럼 보이기 때문이다. 이처럼 위에 인용된 [1]-1에는 최윤재가 직접 발언한 것으로 보기에 어색한 곳들이 눈에 띈다. 이어지는 내용은 어떤지 살펴보자.

[1]-2

호남 소금강의 쳔셕을 차즈시랴
뉵쥬 화ᄀᆡᄂᆞᆫ 쳥산의 나붓기고
오마빵젼은 풍님으로 드러갈 졔
징〃 옥ᄑᆡ는 거름거름 우러잇고
낭〃 항언은 마샹의셔 슈답ᄒᆞᆯ 졔
동산아류와 용문상셜힝의
녀기의 ᄶᅡ로기ᄂᆞᆫ ᄌᆞ고로 잇ᄂᆞᆫ지라
도화츈식 빅옥안이 냥〃이 셩군ᄒᆞ야
세마경군으로 힝헌이 뒤를 셔니
챵안빅발 화슌 원님 녀낭의게 다정ᄒᆞ사
산회수곡처의 돌쳐보기 자즈시니
소인은 하인이라 말게 안기 황송ᄒᆞ와
올낫다가 나렷다가 나렷다가 올낫다가
삼각산 고골 풍뉴 몃 번인 쥴 모를로다
망〃이 나렷다가 다시 올나 타노라니

셕양 ᄃᆡ노하의 실족ᄒᆞ야 너머지니
셕각이 죵횡ᄒᆞᆫᄃᆡ 콩ᄐᆡᄌᆞ로 잣바지니
팔다리도 부러지고 엽구리도 쒸다르니
에혈이 황용ᄒᆞ와 흉격이 펴지압고
금녕이 지엄ᄒᆞ와 ᄀᆡ똥도 못 먹ᄉᆞᆸ고
병셰가 긔괴ᄒᆞ와 날노 졈〃 위즁ᄒᆞ니
푸닥거리 경 닑기ᄂᆞᆫ 다 쓰러 거즛 일의
이제ᄂᆞᆫ 홀일업셔 죽을 쥴노 아홉더니
곰〃 안자 ᄉᆡᆼ각ᄒᆞ니 이거시 뉘 탓신고
강쳥셔 ᄇᆡ힝ᄒᆞ던 기ᄉᆡᆼ들의 탓시로다
네 쇠쁠이 아니런들 ᄂᆡ 담이 문허지랴
속담의 니른 말ᄉᆞᆷ 예붓터 이러ᄒᆞ니
소인의 죽ᄂᆞᆫ 목슘 그 아니 불샹ᄒᆞᆫ가
소인이 죽ᄉᆞᆸ거든 져 년들을 샹명ᄒᆞᄉᆞ
불샹이 죽ᄂᆞᆫ 넉슬 위로ᄒᆞ야 쥬ᄋᆞᆸ실가
실낫ᄀᆞ치 남은 목슘 하늘갓치 ᄇᆞ라ᄂᆡ다

위의 [1]-2는 최윤재가 [1]-1의 끝에 제시한 '후약'의 구체적인 내용과 자신이 그 과정에서 낙마한 사정을 설명하며 하소연하는 부분이다. 먼저 최윤재는 앞에서 말한 '후약'이 고을 수령들이 '호남 소금강'의 산수를 유람하는 것이었음을 밝히고, 유람 행렬의 모습을 제시하였다. 이어 화순 원님이 뒤따르는 기녀들을 자주 돌아보았는데 원님이 보는 앞에서 아전인 자기가 말에 앉아 있을 수가 없어 화순 원님이 뒤돌아볼 때마다 말에서 내렸다가 다시 오르기를 반복하였다고 하였다. 그러다가 발을 헛디뎌 넘어지면서 팔다리가 부러지는 등 크게 다치고, 이후 병세가 점차 위중해져 이러다 죽으려니 여기다가 자기가 그렇게 된 것이 강천(剛泉)에서 배행하던 기녀들 탓이라는 생각이 들어 자기가 죽거든 기녀들을 상명(償命)하여 자기의 넋을 위로해 달라고 하였다.

이처럼 [1]-2에서 최윤재는 자기의 억울한 사정의 실상을 관찰사에게 구체적으로 전달하고 있다. 그런데 여기에도 관찰사에게 하소연하는 최윤재의 목소리로 보기 어려운 부분들이 있다. 우선 앞에서와 마찬가지로 독백체의 표현을 볼 수 있다. '곰〃 안자 싱각ᄒᆞ니 이거시 뉘 탓신고 / 강청셔 빅힝ᄒᆞ던 기싱들의 탓시로다'라는 부분은 관찰사에게 이야기하는 방식이 아니라 자문자답의 독백적 어법으로 이루어져 있다. '소인의 죽는 목숨 그 아니 불샹ᄒᆞᆫ가'의 '불샹ᄒᆞᆫ가'와, '불샹이 쥭는 넉슬 위로ᄒᆞ야 쥬ᄋᆸ실가'의 '쥬ᄋᆸ실가'도 독백적 표현에 가깝다고 할 수 있다.

또 위 [1]-2의 전반부에는 담양, 순창을 비롯한 여섯 고을 수령들의 행차와 그 뒤를 따르는 기녀들의 모습을 구체적으로 묘사하고 있는데 이러한 진술 역시 관찰사에게 자신의 억울한 사정을 하소연하는 최윤재의 목소리와 어울린다고 보기는 어려울 듯하다. 억울한 사정을 하소연한다면서 그것과 직접 관련이 없는 당시의 행렬을 굳이 자세하게 묘사할 필요는 없을 것이기 때문이다. 화순 원님이 기녀들 때문에 자주 뒤를 돌아보게 된 경위를 밝히기 위해서라면 수령들이 앞에 가고, 기녀들이 그 뒤를 따랐다고 하면 족할 텐데 여기에서는 그 이상의 구체적인 묘사가 동원되고 있는 것이다.

요컨대 [1]은 인물이 타인에게 말을 건네는 형식을 취하고 있지만 서술 가운데에는 그러한 어법에 어긋나는 독백적 표현이 산발적으로 사용되고 있으며, 발화의 취지와 어울리지 않는 서술, 곧 그 인물의 목소리라고 보기에 어색한 부분들이 있음을 확인할 수 있다. 다음에는 서술자의 설명이 이어지고 있다.

[2]
어와 놀나고야 살옥이 나단 말가
형방녕니 가음아라 뎡범을 잡혀셰라

도화신 츈운신은 담양부의 발관ᄒᆞ고
슈화신 차셤신은 슌챵군의 발관ᄒᆞ니
지ᄌᆞᄂᆞᆫ 팔 자르고 셩화를 만이 박아
형방ᄉᆞ령 압녕ᄒᆞ여 도관 즉시 착송지라
션화당 ᄃᆡ좌긔의 분부를 듯자와라

위의 [2]는 최윤재의 진정에 의해 관찰사가 기녀들을 잡아들이는 과정을 서술자가 설명하고 있는 부분이다. 서술자는 먼저 '어와 놀나고야 살옥이 나단 말가'라고 하여 일이 살인 사건으로 번질지 모른다며 짐짓 놀라움을 표시하였다. 이어 감영에서 기녀들이 소속된 담양과 순창 관아에 관문(關文)을 보내고, 각 관아에서는 형방사령들이 기녀들을 압령(押領)하여 관아에 도착하는 즉시 기녀들을 감영으로 착송(捉送)함으로써 마침내 기녀들이 관찰사 앞에서 신문(訊問)을 받게 되기까지의 과정이 상당히 신속하고, 삼엄하게 진행된 듯이 속도감 있게 서술되어 있다.

그런데 여기에서 주목할 것은 그러한 과정이 실제 신속하고, 삼엄하게 이루어졌는지의 여부가 아니라 그것을 그렇게 그리고 있는 작자의 태도이다. 작자는 낙마와 송사 사건을 직접 보고 들어서 그 경위는 물론 송사가 결국 최윤재의 무고(誣告)로 허무하게 판결이 난 결과까지를 모두 알고 있었다. 그럼에도 불구하고 작자는 서술자의 목소리를 통해 마치 대단한 일이 삼엄하게 진행되고 있는 것처럼 그리고 있다. 실제 대단한 일이 아니었음을 잘 알고 있으면서도 그것을 흡사 대단히 큰 일이 벌어진 것처럼 그리고 있는 것이다. 이는 아직 결과가 드러나지 않은 작품의 진행 과정에 긴장감을 조성하려는 작자의 의도 때문일 수 있다. 하지만 한편으로 결과를 뻔히 알고 있는 작자가 짐짓 대단한 일이 진행되고 있는 것처럼 그리고 있는 점에 초점을 맞춰보면 그러한 서술태도에는 대상과 어느 정도 거리를 두면서 그것을 해학적으로 바라보는 작자의 속내가 함축되어 있다고 할 수 있다. 이어지는 다음 부분은 기녀들을 신문하는 관찰사의 발언이다.

[3]
너희는 어이ᄒᆞ야 사ᄅᆞᆷ을 죽게 ᄒᆞᆫ다
샹인자 져죄ᄒᆞ고 살인자 죽는 법은
뉼문이 소〃ᄒᆞ니 네 무슨 발명ᄒᆞᆯ다
슌챵 하리 최윤지가 죽기곳 ᄒᆞ게 되면
너희 등 ᄉᆞ기신이 무ᄉᆞ키 어려우니
쟝 팔십이 되올넌지 틱 오십이 되올넌지
형문일ᄎᆞ 거졔 남히 위원 벽동 삼슈 갑산
동셔남북 간의 어ᄃᆡ로 보닐넌지
상쳐 유무를 ᄌᆞ셔이 젹간 후의
속ᄃᆡ젼 펼쳐 노코 죠률을 ᄒᆞᆯ 거시니
우션 너희 등은 다짐을 두엇셰라

관찰사는 기녀들이 최윤재를 죽을 지경에 이르도록 만들었다는 전제 아래 최윤재의 상처를 자세히 살핀 후 법에 의해 처결하겠다고 하였다. 그런데 '형문일ᄎᆞ(刑問日次) 거졔 남히 위원 벽동 삼슈 갑산 / 동셔남북 간의 어ᄃᆡ로 보닐넌지'처럼 유배 대상지의 지명들을 죽 열거하는 형태의 발언을 과연 관찰사가 직접 하였을지 의문이다. 또 '속ᄃᆡ젼(續大典) 펼쳐 노코 죠률(照律)을 ᄒᆞᆯ 거시니'는 작자의 다른 작품인 <임천별곡>에서 "속ᄃᆡ젼 펼쳐 노코 ᄉᆞ부 능욕 죠률ᄒᆞ야"와 같이 유사한 구절을 발견할 수 있다. 따라서 [3]은 기녀들을 형문하는 관찰사의 발언이지만 이 대목에도 반드시 관찰사의 목소리라고 단정하기 어려운 부분들이 존재함을 알 수 있다.

여기에서 또 하나 주목할 수 있는 것은 기녀들을 마치 대단한 일을 저지른 죄인처럼 다루면서 엄포를 놓는 관찰사의 모습이다. 송사가 허무한 무고로 판명이 난 줄 잘 알고 있으면서도 작자가 관찰사의 태도를 이와 같이 그린 것은 앞에서 살핀 것과 마찬가지로 작품 진행에 긴장과 흥미를 제고할 뿐 아니라 작자가 사건 자체를 해학적으로 바라보고 있다는 것을 의미한다고 할 수 있다. 관찰사의 태도가 삼엄하면 할수록 그것이 실은 대단치 않은 사건을 두고 벌어진 한바탕의 소동이라는 점이 부각된다는 데에 해학이 함축되어 있다는 것이다.

[4]
흰빅ᄌᆞ 도릐치고 그 아ᄅᆡ 좌촌ᄒᆞ고
크나큰 칼 목의 메워 영옥으로 나리우니

[5]-1
의녀 츈운신은 금년이 ᄉᆞ오ᄋᆞᆸ고
의녀 도화신은 금년이 삼팔이오
의녀 슈화신은 금년이 오〃ᄋᆞᆸ고
의녀 차셤신은 금년이 삼칠이라
죄범이 듕타 ᄒᆞ샤 져리 힝하ᄒᆞᄋᆞᆸ시니
슈화의 들나신들 감히 거역ᄒᆞ리잇가
죽입시나 ᄉᆞ로시나 쳐분ᄃᆡ로 ᄒᆞ려니와
의녀 등도 원통ᄒᆞ와 소회를 알외리니
일월갓치 ᄇᆰ자오신 슌찰ᄉᆞ도젼의
ᄒᆞᆫ 말ᄉᆞᆷ만 알외ᄋᆞᆸ고 쟝하의 죽어지라
의녀 등은 기ᄉᆡᆼ이요 최윤ᄌᆡᄂᆞᆫ 아젼이라
기ᄉᆡᆼ이 아젼의게 간셥ᄒᆞᆯ 일 업ᄉᆞᄋᆞᆸ고
화슌 ᄉᆞ관 뒤도라 보시기ᄂᆞᆫ
굿타여 의녀 등을 보시려 ᄒᆞ시던지15)
산 죠코 물 죠흔 ᄃᆡ 단풍이 욱어지니

경물을 완샹ᄒᆞ려 우연이 보시던지
아젼이 졔 인ᄉᆞ로 제 말긔 ᄂᆞ리다가
우연이 낙마ᄒᆞ여 만일의 쥭ᄉᆞ온들
이 어인 의녀 등의 살인이 되리잇가

[4]에서 보듯 이제 기녀들은 좌촌(左寸), 곧 신문받는 죄인으로서의 수결(手決)을 한 후 큰칼을 쓰고 옥에 갇히게 되었다. 이 사실은 서술자의 목소리로 제시되어 있다. 이어지는 [5]-1은 기녀들의 진술이라는 것을 짐작하기 어렵지 않다. 기녀들은 먼저 이름과 나이를 제시하고, 이어 관찰사가 자기들의 죄가 중하다고 몰아세우니 그 분부를 따르지 않을 수 없으나 자기들의 원통한 소회나 아뢰고 벌을 받겠다고 하였다. 이에 따라 기녀들은 자기네가 아전에게 간섭할 일이 없으며, 화순 원님이 뒤를 돌아본 것은 자기들을 보려했는지 경물을 완상하려 했는지 모르겠으나 아전이 자기 실수로 낙마하였으니 만일 죽는다고 하더라도 그것이 어찌 자기들 탓이겠느냐고 하였다. 당시 상황을 진술하면서 최윤재의 낙마가 자기들과는 관련이 없다고 자기 변론을 한 것이다.

그런데 문제는 이러한 발화의 주체가 누구인지 불분명하다는 것이다. 우선 '의녀 츈운신은 금년이 ᄉᆞ오ᄋᆞᆸ고 / …… / 의녀 차셤신은 금년이 삼칠이라'의 경우 이 부분은 네 명의 기녀들이 각자 자기의 이름과 나이를 제시한 것이라고 보는 것이 논리적일 것이다. 하지만 각자 말하면서 'ᄉᆞ오ᄋᆞᆸ고', '오〃ᄋᆞᆸ고'와 같은 연결형 어미를 사용했을 리 없고, 또 관찰사에게 '삼칠이라'와 같은 표현을 했을 리도 없다. 네 명의 기녀 중 어느 누가 대표로 네 명의 이름과 나이를 관찰사에게 제시했다면 연결 어미 사용은 가능할지 모르지만 '삼칠이라'라는 표현이 어색한 것은 마찬가지이다. 따라서 이 부분은 발화의 주체가 불분명할 뿐 아니라 발화를 있는

15) 원문에는 '화슌 ᄉᆞ관 뒤도라 보시기는'과 '굿타여 의녀 등을 보시려 ᄒᆞ시던지'가 서로 짝을 이루는 귀글로 필사되어 있다.

그대로 제시한 것이라 하기도 어렵다.

그 이하 '죄범이 듕타 ᄒᆞ샤 져리 힝하ᄒᆞᄋᆞᆸ시니'부터는 기녀들의 직접적인 발화를 제시한 것이라 할 수 있는데 발화의 주체가 불분명한 것은 마찬가지이다. 관찰사 앞에서 신문을 받고 있는 기녀는 네 명인데 그들이 한 목소리로 동시에 같은 내용의 발언을 했을 리는 없다. 그렇다면 이는 기녀 각각이 말한 내용을 종합하여 재구성한 것이든지, 아니면 네 명 중 어느 한 사람의 발화를 제시한 것이라 할 수 있을 것이다. 전자의 경우라면 인물의 직접적인 목소리가 아닐 것이며, 후자의 경우라면 작자가 그것이 누구의 발화인지에 큰 관심이 없었다는 것을 말해주는 것이라 할 수 있다.[16] 이처럼 [5]-1은 인물의 목소리이지만 발화의 주체가 불분명하다는 점에 일단 주목하고 다음을 살펴보자.

[5]-2

기ᄉᆡᆼ이라 ᄒᆞᄂᆞᆫ 거ᄉᆞᆫ 가련ᄒᆞᆫ 인ᄉᆡᆼ이라
젼답 노비가 어ᄃᆡ 잇ᄉᆞ오며
ᄡᆞᆯ ᄒᆞᆫ 쥼 돈 ᄒᆞᆫ 픈을 뉘라셔 쥬올넌가
먹ᄉᆞᆸ고 닙ᄉᆞᆸ기를 졔 버러 ᄒᆞᄋᆞᆸᄂᆞᆫᄃᆡ
교방습악의 오일마다 ᄃᆡ령ᄒᆞ고
셰누비 뺭침질과 셜면ᄌᆞ 소음 퓌기
관가 이력 맛ᄌᆞ와셔 쥬야로 고초ᄋᆞᆸ고
ᄃᆡ소 별셩이 오락가락 지나갈 졔
차모야 슈쳥이야 구실노 나셧ᄂᆞᆫᄃᆡ
ᄒᆞᆫ 벌 의복이나 하 츄케나 아니ᄒᆞ고

16) 박연호는 목소리의 주인공이 누구인지 제시되지 않은 이유는 작자가 이 부분을 통해 개인이 아닌 기생 전체의 보편적인 어려움을 부각시키려 했기 때문이라는 점과, 좀 더 근본적으로는 이 작품이 1인칭 장르라는 가사의 장르적 전통에 강하게 견인되었기 때문이라고 하였다(앞의 글, 314면). 가사의 장르적 관습과 이 작품의 서술방식의 관계에 대해서는 다음 절에서 살펴볼 것이다.

큰머리 노리개를 남만치나 ᄒᆞ노라니
쥬야로 탄식ᄒᆞ고 기ᄉᆡᆼ인쥴 원ᄒᆞ더니
갓득의 셜운 듕의 운슈가 고이ᄒᆞ와
슌ᄉᆞ도 분부ᄂᆡ의 벗보기를 금ᄒᆞ시니
어러도 쥭게 되고 굴머도 쥭게 되여
이졔ᄂᆞᆫ ᄒᆞᆯ일업시 쥭을 쥴노 아옵ᄂᆞ니
죵아리를 맛ᄉᆞ와도 만〃이 원통ᄒᆞᆯᄃᆡ
연〃약질이 젼목 칼을 목에 메고
뇌졍 갓튼 엄위하의 졍신이 아득ᄒᆞ와
문목ᄂᆡ ᄉᆞ영을 황공 지만ᄒᆞᄂᆞ이다

위의 [5]-2는 기녀들이 자기들의 가련한 신세를 하소연하는 부분이다. 따라서 '문목ᄂᆡ(問目內) ᄉᆞ영(辭緣)을 황공(惶恐) 지만(遲晩)ᄒᆞᄂᆞ이다'라고 했지만 이 부분은 죄를 자백하는 것과는 거리가 멀고, 기녀들이 자기들의 평소 힘든 사정을 들어 관찰사에게 선처를 호소하고 있는 대목이라 할 수 있다. 기녀들은 먹고 입는 것을 스스로 벌어서 해결해야 하는 경제적인 어려움을 먼저 이야기하고, 이어 교방습악(敎坊習樂)과 관아의 바느질에 동원되는 고초와 차모[茶母]나 수청의 구실을 맡아 추하지 않은 단장을 남만큼은 해야 하는 어려움 때문에 주야로 탄식하고 기녀인 것을 원망한다고 하여 자기들의 어려운 사정을 진술한 다음, 종아리를 맞아도 억울할 텐데 칼을 쓰고 벽력 같은 호령을 듣게 되니 정신이 아득하다고 하였다.

그런데 앞의 [5]-1과 마찬가지로 이 부분도 네 명의 기녀 중 누구의 말인지 밝혀져 있지 않다. 여전히 발화의 주체는 명확하지 않은 것이다. 또한 'ᄡᆞᆯ ᄒᆞᆫ 쥼 돈 ᄒᆞᆫ 푼을 뉘라셔 쥬올넌가'와 같은 독백적 표현이 사용됨으로써 최윤재의 경우처럼 관찰사를 상대로 한 발화에 어울리지 않는 표현이 보이기도 한다.

[6]
어허 그럿터냐 상품 그러ᄒᆞ다고야
슌창 하리 의송 ᄉᆞ연 졀〃이 모함이요
너의 등 ᄉᆞᄀᆡ신을 ᄒᆡ가방송ᄒᆞ거온
너의 말 드러ᄒᆞ니 졀〃이 ᄀᆡ연ᄒᆞ다
감병ᄉᆞ 수령님ᄂᆡ 듕이어니 속이어니
상덕을 홀작시면 홀 ᄃᆡ곳 ᄒᆞ엿셰라
그려도 션ᄇᆡ를 ᄶᅡ롸야 오복이 구젼ᄒᆞ리라

기녀의 말을 들은 관찰사는 먼저 최윤재의 의송을 모함으로 판정하면서 기녀들의 목에 씌운 칼을 벗기고[解枷] 풀어준다. '너의 말 드러ᄒᆞ니 졀〃이 ᄀᆡ연(蓋然)ᄒᆞ다'라고 한 것을 보면 그렇게 판정한 결정적인 계기는 기녀들의 무죄 주장과 그들의 가련한 신세에 대한 하소연에 공감을 했기 때문이라는 것을 알 수 있다. 여기까지는 관찰사의 목소리가 분명하다.

그런데 이후 '감병ᄉᆞ 수령님ᄂᆡ' 이하는 발화의 주체가 애매하여 기존 연구에서는 이를 서술자의 발언으로 보기도 하였다. 곧 선비의 신분인 작자가 기녀들을 잡아 가둔 관아를 질책함으로써 판결에 영향력을 발휘했던 것을 표현한 것으로 추측하기도 하고,[17] 감병사나 수령들은 선비의 도를 지키라는 서술자의 발언으로 보기도 한다.[18] 그런데 작자가 판결에 영향을 미치려 했다는 것은 확인이 불가능할 뿐더러 그 가능성도 희박한 것으로 생각된다. 또 수령의 아들인 작자가 수령들에게 선비의 도를 지키라는 발언을 했다는 것도 어색하다. 따라서 이 대목은 관찰사가 기녀들에게 해가방송(解枷放送)한다는 판결을 내린 후 기녀의 말이 절절이 개연하다고 그들을 동정하면서 그래도 선비를 따라야 오복이 구

17) 고순희(b), 376면.
18) 박연호, 앞의 글, 313면.

전할 것이라는 위로와 권고의 말을 덧붙인 것으로 파악하는 것이 타당하지 않을까 한다.

4. 작가의식

앞에서는 작품의 진행 과정을 따라가며 내용과 서술방식을 검토하였다. 이제 그러한 서술방식의 특성을 작가의식과 관련지어 살펴보기로 한다.

이 작품은 앞에서 살핀 바와 같이 [1] 최윤재의 의송 내용, [2] 기녀들의 압송에 대한 서술자의 설명, [3] 관찰사의 신문, [4] 기녀들에 대한 서술자의 설명, [5] 기녀들의 변론, [6] 관찰사의 판결과 위로 등과 같이 발화의 주체를 중심으로 보았을 때 모두 여섯 부분으로 이루어져 있다. 이처럼 이 작품은 최윤재, 관찰사, 기녀들의 대화체 목소리와 서술자의 목소리가 서로 교대되는 방식으로 이루어져 있다. 그렇다면 작자는 왜 가사의 관습적인 서술방식에 따라 서술자의 목소리만으로 작품을 서술하지 않고, 인물의 대화적 발화가 작품의 상당 부분을 차지하는 서술방식을 선택한 것일까.

이에 대해서는 먼저 작품에서 다루고 있는 사건이 작자 본인의 일이 아니라는 데에서 그 이유를 찾을 수 있을 듯하다. 작자는 강천사 유람길에서 최윤재의 낙마 사건을 목격했고, 담양부에서 기녀들이 감영으로 착송되는 광경까지도 직접 보았을지 모른다. 이처럼 작자가 작품에 제시된 사건의 전 과정을 잘 알고 있기는 하지만 그 사건은 작자 자신과 직접 관련된 일이 아니다. 그렇기 때문에 작자는 자기의 내면을 대변하는 서술자의 목소리로 모든 과정을 재구하기보다는 관련 인물들의 발화를 있는 그대로 작품에 직접 제시하려 했던 것으로 보인다.

이와 관련하여 좀 더 생각해 볼 수 있는 것은 작자가 대상, 즉 작품에 제시된 인물이나 사건에 거리를 두려했기 때문이라 할 수 있다. 작자는 자기와 신분의 차이가 현격한 아전과 기녀 사이에 벌어진 일, 더구나 터무니없는 무고 사건인 그 일을 굳이 나름대로 재구하여 서술자의 일관된 목소리로 제시할 필요성을 느끼지 못했거나, 그렇게 하는 데 거부감을 느꼈을 수 있다.

요컨대 작자는 작품의 대상이 자기의 일이 아닌 신분이 다른 남들 사이의 터무니없는 일이기 때문에 그것에 거리를 두면서 사실을 있는 그대로 제시하기 위해 작중 인물의 발화를 집중적으로 제시하는 서술방식을 선택했을 가능성이 있다는 것이다.

이러한 이유로 작품이 인물의 대화를 중심으로 서술되었지만 앞에서 살핀 것처럼 각 인물의 발화 속에는 그 인물의 목소리에 어울리지 않는 표현이 사용되고 있다. 곧 최윤재의 말 가운데에는 대화체에 어울리지 않는 독백적 표현들이 사용되고 발화의 의도에 어울리지 않아 최윤재의 목소리로 보기 힘든 진술들이 있었으며, 관찰사의 발화에는 유배 대상지의 지명을 열거한다든가 작자의 다른 작품에 보이는 표현이 있음을 확인하였다. 또한 기녀들의 진술은 구체적으로 발화의 주체가 불분명할 뿐 아니라 말을 건네는 어법에 어울리지 않는 독백적 표현이 사용되고 있음을 알 수 있었다. 이처럼 인물의 목소리로 보기 힘든 표현이 사용된다거나 발화의 주체가 밝혀져 있지 않은 것은 인물의 목소리에 서술자의 목소리가 간섭했기 때문에 일어난 현상일 것이다. 곧 서술자가 인물의 발화를 제시하면서 간혹 자기가 인물의 입장이 되어 독백적 표현을 하기도 하고, 인물의 발언 취지를 벗어난 서술자 나름의 진술을 개입시키기도 한 것이다.

그러면 이러한 현상은 왜 일어난 것인가. 그것은 짐작컨대 작자가 자기의 일이 아닌 작중 사건과 거리를 두기 위해 인물의 발화를 직접 제시하는 방식을 선택하기는 했지만 가사라는 장르의 관습적 서술방식을 완전히 배제할 수는 없었기 때문일 것이다. 가사는 전통적으로 1인칭 독백적 표현의 형태를 취한다. 작자가 창작한 가사 가운데에서도 <수로조천행선곡>과 <초혼사>를 비롯한 여러 작품들이 대체로 그러한 서술방식으로 이루어져 있다. 이에 따라 작자는 인물의 발화를 중심으로 작품을 서술하면서도 가사의 이러한 관습적인 서술방식의 영향을 받아 서술자로 하여금 인물의 목소리에 개입하여 자문자답의 독백적 표현을 하게 하거나 인물의 발언 취지에 어울리지 않는 진술을 하게 하기도 하고, 발화의 주체가 구체적으로 드러나지 않게 하기도 하였던 것이다. 곧 작자는 작품의 대상과 거리를 두면서도 한편으로는 가사의 장르적 관습에 이끌려 서술자의 목소리를 인물의 발화에 개입시키기도 했던 것이다.[19]

여기에서 하나 더 생각해 볼 문제는 작자의 창작 의도이다. 가사의 관습적 서술방식에서 완전히 자유롭지 못하면서도 인물과 거리를 두기 위해 그들의 발화를 중심으로 작품을 서술한 작자의 궁극적 의도가 과연 무엇인가 하는 문제이다. 앞에서 밝힌 것처럼 기존 논의에서는 이 작품의 의미를 부도덕한 지배층의 횡포를 비판 내지 풍자했다거나 기생들의 비극적 삶을 그려내고 있다는 데에서 찾으려 했다. 하지만 작자가 유람의 향유자이기 때문에 부도덕한 지배층에 대한 비판 내지 풍자가 작자의 의도가 아니라는 적절한 지적이 있었듯이[20] 고을 수령인 자기 부친의 생신을 맞아 유람에 참여한 작자가 고을 수령으로 대변된 지배층에 대한 비판 내지 풍자를 위해 이 작품을 창작했다고 할 수는 없다. 또한 기녀들의 고달픈 삶의 모습을 그려내는 것이 이 작품을 창작한 작자의 의도 가운데 하나라고 할 수 있는가 하면 그렇게 보기도 어려울 듯하다. 기녀들의 고달픈 삶과 그에 대한 동정적 시각은 기녀들이 자기들의 억울함을 하소연하면서 관찰사의 마음을 움직이기 위해 동원한 진술과 그

---

19) 박연호 역시 최윤재의 소지에 1인칭 자기토로 형식이 보이기도 하고 인물의 겉모습이나 행사의 성대함 등에 대한 무시간적 상황의 묘사가 나타난다는 것을 들어 이 작품이 가사의 장르적 전통을 따르고 있다는 점을 거론한 바 있다(위의 글, 314~5면 참고).

20) 고순희(b), 375~6면 참고.

에 대한 관찰사의 발언 부분에 한정되는 것으로 작품 전체의 의미나 작가의식을 좌우할 만한 비중을 지니는 것으로 보이지는 않는다.

그렇다면 작자는 자기의 일도 아닌, 신분이 다른 사람들 사이의 이야기를 거리를 두면서까지 작품으로 형상화하려 한 이유는 무엇인가. 그 해답은 작자의 해학적 서술태도에서 찾을 수 있을 듯하다. 이는 단순히 문면에 잠깐 보이는 해학적인 표현만을[21] 가리키지 않는다. 그것은 사건의 실상과 결과를 알고 있는 작자가 서술자의 목소리를 통해 기녀들의 감영 압송 과정이 매우 삼엄하고 신속하게 이루어진 것처럼 기술하고, 기녀들을 신문하는 관찰사의 모습을 대단한 중죄인을 다루고 있는 듯이 그리고 있는 것 등을 포함한다. 요컨대 아무 것도 아닌 일이 마치 대단한 일처럼 확대되고 과장되었던 사건 자체를 작자가 해학이 묻어나도록 서술하고 있는 태도를 가리키는 것이다. 다시 말하면 자기가 실수를 해서 다쳤는데도 그것을 터무니없는 다른 사람의 탓으로 돌리면서 송사를 벌여 관찰사까지 나선 한바탕의 소동을 작자는 해학적인 시각에서 바라보았고, 그러한 해학성에 이끌려 그 사건을 작품으로 형상화했던 것으로 보인다는 것이다.

또한 해학이라는 것이 본래 대상에 몰입하기보다는 그것을 관조하는 가운데 우러나오는 것이라는 점과, 이 작품이 대상과 거리를 두는 서술방식을 택하고 있다는 사실을 아울러 고려할 때 이 작품의 해학적 서술태도는 그러한 서술방식을 택한 작자의 의식과 밀접하게 관련되어 있다고 할 수 있다.

---

21) 최윤재가 콩태자[太]로 자빠졌다거나 금령(禁令)이 지엄하여 개똥도 못 먹었다거나 하는 표현들이 그 예가 될 것이다. 기존 논의에서 거론된 이 작품의 해학성은 이러한 표현의 해학성을 고려한 측면이 많은 것으로 보인다(고순희(b), 373~4면 참고).

5. 맺음말

이 글에서는 옥국재 이운영이 창작한 <순창가>의 창작 시기와 상황을 먼저 살피고, 이어 작품의 서술방식과 작가의식을 검토하였다. 이 작품은 순창 아전이 자신이 낙마한 사건을 빌미로 관찰사에게 기녀들을 상대로 송사를 벌인 사건을 다루고 있는데 작품의 내용과 작자의 연보인 「기년록」의 기록을 견주어 살펴보았을 때 1760년 9월부터 1761년 11월 사이에 창작된 것으로 추정된다. 이 시기에 작자는 부친의 임소인 담양에 머물면서 작품의 소재가 된 사건을 직접 보고 들었을 뿐 아니라 작품을 창작할 만한 심리적, 시간적 여유를 갖고 있었던 것으로 생각된다.

작품의 문면에는 순창 아전, 관찰사, 그리고 기녀들의 상대방을 향한 발화가 직접 제시되고, 발화들 사이에는 사건의 진행 과정에 대한 서술자의 설명이 끼어있어 전체적으로 보았을 때 이 작품은 인물의 발화와 서술자의 진술이 교대되는 방식을 취하고 있다. 그런데 인물의 발화 가운데에는 인물의 목소리로 여겨지지 않는 독백적 표현이 보이기도 하고, 발화의 취지나 상황과 어울리지 않아 인물의 목소리로 보기 어려운 진술들이 있기도 하며, 발화의 주체가 구체적으로 밝혀져 있지 않은 경우가 있기도 하다.

이 작품이 인물의 발화를 직접 제시하는 방식을 취한 이유는 작품 속에 제시된 사건이 작자 본인의 일이 아닐 뿐 아니라 자신과 신분이 다른 사람들 사이에 벌어진 터무니없는 무고 사건이기 때문에 작품의 대상과 어느 정도 거리를 두려했기 때문으로 보인다. 그러면서도 작자는 대개 1인칭 독백적 표현의 형태를 취하는 가사의 장르적 관습에 이끌려 인물의 대화를 중심으로 작품을 서술하면서도 서술자로 하여금 인물의 목소리에 개입하여 독백적 표현을 하게 하거나 발화의 맥락에 어울리지 않는 진술을 하게 하기도 하고, 발화의 주체가 분명히 드러나지 않게 하기도 하였던 것이다.

한편 작자가 작품의 대상과 거리를 두면서까지 그것을 작품으로 형상화한 이유는 작자의 해학적 서술태도에서 찾을 수 있다. 곧 작자는 자기의 실수를 터무니없는 다른 사람의 탓으로 돌리면서 송사를 벌여 관찰사까지 나서게 된 한바탕의 소동을 해학적으로 바라보고, 그러한 해학적 소동을 형상화하기 위해 이 작품을 창작했던 것이다.

Ⅳ. <임천별곡>의 창작 배경과 갈등의 성격

1. 머리말

이 글은 옥국재(玉局齋) 이운영(李運永, 1722～1794)이 창작한 가사인 <임천별곡>을 대상으로 작품의 창작 배경을 살피고, 작품에 나타난 갈등의 양상과 성격을 검토하는 것을 목적으로 한다. <임천별곡>에는 늙은 생원 영감이 주막집 할멈에게 동침하자고 했다가 면박을 당하는 과정이 두 사람의 대화를 통해 제시되어 있다. 이처럼 이 작품은 그 내용 자체가 상당히 흥미로울 뿐 아니라 작중 인물들의 대화만으로 작품이 진행된다는 점에서 특징적이다.

이 작품은 소재영이 이운영과 그 아들 이희현(李羲玄, 1765～1828)의 가사를 수록한 『언사(諺詞)』라는 가사집을 학계에 소개하면서[1] 알려지기 시작하였다. 이후 이운영의 가사 전반을 대상으로 하는 연구들에서 이 작품이 간간이 거론된 바 있는데 이러한 기존 논의는 대략 세 측면 정도로 나누어 살펴볼 수 있다.

우선 작품의 내용이 누구에 대한 이야기인가의 문제, 곧 작품의 소재 원천에 대해 소재영은 이 작품을 작자 만년의 한 풍류로운 삶의 모습을 빗댄 자서전적인 작품으로 파악하여 작품 속의 생원을 작자로 이해하고,

---

1) 소재영, 「『언사』 연구」, 『민족문화연구』 21, 고려대 민족문화연구소, 1988. 소재영은 같은 해에 「새 자료 <임천별곡(林川別曲)> 소고」(『석하권영철박사화갑기념(石霞權寧徹博士華甲紀念) 국문학연구논총(國文學硏究論叢)』, 효성여대 출판부)를 발표하였는데 <임천별곡>에 대한 논의 내용이 「『언사』 연구」의 그것과 별반 다르지 않다.

이에 따라 작품 속 생원이 70세라는 점에 비춰 작자가 70세 무렵인 1792년경에 이 작품을 창작했을 것으로 추정하였다.[2] 이에 비해 고순희는 작품 속의 생원은 작자가 자신의 경험을 바탕으로 형상화한 허구적 인물이거나, 혹은 그러한 경험을 하고 그것을 남들에게 이야기를 한 주변 인물일 수 있다고 하였다. 그리고 노인들의 사랑에 관심을 기울일 수 있는 연령은 아무래도 노년기일 것이기에 작자가 작품의 주인공들과 같은 연배 때인 노년기에 이 작품을 창작했을 것이라고 하였다.[3] 한편 박연호는 작자가 직접 경험하거나 목도한 현실을 기록한 것이 아니라 여항에 떠돌던 이야기를 가사로 창작한 것으로 보인다고 하였다.[4] 이처럼 작품의 소재 원천에 대해서는 그것이 작자 자신의 이야기일 것이라는 견해와, 작자가 전해 들은 다른 사람의 이야기일 것이라는 의견이 제기되어 있다.

다음 작품의 장르적 성격에 대해 고순희는 이 작품을 인물과 사건과 갈등이 존재하는 서사적 성격을 지닌 대화체 가사로 규정하였다.[5] 그리고 박연호는 이 작품이 플롯과 인물쌍방적 시점을 지니고 있고 할멈과 영감의 대화와 그들 사이의 대립과 갈등이 사건 전개의 원동력이 된다는 점에서 극적 양식에 해당된다고 할 수 있는데 본격적인 극이라기보다는 극의 초보적 단계에 해당하는 대화체 만담(漫談)에 가깝다고 하였다.[6] 장르적 성격을 서사와 극 어느 쪽에 비중을 두어 파악하는가 하는 점에 차이가 있기는 하지만 이 작품이 갈등을 갖춘 사건을 대화를 통해

2) 앞의 글, 37~8면. 한대희는 이 작품을 작자의 자서전적인 작품으로 보는 데에는 무리가 따른다고 하면서도 분명한 근거의 제시 없이 창작시기를 작자의 70~71세 무렵으로 추정하였다(「이운영의 가사 연구」, 고려대 교육대학원 석사논문, 1995, 57면).

3) 고순희, 「인유와 해학의 미학 -이운영의 가사 6편-」, 『이화어문논집』 5, 이화어문학회, 1997, 362~3면 참고.

4) 박연호, 「옥국재 가사의 장르적 성격과 그 의미」, 『민족문화연구』 33, 고려대 민족문화연구원, 2000, 307면.

5) 고순희, 앞의 글, 377면.

6) 박연호, 앞의 글, 309면.

전개하고 있다는 점을 공통적으로 지적하고 있다고 할 수 있다.

작품의 내용적 특성과 관련해서는 고순희가 늙을 대로 늙은 두 남녀가 만나서 사랑싸움을 벌이는 상황의 해학성에 이 작품의 초점이 있다고 하면서 그런 의미에서 이 가사는 소외되어 있는 노인들의 인간적 측면을 부각시킴으로써 인간 이해의 폭을 넓히는 휴머니즘을 바탕으로 하고 있다고 하였다.[7] 또 박연호는 해학과 풍자를 작품을 이끌어가는 중요한 요소로 파악하고, 이 작품은 한 인물만을 일방적으로 풍자하는 것이 아니라 두 인물 모두를 풍자함으로써 당대의 세태를 풍자하고 있다고 하였다.[8] 작품의 내용적 특성을 해학성에서 찾고 있는 점은 마찬가지인데 박연호는 거기에 더하여 세태에 대한 풍자를 들고 있는 점이 특징적이다.

이러한 기존 논의들을 통해[9] 이 작품의 성격에 대한 대체적인 윤곽이 드러났다고 할 수 있다. 그런데 사대부인 이운영이 어떻게 이런 내용의 작품을 썼을까 하는 문제는 여전한 논란거리가 아닐 수 없다. 과연 자기의 경험을 형상화한 것인지, 아니면 들은 이야기를 작품화한 것인지 가능하다면 좀 더 따져볼 필요가 있다. 또 그러한 이야기를 굳이 작품으로 형상화한 데에는 기존 논의에서 거론한 해학성에서 그 이유를 찾을 수 있겠지만 해학성이 그들의 대화 속에 어떠한 모습으로 어떻게 드러나고 있는지, 그리고 그것이 풍자로까지 이어지고 있는지 등에 대해서도 구체적인 검토가 필요하다고 생각된다. 이런 점을 고려하여 이 글에서는 작품의 소재 원천과 관련된 창작 배경, 그리고 작품에 제시된 갈등의 전개 양상과 성격을 검토하여 작품에 대한 이해를 보다 심화해 보고자 한다.

---

7) 고순희, 앞의 글, 381면.
8) 박연호, 앞의 글, 310면.
9) 이밖에 박수진은 이 작품의 내용과 표현 기법을 검토하였으며(「<임천별곡>의 내용과 표현 양상」, 한양대 석사논문, 2003), 김희정은 인물, 사건, 서술자의 측면에서 이 작품의 서사성을 살핀 바 있다(「옥국재 이운영 가사의 서사적 성격 연구 -<임천별곡>, <순창가>, <착정가>를 중심으로-」, 충남대 교육대학원 석사논문, 2004).

2. 창작 배경과 시기

앞에서 살핀 바와 같이 기존 연구 가운데에는 작품에 제시된 내용을 작자 자신의 이야기로 보는 경우가 있지만 그렇게 파악하기에는 다소의 문제점이 있는 것으로 생각된다. 그것은 무엇보다도 작자와 작품 속의 생원 영감을 일치시켜 볼 근거가 희박하기 때문이다. 작품 속의 생원은 월산대군 후손으로 공주에 살고 있는데 어려서 『맹자』와 『장자』를 천 번씩이나 읽고, 젊어서는 문장에 능해 입신출세를 기약했으나 늘그막에 사방을 주류(周流)하는 처지가 된 인물이다. 하지만 작자는 월산대군의 후손도 아니고, 공주에 산 적도 없으며, 만년에 마음 둘 곳이 없어 사방을 주류하지도 않았다. 이처럼 작자와 생원 사이에 공통점이 별반 없기에 작자가 자기 자신을 작품 속의 생원으로 형상화했다고 단정하기는 곤란할 듯하다.

그렇다면 생원을 가공의 허구적인 인물로 파악할 수 있는가. 그런데 그렇게 보기에도 주저되는 바가 있다. 작품에서는 생원이 스스로를 "월산ᄃᆡ군 증손"이라고 하였다. 시기적으로 증손은 어울리지 않지만 주막집 할멈에게 면박을 당하는 허구적 인물을 왜 굳이 월산대군의 후손이라고 명시했을까, 단지 영감으로 하여금 스스로를 대단한 집안 출신이라고 내세우게 하기 위해서였다면 다른 방식의 설정도 얼마든지 가능하지 않았을까 하는 의문이 들기 때문이다. 요컨대 작품 속 생원을 월산대군의 후손이라고 한 데에는 무언가 근거가 있을 수 있다는 것이다.

이러한 점들을 고려하면 작품의 내용은 작자가 들어서 알고 있는, 어떤 인물에 얽혀있는 일화일 가능성이 있다고 할 수 있다. 다음의 시는 그러한 가능성을 강하게 뒷받침해 주고 있다.

> 월산대군 후손으로
> 호걸스런 기풍의 선비

『맹자』와 『장자』를
어려서 천 번이나 읽었다네.
나아가 글을 지음에
동년배들이 으뜸으로 추대했건만
운수가 하늘에 얽매여
머리가 세도록 뜻을 얻지 못했네.
젊을 때 내가 고향을 떠나 있어
공과 떨어져 만나지를 못하다가
늦게 내가 황간 고을에 올 때
공이 사는 곳에서 하룻밤을 묵었었네.
공은 걸음이 느린 한 필 말을 타고
자주 나 찾기를 싫어하지 않아
타향에서 서로 만난 것을 기뻐하며
고향의 옛일을 이야기하였네.
한번 오면 머물도록 붙잡아
삼 년 동안 황간의 손님이 되었다네.
긴 낮에는 담담히 상대하고
밤이 깊으면 촛불을 밝혔는데
이야기하는 것은 모두 문장과 역사이지만
간혹 해학을 말하기도 하였네.
……
공이 홀연 땅 속으로 돌아가니
덧없는 삶이 이와 같아
떠오르는 일마다 묵은 자취가 되었네.
눈물에 화답하며 거친 글을 지어
무덤에 임해 곡하는 것을 대신하네.[10)]

위의 시는 작자의 문집인 『옥국재유고(玉局齋遺稿)』에 수록된 <이여신만(李汝信輓)>이라는 작품으로 1779년에 창작된 것이다. 그런데 시 속에 제시된 이여신이라는 인물과 <임천별곡>의 생원 영감 사이에는 많은 공통점이 있다. 우선 생원과 이여신 모두 월산대군의 후손이며, 두 사람 다 어려서 『맹자』와 『장자』를 천 번씩이나 읽었다. 그리고 이여신은 문장이 뛰어나 동년배들이 모두 으뜸으로 꼽았지만 그러한 능력을 제대로 펼치지 못하여 늙도록 뜻을 얻지 못했다고 하였는데 이러한 사정은 생원도 마찬가지이다. 생원은 작품 속에서 스스로 "공도회 ᄇᆡᆨ일쟝의 증별시 ᄃᆡ소과의 / 일등 이등 쟝원 둘ᄌᆡ ᄆᆡ방의 고등ᄒᆞ"다가 "노ᄅᆡ의 이리 되"어 "ᄉᆞ방으로 쥬류ᄒᆞ"게 되었다고 하였다. 젊어서 문장에 뛰어나 입신출세를 기약했지만 그 뜻을 끝내 이루지 못하였다는 것이 두 사람 모두에게 공통된다.

또한 이운영은 자기가 젊을 때 고향을 떠나 있어 이여신을 만나지 못했다고 하였는데 고향을 떠나 있었다는 것은 이운영이 부친의 임소와 적소에 가 있느라 서울을 떠나 있던 것을 가리키는 것으로 보인다.[11] 그렇다면 이여신 역시 젊을 때 서울에 있었던 것으로 짐작되는데 작품 속 생원도 자기가 젊어서 문장으로 이름이 있었음을 강조하면서 "경화의 진신ᄃᆡ부 날 모로이 뉘 잇시며"라고 하여 자기가 예전에 서울에 살았거나 머물렀음을 밝히고 있다.

이처럼 이여신과 작품 속 생원 사이에는 집안이나 행적의 구체적인

---

10) 月山大君孫 有士湖海曲 鄒訓莊周書 少也千回讀 出而爲文詞 儕流推巨擘 有數關於天 白首空廓落 少小余離鄕 與公參商隔 晩余來澗邑 公居地一宿 公騎一欵段 訪我不厭數 萍水喜逢迎 桑梓話疇昔 一來便挽住 三年爲澗客 遲日澹相對 夜久遂秉燭 所談皆文史 或間以諧謔 …… 公忽歸窀穸 浮生乃如是 卽事成陳迹 和淚題蕪辭 聊替臨穴哭(<이여신만(李汝信輓)>, 『옥국재유고(玉局齋遺稿)』 권6).

11) 「기년록(紀年錄)」, 『옥국재유고』 권10 참고. 여기의 고향이 옥국재 집안의 향저(鄕邸)가 있던 결성을 가리키는 것일 수도 있다(제1부 '옥국재의 생애와 일상의 면모' 참고). 하지만 옥국재가 결성에 머물던 것은 어릴 때일 것이기 때문에 여기의 고향은 결성보다는 서울을 가리키는 것으로 보는 것이 좀 더 타당할 듯하다.

내용이 상당 부분 일치하고 있다. 이러한 사실은 작품 속 생원의 모델이 이여신이고, 작품의 내용은 이여신이 겪은 일을 문학적으로 형상화한 것이라는 추정을 가능하게 한다.

그렇다면 작자와 이여신의 관계를 좀 더 살펴보자. 작자는 위의 시에서 이여신을 일찍부터 알고 있었지만 한동안 만나지 못하다가 자신이 황간현감(黃澗縣監)으로 부임하면서 다시 만났다고 하였다. 작자가 황간에 부임한 것은 55세 때인 1776년 2월이다.[12] 이후 3년간 이여신은 자주 황간에 들러 작자와 함께 문학과 역사를 논하기도 하고, 때로는 해학적인 이야기를 나누었다고 하였다. <임천별곡>의 소재가 된 사건, 곧 이여신이 겪었을 해학적인 일은 이때 전해 들었을 수 있다.

한편 작자의 문집에는 위에 인용한 시 이외에 <가학루 희차이여신노우운(駕鶴樓 戱次李汝信老友韻)>, <여신노인여소년배 왕환학암차판상사운래 시지요화(汝信老人與少年輩 往喚鶴菴次板上詞韻來 示之要和)>, <용연아운 송귀여신(用淵兒韻 送歸汝信)>, <차이여신운(次李汝信韻)>, <차여신노우여아배왕유한천서원환학암시운(次汝信老友與兒輩往遊寒泉書院喚鶴菴詩韻)> 등이 수록되어 있어 두 사람이 서로 시를 화답하곤 했다는 것을 알 수 있다.[13] 그런데 이 시들을 통해 몇 가지 사실을 더 확인할 수 있다. 우선 '가학루 희차이여신노우운'이라는 시 제목의 '이여신(李汝信)' 밑에 '상순(尙恂)'이라고 작은 글씨가 적혀 있어 이여신의 본명이 '상순'이고, '여신'은 자(字)라는 것을 알 수 있다. 또 시 제목에서 이여신을 '여신'이라는 자를 사용하여 일컫는 한편 '노우(老友)', 또는 '노인(老人)'이라고 지칭하고 있는 것을 보면 이여신은 작자보다 훨씬 나이가 많기는 하나 두 사람이 서로 망년지교(忘年之交)를 맺고 있는 사이였다는 것을 알 수 있다. 당시 작자는 50대 중반이었고, 작품 속 생원이 70세인

12) 「기년록」 참고.

13) 시 제목에 보이는 가학루(駕鶴樓), 환학암(喚鶴菴), 한천서원(寒泉書院) 등은 모두 황간에 있는 곳들이다. 두 사람이 함께 근처의 승경을 찾아 시를 화답하기도 했다는 것은 앞에 인용한 시의 생략된 부분에 제시되어 있기도 하다.

것처럼 이여신도 70세 정도였다면 작자와 이여신의 나이 차이는 10년을 훨씬 웃돌았을 것이다.

요컨대 단정하기는 어렵지만 <임천별곡>의 소재는 작자와 교분이 있어 작자의 임소인 황간을 자주 찾아와 담소하고 시를 화답하기도 했던 이여신이라는 인물에게 있었던 일로, 작자가 이여신과 서로 해학적인 이야기를 하는 가운데 본인에게서 그 일을 직접 전해 듣고 작품으로 형상화했을 것이라는 추정이 가능하다고 할 수 있다.

그러면 <임천별곡>의 창작 시기는 작자가 이여신을 다시 만나게 된 시점, 즉 황간에 부임한 1776년 2월 이후부터 작자가 세상을 떠난 1794년 1월 사이라고 할 수 있는데 범위를 압축시켜볼 여지가 있을 듯하다. 우선 생각해 볼 수 있는 것은 작자와 이여신이 다시 교유하던 기간, 곧 1776년부터 이여신에 대한 만시가 지어진 1779년 사이이다. 하지만 서로 교유하던 기간으로 범위를 한정하기보다는 작자가 이여신의 사후에도 그를 추억할 수 있는 기회가 있었다면 그때까지를 하한선으로 추정하는 것이 보다 타당할 것이다.

이런 점에서 작자의 황간 유배를 주목할 필요가 있다. 작자는 1780년 12월 과만(瓜滿)이 되어 황간에서 서울로 돌아왔는데 이듬해 3월 형구(刑具)가 격식에 맞지 않았다 하여 다시 황간으로 내려가 유배 생활을 하다가 1782년 12월 해배되어 돌아왔다. 다시 황간에 내려간 작자가 과거 황간을 자주 찾아오던 이여신을 추억했을 가능성은 얼마든지 있다. 작자는 유배 생활을 하면서 잡기(雜記), 패사(稗史)와 자신이 예전에 겪은 일 등을 모아 『영미편(潁尾編)』 두 책을 편찬하였는데[14] 여러 일화를 모은 이러한 책을 편찬하면서 작자는 이여신과 나눈 해학적 이야기를 떠올렸을 수도 있다. 따라서 작자가 황간에서 유배 생활을 하면서 이여신의 일화

14) 「기년록」 참고. 이 글이 처음 발표되었을 때에는 『영미편』의 존재를 확인할 수 없었는데 2009년 신현웅이 일본 교토대학[京都大學] 가와이문고[河合文庫]에 소장되어 있음을 확인하고 개략적인 소개를 한 바 있다(「옥국재 『영미편』의 자료적 특징과 가치」, 『한국한문학연구』 46, 한국한문학회, 2010).

를 <임천별곡>으로 형상화했을 가능성은 얼마든지 있다. 이런 점에서 <임천별곡>은 작자가 이여신을 다시 만난 1776년 2월 이후부터 황간 유배에서 풀려난 1782년 12월 사이에 창작된 것으로 추정하는 것이 현재로서는 적절할 듯하다.

3. 갈등의 양상과 성격

이 작품은 인물들의 대화만으로 구성되어 있으며, 그 대화를 통해 영감과 할멈 두 인물 간의 갈등이 전개되고 있다. 이제 작품의 내용을 따라가며 그들 사이에 전개되고 있는 갈등의 양상과 성격을 살펴보기로 한다.

[A-1]
게 있는가 주인 한멈 ᄂᆡ 말 잠간 드러보소
어제 밤 셔리 후의 참도 찰ᄉᆞ 구돌이야
한멈의 아ᄅᆡ목은 덥고 차기 엇더ᄒᆞᆫ고
진 죠반 마른 음식 죠셕으로 지어ᄂᆡ니
늙으니 허물ᄒᆞᆯ가 나 조곰 드러가셰

[B-1]
어져 긔 뉘신고 유셩 손임 아니신가
나그ᄂᆡ 치우시니 쥬인이 무료ᄒᆞ오
누츄ᄒᆞᆷ을 허물 말고 이리 드러오〃소셔

영감과 할멈의 발화를 각각 [A], [B]라고 할 때 작품 첫머리의 [A-1]은 할멈의 방에 들어가기를 청하는 영감의 말이다. 자기가 어제 밤 추운

방에서 고생을 하였는데 할멈은 아궁이에 항상 불을 때고 음식을 만들어 방이 뜨뜻할 테니 할멈 방에 좀 들어가자고 하였다. 아울러 남녀가 유별하지만 늙은이를 굳이 허물할 필요까지야 없지 않겠느냐고 하였다. 이에 대해 할멈은 [B-1]에서 보듯 손님이 추워하니 주인이 부끄럽다[無聊]며 누추하지만 어서 들어오라고 하였다. 할멈은 주막집 주인이고 영감은 이곳 주막에서 지난밤을 떨면서 묵은 손님인 듯하다. 그리고 이 주막은 작품의 제목에서 짐작할 수 있듯 충청도 임천(林川) 고을에 있는 주막으로 보인다. 그런데 할멈이 영감을 보고 대뜸 '유성(儒城) 손님'이라고 지칭하고, 또 선뜻 방에 들어오도록 허락한 것을 보면 두 사람은 이전부터 서로 안면이 있던 사이라고 짐작되는데 실제 작품 말미에 있는 "삼년닉의 졍이 깁허"라는 말을 통해 두 사람이 수년 전부터 알고 있었다는 것을 확인할 수 있다. 이처럼 위의 [A-1]과 [B-1]은 서로 알고 있는 영감과 할멈 두 사람이 한방에 함께 있게 되는 과정을 제시하고 있다.

[A-2]
어허 무던ᄒᆞ다 궁둥 뜻〃하여 온다
밍셰치 오늘밤은 나가지 못ᄒᆞᆯ노다
한멈의 썩국 사발 몃 그릇 되엿ᄂᆞᆫ고
한멈의 옷가슴의 손 조곰 너허 보셰

[B-2]
어져 놀나고야 흉악흉악 ᄇᆞ라볼가
어졔 오날 쉼ᄌᆞ리가 슈럭슈럭 ᄒᆞ더라니
오늘밤의 쉼을 ᄶᅳ니 숄가락을 더져 뵈데
셰상 쳔하 만고 조션 팔도의도 긔괴ᄒᆞ다
싱원님 손을 곱아 ᄂᆡ 나흘 혜여 보오

갑ᄌᆞ 을축 병인ᄉᆡᆼ의 환갑 진갑 다 지ᄂᆞ고
슈인의 스물ᄒᆞ고 또 한살 더 먹엇ᄂᆡ
이졔 무ᄉᆞᆫ ᄆᆞ음 이셔 셔방 품의 ᄌᆞ리잇가

할멈의 따뜻한 방에 들어와 몸을 녹이던 영감은 [A-2]에서 보듯 궁둥이가 뜨뜻해진다고 너스레를 떨고는 할멈의 나이를 물으면서 할멈의 옷가슴에 손 좀 넣어보자고 한다. 언 몸이 녹자 오늘밤에는 따뜻한 할멈의 방을 나가지 못하겠다며 한 마디 짓궂은 농담을 던진 것으로 보인다. 추워서 할멈의 방을 나가지 못하겠다는 것은 결국 할멈과 한방에 있겠다는 것이고, 그것은 동침을 연상시키는 것이기에 나온 말일 것이다. 초면이 아니기에 이런 농담이 가능했을지 모른다. 물론 처음부터 할멈과 수작하고 동침까지도 하려는 욕망 때문에 추위를 핑계 삼았을 수 있다. 하지만 뒷부분에 제시되어 있듯이 영감은 나이가 칠십이다. 칠십이나 된 영감이 할멈과 동침하고 싶은 욕구 때문에 춥다는 핑계로 방에 들어왔다고 보기에는 무리가 있을 듯하다. 그렇다고 몸을 녹이기 위해 방에 들어왔다가 애정에 대한 욕구가 일어났다고 보는 것도 어색할 듯하다. 그러기에도 영감의 나이가 너무 많기 때문이다. 따라서 할멈의 옷가슴에 손을 넣어보자는 것은 그러한 욕구가 실제 일어났기 때문이라기보다는 평소 알고 있던 할멈과 한방에 마주 앉게 된 상황에서 슬쩍 한번 던져본 농담으로 보는 것이 자연스러울 듯하다.

이에 대해 할멈은 [B-2]처럼 그러한 영감의 말이 놀랍고 자기를 바라보는 영감의 시선이 흉악하다면서 꿈자리가 사납더니 기괴한 소리를 다 듣는다며 영감의 말을 거절하였다. 이어 자기의 나이가 일흔 한 살이니 무슨 욕구가 있어 남자와 동침을 하겠느냐고 대꾸하였다. 이 과정에서 할멈이 영감을 '생원님'이라고 지칭하고 있어 영감이 양반임을 알 수 있다. 이처럼 할멈은 옷가슴에 손을 넣어보자는 영감의 말을 동침 권유로 구체화하면서 나이를 구실로 그것을 거절하였다.

[A-3]
어져 그 말 마소 늙은 말이 콩 마달가
너도 늙고 나도 늙고 두 늙으니 셔로 만나
너만 알고 나만 알고 귀신도 모르리니
인젹〃 야심〃 황혼 ᄀᆡ 오날이라
범증의 문자로 급격물실ᄒᆞ야
얼픗 쓰릇치면 ᄀᆡ 무어시 관계ᄒᆞᆯ고

[B-3]
이 냥반 어ᄃᆡ 냥반 져다지 밋쳐ᄂᆞᆫ고
ᄉᆡᆼ원님도 냥반이니 냥반다이 ᄒᆡᆼ셰ᄒᆞ야
마샹의 봉한식과 화소함젼셩미쳥을
사랑의 놉피 안자 풍월이나 ᄒᆞᆯ 거시지
셴나롯 나붓기고 바지츔의 손을 너코
여염으로 단이면서 계집 츄심 우습도다
ᄇᆡᆨ노규어격을 어ᄃᆡ 가 ᄇᆡ오신고
오쟝머리 드러지고 염통머리 ᄉᆡᆨ져 뵌다
ᄂᆡ 나히 칠십 넘어 여든 ᄯᆞᆯ의 드러시니
만일의 실셩ᄒᆞ야 벗보기를 ᄒᆞ올진ᄃᆡ
쳥츈소년 한삼 자리 셰상의 무슈ᄒᆞ고
농산쟝 덕평쟝ᄋᆡ 면화 흥졍ᄒᆞᄂᆞᆫ 놈과
ᄃᆡ구 쟝ᄉᆞ 황우 쟝ᄉᆞ 젼냥이나 잇ᄂᆞᆫ 놈이
샹평통보 늑자박이 쥬머니의 월넝절넝
인런 놈을 품어 자고 샹덕이나 ᄒᆞᆯ 거시지
ᄉᆡᆼ원님 두 쥬먹은 ᄉᆞ력초권공〃시요
소쳔 한 푼 콩빠ᄀᆡ도 업ᄂᆞᆫ 쥴 번이 알고
어ᄂᆞ 바삭이가 ᄉᆡᆼ원님 품어 잘가

ᄂᆡ 아들 득손이ᄂᆞᆫ 급장이 겸 고직이
ᄂᆡ ᄯᆞᆯ년 초심이ᄂᆞᆫ 슈겹힝슈 난든 번의
아잡 삼촌 ᄉᆞ오촌의 늣손ᄌᆞ 오라번ᄂᆡ
삼반하인 군관청의 ᄂᆡ 일쪽 뉘 아닐고
반야삼경의 ᄒᆞᆫ 소ᄅᆡ곳 웨게 되면
항우의 쥬머귈지 댱비의 팔다실지
셩식의 소 갓튼 놈 가랑닙희 불붓ᄂᆞᆫ 놈
더벙머리 억병 먹고 위쑥비쑥 다 모혀셔
ᄉᆡᆼ원님 셴샹토를 뒤쳐들고 ᄌᆞ쳐들고
귀밋ᄃᆡ기 ᄒᆞᆫ번 치면 벼록불이 펄〃 나고
넙젹ᄒᆞᆫ 잔등이를 뇌고를 울니고셔
양미간을 향ᄒᆞ야셔 ᄒᆞᆫ번 ᄐᆡᆨ견 ᄒᆞ게 되면
ᄉᆡᆼ원님 죠고만 몸 츄풍낙엽 어더 볼가
ᄌᆡ 무덤 두엄 발체 콩ᄐᆡᄌᆞ로 잣바져셔
아야지야 살인이야 안팟씁츄 뉘 되실고
언비쳔니ᄅᆞ니 이 말이 공쥬 가면
ᄉᆡᆼ원님ᄃᆡᆨ 안아셔ᄂᆞᆫ 노발이야 ᄃᆡ발이야
치마 칼 젼반 곤장 발치 귀양 뉘 가실고
이 냥반 열업셔도 그런 말 다시 마오

할멈이 나이 많은 자기가 무슨 욕망이 있겠느냐며 거절하자 영감은 늙은 말이 콩 싫다고 할 리 없듯이 늙은이라고 동침의 욕구가 없겠느냐고 하였다. 그러면서 사람 없고 야심한 때에 아무도 모르게 서둘러 일을 치르면 무슨 문제가 있겠느냐며 추근거렸다. 할멈이 나이를 들어 거절하자 나이가 문제 될 것이 없다고 응수하며 한 걸음 더 나아가 짐짓 적극적이고 노골적인 태도를 내보인 것이다. 그런데 이러한 영감의 태도는 솟구치는 욕구에서 비롯된 것이기보다는 할멈의 말을 받아넘기면서 한

번 시작한 농담을 더욱 짓궂게 이어나간 것으로 보는 것이 적절할 듯하다. 이처럼 [A-3]에서 영감은 충분히 예상했을 할멈의 거절에 대해 좀 더 노골적인 농담으로 응수하였다. 그렇다면 이에 대한 할멈의 반응은 어떠한가.

[B-3]에서 할멈은 먼저 단도직입적으로 그러한 말을 하는 영감이 미쳤다고 하였다. 할멈이 영감을 미쳤다고 한 것은 영감이 양반의 신분에 걸맞지 않는 태도를 보였기 때문이다. 양반이면 양반답게 사랑방에 높이 앉아 풍월이나 할 것이지 늙은 나이에 점잖지 못한 모습으로 여자나 찾아다니니 꼴이 우습다고 힐난하며 '오장머리 드러지고 염통머리 색져 뵌다'는 극단적인 표현으로 영감을 몰아세웠다. 할멈의 직접적인 발화로 생각되지는 않지만 할멈이 양반들이나 읊을 한시 구절까지 인용하면서 영감을 비난하는 것은 풍월이나 읊어야 할 영감이 신분에 어울리지 않는 태도와 행동을 보이고 있는 점을 부각시키고 있다고 할 수 있다. 영감에 대한 할멈의 거절과 비난은 여기에 그치지 않는다.

할멈은 이어 칠십이 넘은 자기가 만약 실성해서 동침을 한다면 젊은 남자, 돈 있는 사람을 품어 잘 것이지 아무 것도 가진 것 없는 영감을 상대하겠느냐고 하였다. 돈 없는 늙은이에 불과한 영감을 어떤 어리석은 사람이 품어 자겠느냐고 하여 영감의 현실적인 처지를 문제 삼았다. 앞에서는 영감의 신분을, 여기에서는 영감의 처지를 들어 영감의 행동과 태도를 힐난한 것이다. 할멈은 영감의 말을 농담으로 받아들이거나 웃음으로 받아 넘길 의사가 전혀 없었다. 할멈은 나아가 영감의 말을 자기에 대한 심각한 희롱으로 받아들이면서 공격의 수위를 한층 높여간다.

할멈은 자기 아들이 급창(及唱) 겸 고직(庫直)이고, 딸은 수급행수(水汲行首)이며, 여러 친척이 관아와 군관청에서 일을 하는데 만약 한밤중이라도 자기가 한번 소리쳐 부르면 모두 모여들어 영감을 흠씬 두들겨 줄 것이라고 하였다. 또 이러한 소문이 공주(公州)의 영감 집[15]에 전해지면 영감은 부인에게 곤욕을 치를 것이니 다시는 그런 말을 말라고 하였다.

할멈의 이러한 말은 영감에 대한 협박에 다름 아니다. 영감의 신분과 처지를 들어 힐난하는 데에서 한 걸음 더 나아가 자기의 위세와 영감이 집 안에서 당할 곤욕을 내세워 협박까지 하게 된 것이다. 영감의 말을 단순한 농담이 아닌 자기에 대한 희롱으로 받아들인 할멈은 영감의 신분과 처지를 들먹여 영감의 말에 오금을 박고, 자기의 위세를 내세워 협박까지 하면서 완강하게 반발하고 있는 것이다.

그런데 이러한 할멈의 말과 태도에는 해학이 담겨있다. 할멈이 영감을 협박하기 위해 가상적으로 제시한 것이기는 하지만 할멈의 아들과 딸, 친척들에 의해 영감이 뭇매를 맞고 낭패를 보는 모습이 상당히 우스꽝스럽게 그려지고 있는 것이다. 또 할멈이 자기 아들과 딸, 친척들이 관아의 노복과 하인이라는 것을 내세우는 장황한 언설에도 해학이 담겨 있다고 할 수 있는데 그것은 별반 대단할 것이 없는 것을 마치 대단한 것처럼 장황하게 내세우는 모습이 사람들로 하여금 웃음을 자아내게 하기 때문이다.

어쨌든 할멈은 영감의 말을 농담이 아닌 희롱으로 받아들여 그 신분과 처지를 들어 영감을 힐난하고, 나아가 자기의 위세를 내세워 영감에게 협박까지 가하면서 반발하였다. 할멈이 영감의 양반 신분을 들먹이는 한편 굳이 자기의 아들, 딸, 친척들이 관아에서 일한다는 것을 강조하고 있는 것을 보면 이러한 할멈의 태도 이면에는 영감이 알량한 양반의 신분을 내세워 자기를 희롱하고 있다는 생각이 깔려 있었던 듯하다.

[A-4]

어허 통분ᄒᆞ다 ᄃᆡ욕을 보거고나
양반을 모로고셔 네라셔 그리ᄒᆞᆯ다
가믄을낭 뭇지 마라 월산ᄃᆡ군 증손이라

15) 조선시대에는 유성(儒城)이 공주(公州)에 속해 있었다.

감종실 니른 말은 차ᄉᆡᆼ 고지 듯지 마라
물망이 거룩홀손 고암쟝의 ᄒᆞ엿고나
초국의 삼녀ᄃᆡ부 굴원이 ᄂᆡ 동갑의
일이삼ᄉᆞ 차례 혜면 칠십세가 ᄂᆡ 나히라
쟝ᄌᆞ 쳔독 ᄆᆡᆼᄌᆞ 쳔독 아기 쎡의 공부ᄒᆞ야
시부의 〃ᄌᆞ표락은 ᄒᆡᆼ뉴슈ᄃᆡ긔벽시라
왕희지 됴ᄆᆡᆼ부의 ᄒᆡᄌᆞ로셔
공도회 ᄇᆡᆨ일장의 증별시 ᄃᆡ소과의
일등 이등 장원 둘ᄌᆡ ᄆᆡ방의 고등ᄒᆞ니
구만리 쟝쳔샹의 츔 밧고 긔약더니
경화의 진신ᄃᆡ부 날 모로이 뉘 잇시며
호우 일도의 모〃ᄒᆞᆫ 어루신ᄂᆡ
ᄒᆞᆫ 번 보고 두 번 보아 다 우리 친구로다
젼승지 듕화부사 쥭ᄌᆞ사ᄌᆞ ᄒᆞᄂᆞᆫ 의요
너희 고을 안젼임도 소시 젹의 노니럿다
안ᄃᆡ의 손ᄒᆡᆼ슈와 ᄂᆡ 동ᄂᆡ 박좌슈ᄂᆞᆫ
ᄂᆡ 풍치 흠모터니 노ᄅᆡ의 이리 되니
심회를 둘 듸 업셔 ᄉᆞ방으로 쥬류ᄒᆞ니
황계츄야 젹막ᄒᆞᆫᄃᆡ ᄀᆡᆨ의 잠이 더옥 업셔
ᄇᆡᆨ두옹 ᄇᆡᆨ두파가 냥〃상ᄃᆡ청등하라
다 마른 뱟족이를 잇ᄂᆞᆫ 쥴 번이 알고
냥반이 취〃ᄒᆞ여 조곰 달나 ᄒᆞ엿신들
동냥은 못 쥬다ᄉᆞ 족박조차 ᄊᆡ칠소냐
네 말을 드러ᄒᆞ니 절〃이 통분ᄒᆞ다
본관의 정장ᄒᆞ고 영문의 〃송ᄒᆞ야
속ᄃᆡ젼 펼쳐 노코 ᄉᆞ부능욕 죠률ᄒᆞ야
장일ᄇᆡᆨ 형문일치 류삼쳔니 원지정ᄇᆡ

일죵늘문ᄒᆞ야 의법시힝ᄒᆞ랴더니
곰〃 안자 ᄉᆡᆼ각ᄒᆞ니 그러치 아니ᄒᆞ다
나그ᄂᆡ야 쥬인이야 삼년ᄂᆡ의 졍이 깁허
계집의 고만 말을 족가ᄒᆞ여 무엇ᄒᆞ리
챵낭자취ᄂᆞᆫ 옛말이 날 소기랴
하히 갓튼 ᄃᆡ도량의 부지일소 무가ᄂᆡ하
아히야 말 ᄂᆡ여라 고향으로 도라가자
어져 뒤ᄶᅥᆨ뒤 붓그러워 어이 갈고

농담 한번 건넸다가 할멈의 강한 반발에 마주친 영감은 머쓱해질 수밖에 없었다. 그렇다고 가만히 앉아서 당할 수만도 없고, 할멈에게 욕을 당한 것이 분하기도 하여 영감은 [A-4]처럼 내면을 토로하였다. 우선 영감은 할멈이 양반을 몰라본다면서 자기의 가문을 내세웠다. 이는 미천한 신분의 할멈에게 면박을 당했기 때문에 양반이라는 신분과 가문을 앞세워 할멈의 위세에 맞서려 한 것일 것이다. 이어 영감은 자신이 물망(物望)이 높은 대단한 존재였음을 강조하였다. 어릴 적에 이미 『장자』와 『맹자』를 천 번씩이나 읽었고, 여러 과거에 우수한 성적으로 합격하여 입신출세를 기약하였기에 서울의 진신대부(縉紳大夫)들이 모두 자기를 알았고, 충청도의 이렇다 하는 사람들이 모두 자기 친구라고 하면서 여러 사람들이 자기의 풍채를 흠모하였다고 하였다. 자신이 대단한 존재였다는 것을 내세우는 것 역시 할멈의 강한 위세에 맞서기 위한 것이다.

이처럼 영감은 자기의 신분, 가문, 물망 등을 내세워 할멈의 위세에 대응하는 한편 그것을 통해 여태까지의 자기 말과 태도를 합리화하려 한다. 영감은 물망이 대단했던 자기가 늘그막에 사방을 떠돌아다니는 신세가 되자 적막한 밤에 잠이 더욱 없어 동침하자고 했다면서 양반에게 동냥은 못 줄망정 쪽박을 깨느냐고 하였다. 동침하자고 한 것을 뜻을 이루지 못한 자기의 현실적 처지 때문이라고 둘러대면서 양반에 대한 할멈의 대접을 탓한 것인데 양반에게 동냥은 못 줄망정 쪽박을 깨느냐는 말 속에는 자기의 처지에 대한 자조감이 깃들어 있다고 할 수 있다.

이어 영감은 다시 감영에 의송(議送)하여 사부능욕(士夫凌辱)의 죄를 묻겠다고 장황하게 떠들다가 삼 년 동안의 정이 있고, 계집의 그만한 말을 다그칠 필요가 있겠느냐며 자기의 하해 같은 도량으로 일소(一笑)에 부칠 수밖에 없겠다고 하였다. 하해 같은 도량이라는 말로 포장하고 있지만 일소에 부칠 수밖에 없는 것은 지금의 상황에서 영감이 선택할 수 있는 유일한 길일 것이다.

영감이 할멈에게 동침하자고 농담을 건넨 이면에는 할멈에 대한 영감의 신분적 우월감이 작용하고 있었을지 모른다. 하지만 영감이 처음부터 신분적 위세를 빌어 의도적으로 할멈을 희롱하고 핍박하려 했다고 보는 것은 무리가 있지 않을까 한다. 그것은 스스로 밝히고 있듯이 늘그막에 사방을 떠돌아다니는 신세가 된 영감이 과연 처음부터 강한 신분적 우월감을 가지고 할멈을 대했을까 의문이 들기 때문이다. 추위를 피해 천한 신분의 할멈 방을 스스로 찾아 들어갔다는 것 자체가 오히려 영감이 할멈과의 신분적 차이를 크게 의식하지 않고 있었다는 것을 말해주는 것일 수 있기 때문이다.

하지만 할멈의 강한 반발에 마주치자 영감은 자기의 신분, 가문, 물망을 내세웠다. 할멈이 아들, 딸과 친척들을 거론하며 얼마든지 영감을 크게 혼내줄 수 있다고 협박까지 하자 그에 맞서기 위해서였다. 영감이 내세울 수 있는 것은 사실 그것들밖에 없었을 것이다. 하지만 아무리 그것들을 강조하더라도 문제가 해결될 수는 없다. 마음을 둘 데 없어 사방을 떠돌아다니는 처지인 영감에게 그것들은 단지 흘러간 과거의 사실에 불과하며, 지나간 과거의 영화를 되뇌는 것은 현재의 모습을 더욱 초라하게 만들 뿐이다. 또 그것들의 강조는 양반의 위세를 빌어 자기를 희롱한다고 여기고 있는 할멈의 분노에 오히려 불을 지피는 결과를 초래할 수도 있다. 그리고 영락한 자기 신세 때문에 잠을 이루지 못해 할멈에게 동침하자 한 것이라고 아무리 둘러대도 그것은 변명에 불과하고, 그러한 변명 역시 젊었을 때와 대비되는 현재 영감의 모습을 더욱 초라하게 만들 뿐이다.

이처럼 영감이 자기의 신분, 가문, 물망 등을 장황하게 내세우는 것은 역설적으로 영감의 옹색하고 초라한 현재의 모습을 더욱 부각시킬 뿐이다. 그럼에도 불구하고 할멈의 반발에 부딪쳐 허겁지겁 장황하게 허세를 늘어놓는 영감의 모습은 인간적이며 해학적이다. 할멈의 경우에는 영감에게 대응하기 위해 그리 내세울만하지 못한 것을 대단한 것처럼 부풀려 내세우는 점에서 그러했다면 영감의 경우에는 현재의 초라함이 더욱 부각되는 것은 헤아리지 않은 채 허세를 부리는 점에서 그러하다고 할 수 있다.

영감과 할멈의 갈등은 신분갈등의 측면이나 신분제의 동요 현상과 연관 지어 이해할 수도 있고, 그와 관련하여 신분과 가문 등을 내세워 할멈의 위세를 꺾어보려는 영감의 태도에서 풍자적 요소를 찾을 수도 있을 것이다. 그런데 영감이 창랑자취(滄浪自取) 운운하고, '어져 뒤쇽뒤 붓그러워 어이 갈고'라고 하는 것을 보면 영감은 자기가 공연히 실없는 농담을 해서 면박을 당하게 된 것을 부끄러워하면서 자기의 실수를 인정할 줄 아는 솔직한 면모를 지닌 인물이기도 하다는 것을 알 수 있다. 이런 점에서 작자는 영감을 풍자의 대상이 아니라 인간적인 체취를 지닌 인물로 조망하고 있다고 이해하는 것이 타당할 듯하다.

이와 같이 작자는 자기가 잘 아는 주변 인물의 경험적 일화가 지닌 해학성에 주목하여 그것을 작품으로 형상화하면서 갈등을 벌이는 인물들의 말과 태도를 인간적인 체취와 해학이 묻어나도록 구체화하였다. 작자가 이처럼 웃음과 정감이 어린 시선으로 영감과 할멈을 바라봄으로써 그들의 갈등은 신분갈등보다는 짓궂은 농담 때문에 한바탕 벌어진 해학적인 다툼의 성격을 지니게 된 것이다.

4. 맺음말

이 글에서는 이운영의 가사 가운데 한 편인 <임천별곡>을 대상으로 작품의 창작 배경과 시기를 살피고, 작품에 제시된 갈등의 전개 양상과 성격을 검토하였다. 이 작품은 늙은 생원 영감이 주막집 할멈에게 짓궂은 농담을 던졌다가 면박을 당하는 과정을 두 사람의 대화만으로 전개하고 있다. 이처럼 이 작품은 내용과 형식 양면에서 두드러진 특징을 지니고 있어 일찍부터 주목을 받았지만 심도 있는 작품의 이해를 위해서는 아직도 논의해야 할 문제가 남아있다고 할 수 있다.

이 작품의 소재 원천과 관련해서는 작품의 내용이 작자 자신의 이야기일 것이라는 견해와 작자가 전해 들은 다른 사람의 이야기일 것이라는 견해가 제기된 바 있다. 그런데 작자의 문집 속에 수록되어 있는 <이여신만(李汝信輓)>이라는 한시 작품에 제시된 이여신이라는 인물과 <임천별곡>의 생원 영감 사이에는 가문과 행적의 구체적인 내용이 상당 부분 일치하고 있음을 확인할 수 있다. 또 <이여신만>에는 작자와 이여신이 서로 해학적인 이야기를 주고받기도 했다는 사실이 제시되어 있다. 이런 점을 고려할 때 <임천별곡>은 이여신이라는 인물에게 실제 있었던 일을 작자가 이여신과 해학적인 이야기를 하는 가운데 전해 듣고 작품으로 형상화한 것일 가능성이 크다고 할 수 있다. 그리고 <이여신만>의 내용과 작자의 전기적 사실을 아울러 고려할 때 이 작품은 작자가 황간에 부임하면서 이여신을 다시 만난 1776년 2월 이후부터 서울로 돌아온 작자가 다시 황간으로 내려가 유배 생활을 하고 돌아온 1782년 12월 사이에 창작된 것으로 추정할 수 있을 듯하다.

작품에 제시된 영감과 할멈의 갈등은 언 몸을 녹이기 위해 할멈의 방에 찾아든 영감이 동침하자고 한 데에서 비롯된다. 그런데 이러한 영감의 요구는 애정에 대한 욕구에서 비롯된 것이기보다는 한번 슬쩍 던져본 실없는 농담에 가깝다고 할 수 있다. 이후 할멈은 나이를 구실로 이를 거절하고, 영감은 할멈의 말을 받아 더욱 노골적이고 적극적인 농담으로 응수한다. 할멈이 더 이상 그런 말을 용납하지 않기 위해 영감의 신분과 처지를 들어 오금을 박고 자기의 위세를 들어 협박까지 하자 머쓱해진 영감은 자기의 지난 일을 들어 허세를 떨면서 자신의 동침 요구를 합리화하다가 결국 부끄럽다며 집으로 돌아간다.

이처럼 대화를 통해 전개되는 두 사람의 갈등 전개 과정에는 인간적인 체취와 해학이 묻어있다. 묘사가 그렇고, 상대방의 기세를 꺾기 위해 장황하게 늘어놓은 허세가 그러하다. 이 때문에 두 사람의 갈등을 신분 갈등보다는 인간적이고 해학적인 다툼의 성격을 지닌다. 이는 작자가 대상 인물과 그들 사이에 벌어진 사건을 웃음과 정감이 어린 시선으로 조망하고 있었다는 것을 말해준다.

V. <수로조천행선곡>의 창작 배경과 의미
– 이선악(離船樂)과의 관계를 중심으로

1. 문제 제기

옥국재(玉局齋) 이운영(李運永, 1722～1794)이 남긴 가사는 <착정가>, <슌챵가>, <슈로죠천힝션곡>, <초혼ᄉ>, <셰장가>, <임쳔별곡> 등 여섯 편이다. 이 작품들은 옥국재의 아들 이희현(李羲玄, 1765～1828)이 창작한 <뎡쥬가>와 함께 『언사(諺詞)』라는 필사본 가사집에 수록되어 전해지고 있다.[1] 이 『언사』가 발굴・소개되면서 옥국재의 생애와 작품들의 개략적인 성격이 드러나게 되었다.[2] 이후 옥국재의 풍류적인 삶의 자세와 관련하여 그의 가사가 인유(引喩)와 해학(諧謔)을 통한 즐김의 미학을 바탕으로 하고 있다는 점이 논의되기도 하였고,[3] 장르적 시각에서 옥국재 가사가 민요 형식을 사용한 작품과 구비서사물을 가사화한 작품으로 구분된다는 지적과 함께 개별 작품에 대한 보다 심층적인 분

---

1) 『언사』에는 이운영의 여섯 작품이 차례로 수록되고, 그 뒤에 이희현의 작품이 수록되어 있으며, 권말에는 1863년 홍정유(洪鼎裕)가 쓴 발문이 있다. 홍정유는 이희현의 딸인 자기 할머니가 필사한 『언사』를 이희현의 손자인 이승검(李承儉)의 요청으로 한 벌 베껴 보낸다고 하였다.

2) 『언사』는 소재영에 의해 처음 소개되었다. 소재영은 『언사』의 서지 사항, 작자, 수록 작품의 내용 등을 검토하고 작품 원문을 제시하였다(「『언사』 연구」, 『민족문화연구』 21, 고려대 민족문화연구소, 1988). 한대희 또한 『언사』의 서지, 작자, 작품별 특성과 문학사적 의의를 포괄적으로 살핀 바 있다(「이운영의 가사 연구」, 고려대 교육대학원 석사논문, 1995).

3) 고순희, 「인유와 해학의 미학 -이운영의 가사 6편」, 『이화어문논집』 15, 이화어문학회, 1997. 9.

석이 가해지기도 하였다.[4] 그리고 최근에는 가사를 포함한 옥국재 문학 전반이 지닌 특성과 문학사적 위치를 확인하기 위해서는 옥국재 이운영이라는 인물에 대한 이해가 선행되어야 한다는 전제 아래 그의 삶에 대한 구체적인 확인 작업이 이루어졌다.[5]

이러한 기존 연구를 통해 이운영의 삶과 그의 가사가 지니고 있는 성격 등이 어느 정도 드러날 수 있었다. 하지만 그의 가사 작품에 대한 타당성 있는 해석, 나아가 그의 문학 전반에 대한 정당한 이해와 평가를 위해서는 아직도 해결해야 할 많은 과제가 남아있는 것이 사실이다. 가장 시급한 과제는 무엇보다도 개별 가사 작품에 대한 타당성 있는 의미 해석이다. 작품에 대한 해석이 제대로 이루어지지 못한 상태에서는 더 이상의 진전되거나 심화된 논의가 곤란하기 때문이다.

현재 작품의 의미 해석에 문제가 있는 작품으로 <수로조천행선곡>을 들 수 있다. 이 작품에 대해서는 기존 시가와의 관계, 작품의 성격과 의미, 창작 시기 등에 관한 논의가 옥국재 가사를 전반적으로 고찰하는 가운데 이루어진 바 있으나 이 작품이 과연 무엇을 노래하고 있는가를 제대로 밝히기 위해서는 아직 풀어야 할 많은 문제들이 남아있다.

우선 기존 시가와의 관계에 대해 소재영은, 행선곡은 배따라기노래라고 하면서 작품 서두에 수용된 <어부사(漁父詞)>의 조흥구를 인용하고 이렇게 행선곡은 <어부사>로 비롯된다고 하였다.[6] 분명하지는 않지만 '배따라기노래'라는 용어를 배가 출항할 때 부르는 노래를 통칭하는 개념으로 사용하여 이 작품을 배따라기의 하나로 파악하고, 작품에 수용된 구체적인 작품으로는 일단 <어부사>에 주목한 것으로 보인다. 고순희는 이 작품이 <어부사>를 채용하여 전개하고 있다고 하면서 인유의 미

4) 박연호, 「옥국재 가사의 장르적 성격과 그 의미」, 『민족문화연구』 33, 고려대 민족문화연구원, 2000.

5) 이승복, 「옥국재 이운영에 대한 전기적 고찰」, 『고전문학과 교육』 7, 한국고전문학교육학회, 2004. 2.

6) 소재영, 앞의 글, 33~4면.

학을 지닌 작품으로 다루었으나 배따라기와의 관계에 대해서는 언급을 하지 않았다.[7] 한편 박연호는, 이 작품은 행선곡 즉 배따라기노래로 여음을 삽입하고 있다는 점에서 민요 형식으로 서술되어 있다고 하였다. 그리고 배따라기는 서울식과 서도식이 있는데 험난한 바다를 터전으로 살아야만 하는 뱃사람의 비극적 삶과 신세자탄을 담고 있는 매우 구슬프고 처량한 노래라고 하면서 이 작품은 제목에서 배따라기노래(행선곡)임을 표방하고, 여기에 비감한 여음구를 삽입시킴으로써 비극적 정서를 증폭시키고 있다고 하였다.[8] 소재영과 마찬가지로 '배따라기'를 출항할 때 부르는 노래의 범칭으로 사용하여 <수로조천행선곡>을 배따라기의 하나로 파악하는 한편, 작품의 정서와 관련해서는 현전하는 잡가 작품 <배따라기>와의 관련성을 고려하고 있는 듯하다.[9] 하지만 <어부사>와의 관계에 대해서는 주목을 하지 않았다.

이러한 논의에서 주목할 것은 <수로조천행선곡>이 '배따라기'나 <어부사>와 관련된다는 것이다. 문제는 그러한 관련이 맺어지게 된 동기 내지 이유는 무엇이고, 또 그것이 작품의 의미를 구성하는 데 어떠한 구실을 하고 있는지에 대한 검토가 거의 이루어지지 못했다는 것이다.

작품의 성격 내지 의미와 관련해서 소재영은, 이 작품이 봉명사신(奉命使臣)으로 중국으로 떠나가는 상황을 노래하고 있으며 숭명사상(崇明思想)이 바탕으로 이루고 있다고 하였다.[10] 그리고 고순희는 이 작품이 <어부사>와 유교적 권선지로(勸善指路) 모티브를 작품 전체의 구조로 삼아 작품의 배가 그른 길인 청이 아니라 옳은 길인 '대명(大明)'으로 향

7) 고순희, 앞의 글, 363~6면.
8) 박연호, 앞의 글, 299~301면.
9) 좀 더 검토가 필요하지만 '배따라기'라는 용어는 배가 출항할 때 부르는 노래를 통칭하기도 하고, 서도 잡가 가운데 '배따라기'라는 제목의 작품이 있는 것처럼 개별 작품의 제목으로 사용되기도 한 것으로 보인다. 뿐만 아니라 배가 출항하는 모습을 음악을 동반하면서 연행하는 연희, 곧 이선악(離船樂) 내지 선유락(船遊樂)을 지칭하는 용어로 사용되기도 하였다.
10) 소재영, 앞의 글, 34면.

해야 한다는 것을 보여주고 있다고 하면서 수로조천(水路朝天)이 가능하지 않은 때에 그것을 노래하고 있는 데에는 대명 회복 의지를 다짐하는 의미가 내포되어 있다고 하였다.[11] 또 작자가 명승지를 유람하면서 자주 선유(船遊)를 즐겼기 때문에 그러한 현장에서 이 작품이 창작되었을 것이라고 하였다.[12] 이에 비해 박연호는 소재영의 견해를 이어 이 작품이 청나라로 떠나는 봉명사신을 위해 지은 것이라고 하면서 명나라의 멸망에 대한 안타까움과 청나라를 섬겨야 하는 자괴감을 드러내고 있다고 하여 소재영의 논의를 좀 더 구체화하였다.[13]

이처럼 작품의 의미와 성격에 대해서는 명의 회복 의지를 다짐하기 위해 실제로는 가능하지 않은 수로조천을 노래하고 있다고 하기도 하고, 실제 배를 타고 청으로 떠나는 사신들을 위해 지었다고 하기도 하여 견해가 서로 엇갈리고 있다. 그런데 명의 회복 의지를 다짐하기 위해 왜 하필 수로조천을 제재로 선택하였는지에 대해서는 선유를 즐겼던 작자의 풍류적 삶 이외에 납득할 만한 구체적인 이유가 제시되어야 할 것으로 보인다. 또 배를 타고 청으로 떠나는 사신들을 위해 지어졌다는 것은 나름대로 작품의 내용과 창작 당시의 상황을 고려한 해석이겠으나 그 타당성을 다시 검토해 볼 필요가 있다. 그것은 무엇보다도 청나라 사행(使行)이 육로를 통해 이루어진 것으로 알려져 있기 때문이다. 그렇기 때문에 이 문제에 대해서는 일단 중국 사행에 관한 역사적 사실들을 확인해 보고, 그 결과에 따라 필요하다면 작품 해석의 새로운 가능성을 모색해 볼 필요가 있을 것이다.

그리고 창작 시기에 대해 한대희는 옥국재가 황간현감(黃澗縣監)으로 있던 1776년에서 1780년 사이로[14] 박연호는 <종계석상 봉신지상숙자함

11) 고순희, 앞의 글, 364~6면.
12) 위의 글, 360면.
13) 박연호, 앞의 글, 299~301면.
14) 한대희, 앞의 글, 37~9면. 한대희는 작품 속의 '경심홀손 북내 소식'을 영조의 죽음으로 해석하여 창작 시기를 추정하였다.

씨부연지행(宗稷席上 奉贐池上叔子涵氏赴燕之行)>이라는 옥국재의 한시에 근거하여 1775년으로[15] 추정하였다. 박연호의 추정은 많은 시사를 주지만 작품의 창작 시기를 확정하기 위해서는 보다 구체적이고 설득력 있는 근거가 제시될 필요가 있다.

<수로조천행선곡>에 대한 올바른 이해에 도달하기 위해서는 이상에서 살핀 문제점들을 충분히 검토하여야 할 것이다. 이에 이 글에서는 먼저 작품의 창작 동기와 배경을 살펴 문제 해결을 위한 단서를 찾고, 그것을 바탕으로 작품의 의미를 새롭게 검토해 보고자 한다. 이러한 논의를 통해 옥국재 가사는 물론 18세기 가사의 양상과 성격이 보다 선명하게 드러날 수 있기를 기대한다.

2. 창작 배경

<수로조천행선곡>의 후반부에는 "무지ᄒᆞᆫ 교룡 경악 풍낭이나 짓지 마라 / 죠션국 봉명사신 ᄃᆡ명으로 가노ᄆᆡ라"라고 하여 중국으로 떠나는 사신들의 무사함을 기원하는 듯한 내용이 제시되어 있다. 기존 연구에서는 이러한 서술과 작자의 생존 시기가 명이 이미 멸망한 18세기라는 사실, 그리고 명의 쇠락과 관련된 작품의 내용 등을 아울러 고려하여 'ᄃᆡ명(大明)'을 '청'을 비판하고 '명'의 회복을 바라는 마음이 담긴 의도적 표현 정도로 파악하고, 그에 따라 이 작품을 뱃길로 청나라에 가는 사신들을 위한 작품으로 이해하기도 하였던 듯하다.

그러나 앞에서도 지적한 바와 같이 과연 이 작품이 창작될 무렵의 사신들은 육로가 아닌 바닷길로 청나라에 갔던 것인가, 청나라 사행은 육로를 통해 이루어졌다는 것이 일반적으로 알려져 있는 사실인데 혹 예

15) 박연호, 앞의 글, 299면.

외가 있었던 것은 아닌가 하는 의문이 생긴다. 또한 명에 사신 가는 것은 흔히 천자에게 조현(朝見)한다는 의미에서 '조천(朝天)'이라 하고, 청에 사신 가는 것은 단순히 연경에 간다는 뜻에서 '연행(燕行)'이라 했던 것이 당시의 관습이었는데 청에 사신 가는 사람들을 위해 지었다면 왜 작품 제목에 '조천'이라는 표현을 썼을까 하는 점 역시 의문이 아닐 수 없다.

<수로조천행선곡>이 사행을 제재로 삼고 있는 이상 청으로 가는 사신들에 대한 송별이 계기가 되어 창작된 것은 거의 분명하다고 할 수 있다. 실제 작자가 수차 연행 사신을 전송하거나 그 송별연에 참석했었음을 그의 문집인 『옥국재유고(玉局齋遺稿)』에서 확인할 수 있다. 우선 권10의 「기년록(紀年錄)」에는 1746년 4월 중부(仲父) 이태중(李台重)의 연행을 전송했었다는 사실이 제시되어 있다. 또 권1에는 1749년 서장관으로 연행하는 신위(申暐)를 송별하면서 지은 시가 수록되어 있으며,[16] 권4에는 1772년 연행부사 윤동승(尹東昇)을 송별하면서 지은 시, 그리고 1775년 연행부사인 삼종숙 이해중(李海重)과 서장관 임득호(林得浩)를 송별하면서 지은 시와 이때 의주부윤 이형규(李亨逵)에게 부친 시 등이 실려 있다. 그리고 권5에는 1777년 연행부사인 사돈 송재경(宋載經)을 송별하면서 지은 시가 수록되어 있다.

그런데 작자가 전송한 사람들이 수로로 연행했다는 기록은 전혀 찾을 수 없다. 중국 사행은 특별한 경우가 아니면 육로로 이루어지는 것이 상례인데 18세기는 청과 조선 모두 대내외적으로 안정되어 있던 시기로 굳이 험난한 수로를 통해 사신이 오가야 할 특별한 사정이 있었던 것 같지는 않다. 만약 수로를 이용했다면 응당 그것에 관한 기록이 남아있을 텐데 실록에서는 아무런 언급을 찾을 수 없다. 또한 작자가 지은 송별시

16) 이때에 지은 시가 <봉별삼행인신공위부연행(奉別三行人申公暐赴燕行)>인데 규장각 소장 『옥국재유고』 권1의 본문 제2장 b면에 붙인 첨지(添紙)에 기록되어 있다.

들에서도 수로로 연행한다는 단서를 전혀 찾을 수 없다. 따라서 이들의 사행 역시 육로를 통한 것이었음이 거의 분명하다고 할 수 있다.

그렇다면 조선의 봉명사신이 배를 타고 중국에 간다고 한 것이 혹 배를 타고 대동강이나 압록강을 건너는 것을 표현한 것은 아닐까 생각해 볼 수 있다. 그러나 작자가 평양이나 의주까지 가서 사신들을 전송한 적이 없기 때문에 그렇게 파악할 수 있는 가능성은 거의 없다.[17] 따라서 다른 가능성을 고려해 볼 수밖에 없는데 다음과 같은 연암(燕巖) 박지원(朴趾源)의 기록에서 그 실마리를 찾을 수 있다.

> 우리나라는 땅이 좁아 살아서 멀리 이별하는 일이 없으므로 그 괴로움을 잘 알지 못한다. 다만 뱃길로 중국에 사신 갈 때[水路朝天時]가 가장 괴로운 정경이었다. 그러므로 우리나라 대악부(大樂府) 중에 이른바 배따라기곡(排打羅其曲)이라는 것이 있으니 우리말로 배가 떠난다는 것과 같다. 그 곡조가 몹시 구슬퍼서 애끊는 듯하다. 자리 위에 그림배[畵船]를 놓고, 동기(童妓) 한 쌍을 뽑아 소교(小校)처럼 꾸미게 하여 붉은 옷과 주립(朱笠), 패영(貝纓)으로 단장하고, 호수(虎鬚)와 백우전(白羽箭)을 꽂고, 왼손에는 활을 잡고 오른손에는 채찍을 쥐고는 먼저 군례(軍禮)를 행하고 '초취(初吹)'라고 선창(先唱)하면 뜰 가운데에서 북과 나팔이 울린다. 배 좌우의 여러 기생들이 채색 비단에 수놓은 치마들을 입고 일제히 <어부사(漁父辭)>를 부르면 음악이 따라서 연주된다. 또 '이취(二吹)', '삼취(三吹)'라고 선창하여 처음처럼 한 뒤에 또 동기가 소교처럼 꾸미고 배 위에 서서 발선(發船)하는 포를 놓으라고 창하면 닻을 감고 돛을 올리는데 여러 기생들이 일제히 노래를 부르고 축원한다. 그 노래에 이르기를 "닻 들자 배 떠난다. 이제 가면 언제 오나. 만경창파에 가는 듯 돌아오소."라고 하였으니 이것이 우리나라에서 가장 눈

---

17) 「기년록」에는 작자의 생애가 연월별로 자세히 기술되어 있는데 여기에서 평양이나 의주에 가서 사신들을 전송했다는 기록은 찾을 수 없다.

물 날 때이다.[18]

연암이 북경에서 열하로 출발할 때 남는 사람과 떠나는 사람이 서로 이별하는 광경을 보고 기술한 내용 가운데 일부이다. 연암이 언급한 '배따라기곡'은 '이선악(離船樂)', 혹은 이선악에서 불리는 <배따라기>를 가리키는 것으로 보인다. 이선악은 '선유락(船遊樂)'이라는 이름의 궁중정재(宮中呈才)로 채택되기도 하면서 사대부의 풍류방과 중간층의 유흥공간으로 확산되어 갔다고 한다.[19] 기녀들이 채선(彩船)이라고도 부르는 화선(畵船)을 놓고 세 번에 나눠 음악에 맞춰 <어부사>를 부른 다음 배가 출발하는 모습을 연행하면서 <선리요(船離謠)>, 즉 <배따라기>를 부르던 이선악은 후대로 오면서 <배따라기>를 먼저 부르는 절차상 변화가 있기는 하였지만 큰 틀은 그대로 유지되었던 것으로 보인다.[20]

그런데 중요한 것은 이선악이 뱃길로 중국을 향해 떠나는 사신들을

18) 我東壤地狹小 無生離遠別 不甚知苦 獨有水路朝天時 最得苦情耳 故我東大樂府有所謂排打羅其曲 方言如曰船離也 其曲悽愴欲絶 置畵船於筵上 選童妓一雙扮小校 衣紅衣朱笠貝纓 揷虎鬚白羽箭 左執弓弭右握鞭鞘 前作軍禮 唱初吹則庭中動鼓角 船左右群妓 皆羅裳繡裙 齊唱漁父辭 樂隨而作 又唱二吹三吹如初禮 又有童妓扮小校 立船上唱發船砲 因收碇擧航 群妓齊歌且祝 其歌曰碇擧兮船離 此時去兮何時來 萬頃滄波去似回 此吾東第一墮淚時也(『열하일기(熱河日記)』 중 「막북행정록(漠北行程錄)」, 『연암집(燕巖集)』 2, 계명문화사, 1986, 350면).

19) 이상원, 「조선후기 <어부사> 전승 연구」(『19세기 시가문학의 탐구』, 고려대 고전문학·한문학연구회 편, 집문당, 1995); 김은희, 「조선후기 <어부사(漁父詞)> 연구」(『한국시가연구』 10, 한국시가학회, 2001) 참고. '선유락'이 궁중 향악정재의 하나를 가리키는 용어이기 때문에 기존 연구에서는 정재로 채택되기 이전의 것이나 정재임이 분명하지 않은 경우에는 '이선악'이라고 하여 '선유락'과 '이선악'이라는 용어를 구분하여 사용하기도 하고, 실제 그 내용이 크게 다르지 않을 것이기 때문에 '선유락'이라는 용어로 통칭하여 굳이 구분하지 않기도 한다. 이 글에서는 옥국재가 <수로조천행선곡>을 창작했을 당시에 '선유락'이라는 궁중정재가 확립되어 있었다는 분명한 증거를 찾을 수 없기에 일단 전자의 경우를 따라 <수로조천행선곡>의 창작 배경과 관련해서는 '이선악'이라는 용어를 사용한다.

20) 정현석의 『교방가요』(1872)에 제시된 선악(船樂)에는 <배따라기>가 먼저 불리고 <어부사>가 나중에 불리는 것으로 제시되어 있다(김은희, 앞의 글, 210~2면 참고).

전송하는 데에서 연유하였다는 것이다. 조선시대에 사신들이 뱃길로 중국을 오간 것은 명청 교체기 때의 일이다. 후금(後金)이 요동 지역을 장악하자 명나라 사행은 어쩔 수 없이 뱃길을 이용할 수밖에 없었다. 처음 수로를 개척할 때에는 사고가 빈번하여 1621년 한 해에만 사신들이 폭풍을 만나 익사하거나 공물(貢物)과 여장(旅裝)을 잃어버린 채 간신히 목숨을 건지는 일들이 연이어 발생하여[21] 광해군이 이듬해 명으로 떠나는 등극사 오윤겸(吳允謙)에게 순풍을 기다리고 배를 견고하게 하여 신중히 출발할 것을 당부하기도 하였으며,[22] 1629년에도 해로로 명에 가던 동지사 윤안국(尹安國)이 익사하기도 하였다.[23] 이 때문에 당시 사람들은 뇌물을 쓰면서까지 사신으로 가는 것을 피하려 하였다고 한다.[24]

이러한 역사적 사실들과, 뱃길로 중국에 사신 갈 때가 가장 괴로웠고 그래서 배따라기곡이 있게 되었다는 연암의 언급, 그리고 서경의 열 두 악부 가운데 하나인 이선악은 '수로로 중국에 사신 갈 때 지은 것[水路朝北時所製]'이라는 19세기 이만용(李晩用)의 기록[25] 등을 볼 때 이선악은 돌아올 기약 없는 험난한 바닷길로 명을 향해 떠나는 사신들을 전송하고 그들의 무사 귀환을 축원하기 위해 연행되기 시작했다는 것을 알 수 있다.[26] 이후 이선악은 육로로 청에 가는 사신을 전송하는 경우에도

---

21) 박이서(朴彝敍), 유간(柳澗), 정응두(鄭應斗) 등은 익사하고 강욱(康昱)은 섬에서 병사하였다. 또 최응허(崔應虛)와 권진기(權盡己)는 간신히 목숨을 건졌으나 수행했던 많은 사람이 죽고 공물(貢物)과 여장(旅裝)을 잃어버렸다(『광해군일기』, 12년 10월 16일조, 13년 4월 13일조, 13년 10월 20일조, 13년 10월 21일조, 14년 5월 14일조 등).

22) 『광해군일기』, 14년 4월 3일조.

23) 『인조실록』, 8년 2월 6일조.

24) 『광해군일기』, 13년 4월 13일조.

25) <이선악가(離船樂歌)>, 『동번집(東樊集)』 권2 참고.

26) 최영년 역시 『해동죽지』(1921)에서 수로로 남경에 사신을 보냈으나[送使于南京以水路朝天] 돌아오지 못하는 경우가 많아 사신들을 전송할 때 바닷가에서 여러 기생들이 선유락, 일명 배따라기를 연행하였다고 하였다(김은희, 앞의 글 참고). 명나라는 건국 초 남경을 도읍으로 삼고 있었고 당시 고려 조정에서는 수로를 이용해 명에 사신을 보내기도 했다. 따라서 최영년의 말을 그대로 따르면 이선악의 시작을 고려말로 보아야 할 것이다. 그러나 남공철(南公轍)이, 연암이

계속 연행되는 한편[27] 정조 연간에 궁중정재로 수용되고[28] 사대부의 풍류방, 나아가 중간층의 유흥 공간으로까지 연행의 폭을 넓히게 되었다. 따라서 연암이 이선악에 대해 자세한 묘사를 할 수 있었던 것도 연행 길에 올랐을 때나 혹은 그 이전에 이선악을 관람했기에 가능했을 것이다.

이러한 사실들에서 <수로조천행선곡>이 육로로 청에 가는 사신들에 대한 송별을 계기로 창작되었으면서도 무엇 때문에 수로로 명에 가는 사신들의 모습을 그리고 있는지, 또 어떻게 <어부사>의 조흥구를 수용

이선악을 소개하면서 인용했던 <선리요(船離謠)>를 제시하면서 이것이 전래된지 200년이 되었다[此曲傳來二百年]고 한 것으로 보면 이선악의 발생이 고려말까지 소급될 가능성을 희박한 것으로 보인다(<선리요(船離謠)>, 『금릉집(金陵集)』 권2 참고).

27) 청에 사신을 보내거나 맞는 연회 자리에서 이선악이 연행되었음을 짐작케 하는 기록들을 연행가사나 연행록에서 발견할 수 있다. 1694년(숙종20) 유명천(柳命天)에 의해 창작된 것으로 추정되는 <연행별곡>은 "구련성(九連城) 다시 와셔 통군정(統軍亭) ㅂ라보니 / 홍분(紅粉)을 ㄱ득 시러 치션(彩船)을 빗겨 잇고 / 가국이 틱평ᄒᆞ니 틱평곡을 말닐소냐 / 아희아 잔 ㄱ득 부어라 쟝일취를 ᄒᆞ리라"로 끝맺고 있다. 단정하기는 어렵지만 채선 운운하고 있어 사신을 위로하고 무사귀환을 축하하는 자리에서 이선악이 연행되었음을 짐작케 한다(임기중은 <연행별곡>과 유명천의 『연행일기』를 비교하여 <연행별곡>의 작자를 유명천으로 추정하였다. 임기중, 「연행가사와 연행록」, 『가사연구』, 국어국문학회 편, 태학사, 1998 참고). 1866년에 연행한 홍순학(洪淳學)의 <연행가>에서는 평양에 도착한 대목을 "첫눈의 황홀홈미 듯던 말과 갓희여라 / 십니장님 푸른 그늘 좌우로 울밀한ᄃᆡ / ᄃᆡ동강 다다르니 치션을 등ᄃᆡᄒᆞ고 / 명금이하 ᄃᆡ쥐틱의 상션포를 노화고나"라고 노래하여 선유락이 연행되었음을 제시하고 있다. 또 선천에서 베풀어졌던 연회에 대해 "의검정 너른 ᄃᆡ청 ᄃᆡ연을 빅셜ᄒᆞ고 / 여러 기싱 불너다가 춤츄는 구경ᄒᆞᄌᆞ / 립시 잇다 입춤이며 시원흔 북춤이며 / 공교ᄒᆞ다 포고락과 쳐량흔 빅ᄶᅡ라기며 / 흔가흔 반도며 우슈은 승무로다"라고 서술하고 있어 이때에도 선유락이 연행되었을 가능성을 짐작해 볼 수 있다. 그리고 1828년 연행했던 박사호가 편찬한 『심전고(心田稿)』의 「연계기정(燕薊紀程)」에도 황주에서 이선악을 관람했다는 내용이 있으며(민족문화추진회, 『국역 연행록선집』 IX, 1977, 118면), 1888년 사신들을 따라 청에 다녀온 중인층 인물이 편찬한 것으로 추정되는 『연원일록(燕轅日錄)』에도 청으로 가는 길에 선천에서 범주희(泛舟戲)를 관람하였다는 기록이 있다(『규장각소장어문학자료 문학편 해설』 I, 서울대 규장각, 2001, 286면).

28) 임미선은 정조 19년(1795)에 편찬된 『원행을묘정리의궤(園行乙卯整理儀軌)』의 기록을 바탕으로 지방에서 공연되던 이선악이 정조 연간에 궁중 연향에 올려졌을 것으로 추정하였다(「선유락과 어부사」, 『문헌과 해석』 8, 문헌과 해석사, 1999년 가을 참고).

하게 되었는지 그 이유를 짐작할 수 있다. 곧 작자는 청으로 떠나는 사신을 위한 송별연에서 이선악이 연행되는 것을 보고서는 과거 명청 교체기에 수로로 명나라를 향해 떠나던 사신 행차를 연상하고, 이선악에서 불리던 <어부사>의 조흥구를 수용하면서 명의 쇠락에 대한 회한을 담아 이 작품을 창작한 것으로 파악할 수 있다는 것이다. 옥국재는 연암이 존경하던 선배로 서로 교유가 있던 사이였다.[29] 연암이 사행에 나섰을 때나 혹은 그 이전에 이선악을 보았다면 같은 시대를 살았던 옥국재 역시 그것을 직접 보았을 가능성은 충분하다. 뿐만 아니라 박사호(朴思浩)가 자신의 연행 경험을 기록한 『심전고(心田稿)』의 「연계기정(燕薊紀程)」 부분에서 옥국재가 지은 <수로조천가>를 그 아들 이희현이 황주목사로 있을 때 기녀들에게 새로 번역하여 가르쳤기 때문에 황주 선악의 닻줄 감는 노래[解纜曲]가 다른 곳과 다르다고 하였는데[30] 이는 이선악에서 <수로조천행선곡>이 변개되어 노래 불리고 있었음을 밝히고 있는 것으로 애초 이 작품이 이선악을 배경으로 창작되었을 가능성을 강하게 시사해주는 것이라 할 수 있다.

그렇다면 과연 언제 창작한 것일까. 앞에서 언급한 것처럼 작자가 연행 사신을 송별한 것은 5회 정도가 확인된다. 그 가운데 주목할 수 있는 것이 사은부사(謝恩副使)로 연행하는 삼종숙 이해중의 송별연이다. 중부 이태중이 연행했을 때에는 송별했다는 사실만이 「기년록」에 기록되어 있고, 나머지 세 경우는 이별의 감회를 담은 송별시 1수씩만이 제시되어 있어 작자가 그들의 송별연에 직접 참석했었는지의 여부를 정확히 알

29) 옥국재와 연암의 교유 사실은 연암의 아들 박종채(朴宗采)가 편찬한 『과정록(過庭錄)』에서 확인할 수 있다.

30) 민족문화추진회, 『국역 연행록선집』 IX, 1977, 119면. 박사호는 1828~9년 동지사 홍기섭(洪起燮)을 수행하여 북경에 다녀왔다. 원문에 '昔李洗馬英運 作水路朝天歌……李丈羲玄 宰此邑時 新翻此詞 教習諸妓'라고 하여 이영운(李英運)이라는 사람이 <수로조천가>를 지었다고 했으나 옥국재의 처음 벼슬이 세마(洗馬)였고, 둘째 아들 이희현(李羲玄)이 황주목사를 지냈다는 사실을 고려할 때 '이영운'은 옥국재의 이름 '이운영(李運永)'의 오기임이 분명하다.

수 없다. 그런데 이해중의 경우에는 송별연의 모습, 자신의 감회와 당부 등을 오언장편시 1수와 7언시 8수로 읊고 있을 뿐 아니라 서장관으로 이해중과 동행하는 임득호에 대한 송별시와 의주부윤 이형규에게 부치는 시까지 아울러 짓고 있어 당시의 상황과 작자의 내면을 충분히 확인할 수 있다.

이해중[31]은 자가 자함(子涵)으로 옥국재에게는 삼종숙이 되지만 나이는 오히려 다섯 살이 적었다. 이해중의 집이 서울 서대문 밖 서지(西池) 바로 옆에 있었는데 옥국재의 집 역시 그 근처에 있었기 때문에 옥국재가 내직에 있을 때에는 이해중의 집에서 친우들과 함께 어울리기도 하고 때로는 피서를 같이 하기도 하여 서로 가깝게 지내던 사이였다.[32]

기존 연구에서도 주목했던 오언장편시 <종계석상 봉신지상숙자함씨부연지행(宗稧席上 奉贐池上叔子涵氏赴燕之行)>[33]에 따르면, 이해중의 송별연은 1775년 윤10월 18일 도성 서쪽 집에서 열렸다고 하는데 서쪽 집은 서지 옆에 있던 이해중의 집을 가리킬 것이다. 시의 제목에서 알 수 있듯 이날 모인 사람들은 대부분 친족들이었다. 문밖에는 여러 사람들의 신발이 어지럽게 뒤섞여 있었는데 작자에서 숙부 뻘이 되는 사람만 25명이었다고 하니 대단히 많은 사람들이 참석했음을 알 수 있다. 연회는 낮을 이어 밤까지 지속되었는데 작자가 자신의 감회를 다시 7언시 8수로 읊은 <갱술여회 봉정부사숙행헌(更述餘懷 奉呈副使叔行軒)> 가운데 셋째 수에 "높은 노래 소리 들으며 작은 술잔 주고받다 보니 맑은 새벽이 되었네[高歌細酌到淸晨]"라는 구절이 있는 것으로 보아 기녀들까지 참석한 상당한 규모의 연회였음을 알 수 있다. 그렇다면 이 자리에서 사신을 전송할 때면 관례적으로 연행되던 이선악이 공연되었을 가능성은

31) 이해중(1727~1778)은 예조참판을 지냈는데 혜경궁 홍씨의 외사촌이며, 『계서야담(溪西野談)』을 편찬한 이희평(李羲平)의 조부이다.

32) 이승복, 앞의 글, 171면.

33) 앞에서 언급한 바와 같이 박연호도 이 작품에 근거하여 <수로조천행선곡>의 창작 시기를 1775년으로 추정하였다(박연호, 앞의 글, 299면).

상당히 크다고 할 수 있다. 이에 따라 송별연에 참석한 작자가 화선을 놓고 <어부사>를 부르는 이선악을 보자 수로로 명에 사신 가던[水路朝天] 과거를 회상하면서 그에 대한 자신의 감회를 담아 <수로조천행선곡>을 창작했으리라는 추정 역시 얼마든지 가능할 수 있을 것이다. 이제 이상에서 검토한 사실들을 작품을 통해 확인하면서 작품의 의미를 구체적으로 살피기로 한다.

3. 작품의 구조와 의미

<수로조천행선곡>은 4음보 단위로 행 구분을 하였을 때 전부 33행밖에 되지 않는 비교적 짧은 분량의 작품이다. 서두는 "어그빠 지국총 지국총 어그빠 / 닷 들고 돗츨 달고 빅 띄우고 노 져허라"로 시작된다. 이 부분이 '지국총 지국총 어사와 어사와', '배 띄워라 배 띄워라', '닻 들어라 닻 들어라', '배 저어라 배 저어라' 등과 같은 <어부사>의 조흥구를 수용하고 있음은 쉽게 짐작할 수 있다.[34] 따라서 이 작품의 서두 부분은 작자가 이선악에서 불리는 <어부사>를 듣고 그 조흥구만을 추려서 간략히 재구성한 것으로 보인다. <어부사>, 특히 『악장가사』 소재 <어부가>의 경우에는 어선의 진행 과정에 따라 실사 조흥구가 배열되어 있을 뿐 아니라 그것을 중심으로 각 장의 심상이 전개되고 있다.[35]

34) 여기에 제시한 조흥구는 옥국재 당시보다 후대에 형성된 것으로 보이는 12가사 <어부사>의 조흥구이다. 시간적으로 차이가 있으나 옥국재 당시 <어부사>의 조흥구와 큰 차이는 없을 것이다. 그것은 12가사 <어부사>와 옥국재 당시보다 앞서 이루어진 『악장가사』 소재 <어부가>가 장의 수가 다르고 그에 따라 조흥구도 차이가 있기는 하지만 상당히 유사한 조흥구를 공유하고 있어 그 중간에 위치한 옥국재 당시 <어부사>의 조흥구 역시 이것들과 크게 다르지 않을 것이기 때문이다.

35) 정운채, 「『악장가사』 소재 <어부가>의 한시 수용 양상」, 『장르교섭과 고전시가』, 김병국 외, 도서출판 월인, 1999 참고.

그러나 <수로조천행선곡>에서는 <어부사>의 허사 조흥구를 변형하여 앞부분에 제시하고, 이어 실사 조흥구를 축약하여 배의 출발 과정에 맞도록 제시하는 것으로 작품의 서두를 삼고 있다. 이처럼 <어부사> 각 장의 조흥구 가운데 배의 출발 과정에만 해당하는 것들을 간추려 서두에 한꺼번에 제시한 것은 이 작품의 구조와 심상이 <어부사>의 그것과는 많은 차이가 있기 때문이다. 곧 <어부사>가 배의 출발에서 귀환까지의 서사적 진행 과정을 통해 유유자적한 삶의 모습을 보여주려 했다면 <수로조천행선곡>은 배의 출발과 관련된 감회를 토로하는 데 중점이 놓여 있기 때문이다.

서두에 이어 "ᄇᆡ 씌여라 ᄇᆡ 씌여라 이 ᄇᆡ 타고 어듸 갈고"라는 구절이 나오는데 이것이 중간에 다시 한번 반복됨으로써 서두 이하는 크게 두 부분으로 나뉜다. 그중 전반부는 다음과 같다.

ᄇᆡ 씌여라 ᄇᆡ 씌여라 이 ᄇᆡ 타고 어듸 갈고
ᄂᆞᆨ노란 어ᄃᆡ 두고 목도을 죠ᄎᆞᄂᆞᆫ고
도산의 집유ᄒᆞᆯ 졔 이 ᄇᆡ를 탓돗던가
ᄇᆡᆨ마로 죠쥬ᄒᆞᆯ 졔 이 길노 녜엿던가
억셕당년의 듕화문물 셩ᄒᆞᆯ 젹의[36]
오운이 어린 곳의 모든 별이 둘너시니
만국 광비가 이곳의 모혓더니
경심ᄒᆞᆯ손 북ᄂᆡ소식 이 어인 고월ᄉᆡᆨ고
삼ᄇᆡᆨ 년 금능왕긔 일죠의 쇠잔ᄒᆞᆫ다
풍진이 홍동ᄒᆞ니 북극이 어듸메오
우리 죠션 군신이사 능망황조망극은가
일 년 일도 죠공네를 아모리 닷그랸들

36) 소재영이 앞의 글에 소개한 원문에는 '듕화문물 셩ᄒᆞᆯ 젹의'의 구절이 빠져있다.

만리 관하의 간괘가 노졀ᄒᆞ니
거린〃 마소〃 어느 길노 향홀손고
만졀필동 창ᄒᆡ슈가 일죠로만 남아고냐
홍무 만녁 우로택의 ᄌᆞ라구 ᄌᆞ란 남글
톱 독긔 자귀 ᄃᆡ픠 이 ᄇᆡ를 무어ᄂᆡ고
홍나일원 우공ᄉᆞ로 바ᄃᆡ 북의 ᄲᅡᄂᆡᆫ 비단
가의 자 바ᄂᆞ 실노 이 돗츨 지어ᄂᆡᆫ네

지금 띄우고 있는 배는 이선악에 등장하는 화선이다. 송별하고 있는 사신들이 실제 배를 타고 청으로 가는 것이 아닌 이상 여기에 제시된 배는 화선을 가리킨다고 할 수 있다. 작자는 화선을 보자 이선악의 유래가 떠오르면서 명청 교체기의 혼란 속에서 말이나 수레 대신 배를 타고 명으로 갈 수밖에 없었던 과거의 사정이 생각났다. 옛날 미자(微子)는 백마를 타고 주나라에 조회하였지만 우리는 뱃길[木道]로 조천할 수밖에 없었던 그때의 상황을 돌이켜 탄식하면서 그렇게 된 과정을 술회한다. 과거 명나라는 찬란한 중화문물의 중심지로 모든 나라들이 우러러보고 조공을 하였는데 명의 국운이 하루아침에 쇠잔해졌다는 놀라운 소식이 북쪽으로부터 전해졌다. 수레가 삐걱거리고[車轔轔] 말이 울어대도[馬蕭蕭] 전란으로 길이 끊어져 갈 수 없게 되자 한 가닥[一條] 남아있는 수로를 통해 조공할 수밖에 없게 되었다. 그런 이유로 조선을 승인해 준 명 태조[洪武帝]와 임란 때 군대를 보내 구원해 준 명 신종[萬曆帝]의 은혜로 자라난 나무를 다듬어서 '이 배'를 만들고, 정성껏 짜낸 비단으로 '이 돛'을 만들었다고 하였다. 굳이 '이 배', '이 돛'이라고 지칭한 것을 보면 그것들은 작자의 눈앞에 있는 화선과 그 화선의 돛을 가리키는 것일 것이다. 수사적 표현일 수 있지만 비단으로 돛을 만들었다는 데에서도 그 돛이 실제 배의 돛이라기보다는 화선의 돛일 것이라는 짐작을 가능하게 한다. 작자는 화선을 보면서 명으로 가는 육로가 막힌 상황에서도 명의 은혜를 잊지 않고 조공의 예를 다하기 위해 사신들이 타고 갔던 배를 연상했던 것이다. 따라서 화선은 과거 명으로 사신을 싣고 떠나던 배와 동일시되면서 명의 '쇠잔(衰殘)'에도 불구하고 조선이 명에 대해 지키고자 했던 의리를 상징한다고 할 수 있다.

이처럼 전반부에서 작자는 명나라에 수로로 조천할 수밖에 없었던 과거의 역사를 돌이켜 보면서 화선이 단지 연희의 수단에 불과한 것이 아니라 역사적 의미를 지니는 것임을 환기하고 있다. 이어지는 후반부는 다음과 같다.

> 빅 씌워라 빅 씌워라 이 빅 타고 어듸 갈고
> 신쥬를 북망ᄒᆞ니 만ᄉᆞ가 상심ᄒᆞ다
> 슈환졍 슬픈 바람 홍두화가 다 지거다
> 오호도 찬 물결의 한일이 져무럿ᄂᆡ
> 듕뉴격즙셔ᄂᆞᆫ 일반의ᄉᆞ 딘 죠젹이
> 도동히이사ᄂᆞᆫ 만고고풍 노듕년이
> 셩사ᄂᆞᆫ 노궁ᄒᆞᆫ듸 옛 곡죠만 나마고야
> 비풍하쳔 셜운 눈물 창명슈의 더으노라
> 무지ᄒᆞᆫ 교룡 경악 풍낭이나 짓지 마라
> 죠션국 봉명사신 듸명으로 가노믹라
> 황하슈 일쳔 년의 다시곳 ᄆᆞᆰ거된면
> 우리도 만국이 졔항ᄒᆞᆯ 졔 고쳐 올가 ᄒᆞ노라

이 후반부는 배를 타고 중국을 향해 가고 있는 상황을 노래하고 있다. 그것은, 예를 들어 중국 산동성에 속한 오호도(嗚呼島)라는 섬의 낙조를 묘사하고 있는 점, 서러운 눈물을 굳이 창명수(滄溟水)에 더한다고 서술한 점, 그리고 마지막 구절에서 '만국이 졔항(梯航)ᄒᆞᆯ 졔 고쳐 올가 ᄒᆞ노라'라고 하여 중국에 '간다'고 하지 않고 '온다'고 한 점 등에서 확인할 수 있다. 이에 따라 후반부에서는 작자가 중국을 향해 가는 봉명사신의 입장에 서서 자신의 감회를 토로하게 된다. 화선을 과거 명으로 수로조천하던 배와 동일시하였던 작자는 이제 자신이 그것을 타고 중국으로 가는 상황을 상상하게 된 것이다. 이처럼 전반부에서는 배를 만들기까지의 과정을, 후반부에서는 배를 타고 중국에 가고 있는 상황을 노래하고 있는 것은 화선을 앞에 놓고 <어부사>를 부르다가 출항 절차로 전환하여 배가 떠나가는 상황을 연출하는 이선악의 연행 절차와 관련된다고 할 수 있다. 이제 후반부에 서술된 내용을 차례로 살펴보자.

먼저 명으로 가기 위해 정성껏 배를 만들었지만 막상 배가 향하고 있는 중국[神州]을 바라보자 작자는 다시 상심에 젖는다고 하였다.[37] 중국 땅에는 전란으로 인해 중화문물의 중심인 명이 쇠잔해지는 상황이 전개되고 있었기 때문이다. 작자는 상상을 통해 과거 배를 타고 가던 사신들의 입장에 서서 이러한 자신의 심정을 구체화한다. 곧 '오호도 찬 물결의 한일이 져무럿닉'에서 보듯 스스로를 봉명사신과 동일시한 작자는 자신이 오호도를 지나다가 바다에 해가 지는 모습을 보는 것을 상상하면서 '찬 물결', '한일(寒日)'과 같은 표현을 통해 쓸쓸하고 서글픈 자신의 심정을 제시하고 있는 것이다.

그런데 작자가 오호도를 언급하고 있는 데에는 나름의 이유가 있다. 오호도는 진(秦)나라 말기에 전횡(田橫)이 무리 오백 명을 이끌고 제나라의 부흥을 꾀하던 곳이다. 하지만 제나라 부흥의 꿈은 물거품이 되고 한왕(漢王) 유방(劉邦)의 위협을 받던 전횡은 낙양으로 올라가다 한왕을 섬기지 못하겠다며 자결하고 그 소식을 전해들은 오백 명의 무리도 오호도에서 모두 자결하고 말았다. 이처럼 오호도는 역사적 전환기에 지조와

37) 소재영과 박연호는 '신쥬를 북망ᄒᆞ니'의 '신쥬'를 '新主', 곧 청나라 혹은 청나라 황제를 뜻하는 것으로 해석하였다. 그런데 이 작품은 명에 수로로 조천하는 상황을 노래하고 있고, 뒷부분에 조선국 봉명사신들이 뱃길을 통해 '대명'으로 간다는 구절이 있기 때문에 '신쥬'는 '新主'보다는 '神州', 곧 중국 혹은 중국 땅으로 이해하는 것이 보다 타당한 것으로 생각된다.

절개를 지킨 인물들의 자취가 어린 곳이고, 그렇기 때문에 고려말 배를 타고 명나라 남경(南京)으로 가던 정몽주(鄭夢周), 정도전(鄭道傳) 등과 같은 사신들은 오호도를 지나면서 느낀 감회를 시로 읊기도 했다. 작자가 오호도에 해가 지는 모습을 통해 자신의 심정을 표현한 데에는 그와 같이 고려말에 집중적으로 지어진 오호도 시에 대한 작자의 배경 지식이 작용하였을 것으로 보인다.[38]

오호도를 통해 자신의 내면을 형상화했던 작자는 이를 계기로 전횡과 오백 명의 무리들처럼 역사적 전환기에 절개를 지키거나 기개를 내세웠던 인물들을 연상한다. '듕뉴격즙셔(中流擊楫誓)'는 진(晉)나라 때 석륵(石勒)의 난을 평정하러 가던 예주자사 조적(祖逖)이 양자강 중류에서 노로 뱃전을 치면서 중원을 맑게 하지 못하면 살아서 돌아가지 않겠다고 맹세했던 것을 가리킨다. 그리고 '도동히이사(蹈東海而死)'는 전국시대 때 조(趙)나라에 머물던 노중련(魯仲連)이 진(秦)나라를 황제로 섬기자는 말을 듣자 진나라가 방자하게 황제를 칭한다면 자기는 동해에 빠져 죽을 뿐이라며 거절했던 사실을 가리킨다.

오호도의 전횡과 그 무리 오백 명은 패망한 고국의 부흥을 꾀하다 순절한 인물들이고, 조적은 중원의 혼란을 평정하겠다고 맹세했던 사람이며, 노중련은 함부로 천자를 참칭(僭稱)하는 것을 용납하지 않은 고절한 선비였다. 작자는 중화문물의 중심인 명의 쇠잔에 비장감을 느끼고 과거 역사적 혼란기에 지조를 지키거나 기개를 세웠던 인물들을 떠올렸던 것이다. 그런데 오호도의 전횡과 그 무리에 대한 생각이 다른 사람이 아니라 굳이 조적, 노중련으로 이어진 것은 그들의 행적이나 말이 모두 물과

38) 고려말에는 정몽주(鄭夢周), 정도전(鄭道傳), 이숭인(李崇仁), 권근(權近) 등 명나라에 사신 갔던 여러 사람들에 의해 오호도에 관한 시가 집중적으로 지어졌다. 한편 이색(李穡)이 정도전의 오호도 시보다 이숭인의 오호도 시를 고평함으로써 정도전이 이색과 이숭인을 해하려 했다는 이야기가 『동인시화(東人詩話)』에 전해지고 있는데 작자는 이색의 후손으로서 오호도 시와 관련된 여러 사실들을 잘 알고 있었을 것이다(김성룡, 「오호도시 시화사건에 나타난 『동인시화』의 역사의식」, 『여말선초의 문학사상』, 한길사, 1995 참고).

관련되기 때문이다. 수로로 조천해야 했던 과거의 상황, 화선을 통해 그것을 재연하고 있는 이선악, 수로로 조천하고 있는 모습을 상상하고 있는 작품 속 상황 등이 물과 관련된 지사(志士)와 고사(高士)를 떠올리게 했던 것이다.

하지만 옛 사람들의 지조나 기개를 떠올리는 것은 오히려 현실 상황에 대한 비감만을 더할 뿐이어서 작자의 마음은 서러운 눈물을 창명수에 뿌릴 정도의 슬픔으로 가득 차게 된다. 작품 전반부에서 이선악을 통해 수로를 이용해 명으로 갈 수밖에 없었던 과거를 돌이켜보면서 시작된 내적 갈등이 여기에서 한층 고조되었다.

이러한 내적 갈등의 정점에서 작자는 '무지훈 교룡(蛟龍) 경악(鯨鰐) 풍낭이나 짓지 마라 / 죠션국 봉명사신 딕명으로 가노미라'라고 하여 갈등의 해소를 시도한다. 명이 몰락하고 있기 때문에 지금 사신들은 배를 타고 험한 바닷길을 가야 한다. 하지만 쇠잔한 명을 '대명'이라 지칭하고 있는 데에서 짐작할 수 있듯 작자는 수로로 명에 가는 것을 어쩔 수 없는 상황에 따른 불행한 일로 생각하는 데에서 벗어나 조선이 명에 대해 변함없이 의리를 지키고 있다는 자부심의 표현으로 이해하고자 하였다. 그리고 그러한 의미를 지니는 뱃길이기에 더욱 풍랑을 만나서는 안 된다고 하였다. 하지만 명의 쇠잔이라는 현실 상황이 바뀌지 않는 한 갈등의 완전한 해소는 불가능하다고 할 수 있다. 이에 따라 다시 황하수가 맑아지는 변화, 즉 명의 회복 내지 중원의 회복이라는 변화를 바라게 되었고, 그러한 변화가 이루어지면 주저 없이 여러 나라들과 함께 산을 넘고 물을 건너[梯航] 중국으로 오겠다는 앞날의 소망을 통해 비로소 자신의 내적 갈등을 잠재울 수 있었다.

이와 같이 <수로조천행선곡>은 청으로 가는 사신들을 송별하는 자리에서 연행되는 이선악을 보고 창작한 작품이다. 이선악이 명청 교체기에 수로로 명을 향해 떠나던 사신을 전별하는 데에서 유래한 만큼 작자는 전반부에서 그렇게 되기까지의 상황을 회고하고, 후반부에서는 스스로 중국에 가는 사신의 입장이 되어 자신의 비감을 토로하다가 앞날에 대한 소망을 통해 내적 갈등을 잠재우고 있다. 곧 지난날에 대한 회고, 상상을 통한 감회로 전·후반부가 구분되면서 전체적으로는 작자의 내적 갈등이 발생·심화·해소되는 일련의 과정이 체계적으로 제시되어 있는 것이다.

그런데 작품의 의미와 성격을 제대로 이해하기 위해서는 아직 고려해야 할 문제가 남아있다. 그것은 이 작품이 명청 교체기의 상황을 노래하고 있지만 그 이면에는 청에 사신을 보내고 있는 창작 당시의 상황에 대한 작자의 인식이 개입할 수밖에 없다는 것이다. 이러한 작자의 의식은 <수로조천행선곡>과 같은 때에 지어진 것으로 보이는 <종계석상 봉신지상숙자함씨부연지행>의 다음 구절에서 짐작할 수 있다.

> 높이 앉은 머리 깎은 황제에게
> 아홉 계단 아래에서 아홉 번 조아리고
> 두 손으로 폐백을 받들어 올리네.
> 남아가 때를 잘못 타고 태어났으니
> 마음속에는 슬픔이 가득하리.
> 황하는 어느 날 맑아질 것이며
> 취한 하늘은 어느 때 깨어날 것인가.
> 한 벌 『춘추』에 담긴 의리는
> 버려둔 채 다시 말하지 못하네.[39]

청나라 황제에게 머리를 조아리는 것을 수치로 여기면서 춘추대의(春秋大義)가 지켜지지 못하고 있는 상황을 비장하게 읊고 있는 데에서 명이 멸망하고, 명이 아닌 청에 사신을 갈 수밖에 없는 창작 당시의 현실

39) 高坐剃頭帝 九頓九級下 雙擎獻贊幣 男兒生不辰 中心定茹悲 黃河淸何日 天醉醒何時 一部獜經義 置之勿復道(『옥국재유고』 권4).

에 대한 작자의 인식을 확인할 수 있다. 황하 운운하는 부분은 <수로조천행선곡>에서 황하수가 다시 맑아지기를 바란다고 한 대목을 연상시키는 데 여기에서는 앞뒤 문맥을 고려할 때 소망보다는 한탄에 가까운 어조를 느끼게 한다. 이처럼 작자는 청에 머리를 조아려 조공할 수밖에 없는 사태를 춘추대의가 무너진 서글픈 상황으로 인식하고 있었던 것이다.[40)]

이러한 청에 대한 작자의 생각이 <수로조천행선곡>의 문면에 직접 드러나 있지는 않지만 그것이 작품의 밑바탕에 자리 잡고 있으리라는 것을 짐작하는 것은 어렵지 않다. 작품 속에서 작자는 명의 쇠잔으로 인해 수로로 조천할 수밖에 없었던 과거를 돌이키고 감회를 토로하는 데 치중하면서 상황을 그렇게 만든 청에 대해서는 별다른 언급을 하지 않았다. 그것은 작자의 관심이 '수로조천'이라는 말에 함축되어 있는, 명의 쇠잔과 명에 대한 의리에 집중되어 있기 때문이다.

하지만 명의 쇠잔이 일시적인 것이었다면 작자가 그토록 비장하게 자신의 감회를 토로하지는 않았을지도 모른다. 명의 쇠잔이 결국에는 멸망으로 이어졌고 그래서 어쩔 수 없이 청에 조공할 수밖에 없게 된 창작 당시의 상황에 대한 인식이 작자로 하여금 명의 쇠잔을 창명수에 눈물을 뿌릴 정도의 커다란 슬픔으로 인식하게 했을 것이라는 것이다. 다시 말하면 명의 쇠잔은 단순한 과거의 문제가 아니라 명의 멸망과 청에 대한 조공이라는 보다 심각해진 상태로 작자가 살던 시대에도 지속되고 있는 문제였고, 그렇기 때문에 작자는 자기 시대 문제의 출발점이 된 명의 쇠잔을 그렇게 심각하고 비감하게 그려나갔을 것이라는 것이다.

이는 작자로 하여금 수로로 조천하던 시기 이후의 일을 작품에 제시하는 결과를 빚기도 하였다. '슈환경 슬픈 바람 홍두화가 다 지거다'가

40) 박연호는 이 오언장편시의 구절이 <수로조천행선곡>의 내용과 일치한다는 점을 근거로 <수로조천행선곡>의 창작 시기를 추정하였다(박연호, 앞의 글, 299면). 하지만 근본적으로 두 작품에서 다루고 있는 시기와 상황이 다르기 때문에 두 작품의 내용이 일치한다고 보기는 어려울 듯하다.

그것이다. '슈환정'은 이자성(李自成)의 농민 반란군이 북경을 포위하자 명나라 의종(毅宗)이 목을 매어 자살한 정자인 수황정(壽皇亭)을 가리킨다.[41] 의종이 죽자 이자성이 북경을 점령하고, 청은 곧바로 이자성을 패퇴시키고 북경을 차지하였다. 이 일들은 1644년에 있었는데 이때 조선은 병자호란 이후 명이 아닌 청에 사신을 보내고 있었다. 따라서 수황정의 비극은 수로조천을 노래하는 작품의 시간적 배경과 잘 맞지 않는다. 또 의종의 죽음 이후 명이 남쪽으로 옮겨가 청에 항거하기는 했지만 의종의 죽음은 명의 멸망을 상징적으로 보여주는 사건이라 할 수 있기 때문에 명의 쇠잔에 대한 비감을 노래하는 작품 속 상황과도 잘 어울리지 않는다.

이는 명이 이미 멸망하고 청에 굴욕적인 조공을 하고 있는 창작 당시의 현실에 대한 작자의 인식이 작품에 배어들었기 때문이라 할 수 있다. 곧 수로로 조천할 수밖에 없는 명의 쇠잔에 대한 비감의 토로가 명의 멸망이라는 창작 당시 현실에 대한 작자의 인식에 의해 확대되면서 그러한 작자의 인식이 문면에까지 드러나게 된 것으로 보인다는 것이다. 이런 점에서 이 작품에 명의 멸망에 대한 안타까움과 청에 사신을 보내야 하는 자괴감이 드러나 있다고 한 기존의 지적은[42] 작품 속 상황이나 서술의 측면에서는 선뜻 그렇다고 하기 어렵지만 그 바탕을 이루는 작자 의식의 측면에서는 타당성을 인정할 수 있다.

이와 관련하여 일부 구절의 의미를 좀 더 깊이 새겨볼 수도 있다. 앞에서 살펴본 것처럼 작품의 서두와 중간에는 'ᄇᆡ 띄여라 ᄇᆡ 띄여라 이 ᄇᆡ 타고 어듸 갈고'라는 구절이 반복되어 있다. 작품 속에서는 분명 명으로 가기 위해 배를 만들었다고 하였는데 '이 배 타고 어디 갈고'라는

41) '슈환정'이 의종이 자결한 '수황정(壽皇亭)'이라는 사실은 이 글이 처음 발표된 이후 신현웅에 의해 확인되었다(「옥국재(玉局齋) 이운영(李運永) 가사의 특성과 의미」, 서울대 석사논문, 2010, 57면). 이에 따라 여기에서는 수황정과 관련된 내용을 보충하였다.

42) 박연호, 앞의 글, 301면.

말을 반복한 이유는 무엇인가. 물론 국문시가에서 자문자답의 형식은 흔히 볼 수 있는 것이기 때문에 특별한 의미를 부여할 필요가 없다고 할 수 있다. 또 이 구절을 별다른 의미를 지니지 않는 단순 조흥구로 이해할 수도 있을 것이다. 하지만 화선을 과거 명나라에 조천하기 위해 만들었던 배와 동일시한 작자는 바로 그 때문에 명이 멸망한 상태에서 자신이 지금 보고 있는 화선을 지향할 곳을 잃어버린 배로 인식할 수도 있다. 작자가 미래에 대한 소망으로 내적 갈등을 잠재웠지만 명이 완전히 멸망한 창작 당시의 상황을 고려할 때 그러한 소망은 실현 가능성이 희박한, 그래서 일시적인 자기 위안일 수밖에 없는 것이 사실이다. 이에 따라 창작 당시의 상황에 대한 작자의 인식이 '이 배 타고 어디 갈고'라는 한탄 섞인 표현으로 문면에 드러났을 수 있다는 것이다.

이와 같이 작자는 이선악을 통해 명의 쇠잔으로 말미암아 수로로 조천할 수밖에 없게 되었던 과거를 회상하면서 비감에 젖어들었다가 명에 대한 의리를 변함없이 지키고 있다는 자부심과 중원의 회복이라는 미래에 대한 소망으로 내적 갈등을 잠재우고 있다. 그리고 그러한 이면에는 명이 멸망하고 청에 대해 어쩔 수 없이 조공해야 하는 창작 당시의 현실과 관련된 작자의 의식이 짙게 투영되어 작품의 정서가 보다 증폭되어 드러나고 있다. 따라서 <수로조천행선곡>은 이선악을 창작 배경으로 하여 17세기 명청 교체기의 상황을 18세기를 살고 있는 작자의 의식과 정서를 통해 그려낸 작품이라고 할 수 있다.

4. 맺음말

옥국재 이운영의 가사는 그 작품들이 발굴·소개된 이후 수차례의 논의를 통해 그 성격이 어느 정도 드러날 수 있었다. 하지만 작품에 대한 올바른 해석과 이해, 나아가 그의 문학 전반에 대한 정당한 평가를 위해서는 아직도 해결해야 할 많은 과제가 남아있는 것이 사실이다. 여기에서는 그의 가사 가운데 한 편인 <수로조천행선곡>의 해석과 이해를 위해 창작 동기와 배경을 살피고, 작품의 구조와 의미를 검토하였다. 이 작품은 청에 사신 가는 사람들에 대한 송별을 계기로 지어졌는데 작품의 제목에 쓰인 '수로조천'이라는 표현 때문에 수로를 이용해 청나라로 가는 사신들을 위해 지어진 작품으로 이해되기도 하였다. 이에 대한 의문이 이 글의 출발점이 시작되었다. 논의의 결과를 요약하면 다음과 같다.

우선 이 작품은 명청 교체기에 수로를 통해 명으로 떠나는 사신을 전송하는 자리에서 연행되기 시작하여 후일 육로로 청에 가는 사신들을 전송하는 자리에서도 지속적으로 공연되었던 이선악을 작자가 직접 보고 창작한 것으로 생각된다. 곧 작자는 청으로 떠나는 사신들의 송별연에서 이선악이 연행되는 것을 보고 과거 명의 쇠잔으로 인해 수로로 조천할 수밖에 없게 되었던 사정을 떠올리면서 그에 대한 자신의 감회를 담아 이 작품을 창작한 것으로 보인다는 것이다. 그리고 작자가 참석했던 삼종숙 이해중의 송별연이 이선악을 연행할 만한 규모와 분위기였던 것으로 보아 이 작품의 창작 시기는 기존 연구에서도 주목했던 1775년 경으로 추정할 수 있을 것이다.

작품 서두에는 이선악에서 불리던 <어부사>의 조흥구가 제시되어 있고 그 이하는 동일 어구가 중간에서 한번 반복되면서 두 부분으로 크게 나뉜다. 전반부에서는 이선악을 통해 명나라에 수로로 조천할 수밖에 없었던 과거의 역사를 돌이켜 보고, 후반부에서는 배를 타고 가는 사신의 시점에서 명의 쇠락에 대한 비감을 토로하다가 명의 회복 내지 중원의 회복이라는 앞날에 대한 소망으로 내적 갈등을 잠재우고 있다. 이처럼 전·후반부는 작자의 내적 갈등이 발생·심화·해소되는 일련의 과정에 따라 체계화되어 있다. 그런 가운데 과거를 돌이켜보는 작자의 의식과 정서는 이미 명이 멸망하고 청에 조공을 해야 하는 작자 당대의 상황과 무관할 수 없기에 감회가 보다 증폭되어 토로되기도 하고, 그것이 작품의 일부 구절에 노출되기도 하였다. 요컨대 <수로조천행선곡>은 이선악을 창작 배경으로 명의 쇠락과 그로 인해 수로로 조천할 수밖에 없게 된 17세기 명청 교체기의 상황을 18세기를 살고 있는 작자의 의식과 정서를 통해 그려낸 작품이라고 할 수 있다.

이와 관련하여 주목할 수 있는 것은 작품에 나타난 작자의식이, 조선을 승인해주고 임란 때에는 군대를 보내 구원해준 명에 대한 의리를 지켜야 한다는 대명의리론이 강화되던 18세기 사상계의 동향과 밀접하게 관련되어 있다는 것이다. 이는 작자가 그러한 사상계의 움직임에 민감한 서울 지식인층의 한 사람이며 그의 생존 및 활동 시기가 바로 18세기였기 때문일 것이다.

이와 같이 <수로조천행선곡>은 이선악이라는 연희와 직접 관련되어 창작되었고, 작자 당대의 상황과 관련된 의식과 정서, 혹은 이념을 반영하고 있으며, 이를 통해 18세기 경화사족(京華士族) 풍류방 문화의 일단을 짐작하게 한다는 점에서 그 시가사적 의의를 찾을 수 있을 것이다. 앞으로는 이 글의 논의를 바탕으로 옥국재 가사에 대한 보다 심화된 논의가 이루어지기를 기대한다.

VI. <초혼사>의 구조와 애도문학적 특성

1. 머리말

이 글은 옥국재(玉局齋) 이운영(李運永, 1722~1794)이 창작한 가사인 <초혼사>를 대상으로 작품의 구조와 의미를 살피고 작품이 지니고 있는 애도문학적 특성을 검토하는 것을 목적으로 한다. 문학 작품의 소재나 대상이 별도로 있는 것은 아니지만 어느 누구도 피할 수 없는 '죽음'은 인간의 삶과 본질을 돌이켜보는 중요한 문제일 수 있기 때문에 오랜 기간 문학의 주요 제재가 되어 왔다. <초혼사>는 이러한 애도문학의 전통 속에 위치하고 있는 작품이다. 그런데 이 작품은 다른 작품들과 달리 어느 한 개인의 죽음을 애도한 작품이 아니라는 점, 그리고 만시(挽詩)나 제문(祭文)에 익숙한 사대부가 굳이 국문으로 창작한 애도가사라는 점 등의 특징을 지니고 있다. 따라서 이러한 사실에 주목하면서 작품의 구조와 애도문학으로서의 특성을 검토하는 것은 옥국재 가사는 물론, 18세기 가사 문학의 양상과 성격, 나아가 한국 애도문학의 전통을 이해하는 데 다소간 도움이 될 수 있을 것으로 기대한다.

옥국재 가사에 대해서는 소재영과 한대희가 옥국재의 가사 작품들이 수록된 『언사(諺詞)』의 서지, 작자, 수록 작품의 개략적인 성격 등 기초적인 사실들을 확인한 바 있다.[1] 이후 고순희는 옥국재의 풍류적인 삶의 자세와 관련하여 그의 가사가 인유(引喩)와 해학(諧謔)을 통한 즐김의

1) 소재영, 「『언사』 연구」, 『민족문화연구』 21, 고려대 민족문화연구소, 1988.; 한대희, 「이운영의 가사 연구」, 고려대 교육대학원 석사논문, 1995.

미학을 바탕으로 하고 있다고 하였으며,[2] 박연호는 옥국재의 가사가 민요 형식을 사용한 작품과 구비서사물을 가사화한 작품으로 이루어져 있다는 사실을 지적하고 각 작품의 성격을 좀 더 구체적으로 검토하였다.[3] 그리고 이승복은 옥국재 문학이 지닌 특성과 문학사적 위치를 구명하기 위해서는 옥국재라는 인물에 대한 이해가 선행되어야 한다는 전제 아래 그의 삶에 대한 구체적인 확인 작업을 수행하고,[4] <세장가>와 <수로조천행선곡>을 대상으로 기존 연구를 반성하면서 새로운 해석의 가능성을 모색한 바 있다.[5]

이러한 논의들을 통해 옥국재 가사가 지닌 전반적인 특성과 작자에 대한 전기적 사실들이 어느 정도 드러날 수 있었다. 그러나 기존 연구가 대부분 옥국재 가사 전반을 대상으로 하고 있는 만큼 개별 작품에 대한 논의는 미흡한 감이 없지 않다. 따라서 그의 가사가 지닌 성격이 제대로 구명되기 위해서는 무엇보다도 각 작품의 구조, 의미, 성격 등에 대한 보다 깊이 있는 천착이 필요하다고 할 수 있다.

기존 연구 가운데 <초혼사>에 대한 논의를 구체적으로 살펴보면, 소재영과 한대희는 작자가 금산군수(錦山郡守)로 있을 때 근처에 있는 칠백의총(七百義塚)을 참배하고 지은 작품이라는 사실을 확인하였고,[6] 고순희는 이 작품이 무가(巫歌)의 관용구를 반복구로 사용하고 있으며 칠백의사의 우국충정을 말함으로써 집단적인 교훈을 주고자 하는 것이라기보다는 순수히 그들의 죽음이 주는 슬픔과 떠도는 영혼들에 대한 위

2) 고순희, 「인유와 해학의 미학 -이운영의 가사 6편-」, 『이화어문논집』 15, 이화어문학회, 1997. 9.
3) 박연호, 「옥국재 가사의 장르적 성격과 그 의미」, 『민족문화연구』 33, 고려대 민족문화연구원, 2000.
4) 이승복(a), 「옥국재 이운영에 대한 전기적 고찰」, 『고전문학과 교육』 7, 한국고전문학교육학회, 2004. 2.
5) 이승복(b), 「<세장가>의 구조와 의미」, 『한국민족문화』 24, 부산대 한국민족문화연구소, 2004. 10.; 이승복(c), 「<수로조천행선곡>의 창작 배경과 의미 -이선악과의 관계를 중심으로-」, 『국어교육』 115, 한국어교육학회, 2004. 10.
6) 소재영, 앞의 글, 34~5면.; 한대희, 앞의 글, 43~4면.

로와 같은 작자의 개인적인 정서를 표현하는 데 초점이 맞추어져 있다고 하였다.[7] 그리고 박연호는 이 작품이 여음을 동반한 민요 형식으로 서술되어 있다고 하면서 각 단락의 내용을 간략히 살핀 다음 이 작품은 전란의 현장을 돌아보고 당시의 처절했던 역사적 상황을 상상하며 그로 인해 촉발된 화자의 비감한 심정을 노래하고 있다는 점에서 서정적 양식에 속한다고 하였다.[8]

이를 통해 <초혼사>의 창작 시기와 배경, 반복구의 사용과 같은 형식적 특성, 그리고 집단적 교훈보다는 개인의 비감한 심정 토로에 초점이 맞춰져 있는 내용적 특성 등이 밝혀질 수 있었다. 하지만 무가의 관용구를 사용하였다면 그것은 구체적으로 어떤 무가의 구절인지, 또 그것을 차용한 이유는 무엇이고 무가 구절의 차용이 작품의 성격 내지 의미와 어떻게 관련되는지, 그리고 한시와 제문에 익숙한 사대부가 굳이 무가의 관용구를 사용하면서 국문으로 가사 작품을 창작한 이유는 무엇인지 아직도 작품의 의미와 성격을 제대로 구명하기 위해서는 해결해야 할 많은 문제가 남아있는 것이 사실이다. 이제 이러한 문제점들을 고려하면서 작품의 구조와 의미부터 살펴보기로 한다.

2. 작품의 구조와 의미

기존 연구에서도 지적한 바 있듯이 <초혼사>는 옥국재의 다른 가사 작품들에 비해 창작 시기를 비교적 분명하게 확인할 수 있는 작품이다. 세자익위사(世子翊衛司) 사어(司禦)로 있던 작자는 64세 때인 1785년 7월 금산군수에 배하여 8월에 부임하였다. 작자의 문집인 『옥국재유고(玉局齋遺稿)』의 「기년록(紀年錄)」에 따르면 부임 직후 감사에게 인사를 하는

7) 고순희, 앞의 글, 366~7면.
8) 박연호, 앞의 글, 302~3면.

연명(延命)을 행한 다음, 임진왜란 때 금산에서 순의(殉義)한 의병장 조헌(趙憲)을 배향하고 있는 종용당서원(從容堂書院)에 첨배(瞻拜)하고 서원 뒤에 있는 칠백의사총과 영규사(靈圭祠)를 둘러본 후 <칠백의사초혼사(七百義士招魂詞)>를 지었다고 한다.[9] 따라서 <초혼사>는 작자가 칠백의총을 처음 찾았던 1785년 8월에서 그다지 멀지 않은 시기에 창작된 것으로 보이며, 늦어도 1789년 8월 작자가 돈령부(敦寧府) 도정(都正)에 발탁되어[10] 서울로 돌아오기 이전에는 창작되었을 것이 거의 확실하다.

작자는 부임 이듬해인 1786년에도 칠백총을 찾아 시를 짓기도 하는 등[11] 자주 종용당과 칠백총을 찾아 첨배하였으며, 매양 하늘이 맑고 달이 밝을 때에는 기녀들로 하여금 <초혼사>를 노래하게 하여 강개한 뜻을 부치기도 하였다 한다.[12] 이처럼 <초혼사>는 음영되는 데에 그치지 않고 실제 가창되기도 하였다. 여기에서 반복구의 삽입이 단순히 민요의 형식을 차용한 데에 머무는 것이 아니라 가창을 위해 의도적으로 배려한 결과라는 것을 알 수 있다.

그리고 기존 논의에서는 이러한 반복구, 곧 "넉시야 넉시로다 망자시의 넉시로다"가 무가의 관용구라고 하였는데 이 구절은 실제 많은 무가에서 두루 볼 수 있는 흔한 것이 아니고 다만 진오귀굿 혹은 씻김굿에서 망자(亡者)의 넋을 청하거나 풀어낼 때 부르는 특정 무가에서 이와 유사한 구절들을 확인할 수 있을 뿐이다. 따라서 <초혼사>에 이러한 성격을 지닌 무가의 구절이 반복구로 활용되고 있는 것은, 이 작품이 칠백의사의 혼을 부르고 그들의 한을 풀어내려는 의도에서 창작되었다는 것을

---

9) 因重峯趙先生壬辰殉節地立祠 祠後有七百義士塚僧靈圭祠 遂往尋院 後製七百義士招魂詞(「기년록(紀年錄)」, 『옥국재유고(玉局齋遺稿)』 권10).

10) 위의 글 참고.

11) 甑淵近接界 烈士戰亡場 七百墳猶在 我來拜夕陽(<칠백총(七百塚)>, 『옥국재유고』 권8).

12) 郡東十里許有從容堂 卽重峰趙先生壬辰殉節之地 堂後有七百義士塚 府君頻往瞻拜 嘗製七百義士招魂辭 每於天淸月朗時 使妓輩歌而聽之 以寓慷慨之意(이희연·이희현, 『선부군유사(先府君遺事)』).

단적으로 말해주는 것이라 할 수 있다.

그렇다면 어떻게 혼을 부르고 한을 풀어내고 있는지 반복구를 기준으로 단락을 구분하고 그 순서를 따라가며 작품의 구조와 의미를 살펴보자.

[1]
넉시야 넉시로다 망자시의 넉시로다
빅골이 진토 되여 청산의 무쳐신들
풀미자 일편정녕 ᄉᆞ라질 졔 이실손가
표〃탕〃ᄒᆞ야 허궁의 쎠여시니
ᄉᆞ히 망〃ᄒᆞ여 어ᄃᆡ 가 의탁ᄒᆞᆯ고
구만리 쟝쳔상의 거긔나 가 잇ᄂᆞᆫ가

작품의 서두인 [1]은 무가 사설에서 차용한 반복구 '넉시야 넉시로다 망자시(亡者氏)의 넉시로다'로 시작된다. 이 구절은 노래를 부르고 있는 지금 이 자리에 넋이 와 있다는 것을 지시하고 있다. 넋이 그 자리에 와 있다고 노래하면 실제 넋이 그 자리에 올 것이라는 주술적 믿음이 작용하고 있는 것이다. 곧 이 부분은 앞으로 일어날 일 또는 일어나야 할 일을 앞서서 제시하는 이른바 '선행적(先行的) 모방(模倣)'에 해당한다고 할 수 있다.[13] 따라서 이 구절은 음악적 효과를 고려한 단순한 반복이나 여음이 아니라 '초혼(招魂)'의 기능을 위해 제시된 것이다. 이후 여러 단락이 이 구절을 앞세우고 있는 것은 그 단락들이 먼저 넋을 불러낸 후 그 넋에게 직접, 간접으로 하고 싶은 말을 전달하는 방식으로 구성되었다는 것을 의미한다.

반복구의 뒤를 이어서는 사라지지 않는 넋이 허공을 떠다니며 어느

13) 김열규 외, 『향가의 어문학적 연구』, 서강대 인문과학연구소, 1972, 15면 참고.

곳에 의탁하고 있느냐고 노래하고 있는데 이 부분은 구천을 헤매는 영혼을 애도하는[14] 의미를 지니는 동시에 의탁할 곳이 없는 넋이 지금 넋을 부르는 이 자리에 잠시라도 와서 의지하기를 바라는 마음을 표현한 것이라 할 수 있다.

이처럼 [1]은 반복구와 이어지는 노랫말을 통해서 '초혼'의 기능을 담당하고 있다는 것을 알 수 있다.

[2]
넉시야 넉시로다 망자시의 넉시로다
사ᄅᆞᆷ이 쥭어갈 졔 인녁으로 사로랴면
안연이 쥭어갈 졔 공ᄌᆡ 아니 살오시며
양귀비 쥭어갈 졔 당명황이 못 살오랴
ᄉᆞᄉᆡᆼ이 ᄌᆡ쳔ᄒᆞ니 도망치 못ᄒᆞᄂᆞ니

[3]
넉시야 넉시로다 망자시의 넉시로다
진시황의 ᄐᆡ자 부소 칼 슺희 쥭어 잇고
한 쟝군 긔신이ᄂᆞᆫ[15] 불 슺희 죽어 잇ᄃᆞ
당 젹 왕자안은 물의 ᄲᅢ져 쥭어시니
그ᄯᅢ의 보게 되면 비명인 듯ᄒᆞ건만은
도모지 혜어보면 시역명인지라

[2]에서는 공자가 사랑하던 제자 안연(顔淵)을 살려내지 못했고, 당 현종은 총애하던 양귀비의 죽음을 막지 못했던 옛일을 말한 다음, 살고 죽

---

14) 박연호, 앞의 글, 302면.
15) 소재영이 소개한 원문에는 "여상이(呂尙)ᄂᆞᆫ"으로 되어 있으나(앞의 글, 61면) 이는 "긔신이ᄂᆞᆫ"을 잘못 전재한 것이다.

은 것이 사람의 힘으로 좌우되는 것이 아니라 하늘에 달린 것이라고 하였다. 이는 칠백의사의 죽음 역시 사람이 어쩔 수 없는 하늘의 뜻이었다는 것을 말하는 것이다.

[3]에서는 진시황의 장자 부소(扶蘇)가 진시황 사후 재상 이사(李斯)와 환관 조고(趙高)의 거짓 조서에 따라 칼로 자결했던 일, 한왕 유방(劉邦)이 초나라 군대에 포위되어 위태로운 지경에 이르렀을 때 장군 기신(紀信)이 한왕인 체 항복하여 한왕을 구하고 자기는 초왕 항우(項羽)에게 불에 태워져 죽음을 당한 일, 그리고 뛰어난 문학적 재능을 지녔던 왕발(王勃)이 29세의 나이로 아깝게 물에 빠져 죽은 일 등 억울하거나 남을 대신하거나 아깝게 죽은 사람들의 고사를 제시하고, 당시에는 그들의 죽음이 억지 죽음인 듯했지만 따지고 보면 그 역시 운명이라고 하였다. 이처럼 굳이 억울하거나 남을 대신하거나, 또는 안타깝게 세상을 떠난 사람들을 거론하고 있다는 점에서 이 부분은 모든 죽음이 운명이라는 것을[16] 말하고 있다기보다는 억울하고 안타깝게 생각되는 칠백의사의 죽음 역시 거스를 수 없는 운명이었다는 것을 제시하고 있다고 할 수 있다.

요컨대 [2]와 [3]에서는 고사를 통해 칠백의사의 죽음이 인력으로는 어떻게 할 수 없는 하늘의 뜻, 그리고 그들 자신의 운명에 의한 것이라는 것을 제시하고 있다. 칠백의사의 죽음을 이와 같이 하늘의 뜻과 운명에 따른 것이라고 말하고 있는 까닭은 칠백의사의 넋을 위로하기 위해서라고 할 수 있다. 억울해하고 안타까워한다고 해서 다시 살아날 수 있는 것이 아닌 이상 칠백의사는 자기들의 죽음을 하늘의 뜻에 의한 자신들의 운명으로 받아들여 맺힌 한이 있으면 풀고 스스로의 마음을 달래라는 것일 것이다.

[4]

넉시야 넉시로다 망즈시의 넉시로다

16) 박연호, 앞의 글, 302면.

오동방 임진년의 국운이 불ᄒᆡᆼᄒᆞ야
왜션 쳔만 슈가 불일의 범경ᄒᆞ니
팔노 삼경이 어육이 되단 말가
니튱무 송동ᄂᆡᄂᆞᆫ 차례로 슌졀ᄒᆞ고
난여ᄂᆞᆫ 파쳔ᄒᆞ사 만상의 머무럿다
션침은 회신ᄒᆞᆫᄃᆡ 죵ᄉᆞ가 망극ᄒᆞ다
졔봉 고션ᄉᆡᆼ과 듕봉 됴션ᄉᆡᆼ이
의병을 챵솔ᄒᆞ고 도젹을 치랴다가
강약이 부동ᄒᆞ고 셰궁녁진ᄒᆞ야
금산군 졍양산의 젼군이 함몰ᄒᆞ니
쟝공권모ᄇᆡᆨ인 사쟝의 누은 송쟝
ᄒᆞ나 둘 셋 넷 다ᄉᆞᆺ 뉵 칠 팔의 구 십이요
열노셔 ᄇᆡᆨ이 되고 단ᄇᆡᆨ으로 칠ᄇᆡᆨ이라

[5]
넉시야 넉시로다 망자시의 넉시로다
오호도 오ᄇᆡᆨ의사 녯말노 드럿더니
금산군 졍양산의 오ᄂᆞᆯ〃 보앗노라
ᄉᆞ십만 장평ᄀᆡᆼ졸 녯말노 드럿더니
금산군 졍양산의 오ᄂᆞᆯ〃 보앗노라

[4]에서는 임진년에 왜군이 침범하여 전국토를 순식간에 유린하자 그것을 막으려던 이순신(李舜臣), 송상현(宋象賢) 등이 순절하고, 임금은 의주로 파천(播遷)하고 능침마저 훼손되는 등 종사(宗社)가 위태로운 상황에 이르자 고경명(高敬命)과 조헌(趙憲)이 의병을 일으켜 항전하였지만 세궁역진(勢窮力盡)하여 맨주먹으로 칼날에 대항하다가[張空拳冒白刃] 금산군 정양산에서 전멸하였다고 하여 칠백의사가 장렬한 최후를 맞게 된

경위를 구체적으로 제시하고 있다. 특히 끝에 '하나 둘 셋 …… 칠빅이라'고 하여 전사한 사람들을 하나씩 세어가는 과정을 제시한 것은 한 사람 한 사람씩 의롭게 죽어간 사람이 칠백 명에 이른다고 하여 칠백의사 각자의 죽음마다에 의미를 부여하기 위한 의도로 보인다. 이처럼 [4]에서 칠백의사가 죽게 된 과정을 구체적으로 서술하고 있는 것은 종사를 위해 목숨을 던진 그들의 공적을 칭송하기 위한 것이라고 할 수 있는데 이는 이어지는 [5]에서 분명하게 드러난다.

[5]에서는 역시 의롭게 죽은 사람들에 대한 고사를 들고 '금산군 정양산의 오늘〃 보앗노라'고 하여 그들과 칠백의사의 죽음을 동일시함으로써 칠백의사를 칭송하고 있다. '오호도(嗚呼島) 오빅의사(五百義士)'[17]는 진(秦)나라 말엽 전횡(田横)과 함께 오호도에서 제나라의 부흥 운동을 하던 오백 명의 사람들을 가리킨다. 그들의 노력은 결국 수포로 돌아가 버리고 말았는데 한왕 유방의 위협을 받던 전횡이 낙양으로 올라와 한왕을 섬기지 못하겠다며 자결하자 그 소식을 전해들은 오백 명의 인사들도 오호도에서 모두 자결하고 말았다. 오호도의 오백의사는 이처럼 패망한 고국의 부흥을 도모하다 순절한 인물들로 후세의 많은 사람들이 그들의 지조와 행적을 시로 읊기도 하였다. 작자는 칠백의사를 이러한 오호도의 오백의사와 동일시함으로써 국가를 위해 목숨을 던진 칠백의사의 행적과 죽음을 칭송하였다.

이와 같이 [4]에서는 칠백의사가 순절하게 된 배경과 경위를 제시하고, [5]에서는 고사에 나타난 의로운 죽음과 칠백의사의 죽음을 같은 것이라고 하여 칠백의사를 칭송하고 있다. 그런데 전체적인 내용의 흐름을 고려할 때 이러한 칭송은 기존 연구에서도 적절히 지적하고 있듯이 우

---

17) 한대희는 "오빅의사는 칠빅의사를 필사과정에서 오기한 것(앞의 글, 44면)"이라 하였고, 박연호는 아무런 설명 없이 "금산군 정양산에서 순절한 오백 의사 등을 추모(앞의 글, 303면)" 하고 있다고 하였는데 이는 소재영이 소개한 원문에 "오호도 오빅의사"를 "오호라 오빅의사"로 잘못 기록하고 있는 데에(앞의 글, 63면) 따른 것으로 보인다.

국충정과 같은 집단적인 교훈을 주기 위한 것은 아니다.[18] 여기에 제시된 칭송의 궁극적인 목적은 칠백의사의 넋을 위로하기 위한 것이며, 한편으로는 작자 자신이 느끼는 비감을 비장의 차원으로 승화하여 스스로를 위로하기 위한 것이라 할 수 있다.

[6]
넉시야 넉시로다 망ᄌᆞ시의 넉시로다
ᄉᆞ양 고젼장의 구즌 비쌀 ᄲᅮ릴 젹의
잔나뷔 파람 불고 귀물이 츄〃ᄒᆞ다
황진무초의 오연이 탁쟝ᄒᆞ니
빅슈청산의 고아 과부 ᄋᆡ〃곡을
넉시야 넉시로다 아ᄂᆞᆫ다 모로ᄂᆞ다

칠백의사의 죽음이 국가와 종사를 위한 것이기는 하지만 그렇다고 해서 슬픔이 없을 수는 없다. 그렇기 때문에 [6]에서는 칠백의사가 순절한 곳의 황량함과 쓸쓸함을 제시하고, 남은 가족들이 슬피 통곡하는 소리를 넋은 아느냐고 물음으로써 칠백의사를 애도하는 작자의 마음을 표현하였다.

[7]
산〃이 흣터졋ᄂᆞᆫ 진ᄉᆞ 듕 마른 ᄲᅧ를
부쳐님 ᄉᆞ레쳐로 낫〃치 쥬어 모화
자좌오향 분금ᄒᆞ야 만져로 봉츅ᄒᆞ니
삼쳑 마렵분이 공산상의 놉고 놉하
넉시야 넉시로다 아ᄂᆞᆫ다 모로ᄂᆞᆫ다

18) 고순희, 앞의 글, 367면.

[8]

무지목동도 공경ᄒᆞᆯ 쥴 다 아옵고

삼산 과ᄀᆡᆨ도 사ᄅᆞᆷ마다 타루ᄒᆞ니

허다ᄒᆞᆫ 튱혼열ᄇᆡᆨ 뉘〃신 쥴 모로거니

자손의 잇고 업기 알 ᄌᆡ가 뉘 잇던가

비가 일곡을 ᄇᆡᆨ양님의 고음ᄒᆞ니

넉시야 너시로다 신막동셔남북ᄉᆡ라

[7]에서는 산 사람들이 칠백의사를 위하여 그 유골을 모아 무덤을 만든 과정을 제시하고 있다. 산산이 흩어져 있는 칠백의사의 뼈를 부처의 사리를 수습하듯 정성껏 주워서 자좌오향(子坐午向), 즉 정남향 양지바른 곳에 무덤을 만들었다고 하면서 이러한 사실을 넋은 아느냐고 물었다. 이처럼 정성을 다해 유골을 수습하고 좋은 자리를 가려 무덤을 만든 것은 죽은 사람을 위로하고 그들이 편안히 쉴 수 있도록 하기 위한 것이다. 따라서 이 부분은 봉분이 산처럼 높은 모습을 노래함으로써 원한 맺힌 혼령이 얼마나 많은가를 부각시키고 있다기보다는[19] 칠백의사의 넋을 위로하려는 살아있는 사람들의 마음을 제시하고 있다고 이해하는 것이 나을 듯하다.

[8]에서는 먼저 무지한 목동도 칠백의사의 무덤을 공경하고, 지나는 과객도 그들의 죽음을 애도한다고 하여 칠백의사를 공경하는 한편 그들의 죽음을 슬퍼하는 살아있는 사람들의 마음을 제시하였다. 이어 작자는 칠백의사가 각기 누구인지, 자손들은 있는지 없는지 전혀 알 수 없다고 하면서 이와 같이 혈육에게 수습되지 못하고 이름 없이 매장된[20] 칠백의사를 애도하는 자신의 마음을 슬픈 노래 한 곡조, 곧 이 작품 <초혼사>에 담아 부른다고 하여 작품의 창작 동기와 의도를 제시하였다.

19) 박연호, 앞의 글, 303면.
20) 상동.

이처럼 [7]과 [8]에서는 칠백의총을 만들어 칠백의사의 넋을 위로하려는 산 사람들의 정성과, 살아있는 사람들과 작자가 그렇게 조성된 무덤을 보고 느끼는 애도의 마음을 제시하면서 작품을 끝맺고 있다.

이상에서 살핀 바와 같이 <초혼사>는 반복구를 기준으로 하였을 때 모두 8개의 단락으로 이루어져 있다. [1]에서 [5]까지는 '넉시야 넉시로다 망자시의 넉시로다'라는 반복구를 앞에, 서술 내용은 그 뒤에 제시하는 방식을 취하고 있다. 그런데 [6]에서는 이러한 구성 방식을 그대로 따르다가 서술 내용 뒤에 '넉시야 넉시로다 아는다 모로느다'라는 구절을 첨가함으로써 재차 넋을 불러 서술된 내용을 환기하는 변화를 보이고, [7]과 [8]에서는 앞의 반복구가 사라지고 뒷부분의 반복구만 남는 변화가 다시 일어난다. 이처럼 [6]에서 반복구가 끝에 다시 첨가되는 변화가 일어난 것은 작자가 칠백의사의 죽음을 슬퍼하는 내용을 서술하는 가운데 감정이 고조되자 살아있는 사람들의 그러한 슬픔을 아느냐고 다시 넋을 불러 묻는 형태의 반복구를 첨가함으로써 자신의 고조된 감정을 표현하고자 했으며, [7]에서 무덤을 만들어 칠백의사의 넋을 위로하는 살아있는 사람들의 마음을 서술하면서 감정이 다소 가라앉자 앞의 반복구는 생략하고 산 사람들의 그러한 마음을 아느냐고 묻는 뒷부분의 반복구만 남겼기 때문이라고 할 수 있다. 그런데 이러한 변화에도 불구하고 각 단락은 넋을 불러 그 넋에게 하고 싶은 말을 직, 간접으로 제시하는 구조적 틀은 그대로 유지하고 있는 것을 알 수 있다.

또한 [1]은 초혼, [2]와 [3]은 위로, [4]와 [5]는 칭송, [6]은 애도, [7]과 [8]은 위로와 애도가 그 중심 내용을 이루고 있음을 알 수 있는데 그 배열 순서를 보면 서두에서는 말을 건넬 넋을 청하고, 이어 구체적인 위로 · 칭송 · 애도의 구체적인 내용을 넋에게 전한 다음, 끝으로 다시 넋을 위로 · 애도하면서 작품의 창작 동기를 서술하고 있어 작품이 전체적으로 체계적 완결성을 갖추고 있다는 것을 알 수 있다.

그렇다면 이제 이러한 애도문학으로서 <초혼가>가 갖고 있는 성격을 다른 애도문학 장르들과 비교하여 좀 더 구체적으로 살펴보자.

3. 애도문학적 특성

앞에서 언급한 바와 같이 <초혼사>는 무가에 보이는 어구를 반복구로 사용하여 넋을 부르고 그 넋에게 말을 전달하는 방식으로 각 단락이 구성되어 있다. 이처럼 무가의 구절이 <초혼사>에서 반복적으로 사용되고 있다면 <초혼사>의 창작에 그러한 무가가 영향을 끼쳤다고 할 수 있을 텐데 그 영향이 어느 정도인지, 다시 말하면 단락의 구성 방식뿐 아니라 구체적인 서술 내용까지 무가와 관련이 있는 것은 아닌지 검토할 필요가 있을 것이다.

<초혼사>의 반복구와 유사한 구절을 가지고 있는 무가들은 죽은 사람의 넋을 불러 위로하고 저승으로 넋을 편안히 보내주기 위한 진오귀굿 혹은 씻김굿에서 불리는 노래들이다. 따라서 혼을 불러 말을 전하는 <초혼사>와 그러한 굿에서 불리는 무가는 기능면에서 상당한 유사성을 지니고 있다고 할 수 있다. 하지만 구체적인 서술 내용에 있어서까지 <초혼사>가 무가의 영향을 받았다고 하기는 어려울 듯하다. 그것은 무엇보다 무가는 죽은 사람 개개인의 사정을 노래하면서 그 넋을 위로하기보다는 모든 망자들에게 적용될 수 있는 보편적이고 정형화된 내용으로 이루어져 있기 때문이다.

넋이야 넋이로다
노양산에 시만이요
영 이별 하사메
정수가 없는 넋이로다
세상에 나온 망제가 놀고 갈까 왔노니

놀고들 가오 내일 아직 쉬어 가오
놀면서 쉬어 가도 정수가 없는 길이로다
세상에 나온 망제가 놀구 갈까 사흐나요
사흐나소사 ○○망제가 사흐나요
정수경(千手經) 법화경에 시왕세계루 사흐나요[21)]

위에 인용한 것은 서울 지역 진오귀굿에서 서사무가 <바리공주>를 부른 다음 망자의 넋을 청할 때 부르는 <넋청(請)>이라는 무가이다. '넉시야 넋이로다'라고 하여 정해진 바 없이 떠돌고 있을 넋을 불러 놀고 가라고 청하는 내용으로 되어 있다. 물론 놀고 가라고 하는 데에는 넋을 위로하려는 의도가 담겨있고, '정수가 없는 넋'이라는 말 속에는 구천을 떠도는 영혼에 대한 애도의 뜻이 내포되어 있다고 할 수 있다. 이런 점에서 이 노래는, 구천을 헤매는 영혼을 애도하는 한편 노래를 부르고 있는 자리에 의탁할 곳 없이 헤매는 넋이 오기를 바라는 <초혼사>의 [1]과 상당히 유사하다. 하지만 이 노래는 넋을 부르는 데에 초점이 놓여 있을 뿐 죽은 사람에 대한 애도나 위로의 내용이 표면에 뚜렷이 드러나 있지 않기 때문에 <초혼사> 전반의 서술 내용과는 상당한 거리가 있다.

다른 무가의 경우도 사정은 비슷하다. 해남 지역 씻김굿에서 불리는 <넋올림>은 "넋시야 넋시야"를 반복하면서 시작되는데 '오늘날 망제씨'가 저승사자에게 붙들려가 이승에서의 행적을 심판받는 과정을 서술하고 나서 "꽃밭 수레 상수레로 잘 모시자"고 하여 넋을 부르는 내용으로 마무리하고 있으며,[22)] 고창 지역 씻김굿의 <넋풀이> 역시 "신이야 신이야 신이야 신이로다"로 시작되는데 '～신이로다', '～넋시로다'를 반복하여 여러 넋들을 열거하면서 넋이 굿하는 장소로 오는 과정을 노래하고 있다.[23)]

21) 김태곤 편, 『한국무가집』 1, 집문당, 1992, 85면.
22) 『한국무가집』 2, 150～3면 참고.

사람이 죽어 저승에서 심판을 받는다거나 넋이 굿하는 장소에 온다는 것은 어떤 특정한 인물의 넋에만 해당되는 것이 아니다. 따라서 서술 내용에 위로나 애도의 뜻이 함축되어 있다 하더라도 그것은 모든 사람의 죽음에 대해 마찬가지로 적용될 수 있는 보편적인 것에 가깝다. 그리고 이 노래들은 넋을 위로하거나 애도하기보다는 넋을 불러오는 데 중점을 두고 있기 때문에 <초혼사> 전체의 서술 내용과는 거리가 있을 수밖에 없다. 따라서 <초혼사>가 무가의 영향을 받았다면 그것은 '초혼'과 '혼에게 말 건네기' 정도의 제한된 부분에만 해당되는 것임을 알 수 있다. 곧 <초혼사>가 넋을 부르는 무가의 어구를 차용한 것은 단지 넋을 불러 말을 전하는 무가의 기능적 측면을 수용한 것이지 칠백의사를 위로·칭송·애도하는 전반적인 서술 내용까지 무가를 수용한 것은 아니라는 것이다.

그렇다면 <초혼사>에 나타난 위로·칭송·애도라는 내용적 요소와 그것들을 형상화하는 서술방식의 특성은 무가가 아닌 만시나 제문과 같은 한문 애도문학의 전통 속에서 찾아보아야 할 것이다. 그것은 작자의 신분이 사대부이고, 실제 작자가 30여 편의 만시와 20여 편의 제문을 남기고 있기 때문이다. 그리고 죽은 사람에 대한 제문이 칭송과 애도의 서술구조를 갖고 있고,[24] 만시가 비탄, 진혼, 칭송의 구성 요소로 이루어져 있다는[25] 사실은 <초혼사>가 이러한 한문 애도문학과 밀접하게 관련되어 있다는 것을 말해주는 것이 아닐 수 없다. 이제 <초혼사>의 서술 내용과 방식을 만시 내지 제문과 관련하여 살펴보자.

앞에서 살핀 바와 같이 [2], [3], [7]에는 칠백의사의 넋을 위로하는 내용이 두드러져 있다. [2]에서는 공자가 안연을 살려내지 못하고, 당 현종이 양귀비의 목숨을 구하지 못한 것을 들어 죽고 사는 것이 하늘에 달려

23) 『한국무가집』 3, 344~5면 참고.
24) 이은영, 「조선 초기 제문 연구」, 이화여대 박사논문, 2001. 6 참고.
25) 최재남, 「한국 애도시의 구성과 표현에 대한 연구」, 서울대 박사논문, 1992 참고.

있다고 했고, [3]에서는 부소, 기신, 왕발의 죽음을 들어 억울하거나 남을 대신하거나 아깝게 죽은 사람들의 죽음 역시 운명이라고 함으로써 칠백의사 역시 자신들의 죽음을 하늘의 뜻과 운명으로 받아들여 한을 풀고 스스로를 위로하라고 하였다. 그리고 [7]에서는 칠백의사의 유골을 부처의 사리를 수습하듯 정성껏 모아 좋은 자리에 무덤을 만들었다고 하여 칠백의사의 넋을 위로하고 있다.

그런데 [2]와 [3]에서 넋을 위로하는 방식은, 만시에서 삶과 죽음이 이미 정해진 것이고 인간의 힘으로는 어찌할 수 없는 일이기 때문에 그 고통에서 벗어나기 위해서는 죽음의 순리를 받아들여야 한다면서 영혼을 위로하는 경우에 그대로 부합한다고 할 수 있다.[26] 차이가 있다면 <초혼사>에서는 옛사람들의 이름과 그들의 죽음에 대한 사실들을 나열하여 그러한 위로가 보다 설득력을 갖추도록 했다는 정도일 것이다. 또한 [7]에서 칠백의총의 조성에 대해 서술하고 있는 것은, 만시에서 흔히 조상들이 묻혀있는 선영에 안장하거나 좋은 묘 자리를 마련했으니 편안히 영면(永眠)하라고 하는 것을 연상시킨다. 좋은 자리에 무덤을 조성했다는 서술은 영혼으로 하여금 사후의 세계에 대한 두려움이나 불안감을 떨쳐버리고 사후 세계에서 편안함을 누리라는 의미를 지니는 것이다.[27] 작자 역시 아내에 대한 제문에서 죽은 아내를 시부모가 묻혀있는 선영에 안장했음을 밝혀 위로의 뜻을 전하고 있기도 하다.[28]

칠백의사에 대한 칭송은 [4]와 [5]에 나타나 있는데 [4]에서는 임진왜란의 경과를 제시하면서 칠백의사들이 장렬한 최후를 맞게 된 경위를 구체적으로 제시하고, [5]에서는 전횡을 따르던 오백의사의 경우 등 고사를 들어 칠백의사의 행적과 의로운 죽음을 칭송하였다. 이는 죽은 사람의 행적이나 성품을 내세워 망자를 긍정적으로 서술함으로써 그러한

---

26) 앞의 글, 82면 참고.
27) 상동.
28) 翌月中旬永窆 于水原之梅呑先考先妣封域之內(<제망실강숙인문(祭亡室姜淑人文)>, 『옥국재유고』 권9).

망자와 관계를 맺었던 애도자 스스로 자긍심을 갖거나[29] 그러한 사람이 세상을 떠난 데 대한 애도의 뜻을 함축적으로 전달하는 것인데 이러한 칭송은 제문이나 만시에서 대단히 흔하게 볼 수 있다. 작자 역시 사돈을 조상한 만시에서 세상 사람들이 모두 아첨을 배울 때 혼자 꼿꼿하였고 세상 사람들이 모두 입을 다물고 있을 때 혼자 직언하였다며 죽은 사돈의 성품을 칭송하기도 하고,[30] 아내에 대한 제문에서는 시부모에게 효도하고 시집 식구에게 삼가고 조심하였다며 죽은 아내를 칭찬하고 있기도 하다.[31]

비탄과 애도는 [6]과 [8]에 두드러져 있는데 여기에서는 칠백의사가 순절한 곳의 황량함과 쓸쓸함을 제시하고, 남은 가족들이 슬피 통곡하는 소리를 넋은 아느냐고 물음으로써 칠백의사의 죽음을 애도하는 작자의 마음을 표현하고 있다. 이러한 애도의 표현 역시 제문과 만시에서 흔히 볼 수 있는 것으로 눈물, 탄식, 불러보기나 외침 같은 직서적인 토로가 비탄의 중심이 되기도 하고 정서의 절제와 관련하여 매개항의 도입을 통한 간접화의 방식도 사용된다고 한다.[32]

그런데 [6]에서는 칠백의사의 죽음을 화자의 목소리로 직접 애도하기보다는 쓸쓸하고 황량한 묘사를 통해 애도의 마음을 간접적으로 제시하고 있으며, 마찬가지로 고아와 과부의 슬픈 통곡을 넋은 아느냐고 하여 가족들이 느꼈을 슬픔을 제시함으로써 화자가 느끼는 슬픔을 간접화하여 표현하고 있다. 이처럼 다른 사람의 슬픔을 통해 애도의 마음을 간접적으로 드러내거나 그러한 마음이나 사정을 넋은 아느냐고 물어 슬픔을 토로하는 표현 방식 역시 작자의 만시나 제문에서 어렵지 않게 확인할

---

29) 최재남, 앞의 글, 102면 참고.

30) 擧世學媚嫵 獨也骨骫髒 擧世事緘結 獨也言直讜 持此處衰世 那能厚祿享(<송판서자중만(宋判書子中輓)>, 『옥국재유고』 권8). 자중(子中)은 옥국재 장자 희연(羲淵)의 장인인 송재경(宋載經)의 자(字)이다.

31) 嗟 淑人入吾之門 二十四年 子嘗孝謹于舅姑 畏愼于夫黨(<제망실강숙인문>).

32) 최재남, 앞의 글, 38면.

수 있다. 작자는 종제(從弟)의 죽음에 대해 그 부모가 목을 놓아 통곡하면서 종제의 아명을 부르지만 종제는 대답이 없다고 하여[33] 그 부모의 슬픔을 통해 자신의 슬픔을 대신 드러내기도 하고, 조카에 대한 제문에서는 "네가 죽던 날 너의 처와 너의 자식들이 모두 흑산도로 귀양을 갔는데 아아! 이 일을 너는 아느냐 모르느냐. 6월 27일 임금이 후회의 뜻을 보이시고 상신(相臣)이 아뢰어 너의 처, 너의 자식들이 풀려나는 은혜를 입었는데 아아! 이 일을 너는 아느냐 모르느냐"[34]라고 하여 조카의 죽음과 가족에게 밀어닥친 고통과 아픔을 서술하고 죽은 조카가 그것을 아느냐고 반복함으로써 자신의 슬픔을 토로하고 있기도 하다.

[8]에서는 칠백의사가 각기 누구인지, 자손들이 있는지 없는지 알 수 없다며 혈육에게 수습되지 못하고 이름 없이 매장된 칠백의사들을 애도하는 마음을 슬픈 노래 한 곡조에 담아 부른다고 하여 작품의 창작 동기와 의도를 제시하였다. 그런데 고인을 애도하는 마음을 담아 글을 짓는다는 서술은 제문 서두에서 흔하게 볼 수 있는데 이는 작자가 지은 제문에서도 마찬가지이다. 제문에서는 이러한 내용이 서두에 제시되어 본문을 유도하는 기능을 하지만 <초혼사>에서는 그것이 작품의 끝에 제시되어 작품을 마무리하는 역할을 하고 있다는 점에서 차이가 있을 뿐이다.

---

33) 季父季母 失聲長號 呼君之小名 而君不應(<제십사당제현지문(祭十四堂弟顯之文)>, 『옥국재유고』 권9). 현지(顯之)는 옥국재 계부(季父) 이상중(李商重)의 아들인 이순영(李純永)의 자이다.

34) 嗚呼寃哉 *汝死之日 汝之妻汝之子* 皆編配于黑山島 嗚呼 此事汝其知乎否乎 六月二十七日 聖心示悔 相臣進奏 *汝之妻汝之子* 得蒙宥典 嗚呼 此事汝其知乎否乎(<제망질희천문(祭亡姪羲天文)>, 『옥국재유고』 권9). 옥국재의 조카 희천(羲天)은 청나라 사람 주린(朱璘)이 지은 『명기집략(明紀輯略)』이라는 책을 구매하여 소지하고 있었는데 그 책에는 태조의 종계(宗系)와 인조의 사적(事蹟)을 잘못 기재하여 조선 왕실에 모욕이 될 만한 내용이 담겨 있었다. 이희천은 책을 아직 읽지 않았는데 논란이 야기되자 바로 책을 불태워버렸다. 하지만 영조는 격노하여 이희천을 처형하고 그 처자를 흑산도의 관비로 삼게 하였다가 곧 자기의 지나침을 후회하면서 이희천을 신설(伸雪)하고 그 처자에 대한 처벌을 거두었다(이승복(a), 172~3면 참고).

이와 같이 <초혼사>에서 확인할 수 있는 위로・칭송・애도의 내용적 요소와 그 표현 방식은 만시나 제문과 같은 한문 애도문학에 바탕을 두고 있다. 이는 <초혼사>를 제외하고 작자가 창작한 애도문학 작품이 오랜 전통을 지닌 만시와 제문이었다는 점에서 당연한 결과일 수 있다. 그렇다면 작자는 만시나 제문 대신 왜 굳이 무가의 구절을 차용한 가사 작품을 지었을 것인가 하는 것이 의문이다.

이에 대한 해답은 우선 대상의 성격이 다르다는 점에서 찾을 수 있을 것이다. 칠백의사는 작자가 살던 시기보다 훨씬 앞선 시대의 인물들이고, 임란 때 금산에서 전몰했다는 사실 이외에는 각자의 이름과 삶을 전혀 알 수 없는 사람들이다. 그런데 일반적으로 제문이나 만시에서 다루는 대상은 작자와 친분이 있는 사람들이다. 그리고 친분이 있는 사람의 부모나 자식이 세상을 떠났을 때에도 아픔을 당한 사람과의 친분을 고려하여 만시를 짓는 것이 관례였다. 이는 작자가 지은 만시나 제문에서 고인과 작자와의 친분이 중요하게 다루어지고 있는데 비해 작자가 지은 <칠백총>이라는 한시는 만시적인 성격을 지닐 수 있었음에도 불구하고 칠백의사가 순절한 곳에 칠백의총이 있고 자신이 석양에 와서 첨배한다는 간략한 내용만이 서술되어 있다는 점에서도 어느 정도 확인할 수 있다. 이와 같이 작품에서 다루는 대상의 차이는 작자로 하여금 만시나 제문보다는 다른 문학 양식을 선택하도록 했을 가능성이 크다고 할 수 있다.

그런데 이보다 더 중요하게 고려할 수 있는 것은 <초혼사>가 가창되었다는 사실이다. 작자는 하늘이 맑고 달이 밝은 밤에는 기녀들로 하여금 <초혼사>를 노래 부르게 하였다고 하는데 만시나 제문은 읊조리거나 낭송할 수는 있어도 악곡에 맞춰 노래하기는 어렵기 때문에 가창할 것을 염두에 두었다면 만시나 제문보다 국문시가 양식을 선택하는 것이 훨씬 유리했을 것이다.

이러한 이유들로 인해 작자는 가사를 창작하면서 자신에게 익숙한 만시나 제문의 내용 요소와 그 표현 방식을 활용했던 것이라 할 수 있다. 하지만 <초혼사>는 단지 그러한 수준에 머물지 않았다. 작자는 이 작품을 창작하면서 죽은 사람의 넋을 부르는 무가를 수용하여 그것을 한문 애도문학과 적절히 융합하였던 것이다. 매 단락마다 무가의 구절을 제시하여 넋을 부르고 그렇게 부른 넋에게 직, 간접으로 위로·칭송·애도의 말을 전하는 구조적 틀을 마련하였다. 그리고 전체적으로 보았을 때 첫 단락은 초혼의 기능을 담당하도록 하고 중간 단락들은 넋에게 하고 싶은 말을, 마지막 단락은 창작 동기를 제시하도록 하여 체계적 완결성을 갖추게 하였다. 곧 작자는 가창을 위한 애도가사를 창작하면서 초혼을 위해 가창되는 무가에 주목하여 그것을 적절히 활용하였던 것이다.

요컨대 <초혼사>는 일반 서민층이 향유하는 무가의 기능과 사대부층이 향유하는 만시나 제문의 내용과 표현 방식을 효과적으로 적절하게 융합함으로써 나름의 구조적 일관성과 체계를 갖춘 작품으로 태어날 수 있었다. 이처럼 이 작품이 향유층 사이에 현격한 차이가 있는 기존 장르들을 조화롭게 융합하고 있다는 사실은 18세기 가사의 양상과 성격을 이해하는 중요한 단서가 될 수 있으며, 바로 여기에서 이 작품이 지닌 시가사적 의의를 찾을 수 있을 것이다.

4. 맺음말

옥국재 이운영의 가사는 작품들이 학계에 소개된 이래 수차례의 논의를 통해 그 특성이 어느 정도 드러났지만 그의 문학 세계, 그리고 18세기 가사 문학의 양상과 성격을 정당하게 이해하기 위해서는 무엇보다도 그의 개별 가사 작품에 대한 좀 더 면밀한 검토가 필요하다고 할 수 있다. 이에 이 글에서는 임란 때 순절한 칠백의사를 애도하고 있는 <초혼사>를 대상으로 작품의 구조와 의미를 살피고 이 작품이 지니고 있는 애도문학적 특성을 검토하였다.

이 작품은 반복구를 기준으로 모두 8개의 단락으로 구분할 수 있다. 각 단락은 죽은 사람의 넋을 부르는 무가의 구절을 채택한 반복구와 구체적인 서술 내용으로 이루어져 있어 칠백의사의 넋을 부르고 그 넋에게 위로・칭송・애도의 말을 직, 간접으로 전하는 일정한 구조적 틀을 갖추고 있다. 또한 전체적으로는 첫 단락에서 말을 전할 넋을 청하고, 중간 단락들에서는 위로・칭송・애도의 구체적인 말들을 그 넋에게 전한 다음, 끝 단락에서는 다시 넋을 애도하면서 작품의 창작 동기를 서술하는 체계적 완결성을 보이고 있다. 그런데 이 작품이 지니고 있는 이러한 구조적 일관성과 체계적 완결성은 넋을 불러 그 넋에게 말을 전하는 무가의 기능, 그리고 만시나 제문과 같은 한문 애도문학에서 다루어지는 위로・칭송・애도의 내용적 요소와 그 형상화 방식 등을 적절하고 효과적으로 융합함으로써 가능할 수 있었다.

사대부인 작자가 자신에게 익숙한 만시나 제문 대신 가사를 창작한 이유는 만시나 제문의 대상은 주로 작자와 친분이 있는 사람이지만 칠백의사의 경우는 그렇지 않았다는 점, 그리고 <초혼사>가 실제 가창되었다는 사실을 고려할 때 창작 당시 가창을 염두에 두었다면 만시나 제문보다는 국문시가가 훨씬 유리했을 것이라는 점 등일 것이다. 작자는 가사를 창작하면서 초혼을 위해 가창되는 무가의 기능을 효과적으로 수용함으로써 향유층 사이에 현격한 거리가 있는 무가와 만시・제문 등의 기존 장르를 조화하는 새로운 문학의 방향을 개척하였다. 이런 점에서 <초혼사>는 옥국재 가사의 특성은 물론, 18세기 가사 문학의 양상과 성격을 이해하는 중요한 단서를 제공하고 있는 작품이라 할 수 있다.

Ⅶ. 옥국재 가사에 나타난 일상성의 양상과 의미

1. 머리말

18세기 경화사족(京華士族)의 한 사람인 옥국재(玉局齋) 이운영(李運永, 1722~1794)은 <착정가>, <순창가>, <수로조천행선곡>, <초혼사>, <세장가>, <임천별곡> 등 여섯 편의 가사 작품을 남겼다. 한 개인이 남긴 작품으로는 비교적 많은 편이라 할 수 있는데 그 작품들 모두 이전 시기의 가사에서는 찾아보기 어려운 다양한 면모를 지니고 있어 그의 가사가 지니고 있는 특성을 구명하기 위한 논의가 꾸준히 진행되어 왔다.

옥국재 가사는 소재영에 의해 그 존재가 알려졌다.[1] 그는 옥국재 가사 여섯 편과 옥국재의 차자(次子) 이희현(李羲玄, 1765~1828)의 <정주가>가 실려 있는 『언사(諺詞)』라는 가사집을 발굴하여 작자와 작품의 내용 및 원문을 소개하고,[2] 이와 별도로 옥국재 가사 중 한 편인 <임천별곡>을 대상으로 그 특징을 살핀 바 있다.[3] 이후 한대희는 옥국재 가

1) 소재영의 소개 이전에도 옥국재 가사의 일부 작품들이 소개된 바 있다. 김용숙은 헌종 3년(1837) 책력지 이면에 <세장가>와 <착정가>가 필사되어 있음을 확인하였고(「가사: 백화당가(百花堂歌) 외 수편(數篇)」, 『국어국문학』 25, 국어국문학회, 1962), 최강현은 건륭 29년(1764)의 책력지 이면에 필사되어 있는 <착정가>를 소개하였는데(「우물파기 노래(鑿井歌) 감상(鑑賞)」, 『새국어교육』 13, 한국국어교육학회, 1969) 두 연구자 모두 이 작품들이 여성에 의해 창작되었을 것으로 추정하였다. 그런데 이러한 연구들을 통해 옥국재 가사가 창작되고 얼마 지나지 않은 시기부터 사람들 사이에서 읽히고 있었다는 것을 알 수 있다.

2) 소재영(a), 「『언사(諺詞)』 연구」, 『민족문화연구』 21, 고려대 민족문화연구소, 1988.

3) 소재영(b), 「새 자료 <임천별곡(林川別曲)> 소고」, 『석하 권영철박사 화갑기념 국문학연구논총』, 효성여대 출판부, 1988.

사의 특성을 형식, 표현, 내용 등의 측면에서 살피고 그 문학사적 의의를 검토하였다.[4] 이러한 논의들은 옥국재와 그의 가사에 대한 기초 작업으로서의 의의를 지닌다.

뒤를 이어 고순희는 옥국재 가사가 인유(引喩)와 해학・풍자를 통한 즐김의 미학에 바탕을 두고 있음을 확인하였으며,[5] 박연호는 옥국재 가사를 민요 형식을 사용한 작품, 구비서사물을 가사화한 작품으로 구분하여 검토하면서 옥국재 가사의 장르적 성격에 관심을 기울였다.[6] 이러한 작업들은 옥국재 가사의 미의식과 창작 기제 등을 구명한 것으로 옥국재 가사에 대한 논의가 보다 심화될 수 있는 계기를 마련하였다고 할 수 있다.

이후 이승복은 옥국재의 가문과 생애 등을 정리하고,[7] 옥국재 가사 여섯 편 각각에 대한 작품론을 전개하여 각 작품들의 창작 배경과 시기, 그리고 다른 장르의 수용 문제를 비롯한 작품의 구조와 성격 등을 검토하였다.[8] 또 박수진은 <임천별곡>의 내용과 표현, <순창가>의 구조와 인물, 그리고 옥국재 가사의 시・공간구조에 주목하였고,[9] 김희정은 인

4) 한대희, 「이운영의 가사 연구」, 고려대 교육대학원 석사논문, 1995.
5) 고순희, 「인유와 해학의 미학 -이운영의 가사 6편-」, 『이화어문논집』 15, 이화어문학회, 1997. 9.
6) 박연호, 「옥국재 가사의 장르적 성격과 그 의미」, 『민족문화연구』 23, 고려대 민족문화연구원, 2000. 12.
7) 이승복(a), 「옥국재 이운영에 대한 전기적 고찰」, 『고전문학과 교육』 7, 한국고전문학교육학회, 2004. 2.
8) 이승복(b), 「<세장가>의 구조와 의미」, 『한국민족문화』 24, 부산대 한국민족문화연구소, 2004. 10.; 이승복(c), 「<수로조천행선곡>의 창작 배경과 의미 -이선악과의 관계를 중심으로-」, 『국어교육』 115, 한국어교육학회, 2004. 10.; 이승복(d), 「<초혼사>의 구조와 애도문학적 특성」, 『고전문학과 교육』 9, 한국고전문학교육학회, 2005. 2.; 이승복(e), 「<착정가>의 의미와 의의」, 『선청어문』 36, 서울대, 2008. 9.; 이승복(f), 「<순창가>의 서술방식과 작가의식」, 『고전문학과 교육』 17, 한국고전문학교육학회, 2009. 2.; 이승복(g), 「<임천별곡>의 창작 배경과 갈등의 성격」, 『고전문학과 교육』 18, 한국고전문학교육학회, 2009. 8.
9) 박수진, 「<임천별곡>의 내용과 표현 양상」, 한양대 석사논문, 2003. 12.; 「<순창가>의 구조와 인물의 기능」, 『한국언어문화』 28, 한국언어문화학회, 2005.; 「옥국재 가사에 나타난 시・공간구조 연구」, 『온지논총』 17, 온지학회, 2007.

물·사건·서술자의 측면에서 옥국재 가사 가운데 세 편을 대상으로 그 서사적 성격을 살핀 바 있다.[10] 이러한 연구들을 통해 작자에 대한 전기적 사실들이 구체적으로 확인되고, 개별 작품의 특성이 좀 더 면밀히 검토됨으로써 옥국재 가사의 성격이 보다 분명하게 드러날 수 있었다.

그리고 최근 신현웅은 옥국재 가사 전반을 대상으로 서사성의 도입, 기층양식의 활용, 희극적 상황 설정 등의 측면에서 작품을 분석하여 옥국재 가사에서 타자에 대한 관심, 권위주의의 이완, 다원론적 세계관의 반영 등을 읽어내고, 그 시가사적 위치를 검토하여 옥국재 가사에 대한 심화된 논의를 전개한 바 있다.[11]

이와 같이 옥국재 가사에 대해 풍성하다고는 할 수 없지만 개별 작품과 옥국재 가사 전반의 성격을 구명하려는 적지 않은 시도들이 있었다. 이러한 논의들을 통해 옥국재 가사에는 민요나 무가 등 기층 장르들이 수용되어 있고, 해학적인 성격이 드러나 있는 등 이전 시기 사대부 가사와 구분되는 나름의 특성이 있음이 확인되었다. 그러나 옥국재 가사가 지닌 다양한 성격을 보다 깊이 있고 포괄적으로 이해하기 위해서는 앞으로도 많은 논의가 필요하다고 할 수 있다. 이에 이 글에서는 일상성(日常性)의 시각에서 옥국재 가사를 주목해보고자 한다. 그것은 앞 시대의 많은 사대부 가사들이 이념적 지향을 드러내고 있음에 비해 옥국재 가사는 당시의 일상적 삶의 모습에 주목하고 그것을 작품화하는 경향을 두드러지게 띠고 있다고 생각되기 때문이다.[12]

일상이라는 것은 우리가 삶을 영위하기 위해 반복하는 일련의 과정들

---

10) 김희정, 「옥국재 이운영 가사의 서사적 성격 연구 -<임천별곡>, <순창가>, <착정가>를 중심으로-」, 충남대 교육대학원 석사논문, 2004. 8.

11) 신현웅, 「옥국재(玉局齋) 이운영(李運永) 가사의 특성과 의미」, 서울대 석사논문, 2010. 2.

12) 기존 연구에서도 옥국재 가사의 이러한 성격에 주목하여 옥국재 가사는 관념적 이상의 전달과는 무관하게 살면서 겪는 일과 감회, 혹은 당대인들이 겪는 조그마한 경험 등의 작은 하나를 소재로 하여 그것을 표현하고 즐기는 생활문학이었다는 지적이 있었다(고순희, 앞의 글, 382면).

이라고 할 수 있다. 이러한 일상이 별다른 의미를 지니지 못하고 관성처럼 단순히 반복되는 것이라고 느껴질 때 그것은 탈출의 대상이 되기도 한다. 하지만 이념이 모든 것을 통어하던 전근대 사회에서 일상의 발견이란 구체적인 현실의 삶을 영위하는 개인의 가치와 주체적 인식의 발견이라는 의미를 지닌다. 이런 점에서 고전문학 작품에 나타난 일상적 모습들을 검토하는 것은 역사적 시각에서 그 의미와 가치를 살피는 것일 수 있다.[13)]

이러한 점을 고려하면서 이 글에서는 구체적인 삶의 현장에서 쉽게 마주칠 수 있는 삶의 모습, 삶의 현장에서 자연스럽게 우러나올 수 있는 표현, 그리고 삶의 현장에서 빈번하게 느낄 수 있는 미감이나 정서 등 일상에 기반을 둔 작품의 소재, 표현, 미감 등을 일상성이라는 용어로 포괄하고, 이러한 일상성이 옥국재 가사에 어떻게 나타나고 있는지 검토하고자 한다. 물론 일상성의 검토만으로 옥국재 가사의 모든 것이 구명될 수는 없다. 하지만 이러한 논의를 통해 옥국재 가사가 지닌 특성의 일단이 좀 더 분명히 드러날 수 있을 것으로 기대한다.

2. 일상성의 양상

1) 소재의 일상성

옥국재 가사에서는 대단치 않은 사소하거나 비속한 일들이 작품의 소

13) 조선시대 사대부들은 이념적 수양을 일상생활 속에서 추구하였기 때문에 작품에 드러난 일상적 모습의 범위를 어떻게 한정할 것인가 하는 것은 계속적인 문제거리일 수밖에 없다. 이 때문에 일상성을 수기치인(修己治人)을 지향하는 관념적 일상성과, 먹고 입는 등 실제적인 삶의 반복과 관련된 구체적 일상성으로 구분하기도 한다(양태순, 「통시적 관점에서 본 고전시가와 일상성의 문제」, 『우리어문연구』 39, 우리어문학회, 2011. 1).

재가 되어 있는 경우들을 볼 수 있다. 옥국재 가사 여섯 편은 작품의 소재 내지 내용에 따라 작자의 가족이나 집안의 일을 다룬 작품, 작자가 보고 들은 다른 사람의 일을 다룬 작품, 그리고 이념이나 국가적 문제와 연관된 작품 등으로 나눠볼 수 있다.

우선 작자가 자기 가족이나 집안의 일을 다룬 작품으로는 <세장가>와 <착정가>를 들 수 있다. <세장가>는 그 제목에서 보듯이 이른바 '세장질'을 하면서 부르기 위한 노래로 창작된 작품이다. 세장질이란 앉아있는 어린아이와 두 손을 마주잡고 앞뒤로 밀었다 당겼다 하는 놀이인데 이때 '달강달강'으로 시작되는 민요를 부른다. <세장가>의 화자가 작품 속에 설정된 청자에게 너의 외할아버지가 충청감사가 되어 내려와서 면천군수(沔川郡守)인 나를 쫓아냈다고 말하는 것을 보면 작품 속 청자인 어린아이는 작자의 친손자 최재(寂在)라는 것을 알 수 있다.[14] 이처럼 <세장가>는 작자가 자기 손자와의 놀이를 염두에 두고 손자에 대한 사랑을 담아 창작한 작품이다. <착정가>는 화자인 용(龍)이 집에 우물을 판 어느 부인에게 자기를 잘 대접하라고 요구하는 내용으로 이루어져 있다. 그런데 실제 우물을 판 집은 작자의 집이고, 그 부인은 작자의 아내인 강부인(姜夫人)으로 짐작된다.[15] 서울 서문(西門) 밖에 있던 작자의 집에서는 근처 초리우물에서 물을 길어 생활했는데 동네가 번화해져 초리우물을 사용하는 사람들이 많아지자 작자의 부인이 집 안에 새로 우물을 팠고, 작자가 이 일을 소재로 <착정가>를 창작했던 것이다.

이처럼 손자를 어르거나 집에 우물을 파는 것과 같은 일상적 삶의 모습이 이 작품들의 소재가 되어 있음을 볼 수 있다. 이는 작자가 가족 간이나 집안에서 마주치는 일상적 경험들을 놓치지 않고 그것을 나름의

---

14) 옥국재는 1771년 12월 면천군수가 되어 이듬해 정월에 부임하였는데 그해 5월 사돈인 송재경(宋載經)이 충청감사로 부임하자 상피제(相避制)에 따라 군수직에서 물러났다(이승복(a), 173면 참고). 옥국재의 손자 최재가 송재경의 외손이다(『한산이씨양경공파세보(韓山李氏良景公派世譜)』 권4, 1982, 410면).

15) 이승복(e), 422~5면 참고.

방식으로 형상화했음을 말해주는 것이다.

<임천별곡>과 <순창가>는 작자가 보고 들은 주변 사람의 일을 다루고 있다. <임천별곡>에는 늙은 생원 영감이 주막집 할멈에게 동침하자는 농담을 했다가 면박을 당하는 과정이 두 사람의 대화를 통해 전개되고 있다. 칠십이 넘은 두 늙은이가 나이에 어울리지 않는 동침이라는 문제를 두고 실랑이를 벌이는 모습이 해학적으로 그려져 있다. 여항에 떠돌던 이야기를 작품화한 것으로 추정되기도 하였는데[16] 작품 속에 제시된 이야기는 작자와 잘 알고 있던 인물에게 실제 있었던 일로 작자가 본인에게서 그 이야기를 직접 듣고 작품으로 형상화했던 것으로 보인다.[17] <순창가>는 옥국재의 아버지인 담양부사(潭陽府使) 이기중(李箕重)의 생일을 맞아 이기중과 이웃 고을 수령들이 함께 순창(淳昌)의 강천사(剛泉寺)로 유람을 떠났는데 그때 순창 아전이 실수로 낙마하여 크게 다치자 자기가 다친 것이 모두 기녀들 때문이라고 감사에게 의송(議送)한 사건을 다루고 있다. 작자 역시 유람 길에 동행했기에 작자는 자기가 직접 보고 들어서 잘 알고 있던 일을 작품의 소재로 삼았던 것이다.

두 늙은이가 동침 문제를 두고 다툼을 벌인다거나 아전이 애꿎은 기녀들을 상대로 송사를 벌이는 것이 일상에서 흔히 벌어지는 일은 아닐 것이다. 하지만 실없이 짓궂은 농담을 건넸다가 면박을 당하거나 자기의 실수를 무고(無辜)한 다른 사람의 탓이라고 생떼를 쓰는 것은 일상의 삶 속에서 쉽게 볼 수 있는 모습들이다. 작자는 자기가 당사자가 되어 직접 경험한 것은 아니지만 잘 아는 인물이 경험한 비속한 사건, 직접 보고 들은 터무니없는 사건에 관심을 갖고 그것을 작품화하였다. 그것들은 주변에서 쉽게 마주칠 수 있으면서도 일상의 단조로움을 깨뜨리는 흥미로운 일일 수 있기 때문이다.

이에 비해 이념이나 국가적 차원의 문제와 연관된 <수로조천행선

16) 박연호, 앞의 글, 307면.
17) 이승복(g), 266~9면 참고.

곡>과 <초혼사>는 사정이 다를 수밖에 없다. <수로조천행선곡>은 작자가 중국에 가는 사신을 전별하는 자리에서 연행된 이선악(離船樂)을 보고 창작한 작품으로 추측된다. 이선악은 명청 교체기에 수로(水路)를 통해 명으로 가는 사신들을 전송하는 자리에서 연행되기 시작하여 육로로 청에 가는 사신들을 전송하는 자리에서도 지속적으로 연행되고 있었다. 작자는 작품 전반부에서는 명에 배를 타고 갈 수밖에 없었던 지난 역사를 돌이켜보고, 후반부에서는 배를 타고 가는 사신의 입장에서 명의 쇠락에 대한 비감을 토로하다가 중원의 회복이라는 앞날에 대한 소망으로 내적 갈등을 잠재우고 있다.[18] 그리고 <초혼사>는 작자가 금산군수(錦山郡守)로 재직하고 있을 때 관내에 있는 칠백의총을 둘러보고 지은 작품으로 임진왜란 때 순국한 칠백의사들의 넋을 불러 위로·칭송·애도하는 내용으로 이루어져 있다.

이처럼 이 두 작품은 명의 쇠락에 대한 비감과 대명의리(對明義理)를 지키는 자부, 나라를 위해 목숨을 던진 사람들에 대한 애도와 같이 이념이나 국가와 관련된 문제에서 느끼는 감회를 드러내고 있어 앞의 다른 작품들처럼 작자의 일상생활이나 주변 사람들의 삶의 모습과 같은 소재적 측면에서의 일상성을 찾기는 어렵다. 그렇기는 하지만 청으로 떠나는 사신의 송별연에 참석하거나 고을 수령으로 관내를 둘러보다가 마주친 대상을 보고 노래했다는 점에서 이 작품들의 창작 계기는 당시 사대부들의 일상적 삶과 연관되어 있다고 할 수 있을 듯하다.

요컨대 옥국재 가사는 작자의 가족이나 집안일, 혹은 작자가 직접 보고 들은 주변 사람의 모습과 같은 구체적이고 일상적인 경험이 작품의 소재가 되고 있으며, 사대부로서의 생활과 관련된 작자의 경험이 창작의 계기로 작용하고 있다는 것을 알 수 있다. 이는 작자가 일상적 삶의 경험들을 무심히 지나치지 않고 그것들에 담긴 의미를 새롭게 확인하거나

---

18) 이승복(c) 참고.

그것들에서 일상의 관성이나 단조로움을 깨뜨리는 흥미를 발견하고 있었다는 것을 말해준다.

2) 표현과 형식의 일상성

일상적인 소재를 작품화하기 위해서는 그것을 구체화하는 방식 또한 일상적이고 현실적이어야 효과를 거둘 수 있을 것이다. 몇 가지 경우를 살펴보자.

[1]
그러나 슈근은 유한ᄒᆞ고 먹그리도 ᄒᆞ도홀ᄉᆞ
아츰이야 져녁이야 식벽이야 밤듕이야
ᄌᆡ샹의 집 션비의 집 호반의 집 한량의 집
국슈집 팟쥭집 썩집이며 엿집이라
통이로셰 동의로셰 쟝군이야 항셜이야
깃거니 푸거니 이 우물의 운집ᄒᆞ니
두레도 ᄉᆡ지우고 족박도 ᄭᆡ이ᄂᆞᆫ동
아야지야 살인이야 빠홈이 지〃괴고
웨걱데걱 분답이 덥옥 심히
ᄲᆞᆯ을 ᄲᆞᆯ코 팟츨 간들 물 업시 밥이 되며
감곽과 증곤포ᄂᆞᆫ 바리로 ᄡᆞ혀 잇고
싱치와 ᄃᆡ하 ᄉᆞ미 아모리 ᄡᅦ엿신들
이 물이 업게 되면 국이 어이 되올넌고

위 [1]은 <착정가>의 일부이다. 다양한 계층의 사람들이 모여 살고 상점들이 늘어나면서 많은 사람들이 초리우물에 모여 하루 종일 시도 때도 없이 물을 긷고 푸는 과정에서 다툼이 벌어지고, 그것이 더욱 심해졌다고 하였다. 작자는 재상·선비·호반·한량, 국수집·팥죽집·떡집·엿집, 통·동이·장군·항아리 등을 열거하여 다양한 계층, 각종 상점, 여러 물 긷는 용기 등을 구체적으로 제시하고, 다툼으로 인해 두레박이 우물에 빠지고 바가지가 깨지기도 한다면서 싸우는 사람들이 지르는 소리까지 제시하였다. 이어 쌀, 팥, 미역[甘藿], 찐 다시마[蒸昆布], 채소, 새우 등의 음식 재료를 제시하고 그것들을 아무리 준비하고 쌓아놓은들 물 없이 음식이 되겠느냐고 하였다.

이처럼 작자는 일상에서 흔히 마주칠 수 있는 생생한 삶의 모습, 곧 '수근(水根)은 유한(有限)한데 물을 필요로 하는 사람들은 많고 많은' 사정을 제시하기 위해 일상적인 대상과 사물을 열거하면서 상황을 구체화하고 있다.

[2]

① 이 냥반 어ᄃᆡ 냥반 져다지 밋쳐ᄂᆞᆫ고
ᄉᆡᆼ원님도 냥반이니 냥반다이 힝셰ᄒᆞ야
마샹의 봉한식과 화소함젼셩미쳥을
사랑의 놉피 안자 풍월이나 ᄒᆞᆯ 거시지
셴나롯 나붓기고 바지츔의 손을 너코
여염으로 단이면서 계집 츄심 우습도다
ᄇᆡᆨ노규어격을 어ᄃᆡ 가 ᄇᆡ오신고
오쟝머리 드러지고 염통머리 ᄉᆡᆨ져 뵌다
……

② ᄂᆡ 아들 득손이ᄂᆞᆫ 급장이 겸 고직이
ᄂᆡ 쏠년 초심이ᄂᆞᆫ 슈겁힝슈 난든 번의
아잡 삼촌 ᄉᆞ오촌의 늣손ᄌᆞ 오라번ᄂᆡ
삼반하인 군관청의 ᄂᆡ 일족 뉘 아닐고
반야삼경의 ᄒᆞᆫ 소ᄅᆡ곳 웨게 되면

항우의 쥬머귈지 당비의 팔다실지
셩식의 소 갓튼 놈 가랑닙희 불붓ᄂᆞᆫ 놈
더벙머리 억병 먹고 위쑥비쑥 다 모혀셔
ᄉᆡᆼ원님 셴샹토를 뒤쳐들고 ᄌᆞ쳐들고
귀밋ᄃᆡ기 ᄒᆞᆫ번 치면 벼록불이 펄〃 나고
넙젹ᄒᆞᆫ 잔등이를 뇌고를 울니고셔
양미간을 향ᄒᆞ야셔 ᄒᆞᆫ번 ᄐᆡᆨ견 ᄒᆞ게 되면
ᄉᆡᆼ원님 죠고만 몸 츄풍낙엽 어더 볼가
ᄌᆡ 무덤 두엄 발쳬 콩ᄐᆡᄌᆞ로 잣바져셔
아야지야 살인이야 안팟쉽츄 뉘 되실고
언비쳔니ᄅᆞ니 이 말이 공쥬 가면
ᄉᆡᆼ원님ᄃᆡᆨ 안아셔ᄂᆞᆫ 노발이야 ᄃᆡ발이야
치마 칼 젼반 곤장 발치 귀양 뉘 가실고
이 냥반 열업셔도 그런 말 다시 마오

위의 [2]는 <임천별곡>의 한 대목으로 동침하자며 추근거리는 영감을 힐난하는 할멈의 발화 부분이다. ①에서 할멈은 먼저 영감이 미쳤다는 단적인 표현을 앞세우면서 양반이면 양반답게 사랑방에 앉아 풍월이나 읊을 것이지 늙은 나이에 추한 모습으로 여염의 여자를 찾아다닌다고 비난하였다. 영감의 짓궂은 농담에 적극적으로 맞서기 위해 '미쳤다'거나 '오장머리 드러지고 염통머리 색져 뵌다'는 극단적이고 비속한 표현까지 구사하고 있음을 볼 수 있다. ②에서는 할멈이 자기 아들은 급창(及唱) 겸 고직(庫直)이고, 딸은 수급행수(水汲行首)이며, 그밖의 친족들이 모두 관아에서 일을 보는 삼반관속(三班官屬)들인데 밤중이라도 자기가 소리를 지르면 우악스럽고 성질 급한 자들이 술 퍼먹고 달려들어 영감을 흠씬 패 줄 것이라고 하였다. 그리고 이 일이 영감의 집에 전해지면 영감의 부인이 화가 나서 영감을 치마 씌워[치마 칼] 인두판으로 두들기고[견반 곤장], 곁에 있지 못하게 하여 발치로 쫓겨나는[발치 귀양] 곤욕을 치를 것이라고 하였다. 할멈의 아들과 딸의 이름이라든가 영감이 죽도록 맞을 수 있다는 것을 제시하기 위해 동원한 귀밑대기, 벼락불, 잔등이, 안팎꼽추와 같은 어휘, 그리고 그것들로 이루어진 표현이 일상적이고 비속하면서도 해학적이다.

마상봉한식(馬上逢寒食), 화소함전성미청(花笑檻前聲未聽), 백로규어격(白鷺窺魚格)과 같은 한문 어구들은 할멈의 직접적인 발화로 보기는 어려울 듯하다. 하지만 문면에 전체적으로 드러나 있는 일상적이고 비속한 어휘와 표현은 영감의 터무니없는 요구를 적극적으로 공박하는 할멈의 모습을 부각시키는 데 효과적이다. 뿐만 아니라 그러한 어휘나 표현은 주막집 주인 할멈이 자기의 신분이나 처지에 따라 실제 상황에서 구사할 만한 것들로 장면의 현실성을 높여주고 있기도 하다.[19]

그런데 이러한 언어 표현뿐 아니라 작품 전체의 형식적 측면에서도 일상성과 관련지어 볼 수 있는 부분이 있다. 옥국재 가사에 다양한 시가 장르들이 수용되어 있다는 것은 기존 연구에서 거듭 언급된 바 있다. <세장가>에는 민요 <달강달강>이, <초혼사>에는 무가가, <수로조천행선곡>에는 <어부사>가 수용되어 있다는 것이다. 먼저 <세장가>의 경우부터 살펴보자.

[3]

① 달강〃 〃 〃 〃 〃 〃 〃 〃 〃 〃 〃 〃

셰장 셰쟝 우 셰쟝의 강남 져ᄌᆞ 어졔 가셔

밤 ᄒᆞᆫ 되를 어더다가 독 안의 너허더니

어러 감은 ᄉᆡᆨ양쥐가 다 ᄶᅡ먹고 다만 ᄒᆞ나 남아시니

밋 업슨 가마의 물 업시 살마ᄂᆡ여

---

19) 신현웅, 앞의 글, 49면 참고.

껍질과 본월낭은 누구을 쥬ᄌᆞ 말고
너희 외죠 한아버지 그나마 쥬어볼가
② 바질업슨 츙청감ᄉᆞ 임진년의 얼픗 와셔
관문 노코 면쳔군슈 날 쫏ᄎᆞ 보ᄂᆡ더니
이졔라도 ᄉᆡᆼ각ᄒᆞ면 뮙고 뮙고 또 뮙도다
고마 슈영 ᄉᆡᆼ복이야 아산 평틱 황셕슈어
양지 방쥭 황금부어 두 눈 굼기 말동말동
광쳔쟝 비웃슨 ᄒᆞ 흔ᄒᆞ니 데여 두고
기다ᄒᆞᆫ 낙지로셔 넙젹ᄒᆞᆫ 곳게로셔
오중어 쏠독이을 ᄉᆡ오를 ᄃᆡ바치라
이리 조ᄒᆞᆫ ᄒᆡ삼 진미 쑴속의나 먹어본가
도연명의 핑틱녕을 가는 듯 도라오니
이졔라도 ᄉᆡᆼ각ᄒᆞ면 뮙고 뮙고 또 뮙도다
③ 다듸단 졈살낭은 너고 나고 둘이 먹ᄌᆞ

위 [3]은 <세장가>의 전문이다. 서두의 '달강〃〃'과 '세장가'라는 작품 제목에서 이 작품이 세장질할 때 부르는 <달강달강>이라는 민요를 수용하여 이루어졌음을 알 수 있다. 기존의 <달강달강>은 다양한 변이 형태가 있지만 대체로 밤을 사거나 주워왔는데 생쥐가 다 까먹고 한 톨이 남았으니 삶아서 껍질은 다른 사람을 주고 알맹이는 너와 내가 먹자는 내용으로 이루어져 있다. 이는 다른 사람은 따돌리고 너와 나만이 오붓하게 친밀감과 애정을 느껴보자는 것이다. 그리고 겉껍질과 속껍질을 주어 따돌릴 사람으로 할아버지와 할머니를 제시하고 있는 경우들을 볼 수 있는데 이처럼 따돌려서는 안 될 집안의 어른을 소외시키자는 것은 이치나 윤리를 살짝 어기면서 너와 나 둘만의 친밀감과 애정을 나누는 데에서 즐거움을 느껴보자는 의미일 것이다.[20]

<세장가>를 이러한 기존 민요와 비교해 보면 위의 ①과 ③은 기존

민요를 그대로 수용하고 있는 부분이라는 것을 알 수 있다. 하지만 차이가 있는데 그것은 겉껍질과 속껍질[本衣]을 주어 따돌릴 사람으로 청자의 외할아버지를 구체적으로 지목하고 있는 점이다. 왜 외할아버지일까? 기존 민요에 없는 ②는 그 까닭을 제시하기 위해 필요했다. ②에서 작자는 사돈이 충청감사가 되어 내려와 면천군수인 자기를 쫓아냈으니 지금 생각해도 밉다고 하였다. 이어 군수로 있었으면 얼마든지 먹을 수 있는 진미(珍味)를 그래서 못 먹게 되었고, 도연명(陶淵明)이 팽택령(彭澤令)에서 금세 물러난 것처럼 자기도 금방 물러나게 되어서 사돈이 밉다고 하였다. 사돈, 곧 손자의 외할아버지가 충청감사가 되어 내려와 면천군수인 나를 쫓아냈으니 먹지 못할 껍질이나 주어 따돌리고 다디단 알맹이는 너와 나만 먹자고 한 것이다.

이처럼 작자는 기존 민요의 틀을 수용하고, 거기에 작자와 사돈 사이에 있었던 지난 일을 덧붙여 손자에 대한 사랑을 노래하고 있다. 이는 작자가 일상의 삶 속에서 흔히 접하는 민요에 관심을 가지고 있었을 뿐 아니라 그 민요의 의미는 무엇이고, 변개가 가능한 부분은 어디인지 작품의 의미와 구조를 충분히 이해하고 있었다는 것을 말해준다.

임진왜란 때 순절한 칠백의사의 죽음을 애도하는 <초혼사>에는 “넉시야 넉시로다 망자시의 넉시로다”, “넉시야 넉시로다 아는다 모로는다”라는 어구가 반복구로 수용되어 있다. 이러한 반복구는 죽은 사람의 넋을 불러 위로하고 저승으로 편안히 보내주기 위한 진오귀굿에서 불리는 무가에 연원한 것이다. 이러한 무가의 어구를 반복적으로 수용한 것은 ‘초혼사(招魂辭)’라는 작품 제목에 드러나 있듯 거듭 혼을 환기(喚起)하면서 말을 건네는 방식으로 작품을 서술하기 위해서였을 것이다. 이러한 반복구에 의해 작품 전체는 여덟 개의 단락으로 나누어지는데 첫째 단락에서는 칠백의사의 혼을 부르고, 둘째와 셋째 단락에서는 칠백의사의

---

20) 이승복(b), 36면 참고.

죽음은 인간이 거스를 수 없는 하늘의 뜻이었음을 말하고, 넷째 단락에서는 칠백의사가 순절하게 된 배경과 경위를 밝히고, 다섯째 단락에서는 칠백의사의 행적과 죽음을 칭송하고, 여섯째 단락에서는 칠백의사를 애도하는 작자의 마음을 표현하고, 일곱째 단락에서는 칠백의사의 넋을 위로하는 사람들의 마음을 제시하고, 여덟째 단락에서는 칠백의사의 죽음을 슬퍼하는 사람들의 마음과 아울러 작품의 창작 동기와 의도를 제시하고 있다.21)

<수로조천행선곡>은 앞에서 언급한 것처럼 중국으로 떠나는 사신들을 전별하는 자리에서 연행된 이선악을 보고 창작한 것으로 보이는데 이선악은 기녀들이 화선(畫船)을 놓고 절차에 따라 <어부사>와 <배따라기>를 부르는 방식으로 연행되었다. <수로조천행선곡>은 <어부사>의 조흥구를 수용하여 서두에 "어긔빠 지국총 지국총 어긔빠 / 닷 들고 돗츨 달고 빅 씌우고 노 져허라"라는 조흥구를 제시하고 있다. 그 뒤에 바로 이어 "빅 씌여라 빅 씌여라 이 빅 타고 어듸 갈고"라는 조흥구가 제시되고, 이 조흥구가 중간에 다시 한 번 반복됨으로써 작품이 크게 두 부분으로 나뉜다. 전반부에서는 후금의 등장으로 육로가 막히는 바람에 어쩔 수 없이 뱃길로 명에 갈 수밖에 없었던 과거의 사정을 돌이켜 한탄하고, 후반부에서는 예전에 배를 타고 명에 가던 사신의 입장에서 명의 쇠락에 대한 비감을 토로하다가 명의 회복을 소망하는 것으로 작품을 마무리하고 있다.22)

이와 같이 <세장가>는 기존 민요 <달강달강>의 의미와 구조를 적극적으로 수용하고 있으며, <초혼사>는 반복적으로 넋을 불러 말을 건네는 방식으로 작품을 서술하기 위해 초혼의 기능을 지닌 무가의 반복구를 적극 활용하고 있다. 또 <수로조천행선곡>은 <어부사>의 조흥

---

21) 이승복(d), 161~7면 참고. 이승복은 <초혼사>에는 무가의 기능과, 만시(輓詩)나 제문과 같은 한문 애도문학에서 다루어지는 위로·칭송·애도의 내용적 요소와 그 형상화 방식 등이 적절하고 효과적으로 결합되어 있다고 하였다.

22) 이승복(c) 참고.

구를 수용하여 배가 떠나가는 상황을 제시하는 한편 그것을 통해 작자의 내적 갈등이 발생, 해소되는 과정을 단계적으로 노래하고 있다. 이처럼 작자는 기존 시가 장르들을 수용하여 작품의 형식을 구조화하면서 작자의 의도에 따라 그것을 적절히 활용하고 있음을 볼 수 있다. 그런데 이 작품들에 기존의 다른 시가 장르들이 수용되어 있는 것은 이 작품들이 앞 시대의 가사들에 비해 일상의 영역에 보다 근접해 있음을 말해주는 것일 수 있다. <어부사>의 경우는 사정이 약간 다를 수 있겠지만 일상에서 흔히 불리는 민요나, 굿이라는 삶의 한 현장에서 불리는 무가를 적극 수용하고 있는 것은 사대부가 자기들의 이념적 지향이나 고답적 흥취를 노래하던 것과는 확실히 구분되기 때문이다.

한편 이처럼 가창으로 향유되는 다른 시가 장르들을 이 작품들에 수용한 데에는 이 작품들 또한 가창의 방식으로 향유하려는 작자의 의도가 있었을 것으로 짐작된다. 그런데 그러한 가창을 통한 향유 방식 또한 이 작품들이 지니고 있는 일상성과 전혀 무관하다고 하기는 어려울 듯하다. <세장가>의 경우 작품 첫머리에 '달강〃〃……'이 길게 이어지고 있는 것을 볼 때 이 노래는 작자가 자기 손자와 실제 세장질을 할 때 부를 것을 염두에 두고 지었을 것이다. <초혼사>는 작자가 기녀들로 하여금 이 작품을 노래하게 하였다는 기록이 남아있어[23] 가창되었음을 분명히 확인할 수 있다. 따라서 반복구를 빈번하게 사용해 작품을 분절한 것은 가창을 염두에 둔 배려 때문이라 할 수 있다. <수로조천행선곡>의 경우는 후일 옥국재의 아들 이희현이 황주목사(黃州牧使)로 있을 때 이 작품을 기녀들로 하여금 노래 부르게 하여 황주 이선악의 닻줄 감는 노래[解纜曲]가 다른 지역과 달랐다는 기록을 보면[24] 이 작품이 나중에 가창되고 있었음을 알 수 있는데 조흥구가 작품 서두와 중간에 들어있

23) 嘗製七百義士招魂辭 每於天淸月朗時 使妓輩歌而聽之(이희연(李羲淵)·이희현(李羲玄), 『선부군유사(先府君遺事)』)

24) 박사호(朴思浩), 『심전고(心田稿)』 중 「연계기정(燕薊紀程)」, 『국역 연행록선집』 IX, 민족문화추진회, 1977, 119면.

는 것을 보면 처음부터 이선악의 <배따라기>를 대신해 노래 부를 것을 전제로 창작되었을 수 있다. 이처럼 이 작품들이 혼자 읊조리기보다는 여러 사람들이 모인 자리에서 노래 불리는 방식으로 향유되었다는 것은 이 작품들이 서로 어울리는 일상적 삶의 현장에 가까이 있었다는 것을 말해주는 것이라 할 수 있다.

3) 미감의 일상성

옥국재 가사에 해학이 담겨있다는 것 역시 여러 연구자들이 지적한 바 있다. 그런데 옥국재 가사에 담겨있는 해학은 해당 작품의 일상성과 관련하여 이해할 필요가 있다. 해학이 꼭 일상성과 관련된다고 할 수는 없지만 옥국재 가사의 해학은 평범하거나 비속한 일상적 삶 속에서 우러나온 것이기 때문이다.

<세장가>는 앞에서 살핀 것처럼 청자인 손자에게 네 외할아버지가 감사가 되어 내려와 군수인 나를 쫓아냈으니 네 외할아버지에게는 먹지 못할 밤 껍질이나 주고 알맹이는 너와 나 둘만이 먹자는 내용으로 이루어져 있다. 기존 연구들에서는 작품의 표면에 제시된 이러한 서술을 통해 이 작품이 사돈에 대한 불평이나 유감, 원망을 드러내고 있다고 하였다. 하지만 이 작품에는 전혀 다른 의미가 해학적인 서술태도 속에 감춰져 있다는 점을 주목할 필요가 있다.

앞에 인용한 [3]의 ②에서 작자는 우선 충청감사가 된 사돈이 급히 내려와 관문(關文) 놓고 면천군수인 자기를 쫓아 보냈기 때문에 이제라도 생각하면 '밉고 밉고 또 밉다'고 하였다. 이어 충청도 지역의 이름 있는 해산물들을 열거하고 이런 것들을 꿈속에서나 먹어볼 수 있을지 모르겠다고 하여 군수로 있었으면 쉽게 먹을 수 있었던 것들을 먹지 못하게 되었고, 또 도연명이 팽택령으로 나아갔다가 금방 돌아온 것처럼 자기도 부임한지 얼마 되지 않아 물러났으니 이제라도 생각하면 사돈이 '밉고

밉고 또 밉다'고 하였다.

'밉다'는 말을 반복하여 '밉고 밉고 또 밉다'고 하였을 뿐 아니라 그것을 두 번씩이나 되풀이하고 있는 것을 보면 작자가 사돈에 대한 원망이나 섭섭함을 토로하고 있는 것처럼 보인다. 하지만 실제 작자가 군수 자리에서 물러난 것은 사돈인 감사가 쫓아내서가 아니라 사돈끼리 같은 곳에서 근무할 수 없는 인사 제도, 곧 상피제(相避制) 때문이었다. 그런데도 그것을 사돈이 갑자기 감사가 되어 나타나 요란을 떨며 자기를 내쫓은 것처럼 제시하였다. 사실을 왜곡하고 과장하여 사돈을 분별없는 인물로 만든 것이다.

뒤를 이어 작자는 엉뚱하게도 자기가 군수 자리에서 물러남으로써 맛있는 음식들을 맘껏 먹지 못하게 되었다고 하였다. 사돈뿐 아니라 자기 자신도 맛있는 것이나 먹고 싶어 하는, 그래서 그것을 못 먹게 만든 사돈을 미워하는 분별없고, 대단치 않은 존재로 만들어버렸다. 그런데 이는 한편으로 군수라는 것이 먹고 싶은 것이나 실컷 먹을 수 있는 대단치 않은 자리이기 때문에 자기가 군수 자리에서 물러난 것이 별일이 아니라는 의미를 함축하고 있기도 하다. 그렇다면 그런 일이 일어나도록 한 사돈을 굳이 미워할 이유가 없기 때문에 사돈이 '밉고 밉고 또 밉다'는 표면적 진술이 작자의 진심이 아니라는 것을 알 수 있다.

다음 작자는 자기가 군수로 부임한지 얼마 되지 않아 물러난 것을 도연명이 팽택령이 되었다가 금방 그것을 내던진 것에 비유하면서 다시 사돈이 밉다고 하였다. 그런데 자기의 경우를 도연명의 경우에 견주고 있는 데에는 자기 역시 도연명처럼 벼슬에 연연해하거나 미련을 갖고 있지 않다는 의미를 이면에 함축하고 있다고 할 수 있다.

이와 같이 작자가 사실을 왜곡·과장하거나 표면의 진술을 엉뚱하게 뒤집는 해학적 서술을 통해 사돈과 자기를 모두 물색없고 분별없는 인물로 그리고 있는 것은 지난 일을 웃음으로 돌이켜보면서 서로의 친밀감을 확인·제시하려는 이면적 의도 때문으로 보인다. 요컨대 <세장

가>에서는 해학적인 서술 태도와 방식으로 사돈과의 친밀감을 옛일을 통해 확인하면서 그 외손자이기도 한 자기 손자에 대한 사랑을 노래하고 있다고 할 수 있다.[25)]

<임천별곡>의 경우는 작품 속에 제시된 상황, 사용된 구체적 어휘나 표현뿐 아니라 상대방을 대하는 인물들의 태도 역시 해학적이다. 영감이 동침하자며 추근거리자 할멈은 앞에서 살펴본 [2]처럼 영감을 힐난하였다. 영감의 행태를 직설적으로 비판하고, 영감이 할멈의 아들과 딸을 비롯한 친척들에 의해 뭇매를 맞고 낭패를 보는 모습을 우스꽝스럽게 제시하였다. 뿐만 아니라 할멈이 자기의 아들과 딸, 그리고 친척들이 관아의 노복과 하인이라는 점을 장황하게 나열하며 내세우는 데에도 해학이 담겨있다. 별반 대단할 것이 없는 것을 마치 대단한 것처럼 내세워 자기의 위세를 과시하는 모습이 웃음을 자아내게 하는 것이다. 그런데 이는 영감의 경우도 마찬가지이다.

[4]
어허 통분ᄒᆞ다 ᄃᆡ욕을 보거고나
양반을 모로고셔 네라셔 그리ᄒᆞᆯ다
가믄을낭 뭇지 마라 월산ᄃᆡ군 증손이라
감종실 니른 말은 차싱 고지 듯지 마라
물망이 거룩ᄒᆞᆯ손 고암쟝의 ᄒᆞ엿고나
……
쟝ᄌᆞ 쳔독 ᄆᆡᆼᄌᆞ 쳔독 아기 쎡의 공부ᄒᆞ야
시부의〃ᄌᆞ표락은 ᄒᆡᆼ뉴슈ᄃᆡ긔벽시라
왕희지 됴ᄆᆡᆼ부의 ᄒᆡᄌᆞ로셔
공도회 ᄇᆡᆨ일쟝의 증별시 ᄃᆡ소과의

25) 이상 이승복(b), 38~44면 참고.

일등 이등 쟝원 둘재 ᄆᆡ방의 고등ᄒᆞ니
구만리 쟝쳔샹의 츔 밧고 긔약더니
경화의 진신ᄃᆡ부 날 모로이 뉘 잇시며
호우 일도의 모〃ᄒᆞᆫ 어루신ᄂᆡ
ᄒᆞᆫ 번 보고 두 번 보아 다 우리 친구로다
젼승지 듕화부사 쥭ᄌᆞ사ᄌᆞ ᄒᆞᄂᆞᆫ 의요
너희 고을 안젼임도 소시 젹의 노니럿다
안ᄃᆡ의 손ᄒᆡᆼ슈와 ᄂᆡ 동ᄂᆡ 박좌슈ᄂᆞᆫ
ᄂᆡ 풍ᄎᆡ 흠모터니 노ᄅᆡ의 이리 되니
……
네 말을 드러ᄒᆞ니 절〃이 통분ᄒᆞ다
본관의 정장ᄒᆞ고 영문의 〃송ᄒᆞ야
속ᄃᆡ젼 펼쳐 노코 ᄉᆞ부능욕 죠률ᄒᆞ야
쟝일ᄇᆡᆨ 형문일치 류삼쳔니 원지정ᄇᆡ
일죵눌문ᄒᆞ야 의법시ᄒᆡᆼᄒᆞ랴더니
곰〃 안자 ᄉᆡᆼ각ᄒᆞ니 그러치 아니ᄒᆞ다
나그ᄂᆡ야 쥬인이야 삼년ᄂᆡ의 졍이 깁허
계집의 고만 말을 쪽가ᄒᆞ여 무엇ᄒᆞ리
챵낭자취ᄂᆞᆫ 옛말이 날 소기랴
하ᄒᆡ 갓튼 ᄃᆡ도량의 부지일소 무가ᄂᆡ하
아ᄒᆡ야 말 ᄂᆡ여라 고향으로 도라가자
어져 뒤쏙뒤 붓그러워 어이 갈고

영감은 할멈의 거센 비난과 항거에 부딪쳤지만 그렇다고 그냥 당하고 있을 수만은 없었다. 먼저 영감은 할멈이 양반을 몰라본다고 하면서 자기의 가문과 물망(物望)을 내세워 자기가 대단한 존재였다고 하였다. 이어 어릴 적에 『장자』와 『맹자』를 천 번씩이나 읽었고, 여러 과거에 뛰어난 성적으로 급제하여 입신출세를 기약하였으며, 서울의 진신대부(縉紳大夫)와 충청도의 손꼽을 만한 사람들이 다 자기 친구라면서 구체적인 인물들을 열거하였다. 이렇게 자기의 신분, 가문, 물망, 친분 등을 장황하게 늘어놓은 다음 감영에 의송하여 사부능욕(士夫凌辱)의 죄를 묻겠다며 또 장황하게 떠들다가 그간의 정이 있고, 계집의 그만한 말을 다그칠 필요가 있겠느냐며 자기의 하해 같은 도량으로 일소(一笑)에 부칠 수밖에 없겠다고 하였다.

할멈이 자기의 자녀와 친족들의 위세를 내세워 영감을 힐난하자 영감 역시 자기가 대단한 존재라는 사실을 늘어놓아 그에 맞서는 한편 자기의 넓은 도량으로 마치 할멈을 용서하는 것처럼 둘러댐으로써 스스로의 민망함을 감추려 했던 것이다. 작품 속에 제시된 영감은 젊을 때의 뜻을 이루지 못하고 사방을 주류(周流)하는 인물이다. 그런 영감이 할멈의 반발에 부딪치자 허겁지겁 장황하게 허세를 늘어놓는 모습은 인간적이면서도 해학적이라 할 수 있다. 할멈은 그리 대단치 못한 것을 마치 대단한 것처럼 내세웠고, 영감은 현재의 초라함과 대비되는 지난 과거의 일을 늘어놓으면서 허세를 부렸던 것인데 이러한 두 인물의 태도에 해학이 깃들어 있는 것이다.[26)]

다음 <순창가>의 경우를 살펴보자.

[5]

어화 놀나고야 살옥이 나단 말가
형방녕니 가음아라 뎡범을 잡혀셰라
도화신 츈운신은 담양부의 발관ᄒᆞ고
슈화신 차셤신은 슌챵군의 발관ᄒᆞ니
지ᄌᆞ는 팔 자르고 셩화를 만이 박아

26) 이승복(g), 277~9면 참고.

형방ᄉᆞ령 압녕ᄒᆞ여 도관 즉시 착송ᄌᆡ라
션화당 ᄃᆡ좌긔의 분부를 듯자와라
너희ᄂᆞᆫ 어이ᄒᆞ야 사ᄅᆞᆷ을 죽게 ᄒᆞᆫ다
샹인자 져죄ᄒᆞ고 살인자 죽ᄂᆞᆫ 법은
뉼문이 소〃ᄒᆞ니 네 무ᄉᆞᆫ 발명ᄒᆞᆯ다
슌챵 하리 최윤ᄌᆡ가 죽기곳 ᄒᆞ게 되면
너희 등 ᄉᆞ기신이 무ᄉᆞ키 어려우니
쟝 팔십이 되올넌지 ᄐᆡ 오십이 되올넌지
형문일ᄎᆞ 거졔 남ᄒᆡ 위원 벽동 삼슈 갑산
동셔남북 간의 어ᄃᆡ로 보ᄂᆡᆯ넌지
상쳐 유무를 ᄌᆞ셔이 젹간 후의
속ᄃᆡ젼 펼쳐 노코 죠률을 ᄒᆞᆯ 거시니
우션 너희 등은 다짐을 두엇셰라
흰빅ᄌᆞ 도ᄅᆡ치고 그 아ᄅᆡ 좌촌ᄒᆞ고
크나큰 칼 목의 메워 영옥으로 나리우니

순창 아전 최윤재는 여섯 고을 수령들의 강천사 유람 길을 배행(陪行)하였다가 실족하여 팔다리가 부러지는 중상을 입었다. 그러자 그는 유람 길에서 화순 원님이 뒤따르는 기녀들을 자주 돌아보았는데 원님이 보는 앞에 말을 타고 있을 수가 없어 그때마다 말에서 내리고 오르기를 반복하다 낙마하여 다쳤으니 자기가 다치고 병들어 죽게 된 것이 모두 기녀들 탓이라고 하면서 감사에게 기녀들의 처벌을 청하는 소지(所志)를 올렸다. 위의 [5]는 그에 따라 기녀들이 감영에 끌려와 신문(訊問)을 받기까지의 과정을 서술한 대목이다. 우선 서술자는 살옥(殺獄)이 난다는 말이냐며 짐짓 놀라움을 표시하였다. 이어 감영에서 기녀들이 소속된 담양과 순창 관아에 관문을 보내고, 각 관아에서는 사령들이 기녀들을 묶어 붙잡아 오자마자 즉시 기녀들을 감영으로 보내고, 감사는 기녀들을 호령하고 나서 죄인의 수결(手決)을 하게 한 후 옥에 가두는 일련의 과정이 대단히 신속하고 살벌하게 진행된 것처럼 긴박하게 서술되어 있다. 그 과정에서 감사는 기녀들에게 어찌하여 사람을 죽게 만들었느냐며 만약 순창 아전이 죽게 되면 정해진 절차에 따라 형문(刑問)하고, 무수한 태장(笞杖)을 칠 수도 있고 먼 곳으로 귀양을 보낼 수도 있으니 법전을 펼쳐 놓고 조율(照律)하겠다고 하였다. 감사가 기녀들을 중죄인으로 다루면서 서릿발 같은 호령을 하고 엄포를 놓고 있는 것이다.

사실 작자는 사건의 발단이 된 유람 길에 동행을 했기 때문에 사건의 과정과 결과를 모두 알고 있었다. 순창 아전이 애매한 기녀들을 고발하여 송사가 벌어지고 그것이 결국 무고(誣告)로 판결이 난 결과까지 모두 알고 있었던 것이다. 그러면서도 작자는 기녀들이 마치 대단한 죄인인 것처럼 신속하고 삼엄하게 압송되고, 감사가 서슬이 시퍼런 호령을 하는 것으로 그렸다. 이러한 서술이 독자에게 긴장과 흥미를 제공하지만 한편으로는 작자가 사건 자체를 해학적인 시각에서 바라보고 있다는 것을 의미하기도 한다. 작자가 기녀들의 압송 과정을 삼엄하게 형상화하고, 감사의 호령을 서릿발 같이 제시하면 할수록 그것이 대단치 않은 무고 사건으로 인해 벌어진 한바탕의 소동에 불과하다는 점이 오히려 부각된다는 데에 해학이 함축되어 있다는 것이다.[27]

이와 같이 작자는 <세장가>에서 자기가 겪은 일을 왜곡·과장하거나 표면의 진술을 엉뚱하게 뒤집는 해학적 서술을 통해 자기와 사돈 사이에 있었던 지난 일을 웃음 섞인 시선으로 돌이켜보았다. 또 작자의 주변에 있었던 일을 형상화한 <임천별곡>과 <순창가>에서는 당황스런 상황에서 허세를 부려 상대를 압도하려 하거나 변명거리를 찾는 인간의 모습과, 대단한 일인 것처럼 벌어진 대단치 않은 일을 해학이 묻어나도록 제시하고 있다. 이 두 작품은 모두 인물의 발화를 중심으로 작품을

27) 이승복(f), 203~5면 참고.

형상화하여 서술자의 개입을 최소화하고 있는데 이는 작자가 주변에서 있었던 비속하거나 엉뚱한 일을 거리를 둔 채 웃음을 머금은 여유 있는 시선으로 바라보고 있었다는 것을 뜻한다.

3. 일상성의 의미

앞에서 살펴본 바와 같이 옥국재는 손자에 대한 사랑을 노래하면서 손자의 외할아버지인 사돈과의 지난 일을 돌이켜 보기도 하였고, 아내가 집 안에 새로 우물을 판 일에 관심을 기울이기도 하였다. 또 자기가 잘 아는 영감이 주막집 할멈에게 실없는 농담을 건넸다가 면박을 당한 일, 자기가 목격한 순창 아전의 무고 사건 등에 주목하기도 하였다. 그리고 중국으로 떠나는 사신의 송별연에서 연행되는 이선악을 보고 명이 몰락하던 과거의 상황을 회고하기도 하고, 고을 수령으로서 관내를 둘러보다가 칠백의총을 보게 되자 의지할 데 없는 칠백의사의 외로운 넋을 떠올리기도 하였다. 이는 결국 옥국재가 자기와 가족에게 있었던 일, 자기 주변에서 있었던 일, 자기가 우연히 목격하게 된 대상 등 일상생활 속에서 겪거나 보고 들은 것을 그냥 흘려버리지 않고 작품으로 형상화했다는 것을 말해준다.

그러면서 옥국재는 사소한 일상의 모습이나 경험을 자기의 관심이나 미감에 의해 나름의 의미를 지니는 것으로 새롭게 창조해내었다. 그는 사랑하는 손자를 어르는 일상의 즐거움 속에서 손자의 외할아버지인 사돈과의 지난 일을 웃음으로 돌이켜 보았고, 생활의 필요에 의해 집에 우물을 파는 일을 보고 집안일을 도맡아 고생하는 아내의 노고를 떠올렸다.[28] 친분이 있는 노우(老友)가 짓궂은 농담을 했다가 주막집 할멈에게

---

28) 이승복(e), 426면 참고. 이승복은 작품 속에서 화자인 용이 자기를 잘 대접하라고 요구하는 것을 잔치라도 벌여 수고한 아내를 위로하고 싶었던 작자의 마음

면박을 당한 사건이나 터무니없는 송사 사건에서는 일상의 단조로움을 깨뜨리는 한바탕의 웃음을 발견하였다. 요컨대 옥국재는 자기나 자기 가족이 관련된 문제에 함축된 의미를 작품을 통해 확인하기도 하고, 신분이 다른 평민 할멈이나 아전, 기녀들에게도 시선을 돌려 그들의 태도, 행위, 입장 등에 관심을 갖고 그들에게 벌어진 사건을 현실감 있고 해학적으로 제시하기도 하였던 것이다.

이와 같이 옥국재는 명의 쇠락에 대해 비감을 토로한다든가 순절한 칠백의사를 애도한다든가 하여 이념이나 국가적 차원의 문제에 대한 관심의 한 끝을 놓지 않으면서도 자기나 주변 인물의 일상적 삶을 여유 있는 해학적 시선으로 바라보면서 그것이 지닌 의미를 찾고자 했다. 그리고 이러한 그의 관심은 일상적인 삶의 현장에서 불리는 민요나 무가와 같은 노래로까지 이어졌다. 옥국재 가사의 특징으로 흔히 거론되는 해학, 서사성, 다른 시가 장르의 수용, 타자의 발견[29] 등과 같은 문제는 옥국재의 이러한 일상에 대한 관심이 작품으로 구체화되면서 나타난 결과들이라 할 수 있다.

옥국재 가사에 일상에 대한 관심이 두드러진 데에는 집안의 부녀자들과 함께 관심을 공유하려는 작자의 의도가 있었을 듯하다.[30] 하지만 좀 더 근본적으로 여기에는 옥국재가 갖고 있던 가사에 대한 인식이 연관되어 있다고 할 수 있다. 옥국재는 경화사족이었기 때문에 그가 전원의 삶을 노래한 강호가사를 짓지 않은 것은 당연하다고 할 수 있다. 그런데

을 우회적으로 표현한 것으로 해석하였다.

29) 옥국재 가사에 나타난 타자에 대한 관심에 대해서는 신현웅이 상세하게 검토한 바 있다.

30) 옥국재 가사가 실려 있는 『언사(諺詞)』의 겉표지에는 희미하여 분명치 않으나 제목이 '家繇'라고 적혀 있는 것으로 보인다. '가요(家繇)', 곧 '집안 노래'라고 표제를 붙인 것은 옥국재 집안 사람들이 옥국재 가사를 부녀자들이 포함된 집안 식구들이 함께 향유하는 노래로 인식했다는 것을 말해준다. 현재 전해지는 필사본 『언사』가 옥국재의 손녀가 필사한 것을 다시 베낀 것이라는 사실에서 집안의 부녀자들이 실제로 옥국재 가사를 향유하고 있었음을 확인할 수 있다.

옥국재는 산수 취향이 있어 평생 경치가 좋은 곳을 두루 찾아 유람・완상하였으면서도 기행가사를 남기지 않았다. 금강산을 특히 좋아하여 여러 차례 찾았지만[31] 금강산 기행가사를 창작하지 않았다. 기행가사는 대체로 여정, 견문과 아울러 이념 지향적인 감상을 제시하는 모습을 보이다가 후대로 오면서 점차 여정과 견문에 대한 서술을 중심으로 여행 체험을 객관적이고 구체적으로 기록하는 모습을 띠게 된다. 옥국재가 이러한 기행가사를 한 편도 창작하지 않은 데에는 여러 이유가 있을 수 있다. 하지만 거기에는 보다 근본적으로 그가 굳이 가사를 통해 고답적 흥취나 이념 지향적인 태도를 표현하거나, 자기의 경험을 객관적으로 기록할 필요성을 별반 느끼지 않았기 때문일 수도 있다는 점을 생각해 볼 필요가 있다.

이처럼 옥국재가 일상적인 삶의 경험에 기반을 두거나 그것이 계기가 된 작품 이외에 기행가사를 비롯한 다른 유형의 작품을 남기지 않았다는 사실은 그가 가사를 일상적 삶의 모습과 경험을 구체적으로 담아내는 데 가장 적합한 장르로 인식했던 것은 아닌가 하는 추측을 가능케 한다. 그가 일상적 삶의 현장에서 불리는 다른 시가 장르를 적극 수용하여 가창이 가능하도록 가사의 양식적 변이까지 서슴지 않았던 것 역시 이러한 가사에 대한 인식에 따라 가사를 일상적 삶의 영역 속에 아우르려는 나름의 시도로 이해할 수 있을 것이다.

물론 일상에 대한 관심이 옥국재에 한정되는 것은 아니다. 18세기 경화사족들 사이에 일상에 대한 관심이 확대되고 있었고,[32] 시조에 있어서도 18세기 후반에 오면 시정에서 나타나는 온갖 현실적인 조건들과 인간의 구체적인 일상의 삶에서 민감하게 반응하는 시정적인 감수성을 받아들이고 있었다.[33] 그런데 옥국재의 경우에는 일상에 대한 관심이

31) 이승복(a), 173면.
32) 신현웅, 앞의 글, 8~17면 참고.
33) 남정희, 「18세기 경화사족의 시조 향유와 창작 양상에 관한 연구」, 이화여대 박사논문, 2002, 166면.

단순히 개별 작품의 소재나 표현의 차원에 머물지 않았고, 그것이 그의 가사 작품 전반에 집중되어 구체화되고 있다는 점에 주목할 필요가 있을 듯하다.

4. 맺음말

옥국재 이운영의 가사가 지닌 성격에 대해 그 동안 많은 논의가 있었지만 옥국재 가사를 보다 폭넓고 심도 있게 이해하기 위해서는 앞으로도 다양한 측면에서의 논의가 필요하다고 할 수 있다. 이에 이 글에서는 일상에 기반을 둔 작품의 소재, 표현, 미감 등을 일상성이라는 용어로 포괄하고, 이러한 일상성이 옥국재 가사에 어떻게 나타나고 있는지 그 양상과 의미를 검토하였다. 논의의 결과를 요약하면 다음과 같다.

우선 소재의 경우 옥국재 가사는 작자의 가족이나 집안일, 혹은 작자가 직접 보고 들은 주변 사람의 모습과 같은 구체적이고 일상적인 경험이 작품의 소재가 되고 있으며, 사대부로서의 생활과 관련된 작자의 경험이 창작의 계기로 작용하고 있음을 알 수 있다.

다음 표현과 형식의 경우 작자는 일상에서 흔히 마주칠 수 있는 생생한 삶의 모습을 제시하기 위해 일상적인 대상이나 사물을 열거하거나 상황을 구체화하기도 하고, 작품에 제시된 인물과 상황에 부합하는 일상적이고 비속한 표현들을 동원하여 장면의 현실성을 제고하기도 하였다. 또 민요나 무가와 같은 기존 시가 장르들의 구조와 의미, 기능 등을 적극적으로 수용하기도 하였는데 그러한 작품들 역시 일상의 영역에 근접해 있다고 할 수 있다. 일상에서 흔히 불리는 민요나, 굿이라는 삶의 한 현장에서 불리는 무가를 적극 수용하고 있는 것은 사대부가 자기들의 이념적 지향이나 고답적 흥취를 노래하던 것과는 확실히 구분되기 때문이다. 그리고 이러한 작품들이 혼자 읊조리기보다는 여러 사람들이 모인 자리에서 노래 불리는 방식으로 향유되었다는 점 또한 이 작품들이 서로 어울리는 일상의 삶에 가까이 있었다는 것을 말해주는 것일 수 있다.

그리고 미감의 경우 우선 작자는 자기가 겪은 일을 다룬 작품에서는 사실을 왜곡·과장하거나 엉뚱하게 뒤집으면서 지난 일을 웃음 섞인 시선으로 돌아보았다. 또 주변에 있었던 일을 형상화한 작품에서는 당황스런 상황에서 허세를 부려 상대를 압도하려 하거나 변명거리를 찾는 인간의 모습과, 대단한 일인 것처럼 벌어진 대단치 않은 일 등을 해학이 묻어나도록 제시하고 있다. 이 경우에는 모두 인물의 발화를 중점적으로 제시하는 방식을 통해 서술자의 개입을 최소화하고 있는데 이는 작자가 주변에서 있었던 비속하거나 엉뚱한 일을 거리를 둔 채 웃음을 머금은 여유 있는 시선으로 바라보고 있었다는 것을 뜻한다.

이러한 일상성의 양상을 통해 옥국재가 보편적 이념의 한 끝을 놓지 않으면서도 자기나 주변 인물의 일상적 삶을 정감 어린 시선으로 바라보면서 그것이 지닌 의미나 가치를 찾으려 했고, 이러한 그의 관심이 일상적인 삶의 현장에서 불리는 민요나 무가와 같은 노래로까지 이어졌음을 알 수 있다. 그리고 옥국재 가사가 일상성에 기반을 두고 있고, 동기나 여건이 충분했으면서도 기행가사와 같은 다른 유형의 가사를 한 편도 남기지 않았다는 사실에서 그가 가사를 일상적 삶의 모습과 경험을 구체적으로 담아내는 데 가장 적합한 장르로 인식했으리라는 추측이 가능하다. 그가 일상적 삶 속에서 노래 불리는 다른 시가 장르를 적극 수용하여 가창이 가능하도록 가사의 양식적 변이까지 서슴지 않았던 것 또한 이러한 가사에 대한 인식에 따라 가사를 일상생활의 영역 속에 아우르려는 나름의 시도로 이해할 수 있을 듯하다. 앞으로 옥국재 가사의 성격과 시가사적 위상에 대한 보다 깊이 있는 논의를 기대한다.

제3부

부록:
옥국재 후손의
가사와 『언사(諺詞)』

옥국재 가사 연구

Ⅰ. <정주가>의 구조와 작가의식

1. 머리말

19세기초 현루(玄樓) 이희현(李羲玄, 1765~1828)이 창작한 <정주가(定州歌)>는 홍경래란(洪景來亂)을 소재로 한 장편 가사이다.[1] 유교적 역사관에 따르면 역사 기술은 그것이 후대에 감계(鑑戒)의 자료가 될 수 있도록 있는 사실을 그대로 기록하는 직필(直筆)을 생명으로 해야 한다고 한다. 그러나 지나간 역사를 바라보는 개인의 시각과 의식이 다르고, 또 시대가 변화함에 따라 역사는 항상 재해석되고, 다시 기록되어 왔다. 이러한 역사의 재해석 문제는 비단 역사가의 소임일 뿐 아니라 자기의 시대를 어떻게 인식하고, 바람직한 삶의 방향이란 무엇인가를 고민하는 작가의 몫이기도 하였다. 이런 점에서 역사 기록과 역사를 소재로 한 문학 창작은 유사성을 지닌다고 할 수 있다. 하지만 문학 작품은 일상적이고 인간적인 삶의 모습과 체취를 통해 과거를 재창조한다는 점에서 역사 기록과 구별된다. 이에 이 글에서는 <정주가>라는 문학 작품이 역사적 사건인 홍경래란을 어떠한 시각에서 어떻게 해석하고 재창조하고 있는가를 살펴 작품의 의미와 작가의식을 구명하고, 이를 통해 조선후기 가사 문학의 양상과 성격에 대한 이해의 폭을 넓혀 보고자 한다.

<정주가>는 『언사(諺詞)』라는 필사본 가사집 속에 수록되어 있다.[2]

---

1) 4음보를 1행으로 보았을 때 전체 215행으로 이루어져 있다.

2) 『언사』에는 이희현의 아버지인 옥국재(玉局齋) 이운영(李運永)의 가사 6편과 이희현의 <정주가> 1편 등 도합 7편의 가사 작품이 수록되어 있다. 현재 전해지고 있는 자료는 이희현의 진외증손인 홍정유(洪鼎裕)에 의해 1863년에 필사된 것

소재영은 『언사』를 처음 발굴・소개하는 자리에서 <정주가>의 작자와 내용을 살피고 작품 원문을 제시하였으며,[3] 다시 <정주가>만을 대상으로 작자와 작품 내용을 좀 더 구체적으로 살피면서 원문을 재차 소개하였다.[4] 이처럼 <정주가>의 존재가 알려진 이후 홍경래란과 관련된 논의에서 <정주가>가 간간이 언급되기도 하였다.[5] 그러나 아직 소재영 이후 이 작품에 대한 본격적인 논의가 다시 이루어지지는 않은 듯하다. 이러한 점을 고려하여 여기에서는 작자와 창작 배경, 작품의 구조와 작가의식 등 <정주가>에 대한 기본적이며 본질적이라 할 수 있는 문제들을 차례로 살펴보고자 한다.

2. 작자와 창작 배경

<정주가>의 작자가 이희현이라는 사실, 그리고 이희현의 생몰연대와 관력(官歷) 등은 소재영에 의해 확인된 바 있으나 현재 이희현의 문집이나 연보가 전하고 있지 않아 그의 삶과 문학에 대한 구체적인 사항들을 확인하기는 어렵다. 다만 족보[6]와 묘표[7], 기타 단편적인 기록과 자료, 그리고 후손들에게 전해지고 있는 이야기를 통해 그의 삶과 문학의 편린을 짐작해 볼 수 있을 따름이다.

이희현의 본관은 한산(韓山)으로 목은(牧隱) 이색(李穡)의 15대손이다. 자가 사소(士昭), 호가 현루(玄樓)[8]인데 1765년(영조 41) 옥국재(玉局齋)

이다.

3) 소재영(a), 「『언사』 연구」, 『민족문화연구』 21, 고려대 민족문화연구소, 1988.
4) 소재영(b), 「<정주가> 논고」, 『홍익어문』 7, 홍익어문연구회, 1988.
5) 황패강, 「한문소설 <홍경래전> 연구」, 『동양학』 18, 단국대 동양학연구소, 1988.; 노성미, 「홍경래전승의 양상과 변이연구」, 경남대 박사논문, 1994.
6) 『한산이씨한평군파세보(韓山李氏韓平君派世譜)』, 1966.; 『한산이씨양경공파세보(韓山李氏良景公派世譜)』, 1982.
7) 이희현의 5대손인 이인구(李麟求)씨가 1987년 한문으로 찬술하였다.

이운영(李運永, 1722～1794)의 둘째 아들로 태어났다.[9] 1801년 식년 진사 2등으로 급제하고, 다음해 건릉참봉(健陵叅奉)을 시작으로 관직에 나아가 영릉령(永陵令), 종친부(宗親府) 전부(典簿), 강서현령(江西縣令), 사직서령(社稷署令), 한산군수(韓山郡守), 광흥창령(廣興倉令), 세자익위사(世子翊衛司) 사어(司禦), 연안부사(延安府使), 황주목사(黃州牧使) 겸 황주진병마첨절제사(黃州鎭兵馬僉節制使) 등의 내외직을 역임하고, 1828년(순조 28)에 세상을 떠났다.

그는 필법(筆法)이 전아하였다고 하는데 양주 회암사(檜巖寺)에 있는 서천제납박타존자비(西天提納薄陁尊者碑)의 글씨를 쓰기도 하였다.[10] 현재 그의 작품으로는 <정주가> 이외에 형인 이희연(李羲淵)과 함께 부친 옥국재의 행적을 정리한 『선부군유사(先府君遺事)』, 1791년 식년 초시에 합격했던 답안,[11] 한역된 상태로 전해지는 시조 1수, 그리고 아들들에게 보낸 편지글 수편이 전해질 뿐이다. 그러나 김조순(金祖淳), 김려(金鑢)를 비롯한 여러 사람들과 봉원사(奉元寺)에서 시회(詩會)를 열기도 하였다는 사실에서[12] 그가 시에 능했고, 그래서 지인들과 시를 수창(酬唱)하는 일

8) 족보에는 이희현의 호가 기록되어 있지 않으나 홍한주(洪翰周)의 문집인 『해옹고(海翁藁)』 권2에 <우정현루이장희현(又呈玄樓李丈羲玄)>이라는 시가 수록되어 있어 이희현의 호가 '현루(玄樓)'임을 확인할 수 있다.

9) 당시 이희현의 집이 서울 새문[서대문] 밖에 있었고, 이희현이 태어날 당시 그 부친 이운영이 내직인 세자익위사 부수(副率)로 재임하고 있었기 때문에 이희현은 서울에서 태어난 것으로 보인다.

10) 서천제납박타존자비는 고려 때 왕명으로 인도 승 지공(指空)의 사리를 봉안하기 위한 탑을 회암사에 세우면서 건립한 비로 이색이 글을 짓고, 한수(韓脩)가 글씨를, 권중화(權仲和)가 두전(頭篆)을 썼다. 이후 1821년 이모(李某)라는 자가 탑을 헐고 비를 깨뜨린 후 그 자리에 자기 아버지를 암장(暗葬)한 일이 발생하였다. 이 사실이 알려지자 조정에서는 그를 섬으로 귀양 보내고 다시 비를 세우게 하였는데 이때 이색의 후손인 이희현이 글씨를 쓰게 되었다(임창순, 『한국미술전집 11-서예』, 동화출판공사, 1975, 146면 참고).

11) <거서생해주 경석출남양 시작아악보(秬黍生海州 磬石出南陽 始作雅樂譜)>. 이 자료는 서울대학교 규장각에 소장되어 있는 『증식(增式)』에 수록되어 있다.

12) 1819년 11월에 있었던 일로 김조순은 <기봉원사유(記奉元寺遊)>(『풍고집(楓皐集)』 권15)를 지어 이때의 일을 기록하였고, 김려가 당시에 지은 시 <동일 배풍고공기유자범 이사소 김명원 이숙가 조사현 이문오 조군소제인 유봉원사 화풍

이 빈번했으리라 짐작된다. 이는 그가 지은 시에 김려가 여러 차례 차운(次韻)과 화답을 하고,[13] 김조순과 홍한주(洪翰周)가 그를 위해 시를 지었다는[14] 데에서도 확인할 수 있다.

이를 통해 그가 김조순, 김려 등과 활발하게 교유하고 있었음을 알 수 있는데 김조순과의 관계는 집안 간의 세교(世交)로 인해 상당히 밀접했던 것으로 보인다. 두 집안의 관계를 간략히 살펴보면 이희현의 고조 이행(李涬)은 김조순의 종고조인 김창협(金昌協)과 함께 이단상(李端相)의 문하에서 수학하였는데 두 사람 모두 이단상의 사위로 서로 동서 간이기도 하였다. 또 이희현의 증조 이병철(李秉哲)의 묘표를 김창협의 손자인 김원행(金元行)이 지었고, 이희현의 조부 이기중(李箕重)은 어릴 적에 김조순의 고조인 김창집(金昌集) 형제들에게서 정승 재목으로 인정을 받기도 하였다. 그리고 이희현의 부친 이운영은 김조순의 아버지 김이중(金履中)이 선물한 성천(成川)의 옥돌로 바둑판을 만들어 곁에 두고 자기의 호를 '옥국재(玉局齋)'라 하기도 하였다. 이처럼 이희현과 김조순의 가문은 오랜 세교를 맺고 있었는데 김조순이 이운영의 묘갈명을 짓고, 이희현이 과천 명덕리(明德里)에 새로 집을 지었을 때 김조순이 '명덕신지(明德新址)'라는 현판을[15] 직접 써주었다는 사실 등을 고려할 때 이희현과 김조순의 관계는 상당히 긴밀했던 것으로 보인다.[16]

상운(冬日 陪楓皐公暨兪子範 李士昭 金明遠 李叔嘉 趙士顯 李文吾 趙君素諸人 游奉元寺 和楓相韻)>이 『담정유고(潭庭遺藁)』 권12에 실려 있다.

13) <경차현루이료장기시지운(敬次玄樓李僚長寄示之韻)>, <우주보현루기시운 전정운파옹(又走步玄樓寄示韻 轉呈雲坡翁)>, <운파노형전시현루중양익일원고상추지운요화 여기일이병미부 심심창연 요부졸구 경구근정(雲坡老兄轉示玄樓重陽翌日圓皐賞秋之韻要和 余其日以病未赴 心甚悵然 聊賦拙句 敬求斤正)>, <부직계사 야좌무료 추화현루이형운(復直桂司 夜坐無聊 追和玄樓李兄韻)>(『담정유고』 권12).

14) 김조순이 지은 <증별이사소희현부임황주(贈別李士昭羲玄赴任黃州)>(『풍고집』 권5), 홍한주가 지은 <우정현루이장희현 이수(又呈玄樓李丈羲玄 二首)>(『해옹고』 권2) 등이 전한다.

15) 현재 이희현의 종손인 이윤복(李允馥)씨가 보관하고 있다.

16) 이승복, 「옥국재 이운영에 대한 전기적 고찰」, 『고전문학과 교육』 7, 한국고전

그러나 이희현은 한편으로 당시 조정의 실권자였던 김조순에 대해 어느 정도 비판적인 거리를 두려고 했던 것으로 보인다. 그것은 어느 날 김조순의 집에 다녀온 이희현이 자신의 네 아들을 불러놓고 지금은 양반이 벼슬을 할 때가 아니라며 아들들에게 벼슬하지 말라고 했다는 말이 후손들에게 전해지고 있는[17] 데에서 유추해 볼 수 있다. 분명히 확인할 수는 없지만 이희현이 그렇게 말한 까닭은 그가 세도가 주변에서 벌어지는 부정적인 현상들을 목격하고 그것을 비판적으로 인식했기 때문일 것이다. 홍경래의 격문(檄文) 가운데에는 직접 김조순을 거명하며 비난하는 내용이 들어있다.[18] 따라서 이와 같이 김조순과 긴밀하게 교유하던 이희현이 홍경래란을 어떻게 인식했던가 하는 것은 상당히 흥미있는 문제일 수 있다.

한편 이희현이 여러 사람들과 자주 시를 수창하고, 그들과 어울려 시회를 베풀기도 했다는 사실에서 그가 여유로운 삶을 추구했음을 짐작할 수 있는데 그는 여기에 더하여 해학과 풍류를 즐기는 성품을 지니기도 했던 것으로 보인다. 이는 박사호(朴思浩)의 연행기록인 『심전고(心田稿)』의 「연계기정(燕薊紀程)」 부분에 수록된 일화를 통해 확인할 수 있다.[19] 청나라로 가는 길에 황주(黃州)에 도착해 하룻밤을 묵은 박사호는 수년 전 자신이 친구들과 함께 황주 월파루(月波樓)에서 놀이를 하던 때를 회상하였다. 그때 자기들은 밤에 달이 뜨기를 기다리고 있었는데 황주목사 이희현이 "이 늙은이가 여기에서 흥도 열지 않은데 젊은이들에게 앞장서기를 양보하자니 몹시 서글프도다."[20]라는 글을 보냈다고 한다. 그런

문학교육학회, 2004, 165면 참고.

17) 이희현의 5대손인 이인구(李麟求), 이태구(李兌求)씨에게서 확인하였다.

18) 見今 冲王在上 權奸日熾 如金祖淳朴宗慶輩 竊弄國權(강효석(姜斅錫), 「신미홍경래란(辛未洪景來亂)」, 『동국전란사(東國戰亂史)』 권6, 한양서원, 1927, 19b면).

19) 『국역 연행록선집』 IX, 민족문화추진회, 1977, 21~2면. 박사호는 1828년 10월 25일 정사 홍기섭(洪起燮)의 막비(幕裨)로 연행 길에 나서서 11월 1일 황주에 도착하였는데 이 일화는 11월 2일 기록에 제시되어 있다.

20) 老夫於此 興復不淺 而却讓頭於少年輩 甚可茹悵(위의 책, 원문 5면).

데 그 글이 도착하자마자 바로 비가 쏟아져 놀이의 흥이 깨졌다. 그러자 곧 이어 이희현이 “너희들에게 묻노니 월파루의 빗소리는 무엇을 뜻함인고. 달도 없는 캄캄한 한밤중의 뱃놀이가 더욱 좋겠구나. 우리들은 동각(東閣)에서 매화를 보면서 촛불 밝히고 밤놀이할거나.”[21]라는 단가(短歌)를 지어 보내 놀이의 흥이 깨진 것을 희롱하였다고 한다. 박사호가 즉석에서 화답하여 그렇지 않다고 항변하자 이희현이 기생과 음식을 보내주면서 “이것은 용문(龍門)에 잠깐 머물러 눈 구경이나 하라는 뜻이다.”[22]라고 하여 자기들이 새벽녘까지 술자리를 베풀며 실컷 즐겼다는 것이다. 젊은 사람들의 놀이에 흥을 돋궈주기도 하고, 장난삼아 희롱하기도 하고, 격려하기도 하는 이희현의 모습에서 그의 삶의 태도와 성품의 일단을 짐작해볼 수 있을 듯하다.

그렇다면 이희현이 <정주가>라는 가사를 창작하게 된 배경 내지 동기는 무엇인가. 이희현이 가사에 관심을 갖게 된 데에는 무엇보다 그 부친 이운영의 영향을 고려하지 않을 수 없다. 이운영은 <수로조천행선곡>, <초혼사> 등을 비롯한 6편의 가사 작품을 남기고 있는데 그의 가사에는 민요와 무가를 비롯한 다양한 장르에 대한 폭넓은 관심이 드러나 있다. 또 <초혼사>와 같은 작품은 실제 가창되기도 했다는 사실이 확인된다.[23] 이런 점에서 이운영의 가사는 조선후기 가사의 특징적인 단면들을 분명하게 보여주는 시가사적 의의를 지니고 있다고 할 수 있다.

이운영이 가사를 창작하고 향유하는 모습을 옆에서 지켜보았을 이희현은 자연스럽게 가사에 관심을 갖게 되었을 것이다. 박사호는 앞의 일화뿐 아니라 이희현이 부친 이운영의 가사에 큰 관심을 갖고 있었음을 알려주고 있다.

---

21) 問爾月波樓細雨聲何意麼 月沌沌夜三更桂棹蘭葉尤好麼 吾輩東閣視梅秉燭夜游麼(상동).

22) 此是少留龍門賞雪之意(상동).

23) 「기년록(紀年錄)」, 『옥국재유고(玉局齋遺稿)』 권10.

> 옛날 세마(洗馬) 이영운(李英運)이 <수로조천가(水路朝天歌)>를 지었는데 가사의 뜻이 슬프고 가락이 유량하다. 이희현(李羲玄) 어른이 이 고을의 원으로 있을 때에 이 노래를 새로 번역하여 여러 기녀들에게 가르쳤으므로 지금 황강의 해람곡(解纜曲)이 홀로 다른 곳의 것과 다르다.[24]

위는 청에서 돌아오던 박사호가 황주에서 하루를 머물면서 이선악(離船樂) 등의 풍악을 즐겼던 1829년 3월 26일 기록의 일부이다. 박사호는 이선악을 자세히 설명한 다음 위의 인용문을 제시하고 있다. 여기에서 <수로조천가>를 지었다는 세마(洗馬) '이영운(李英運)'은 '이운영(李運永)'의 오기임이 틀림없다. 그것은 이운영이 가사 <수로조천행선곡>을 지었고, 그의 처음 벼슬이 세자익위사 세마였기 때문이다. 그런데 이희현이 황주목사로 있으면서 부친이 지은 <수로조천행선곡>을 새롭게 고쳐[25] 기녀들로 하여금 이선악 가운데 '닻줄 감는 노래[解纜曲]'로 부르게 했다는 사실은 이희현이 이운영의 가사, 나아가 가사라는 장르 자체에 커다란 관심을 갖고 있었음을 보여주는 것이라 할 수 있다.

이처럼 이희현은 그 부친으로 인해 가사와 상당히 친숙한 환경에서 생활하면서 자신도 가사에 관심을 갖게 된 것으로 보인다. <정주가>는 홍경래란이 끝난 1812년에서 이희현이 세상을 떠난 1828년 사이에 지어졌을 것이다. 그런데 그가 굳이 홍경래란을 다루는 장편의 가사를 창작한 이유는 무엇인가. 이에 대해 소재영은 이희현이 홍경래란이 있은 후

---

24) 『국역 연행록선집』 IX, 119면. 원문은 昔李洗馬英運作水路朝天歌 詞旨悽捥 音調瀏亮 李丈羲玄宰此邑時 新翻此詞 敎習諸妓 故今黃岡解纜之曲 獨異於他處. 이승복은 <수로조천행선곡>이 이선악을 배경으로 창작되었을 가능성을 제기하면서 그 근거의 하나로 이 자료를 거론한 바 있다(「<수로조천행선곡>의 창작 배경과 의미」, 『국어교육』 115, 한국어교육학회, 2004, 464~5면).

25) 원문에는 '신번(新翻)'으로 되어 있다. '신번(新翻)'이 시조의 이칭으로도 사용되었기 때문에 이희현이 <수로조천행선곡>을 시조의 형태로 개편했을 가능성을 고려해 볼 수 있을 듯하다.

11년만에 황주목사를 지냈으므로 홍경래란의 분위기와 전란 후의 민심을 가장 잘 살필 수 있었을 것이며, 그러한 분위기에서 얻은 충동이 <정주가>를 창작하게 된 직접적인 동인이 되었을 것이라고 하였다.[26) 그런데 홍경래란과 이희현이 황주목사로 부임한 1823년 사이에는 십여 년의 시간적 공백이 있기 때문에 보다 구체적인 근거가 확인되지 않는 한 <정주가>의 창작 동기나 시기를 이희현의 황주목사 재임과 직접 연결 짓는 것은 다소 무리가 있어 보인다.

따라서 현재로서는 일단 이희현이 수령을 지낸 네 곳 가운데 강서, 연안, 황주 등 세 고을이 모두 서북 지방으로 그 지역과 가까운 곳에서 일어났던 홍경래란에 대한 이희현의 관심이 남달랐으리라는 점,[27) 특히 홍경래의 출신지인 용강(龍岡)이 그가 수령으로 있던 강서와 바로 인접한 옆 고을이라는 점, 그리고 <정주가>에서 홍경래란에 대한 고을 수령들의 태도가 중요하게 다루어지고 있는데 여기에는 여러 차례 수령을 지낸 그의 의식이나 관심이 작용하였을 것이라는 점 등을 거론할 수밖에 없고, 보다 구체적인 창작 동기는 작품에 나타난 작가의식을 통해 유추해야 할 듯하다.

3. 구조와 작가의식

소재영은 <정주가>가 관군 편에서 쓰인 것이지만 비교적 객관적 필법을 견지하고 있고, 서술과정에서는 제 임무를 다하지 못한 당시 관리들에 대한 질책과 비난이 핵심을 이루고 있다고 하였다.[28) 이에 비해 황

26) 소재영(b), 533면.

27) 이희현은 1805년 10월부터 1808년 9월까지 강서현령으로, 1821년 7월부터 1823년 정월까지 연안부사로, 1823년 3월부터 1827년 5월까지 황주목사로 재임하였다(서울대 규장각 소장『진신외임안(縉紳外任案)』참고).

28) 소재영(b), 532면.

패강은 이 작품의 작자는 홍경래군에 대한 증오와 복수의 감정을 드러내고, 그들에 대한 무차별의 학살도 당연한 토벌로 정당시하고 있다고 하면서 작자를 홍경래 사건의 역사적 의의 따위는 전혀 아랑곳하지 않는 정체된 역사관의 소유자라고 하였다.[29] 이러한 상이한 견해가 도출된 이유는 무엇보다도 홍경래란을 바라보는 연구자의 시각과 그것에 기인한 해석의 차이 때문으로 짐작된다. 물론 역사적 사건에 대한 연구자 자신의 시각이 중요한 것은 사실이다. 하지만 그러한 시각이 작품의 실상을 넘어서서는 곤란하다. 따라서 이 작품의 의미와 작가의식을 제대로 구명하기 위해서는 무엇보다도 작품 자체에 대한 면밀한 검토가 우선되어야 할 것이다.

홍경래란은 봉기군이 1811년 12월 18일 밤 가산(嘉山)을 공격하면서 시작되었다. 가산 다복동(多福洞)에서 기병한 홍경래는 스스로를 평서대원수(平西大元帥)라 칭하고 군대를 둘로 나눠 자신과 참모 우군칙(禹君則), 선봉장 홍총각(洪總角) 등이 이끄는 본대는 먼저 가산, 박천(博川), 태천(泰川)을 점령하고, 안주(安州) 공격을 위해 박천 송림동(松林洞)에 주둔하였다. 그리고 부원수 김사용(金士用)과 참모 김창시(金昌始) 등이 이끄는 부대는 의주(義州)를 공격하기 위한 북진을 계속하여 곽산(郭山), 정주(定州), 선천(宣川), 철산(鐵山), 용천(龍川) 등을 차례로 점령하였다. 이처럼 홍경래군은 거병 오륙일 만에 평안도 여덟 고을을 점거하였다. 그러나 홍경래가 이끄는 본대는 송림 전투에서 관군에게 대패하여 정주성으로 퇴각하였으며, 관군과 의병들이 김사용 부대에 의해 점령된 고을들을 하나씩 수복하자 김사용 부대는 결국 와해되고 김사용은 정주성으로 들어갔다. 이에 따라 고립무원 상태로 정주성에서 농성하던 홍경래군은 장기간 관군에 저항하다가 1812년 4월 19일 화약으로 성을 무너뜨리고 공격해오는 관군에 의해 결국 진압되었다.[30]

29) 황패강, 앞의 글, 115면.
30) 정석종, 「홍경래란의 성격」, 『한국사연구』 7, 한국사연구회, 1972, '2장 난의 발

<정주가>는 이러한 홍경래란의 경과를 난의 발발, 가산과 정주 함락, 안주성 방비, 평안도 지역 관군의 안주성 집결, 송림 전투, 조정의 순무영 설립과 관군 급파, 용천·선천·철산부사의 행태, 홍경래군 지도자들의 행태, 의병들의 활약, 정주성 농성 상황과 함락, 난후의 수습과 관군 귀환 등 난의 발발에서 진압까지의 전 과정을 대체로 시간적 순서에 따라 서술하고 있다. 그런데 작품의 의미를 제대로 파악하기 위해서는 홍경래란에 대한 역사 기록을 아울러 참고할 필요가 있다. 그것은 시가 장르의 특성 때문이겠지만 작자가 구체적인 인명을 생략하기도 하고 사건의 진행 과정이나 그것에 대한 설명을 될 수 있는 한 간략히 제시하고 있기 때문이다. 이에 따라 작품에 순차적으로 제시된 내용을 실록 기록 등과 견주어가면서 작품의 의미와 작가의식을 살펴보기로 한다.

별 보아라 별 보아라 셔방의 혜성 낫다
이 어인 ᄃᆡ살년이 평안도가 우심ᄒᆞᆫ고
일천 년 기ᄌᆞ국의 왕회를 모로던가
묘청의 난니 후의 셔북을 계한ᄒᆞ여
궁마로 ᄃᆡ졉ᄒᆞ니 원한이 ᄆᆡ치다가
효경의 무리들이 요언을 지어ᄂᆡᆫ다
긔병ᄒᆞᆫ다 긔병ᄒᆞᆫ다 다복동셔 긔병ᄒᆞᆫ다
몬져 가자 몬져 가자 가산군의 몬져 가자

작품의 서두에서는 위와 같이 혜성(彗星)의 출현이라는 전란의 조짐을 제시하고, 이어 홍경래란이 일어나게 된 원인을 서술하고 있다. 당시에 혜성이 나타나고, 흉년이 들었다는 것은 역사 기록을 통해 확인할 수 있다.[31] 서북 지역 사람들을 차별한 것도 사실인데[32] 이는 홍경래군이 격

생 및 경과' 참고.

31) 순조 7년(1807)에 혜성이 나타났다는 기록과, 순조 11년(1811) 홍경래란이 일어

문에서 내세우고 있는 것이기도 하다.[33] 홍경래 무리가 지어낸 요언(妖言)이란 실제 우군칙과 김창시가 『정감록(鄭鑑錄)』 등의 비결서(秘訣書)에 기대어 홍경래 형제가 기병하고, 해도(海島)에서 중국에 들어갔던 정씨 성을 가진 인물이 수만 명을 이끌고 호응하여 임신년 3월에는 서울에 들어갈 것이라고 말한 것을 가리킨다.[34] 이 작품이 역사적 사건을 다루고 있는 만큼 당연한 것이겠지만 홍경래란의 원인과 발생에 대한 위의 서술은 모두 역사적 사실에 근거하고 있다.

홍경래 무리를 부모를 잡아먹는 효경(梟獍)의 무리라고 한 데에서는 분명 그들을 철저히 비난하는 당시 지배층의 시각을 확인할 수 있다. 그러나 어찌하여 평안도의 흉년이 더욱 심하냐고 한탄한다든가 서북 지방을 심하게 차별해서 사람들이 원한이 맺혔다든가 하는 데에서는 서북 지역 사람들의 실상과 억울함을 작자가 어느 정도 이해하고 있음을 드러내고 있다. 이를 통해 작자가 서북 지역에서 난을 주동한 사람과 그렇지 않은 사람을 구별하려 하고 있음을 알 수 있는데 이는 후일 정주성 전투에서 홍경래란의 주동자 이외에 가담한 사람 모두를 처형해버린 관군 측의 행동을 비판하고 있는 작자의 태도와 관련된다고 할 수 있다.

나던 바로 그날 관상감에서 혜성이 완전히 소멸한 것이 분명하다고 보고한 기록을 실록에서 확인할 수 있어 당시 혜성이 실제 출현했었음을 알 수 있다. 또한 실록을 통해 당시 대흉년이 들었다는 사실도 확인할 수 있다.

32) 서북 지방에 대한 차별은 서북 지역에 16세기 이후 국가를 이끈 사회세력인 사족이 존재하지 않았으며 성리학 중심의 사회 질서와 문화가 낙후되었다는 사실과 연관되어 있다고 한다. 그리고 영·정조대에 서북 지역 출신의 무관을 양성, 등용하기도 했으나 진출에 제약을 두었으며, 17세기 전반 평안도에 성리학이 전파되고 새로 사인층이 성립되기도 하였으나 중앙과의 사회 구조, 학문의 차이를 극복하기 어려웠다고 한다(오수창, 「조선후기 평안도민에 대한 인사정책과 도민의 정치적 동향」, 서울대 박사논문, 1996 참고).

33) 朝廷之等棄西土 不異糞土 甚至於權門奴婢見西土之人則必曰平漢 其爲西土者豈不寃仰哉(강효석, 앞의 책, 같은 곳).

34) 『순조실록』, 12년 1월 3일조. 홍경래의 격문에도 유사한 내용이 보이는데 홍경래란과 비결서와의 관계에 대해서는 노성미(앞의 글, 91~105면)가 구체적으로 논의한 바 있다. 이하 『순조실록』의 기록은 연월일만 제시한다.

① 불샹ᄒᆞ다 불샹ᄒᆞ다 뎡군슈가 불샹ᄒᆞ다
향안을 직희다가 인심을 일허던가
인병부 구지 잡고 봉젹을 몬져 바다
한강션ᄉᆡᆼ 유손으로 부자병명 참혹ᄒᆞ다
병조판서 집의 증직 은졸도 쟝ᄒᆞᆯ시고
슈쳥기ᄉᆡᆼ 연홍이ᄂᆞᆫ 셩의도 갸륵ᄒᆞ다
가장즙물 다 파라셔 초종을 당ᄒᆞ고야
불근 비단 명정 ᄃᆡ가 압셔거니 뒤셔거니
ᄃᆡ동강 슬픈 바람 고향으로 가노ᄆᆡ라
박셕이 홍졔원의 됴ᄀᆡᆨ도 만흘시고
ᄌᆡᆨ상이야 무쟝이야 명관이야 남ᄒᆡᆼ이야
거리거리 느러셔〃 튱혼을 위로ᄒᆞ니
ᄃᆡ쟝부 ᄒᆞᆫ번 죽어 영광도 그지업다
② ᄋᆡ다를ᄉᆞ ᄋᆡ다를ᄉᆞ 뎡쥬목사 ᄋᆡ달을ᄉᆞ
듕군 놈 알월 젹의 호령도 못ᄒᆞ던가
ᄉᆞᄃᆡ문 구지 닷고 슈셩ᄒᆞᆯ 쥴 모로던가
필마단기로 어드메로 가단말고
씌 사이 병부 ᄭᅵᆫ 이 잇돗던가 업돗던가
안쥬셩 구류ᄒᆞ여 스사로 ᄉᆡᆼ각ᄒᆞ면
명현의 ᄌᆞ손으로 이 어인 모양인고
……
③ 민쳡ᄒᆞᆯ손 안쥬목ᄉᆞ 일〃이 거룩ᄒᆞ다
ᄉᆞ당을 ᄆᆡ안ᄒᆞ고 문집을 깁히 뭇고
어린 아들 부탁ᄒᆞ고 실ᄂᆡ의게 영결ᄒᆞ고
칼 집고 니러셔니 일신이 호연ᄒᆞ다
남문 밧 져자거리 집신을 다 거두니
ᄌᆞᄂᆡ〃 웃지 마소 쁠 ᄃᆡ를 어이 알쇠

관군이 모힌 후의 낫낫지 논화 쥬니
요긴도 ᄒᆞ거니와 병법이라 ᄒᆞ리로다
……
④ 긔특ᄒᆞ다 곽산군슈 일지군을 자청ᄒᆞᄂᆡ
사령방 구류ᄒᆞᆫ 놈 뉘라셔 ᄊᆡ여ᄂᆡᆫ고
동싱 ᄌᆞ식 죽은 쥴을 아던가 모로던가
ᄇᆡᆨ니 밤 도보ᄒᆞ야 입공자효 ᄒᆞ랴 ᄒᆞ고
잔병을 슈습ᄒᆞ야 션봉을 자당ᄒᆞᄂᆡ

거병 즉시 홍경래군 본대는 가산을, 김사용 부대는 곽산, 정주 등을 공격하여 수중에 넣었다. 위는 이러한 사정을 다루고 있는 것인데 각 고을이 홍경래군에게 함락되는 구체적인 상황보다는 그 고을 수령들의 대응 태도에 주목하고 있다. 먼저 ①에서는 가산이 함락될 때 군수 정시(鄭著)가 투항 요구를 거절하고 적을 꾸짖다가 그 부친과 함께 죽음을 당하고, 기생 연홍이 두 사람의 시신을 거두었으며, 후에 조정에서 정시에게는 병조판서, 그 아버지 정노(鄭魯)에게는 집의를 추증한 사실을[35] 서술하고 있다. '향안(鄕案)을 직희다가 인심을 일허던가'라는 구절은, 홍경래란 지휘부의 일원인 이희저(李禧著)가 본래 역노(驛奴) 신분이었는데 경제력을 바탕으로 향권에 접근하여[36] 자기 가문을 향안에 등록하려 하자 군수 정시가 그것에 반대했었던 일을 가리킨다.[37] 작자는 가산이 수복된 후 정시 부자의 운구 행렬이 서울로 들어올 때 박석고개, 홍제원까지 서울의 관리들이 모두 나아가 충혼을 위로했다고 하여 정시의 태도와 죽음이 정당하고 올바른 것이었다는 것을 강조하고 있다.

다음 ②는 정주목사 이근주(李近胄)가, 김사용 부대가 성 아래에 와서

35) 12년 1월 10일, 6월 10일조.
36) 오수창, 앞의 글, 273면.
37) 강효석, 앞의 책 권6, 19a면.

핍박하고 이속(吏屬)이 내응하여 성문을 열자 인신(印信)과 병부(兵符)를 잃어버리고 홀로 안주성으로 도주한 사실을[38] 밝히고 있다. 작자는 정주목사를 질책하는 한편, 명현(名賢)의 자손으로 스스로 생각해도 부끄러울 것이라며 애달파하기도 하였다.

③은 홍경래란 발발 직후 안주목사 조종영(趙鍾永)이 보인 행동을 제시하고 있다. 조상의 신주와 문집을 땅에 묻고 처자식과 영결하는 결연한 태도와, 짚신을 거둬 관군에게 제공하는 치밀한 준비성을 긍정적으로 서술하고 있다.[39]

이어 ④에서는 평안도 관군이 안주성에 집결하였을 때 봉기군에게 곽산을 내준 곽산군수 이영식(李永植)이 선봉을 자청했다고 하였다. 그는 전에 김사용이 곽산에 돌입하였을 때 인신과 병부를 빼앗긴 채 갇혀 있다가 안주로 도주하였는데 그 사이에 두 동생과 아들이 죽음을 당하였다.[40] 작자는 그가 선봉을 자당(自當)하겠다고 한 데 대해서는 기특하다고 하면서도 맥없이 곽산을 내주고 갇혀 있었던 사실은 비판적인 어조로 서술하였다.

이와 같이 작자는 홍경래군에 의해 각 고을이 점령되던 상황을 그에 대응하는 각 고을 수령들의 행동과 태도에 초점을 맞춰 제시하고 있다. 곧 저항하다가 죽음을 당한 경우, 호령 한번 못해 보고 필마단기로 도주한 경우, 결연한 의지를 다지며 철저한 준비를 한 경우, 갇혀 있다가 탈출해서 선봉을 자청한 경우 등을 차례로 제시하면서 수령으로서, 명현의 후예로서 책임을 다하였는가 여부를 따지고 있다. 수령을 비롯한 관료들의 행태에 대한 이러한 평가는 여기에서 그치지 않고 이후 작품 중간에

38) 11년 12월 22일, 26일조.

39) 실록에서는 홍경래란이 일어나자 조종영이 군사를 조련하고 백성을 무마하여 조처가 마땅함을 얻었다고 하였고(12년 1월 6일조), 또 평안감사와 평안도 병마절도사가 우왕좌왕하는 동안 조종영만이 죽음을 각오하여 계책을 세우고, 난민으로서 달아나고자 하는 자를 참하여 진정시키자 적이 감히 범하지 못하였다고 하였다(12년 4월 21일조).

40) 11년 12월 22일조.

수차 반복된다.

> 져 놈들 거동 보소 류걸을 군ᄉᆞ 삼아
> 왜인인 듯 호인인 듯 왼 뜰의 가득ᄒᆞ니
> 양진이 교합ᄒᆞ야 천지가 진동ᄒᆞᆫ다
> 이 ᄡᆞ홈 니긔기ᄂᆞᆫ 누구가 원공인고
> 송님 삼ᄇᆡᆨ호를 일야의 불지르니
> 건너간다 건너간다 ᄃᆡ졍강을 거너간다
> 너머간다 너머간다 ᄉᆡ별녕을 너머간다
> 납청졍 찬비 밤의 ᄉᆞ라난 놈 몃 놈인고
> 드러간다 드러간다 뎡쥬셩의 드러간다
> 쥭여쥬소 쥭여쥬소 홍경ᄂᆡ를 쥭여쥬소
> 홍경ᄂᆡᆫ들 졔 탓시랴 니의져의 탓시로다
> 니의젼들 무엇 알고 우군측의 쐬옴이라

앞에서는 관군 측의 고을 수령에 초점이 맞춰져 있었지만 여기에서는 홍경래군으로 서술 초점이 이동하였다. 그렇다고 해서 그들을 긍정적으로 그리고 있는 것은 아니다. 이 부분에는 간략하기는 하지만 송림동에서 전투가 벌어지고, 패배한 홍경래군이 대정강(大定江), 새별령[曉星嶺], 납청정(納淸亭)을 지나 차가운 겨울비를 맞으며 정주성으로 들어가는 과정이 제시되어 있다. 유걸(流乞)을 군사 삼았다는 것은 흉년으로 떠도는 빈민들이 홍경래군에 참여한 것을, 왜인(倭人)인 듯 호인(胡人)인 듯 하다는 것은 그들의 복장이 특이했다는 것을 가리킨다.[41] 그리고 송림 삼백

---

41) 실록에 홍경래군에 유개(流丐)의 부류가 참여했다는 사실이 제시되어 있는데(12년 1월 18일조) 홍경래군에 군사로 참여한 빈민의 성격에 대해서는 오수창이 논한 바 있다(앞의 글, 276~86면). 홍경래군의 복장이 특이했다는 점 역시 실록에서 확인할 수 있기도 한데(11년 11월 20일, 12월 23일조) 그들의 복장에 대해 <신미록>(장덕순 · 최진원 교주, 『홍길동전 · 임진록 · 신미록 · 박부인전 · 임경

호를 불 질렀다는 것은 관군이 전투에서 승리를 거두면서 송림에서 홍경래군을 완전히 쫓아내기 위해 불을 지른 사실을 말하는 것이다.[42] 이어 홍경래란의 핵심 인물 가운데 홍경래보다 이희저, 이희저보다 우군칙에게 더 큰 책임이 있다고 하였는데 이는 봉기의 선봉에 나선 홍경래보다는 봉기가 가능하도록 재정적인 지원을 한 이희저의 죄가 더 크고, 그러한 이희저를 끌어들이면서 봉기를 위한 준비와 조직 활동, 봉기의 전략적 지휘를 한 우군칙의 죄가 더 크다고 한 것이다.[43]

작품의 서두에서 작자가 서북 지방 사람들의 처지와 심정을 이해하는 한편, 난을 일으킨 홍경래군, 특히 그 주동자들에 대한 비판적인 시각을 지니고 있음을 볼 수 있었는데 이 송림 전투 부분에서도 작자의 그러한 시각을 다시 확인할 수 있다.

송림 전투 다음에는 조정에서 순무영(巡撫營)을 설립하여 순무사(巡撫使), 중군(中軍), 종사관(從事官)을 임명하고 군대를 모아 평안도로 보내는 과정과 출병하는 군사들을 전별하는 가족의 모습이 묘사되어 있다. 그리고 이에 이어서 출정을 거부한 김처한(金處漢)에 대한 이야기가 제시되어 있는데 이를 계기로 홍경래란에 제대로 대응하지 못한 여러 관리들에 대한 서술이 다음과 같이 길게 이어지고 있다.

① 남양부ᄉᆞ 김쳐한이 무ᄉᆞᆫ 일로 ᄡᅬ 쓰다가

업전』, 보성문화사, 1978)에서는 호병, <홍경래실기>(『구활자본 고소설전집』 17, 인천대 민족문화연구소, 1984)에서는 청국 군사 같다고 하였다.

42) 12년 1월 1일조.

43) 홍경래는 대동강변 용강 출신으로 평민에 가까운 빈궁한 처지의 인물로 풍수에 능하였다. 또 이희저는 본래 역속 신분이었으나 경제력을 바탕으로 무과에 급제하고 향권에 도전하려는 의지를 보이기도 하였으며, 홍경래군에 재정적으로 큰 기여를 하였다. 그리고 홍경래와 일찍부터 거사를 모의하던 우군칙은 신분이 미천하였지만 풍수와 복술에 능하고 상당한 지식을 갖췄던 것으로 짐작되는데 원래 청천강 이북 지역이 고향이고 근거지이기 때문에 그렇지 않은 홍경래보다 활발한 조직 활동을 하였으며, 이희저 아버지의 묘 자리를 잡아주면서 이희저를 봉기에 끌어들였다(오수창, 앞의 글, 223~86면 참고).

효시 젼지 나린 후의 영옥의 갓치거다
도젹이 완게ᄒᆞ야 셩지를 웅거ᄒᆞ니
그ᄯᅴ의 감병ᄉᆞᄂᆞᆫ 무엇슬 ᄒᆞ엿던고
ᄃᆡ계를 뉸종ᄒᆞ사 찬ᄇᆡ를 ᄒᆞ엿고나
박쳔군슈 구셰 아들 노ᄉᆡ 타고 도라와셔
도젹의 ᄒᆞ든 거동 료〃이 젼ᄒᆞ오니
그 아비 무죄키ᄂᆞᆫ 아들의 덕이로다
ᄐᆡ쳔현감 어듸 가고 ᄂᆡ힝들 도보ᄒᆞ노
② 감병ᄉᆞ ᄉᆡ로 가셔 호령이 엄명ᄒᆞ니
열군이 진동ᄒᆞ야 젼구를 슈습ᄒᆞ고
ᄃᆡ진의 도라와셔 셩하의 찰쥬ᄒᆞᄂᆡ
탄환흑ᄌᆞ셩을 십면 ᄆᆡ복ᄒᆞᄂᆞᆫ고나
③ 뇽골셩 숩은 도젹 무어시 무셔워셔
뇽쳔부ᄉᆞ 도피ᄒᆞ고 구원을 쳥ᄒᆞ던고
평셔도독 격셔 글을 뉘라셔 지여쥰고
션쳔부ᄉᆞ 쳘산부ᄉᆞ 만 번이나 쥭이고져
양반의 ᄌᆞ식으로 염치도 뎐혀 업다
오리졍 연후ᄒᆞ고 듕군 투자 어이 업다
좌우의 삼반하인 붓그럽도 아니턴가
김창시 목아지를 뉘라셔 버혀관ᄃᆡ
듕간에 횡탈ᄒᆞ야 졔 공을 삼으랴노
무진년 셩쥬 일이 두 번 잇기 어렵도다

우선 ①에서는 김처한의 출정 거부 사실을 제시하고 있는데 그는 순무영 좌별장(左別將)으로 전장에 나아가게 되었으나 병을 핑계로 가려하지 않았다. 이에 순무영에서는 김처한을 출정 당일 효시(梟示)할 것을 주청하였고, 이에 그 아들이 대신 자원 출정하여 공을 세움으로써 김처한은 목숨을 건질 수 있었다.44) 작자는 이러한 김처한의 일을 간략하게 제시하면서 별도의 비판을 가하고 있지는 않으나 김처한의 태도를 제시하는 것 자체가 김처한에 대한 강한 비판의 의미를 담고 있다고 할 수 있다. 이어 평안감사 이만수(李晩秀)와 병마절도사 이해우(李海愚)가 유배되고, 박천군수 임성고(任聖皐)의 어린 아들이 홍경래군의 사정을 전해 그 아버지의 죄를 씻었으며, 태천현감 유정양(柳鼎養)이 혼자 피신하여 그 가족들이 걸어서 적진을 벗어날 수밖에 없었다고 하였다. 감사와 절도사는 홍경래군이 정주성에 들어간 지 보름이 되도록 이렇다 할 교전을 하지 않아 적에게 여유를 주었다 하여 정배되었다.45) 임성고는 박천이 함락될 때 인부를 갖고 안주로 가던 중 노모가 홍경래군에게 붙잡혔다는 소식을 듣고 다시 박천으로 돌아왔다. 그는 인부를 품고 홍경래군에게 저항하다가 갇혀 있었는데 나중에 곽산이 수복될 때 풀려나 서울로 압송되었다.46) 그리고 유정양은 태천을 방비하지 못하고, 군제(軍制)를 어기고 영변으로 피신하였었다.47)

이처럼 ①에서는 홍경래란에 제대로 대응하지 못한 관리들을 그들에 대한 조정의 조처나 가족이 겪게 된 시련 등을 통해 비판하고 있다. 앞에서 홍경래란 발발 직후 각 고을의 수령들이 보인 대응 방식과 태도를 비판적으로 바라보던 작자의 시각이 이 부분에도 그대로 이어지고 있음을 알 수 있다.

②에서는 감사 정만석(鄭晩錫), 병사 박기풍(朴基豊)이 새로 부임하여48) 관군의 전열이 정비되었음을 간략하게 서술한 다음, 다시 ③에서 용천, 선천, 철산의 수령들이 피신하거나 항복했던 일에 대한 비판을 이어가고 있다.

---

44) 11년 12월 26일조; 12년 6월 9일조.
45) 12년 1월 16일, 19일조.
46) 12년 1월 7일, 5월 6일조.
47) 12년 1월 4일조.
48) 12년 1월 16일조.

먼저 용천부사 권수(權琇)가 도피한 사실을 비판하였는데 권수는 용골산성(龍骨山城)으로 들어가 7일간 성을 지키다가 혼자 인부를 갖고 의주로 피신하였었다.[49] 선천부사 김익순(金益淳), 철산부사 이장겸(李章謙)에 대해서는 '만 번이나 죽이고져'라고 하여 격렬하고 신랄한 비판을 가하고 있다. 김익순은 김사용 부대가 선천으로 밀려오자 검산성(劍山城)으로 들어갔다가 이내 항복하여 적장과 서로 술잔을 주고받고는 군관(軍官)의 직첩을 받았었다. 이후 그는 조문형(趙文亨)이라는 자가 김사용의 참모 김창시의 수급을 베어오자 천금을 주겠다고 하고는 그것을 마치 자기가 벤 것처럼 정주성 아래 관군의 진영으로 갖고 왔었다.[50] 이장겸 역시 김사용 부대가 철산으로 들어오자 그들의 예봉을 살피지도 않은 채 항서와 인부를 보내고 그들의 직첩을 받아 돈과 쌀을 관리한 바 있었다.[51] 나중에 이 두 사람은 결국 모반죄로 처형되고 말았다. 이들에 대한 비판이 이 부분, 곧 관군이 정주성이 공략하는 시점에 서술된 것은 관군이 정주성을 포위하고 있을 때 각 고을이 수복되면서 그들이 붙잡혀 서울로 압송되었기 때문이다.

이와 같이 관군이 정주성을 공격하는 동시에 각 고을을 수복하고 있는 상황을 다루면서 작자는 그러한 전황(戰況) 자체를 서술하기보다는 이름을 밝히지는 않았지만 도피하거나 항복한 관리들의 행태를 하나씩 들어 비판하고 있다. 그런 다음 서술의 초점은 다시 홍경래군으로 옮겨간다.

어와 놀납고야 영변 도적 놀납고야
좌영듕군 김우학이 김니ᄃᆡ의 ᄉᆞ돈으로
졔 부ᄉᆞ 쥭이고셔 ᄂᆡ응을 ᄒᆞ랴 ᄒᆞᄂᆡ

49) 12년 1월 1일, 9일조.
50) 12년 3월 9일, 19일조.
51) 12년 4월 20일조.

운산군슈 긔수 알고 귀예말 ᄒᆞᄂᆞᆫ고나
장ᄃᆡ의 좌긔ᄒᆞ고 즉지의 힝형ᄒᆞ니
만일의 지체터면 큰 변을 어이 홀고
졀통ᄒᆞ다 뎡경힝이 국은을 모로던가
화심을 포장ᄒᆞ고 일죠의 종젹ᄒᆞᄂᆡ
삼만 냥 진직말이 음흉도 음흉ᄒᆞ다
묘당은 젼혀 속고 슈령을 차송ᄒᆞᄂᆡ
쳔근녁ᄉᆞ 니졔초ᄂᆞᆫ 미련ᄒᆞᆫ 힘ᄲᅮᆫ이라
곽산골 뒤고ᄀᆡ의 쳣 ᄣᅡ홈 위ᄐᆡᄒᆞ다
녕니ᄒᆞᆫ 안쥬장교 무어시라 달ᄂᆡ여셔
칼 노코 항복ᄒᆞ니 그 ᄯᅳᆺ을 미들소냐
윤함종 칼을 드러 즉셕의 버혀ᄂᆡ니
후환을 더러시니 시비를 그만두소

송림 전투 부분에서는 홍경래군의 패퇴를 묘사하면서 홍경래, 이희저, 우군칙에 대한 간단한 비판을 제기하는 데 그쳤지만 여기에서는 김우학(金遇鶴), 정경행(鄭敬行), 이제초(李濟初) 등에 대한 구체적인 사실들을 제시하고 있다.

영변좌수(寧邊座首) 김우학은 홍경래군이 영변을 기습할 때 이에 내응하다가 부사 오연상(吳淵常)에 의해 처형되었으며,[52] 정경행은 인조조 공신 정충신(鄭忠信)의 후손으로 서북 출신의 무반이었는데 홍경래란이 일어나자 조정에서 곽산군수를 제수하였다. 하지만 정경행은 홍경래군에 적극 가담하여 활동하다가 의주장교(義州將校) 최치륜(崔致倫)에게 생포되었다.[53] 그리고 홍경래군의 역사(力士)로 선봉장을 맡았던 이제초는 관군의 곽산 수복 전투에서 패주하다가 안주 군관과 몸싸움을 하던 중

52) 11년 12월 28일조.
53) 11년 12월 23일조; 12년 1월 18일조.

그의 말에 속아 항복하였으나 결국 추문(推問)을 받고 참수되었다.[54] 군이 김우학과 정경행을 들어 비판한 것은 그들이 향임(鄕任)이나 관직을 맡았던 사람들로 수령과 조정을 감쪽같이 속였다는 점 때문일 것이다. 이제초에 대해서는 힘이 장사이기 때문에 압송 중에 있을지 모를 후환을 없애기 위해 참수했으니[55] 시비하지 말자고 하였다. 이제초가 미련하다고 했으나 이제초에 대한 비판보다는 그의 죽음에 대한 시비를 무마하려는 의도가 보다 두드러져 있다고 할 수 있다. 여기에서 송림 전투 부분에서와 마찬가지로 홍경래군에 대한 작자의 시각이 부정적이고 비판적이라는 사실을 다시 확인할 수 있다. 다음에는 의병들에 대한 서술이 이어지고 있다.

① 의쥬ᄂᆞᆫ ᄃᆡ도호라 의ᄉᆞ도 만흘시고
김견신 허항이가 차례로 이러나니
왕능의 어미런가 셔〃의 어미런가
손잡고 경계ᄒᆞ되 왕사의 쥭으라ᄂᆡ
경적을 몬져 치고 ᄃᆡ진의 도라오니
병셰도 경강ᄒᆞ고 의긔도 백ᄇᆡ로다
최치륜 치렵이ᄂᆞᆫ 근간도 근간ᄒᆞ다
② 삼월 십구일의 밤 빠홈 ᄃᆡ단ᄒᆞ다
삼경냐 흐린 달의 가마니 엄습ᄒᆞ니
쟝챵ᄃᆡ검이 좌우로 츙돌ᄒᆞ야
관군인지 적병인지 셔로 시살ᄒᆞᄂᆞᆫ고야

---

54) 12년 1월 13일, 6월 4일조.

55) 실록에 의하면 평안병사가 아뢰기를, 이제초를 추문할 때 장을 세게 치고 주리를 틀어 살이 찢어지고 뼈가 바스러졌어도 능히 걸어다니며 언어가 태연자약하여 그 힘이 보통 사람을 넘고, 그 아우 이제신(李齊臣)이 정주성 안에 있기 때문에 압송하는 길에 의외의 염려가 있을 듯하여 군전(軍前)에서 참수하였다고 하였다(12년 1월 13일조).

가련ᄒᆞᆫ 허션젼이 혼ᄌᆞ 담당ᄒᆞ다가셔
열〃ᄒᆞᆫ 튱혼의ᄇᆡᆨ 원학이 되단 말가
③ 졔경욱 쥭을 젹의 긔 뉘라 보앗던고
고셩의 월훈ᄒᆞᆫᄃᆡ 뺭절이 거룩ᄒᆞ다
④ 듕간의 무ᄉᆞᆫ 일노 유언이 낭ᄌᆞᄒᆞ여
셔로 시긔ᄒᆞ다가셔 의죠가 깁허가니
본심을 ᄇᆞᆰ히랴고 일ᄉᆞ를 결단ᄒᆞᄂᆡ
그 아ᄃᆞᆯ 셔울 와셔 홍총각의 간을 ᄂᆡ여
찬물의 ᄡᅵᆺ고 ᄡᅵ셔 졔 지ᄂᆡ고 먹ᄂᆞᆫ고나
져런 일 보게 되면 츙분이 졀노 ᄂᆞᆫ다
쥭은 후 통졔ᄉᆞᄂᆞᆫ 헛 공명 무엇ᄒᆞ리
튱청병ᄉᆞ 회령부ᄉᆞ 그 아니 거룩ᄒᆞᆫ가

①에서는 먼저 의주에서 창의(倡義)한 의병장 김견신(金見臣)과 허항(許沆)의 활동을 제시하고 있는데 그들은 용천, 철산, 선천을 수복하는 데 앞장섰고, 정주성 아래 관군의 대진에 들어와 전투에 참여하였다. '왕능의 어미런가 서〃의 어미런가'는 김견신이 출정할 때 그 어머니가 아들이 나라 일을 위해 죽는다면 자기 또한 영광스럽다며 손수 군복을 지어준 사실을 가리킨다.[56] 난이 평정된 후 김견신은 충청도 병마절도사에 제수되었다.[57] 이어 의주장교 최치륜을 칭찬하였는데 그는 정경행, 정대성 등 4명의 홍경래군 지휘부 인물들을 생포하였다.[58]

②는 홍경래군의 선봉장 홍총각이 허항의 진을 공격하였는데 가까이 있던 함종부사(咸從府使)와 순천군수(順天郡守)가 제대로 구원하지 않아

---

56) 18년 10월 11일조.
57) 12년 5월 26일조.
58) 12년 1월 18일, 27일조. 김견신과 허항의 활약을 제시하는 부분에 의병이 아닌 최치륜에 대해 서술한 이유가 분명하지 않은데 <홍경래실기>에는 최치륜이 허항의 선봉으로 같이 활동한 것으로 나타나있다.

허항이 고군분투하다가 결국 전사하고 만 사실을 제시하고 있다. 작자는 이에 대해 '가련훈 허션젼이 혼주 담당후다가셔' 원학(怨鶴)이 되었다고 하여 관군의 비협조를 비판하였다. 실제 이 일에 대해 조정에서 함종부사와 순천군수의 죄를 논하기도 하였다.[59]

다음 ③에서는 제경욱(諸景彧)의 전사를 기술하였다. 그는 서울에서 정주로 내려와 출전을 자원한 인물로 관군이 정주성을 공격할 때 앞장서다가 탄환에 맞아 전사하였다. '쌍졀(雙絶)이 거록후다'는 것은 허항과 제경욱의 죽음을 가리킬 것이다. 제경욱이 죽은 시기는 허항의 전사보다 두 달 정도 앞서는데 그의 죽음을 허항의 죽음에 이어 서술한 것은 자원 출정한 인물들의 절의를 함께 제시하고자 했기 때문일 것이다.

④에서는 다시 허항의 죽음에 대한 이야기로 돌아가 그가 죽음에까지 이르게 된 이유를 밝히고 있다. 그런데 '유언(流言)이 낭즈후여 셔로 시긔후다가셔' 허항이 '본심을 붉히랴고 일스(一死)를 결단'했다는 것은 문면만으로는 그 구체적인 내용이 무엇인지 제대로 파악하기 곤란한데 함종부사 등의 관군과 허항 사이에 어떤 갈등이 있었고, 그 때문에 허항이 그들의 도움을 받지 못하고 전사하게 되었을 것이라는 짐작은 가능하다.[60] 이어 허항의 아들 허집(許楫)이 서울에 올라와 처형된 홍총각의 간을 가지고 돌아가 허항의 무덤에 고한 사실을[61] 제시하고 나서 죽은 후 추증된 삼도수군통제사(三道水軍統制使)는[62] 헛된 공명에 불과하다고 하여 관군의 비협조로 억울하게 세상을 떠난 뒤에 조정에서 아무리 칭송하고 대접한들 그것은 부질없는 일일 뿐이라고 비판하였다.

---

59) 12년 6월 9일조.

60) <홍경래실기>에서는 허항이, 홍경래군의 이침이란 자가 성문을 몰래 열어주겠다고 하는 거짓말을 믿고 함종부사 윤욱렬에게 협조를 요청하였는데 윤욱렬의 군대가 먼저 나아갔다가 낭패를 보았고, 이로 인해 허항과 윤욱렬의 사이에 갈등이 생겨 허항이 위태로울 때 윤욱렬이 구하지 않았다고 하였다.

61) 12년 8월 20일조. 이 일이 있은 후 허항의 아내 김씨는 남편을 따라가기 위해 식음을 전폐하다가 8일 만에 세상을 떠났다.

62) 12년 3월 25일조.

이와 같이 여기에서는 의병장들의 활약을 비장하게 제시하고 있는데 그 가운데에서도 비중 있게 서술된 허항의 죽음을 통해 그를 죽게 내버려둔 관군 측의 부당함을 지적하고 비판하였다. 작품의 서사 진행상 관군이 정주성을 포위하고 있는 시점에서 김견신, 허항, 제경욱 등에 대한 서술이 제시된 것은 그들이 정주성 전투에서 활발한 활동을 하고 또 전사했기 때문인데 정주성 전투는 이들의 활동을 제시하는 것으로 대신하고 다음에는 전투 장면이 아닌 지리한 농성(籠城)과 포위 상황을 서술하고 있다.

박듕군 ᄀᆡ차ᄒᆞ고 뉴별쟝 ᄃᆡ신ᄒᆞ니
남한산셩 ᄃᆡ한고ᄂᆞᆫ 헛소ᄅᆡ뿐이로다
디뢰포 승긔젼은 다 ᄡᅳ러 거즛게라
셩샹의 젹쟝 놈들 부도셜 놀나고야
져 놈들 잡아ᄂᆡ여 만단이나 쥭이고져
쳥어 장사 소곰 장ᄉᆞ 간계도 무슈ᄒᆞ다
평셔칙문 졔를 ᄂᆡ여 과거ᄂᆞᆫ 무ᄉᆞᆷ 일고
향교 셔원 치졔ᄒᆞ기 우람도 우람ᄒᆞ다
ᄒᆞᆫ 달 지나 두 달 지나 ᄉᆞ월이 거의로다
간과ᄂᆞᆫ 챵양ᄒᆞᆫᄃᆡ 여역은 무ᄉᆞᆷ 일고
ᄡᅡ히ᄂᆞ니 송장이요 곳〃시 ᄇᆡᆨ골이라
구즌 비 찬 바람의 귀곡이 츄〃ᄒᆞ다
무죄ᄒᆞᆫ 억만챵ᄉᆡᆼ 하ᄂᆞ님 아ᄋᆞᆸ소셔
왕ᄉᆞ가 포로ᄒᆞ야 츈하를 소요ᄒᆞ니
융의를 뎡ᄒᆞ고셔 어ᄂᆞ 날 도라갈고

정주성을 제대로 공격하지 못한다 하여 절도사 겸 순무중군인 박기풍을 삭직하고 대신 유효원(柳孝源)을 순무중군으로 삼았지만[63] 성에 대한 공격은 쉽지 않았다. 병자호란 때 남한산성에서 추위로 인해 큰 고생을 했다는 것이 헛소리일 정도로 춥고, 각종 병장기도 아무 효과가 없다고 하였다. 또한 성 위 홍경래군의 조롱을 견디기 어렵다고 하면서 '쳥어 장사 소곰 장ᄉᆞ'의 '간계도 무슈ᄒᆞ다'고 하였다. '쳥어 장사 소곰 장ᄉᆞ'라고 한 것은 홍경래군을 가리키는데 홍경래란에 참여한 일반 군사들에는 걸인을 비롯하여 소상인, 마부 등 다양한 사람들이 있었는데 소상인 가운데에는 토기를 팔거나 청어 장사를 하는 사람들도 있었다고 한다.[64)]

그러나 작자의 비판적 시선은 홍경래군뿐 아니라 조정과 관군에게도 향하고 있다. 평서책문(平西策問) 제(題)를 내어 과거를 보이거나 향교와 서원에 치제한 것은 짐작건대 조정이나 관군에서 시행했던 일로 보이는데[65)] 작자는 이 일들에 대해 '과거ᄂᆞᆫ 무슴 일고', '우람(愚濫)도 우람ᄒᆞ다'고 하여 비판적인 어조로 서술하고 있는 것이다.

이어 전쟁이 혼란스럽고 어수선한 가운데 전염병까지 돌아 많은 사람이 죽어가는 사태를 제시하면서 지리하게 이어지는 대치 상황을 서술하였다. 이는 관군 측의 상황을 그리고 있는 것이기는 하나 이를 통해 작자는 전란의 비참함 그 자체를 제시하려 했다고 할 수 있다. 다음에는 관군이 화약으로 성을 무너뜨리고 공격하여 마침내 정주성을 함락시키는 장면이 이어진다.

> 셔셩 밧 지도 파기 헛공부 아니될가
> 다져셰라 다져셰라 쳔근 화약 다져셰라

---

63) 12년 2월 18일조.

64) 오수창, 앞의 글, 278면.

65) 서원이나 향교에 치제하였다는 사실을 실록에서는 확인할 수 없으나 <신미록>, <홍경래실기>, 그리고 기타 기록에서는 관군이 정주성 남문 밖 태조가 주둔하여 승리를 거둔 곳에 있는 제단인 장군대와 임경업 사당에 제사를 지냈다고 하였다. 그리고 실록에서는 홍경래란 중에 과거를 실시했다는 사실을 확인할 수는 없으나 난이 진압된 후 그것을 기념하는 '평적경과정시(平賊慶科庭試)'를 실시하였다는 기록은 찾을 수 있다(12년 10월 13일조).

하로밤 벽녁 소ᄅᆡ 무어시 붕탁ᄒᆞ고
ᄐᆡ산이 문허지나 황하슈 터졋ᄂᆞᆫ가
됴슈가 경찬ᄒᆞ고 암곡이 진탕ᄒᆞ니
표묘ᄒᆞ든 셔문누가 형톄도 젼혀 업다
열두 영 군ᄉᆞ들이 일시의 졔긔ᄒᆞ야
창 들거니 칼 들거니 업더지며 곱더지며
드러가자 드러가자 뎡쥬셩의 드러가자
어린아ᄒᆡ 계집 외예 만나거든 다 죽여라
이 셩즁의 잇ᄂᆞᆫ 놈을 옥셕을 갈힐소냐
칼 ᄭᅳᆺ희 ᄡᅧᆨ다괴요 창 ᄭᅳᆺ희 고기로다
남문 밧 여쟝 밋ᄐᆡ 잣바진 놈 긔 뉘런고
홍담갑 은투구의 홍경ᄂᆡ 아니런가
다라낫다 다라낫다 우군측이 다라낫다
오영의 비관ᄒᆞ고 ᄉᆞ면의 근포ᄒᆞᄂᆡ
김니ᄃᆡ 등 일곱 놈은 함거의 올나가고
니이져 부ᄌᆞ 형졔 난병의 죽어고나
원악을 다 자부니 협종을 어이 ᄒᆞ리
이쳔사ᄇᆡᆨ 명을 한칼의 죽엿다ᄂᆡ
죠빈이 강남의셔 몃 사ᄅᆞᆷ 죽엿던고
그 광경 ᄉᆡᆼ각ᄒᆞ니 몸의 셔리 졀노 ᄂᆞᆫ다

관군은 마침내 광산에서 채굴하던 인부들을 동원하여 성벽 밑에 굴을 파고 화약을 터뜨려 성을 허물고 물밀듯이 성안으로 들어간다. 작자는 관군들이 어린아이들과 부녀자를 제외한 모든 사람들을 죽이면서 홍경래군을 공격하는 모습을 제시하고, 홍경래와 이희저가 죽고, 우군칙이 도주하고,[66] 김이대(金履大) 등이 사로잡혔다는 사실을 밝히고 있다. 그런데 작자는 이러한 관군의 진압을 과도한 것으로 파악하고 그것을 비판적인 시각에서 그리고 있다.

우선 작자는 '어린아히 계집 외에 만나거든 다 쥭여라 / 이 셩즁의 잇ᄂᆞᆫ 놈을 옥셕을 갈흴소냐'라는 관군의 목소리를 제시한 다음 '칼 긋희 쌕다괴요 창 긋희 고기로다'라고 하여 관군의 살육을 통한 진압의 모습을 제시하고 있는데 이 구절에서 그러한 관군의 행동이 지나치게 처참한 것이었다는 작자의 목소리를 느낄 수 있다. 이는 작자가 '이쳔사뵉명을 한칼의 쥭엿다ᄂᆡ / 죠빈이 강남의셔 몃 사ᄅᆞᆷ 쥭엿던고',[67] '그 광경 싱각ᄒᆞ니 몸의 셔리 졀노 ᄂᆞᆫ다'라 하고, 위 인용문 뒤 난의 수습 과정과 군사들의 귀환을 서술하면서 "남살ᄒᆞᆫ 뉴효원이 특별이 삭직ᄒᆞ니 / 아셩샹 ᄃᆡ쳐분이 광명도 광명홀ᄉᆞ"라고 한 데에서 분명히 확인할 수 있다. 여기에서 작자가 홍경래군에 대한 부정적이고 비판적인 시각을 지니고 있지만 주동자뿐 아니라 모든 가담자를 처참하게 살육한 관군에 대해서도 비판적인 태도를 보이고 있음을 알 수 있다.[68]

위의 뒤를 이어서는 정주목사 임재수(林栽洙)가 도임하여 사후 수습을 하는 과정,[69] 관군의 반사(班師)와 가족과의 재회 장면, 그리고 많은 사

---

66) 우군칙은 도주하여 우용문(禹龍文)이라고 이름을 바꾸고 다니다가 3일 만에 붙잡혔다(12년 4월 29일조).

67) 조빈(曹彬)은 강남을 정벌하면서 한 사람도 함부로 죽이지 않은 송나라의 장군이다. 작자는 조빈을 언급함으로써 당시의 진압이 처참한 살육이었음을 분명히 하고 있다. 이때 관군이 처형한 사람의 수는 실제 1,917명이라 한다(12년 4월 27일조).

68) 황패강은 '어린아히 계집 외에 만나거든 다 쥭여라 / 이 셩즁의 잇ᄂᆞᆫ 놈을 옥셕을 갈흴소냐'에 대해 "그에게 있어 홍군은 조선의 질서에 반역한 무리의 도당으로 조금의 동정도 허락되어서는 안된다는 태도가 보인다. 무차별의 학살도 이들에게 당연히 찾아와야 할 토벌로서 정당시되고 있다(앞의 글, 115면)."라고 하였으나 이 부분의 목소리를 작자가 아닌 관군으로 보는 것이 타당하다는 점, 그리고 뒷부분에서 작자가 처참한 살육을 비판적으로 기술하고 있다는 점을 고려할 때 이러한 해석은 무리가 있는 것으로 보인다.

69) 작자는 이 부분에서 '독마다 ᄲᆞᆯ이 잇고 궤마다 돈이 잇다'고 하였으나 실제는 쌀과 피곡(皮穀) 20석만이 있었다 한다(12년 4월 26일조). 이는 작자가 의도적으로 과장했다기보다는 사실을 잘못 알고 있었던 것으로 짐작된다. 그리고 임재수는 수습을 제대로 할 수 있는 다른 인물로 교체해 달라는 평안감사의 주청에 의해 곧 이신경(李身敬)으로 바뀌었다(12년 5월 4일조).

람을 살육한 유효원의 삭직과 같은 조정의 조처 등이 서술되고, 다음과 같은 홍경래란에 대한 작자의 논평이 제시된다.

> 어즙아 놀랍고야 이 어인 ᄋᆡᆨ운인고
> 오ᄇᆡᆨ 년 심인후ᄐᆡᆨ 반셕가치 공고ᄒᆞ야
> 초ᄐᆡᆨ의 발호ᄒᆞᆫ 놈 뉘라셔 ᄀᆡ유홀고
> 셩문을 그릇 보고 긔한을 못 견ᄃᆡ여
> 부호를 빙ᄌᆞᄒᆞ고 우민을 션동ᄒᆞ야
> 어린아희 우물이요 나ᄂᆞᆫ 나뷔 등잔이라
> 흉얼을 자작ᄒᆞ니 쳔쥬를 도망ᄒᆞ랴
> 셩은이 관ᄃᆡᄒᆞᄉᆞ 져희들 족과ᄒᆞ랴
> 농사를 젹ᄌᆞ 삼하 함여유신ᄒᆞ오시니
> 일노가 광명ᄒᆞ여 어졔런가 그졔런가
> 시화셰풍ᄒᆞ야 격양가 부르오니
> 곳〃이 경셩경운이 만〃셰지ᄐᆡ평이라

여기에서는 홍경래란을 그 주동자들이 우민을 선동하여 자작한 위태로운 재앙으로 규정하고, 그것이 평정되어 다시 태평성세가 이룩되었음을 말하고 있다. 이를 통해 작자가 홍경래란이 굶주림 때문에 일어났다는 것을 인정하고 있지만 그 주동자들을 바라보는 시각은 상당히 비판적이라는 것을 다시 확인할 수 있다.

이상에서 살핀 바와 같이 <정주가>는 홍경래란이라는 역사적 사건의 경과를 시간적 순서에 따라 형상화하는 서사성을 지니고 있다. 그런데 세부적인 사건을 구체적으로 묘사하고 그러한 사건들을 유기적으로 연결하는, 일관되고 체계적인 구조를 갖추기보다는 시간적 순서에 따른 서사 진행을 큰 틀로 하면서 중요하다고 생각되는 부분적인 사건이나 상황을 그때그때 확대하고, 그것과 관련된 인물들의 행동과 태도를 집중적으로 제시하는 구조를 채택하고 있다. 이에 따라 때로는 관군 측의 인물들이, 때로는 홍경래군 측의 인물들이 서술의 중심에 놓이기도 하고, 경우에 따라서는 하나의 상황이 구체적으로 제시되기도 한다.

서술의 초점이 이동하는 것은 서사문학 일반에서 흔히 볼 수 있는 현상이기는 하다. 그러나 이 작품은 묘사의 구체성이 미흡하고 사건 연결의 유기성이 느슨하다는 점에서 소설과 구별된다. 그리고 서술의 초점이 바뀌면서 사건이나 상황이 확대되기는 하지만 그것은, 독자의 정서를 환기하고 공감을 유도하는 데 일차적인 목적이 있다기보다는 같거나 유사한 사태에 처한 여러 인물들의 행동이나 태도를 때로는 대비하고, 때로는 그 유사성을 집중적으로 드러냄으로써 그것에 대한 작자 나름의 의식을 드러내는 데 우선적인 목적이 있는 것으로 보인다. 이런 점에서 이 작품의 서술방식은 또한 판소리와 다르다.

그렇다면 이러한 서술적 특성을 통해 확인할 수 있는 작가의식은 구체적으로 어떠한 것인지 살펴보자. 이미 앞에서 살핀 바와 같이 작자는 홍경래란을 비판적이고 부정적으로 바라보고 있다. 그리고 홍경래란의 진압으로 태평성대가 회복되었다고 하는 데에서 봉건 지배체제의 모순과 같은 홍경래란의 근본 원인에 대한 이해가 미흡하다고 할 수도 있다. 하지만 그렇다고 해서 이 작품의 작자를 홍경래군에 대한 증오와 복수의 감정을 지니고 그들에 대한 학살을 정당한 것으로 인식하는 정체된 역사관의 소유자라고 단정하는 것은[70] 문제가 있다. 그것은 작품의 실상과도 거리가 있을 뿐 아니라 작자로서는 어쩔 수 없는 시대적 한계와 조건을 충분히 고려하지 않았기 때문이다. <정주가>의 의미와 작가의식을 제대로 파악하기 위해서는 무엇보다도 이 작품이 창작된 시기가 홍경래란 이후 아무리 오래되었다고 해도 15~6년을 넘지 않는다는 점, 작자의 신분이 사대부라는 점 등을 충분히 감안하여야 할 것이다. 아무

70) 황패강, 앞의 글, 115면.

리 모순이 노정되고 있다 하더라도 봉건 지배체제가 엄존하는 상황에서 그것도 사대부 신분의 작자가 불과 십여 년 전에 일어난 대규모 반역 사건에 의의를 부여하면서 그것을 긍정적으로 그려낸다는 것은 불가능한 일일 수밖에 없다.

그러면 작자는 어떠한 의식과 의도에서 이 작품을 창작한 것인가. 앞에서 살펴보았듯이 작자는 먼저 홍경래란의 원인 가운데 하나로 서북 지역에 대한 차별을 거론하였는데 그것은 그 지역 사람들로 하여금 원한이 맺히게 할 정도였다고 하였다. 홍경래란이 정당한 것이었다는 것은 결코 아니지만 그 원인으로 서북 지역에 대한 차별을 거론한 것은 조정의 정책과 사대부들의 태도에 대한 비판적 의미를 내포한 것이라 할 수 있다.

또 작자는 홍경래란의 시말을 다루면서 서술의 상당 부분을 고을 수령을 비롯한 관군 측 인물들에 대한 비판에 할애하고 있는데 이는 홍경래군에 대한 비판의 몇 배 분량에 달한다. 곧 순절한 가산군수, 전란에 민첩하게 대처한 안주목사를 제시하고 이들과 대비하여 임무를 다하지 못하고 도주한 정주목사, 도주했다가 관군에 합세한 곽산군수를 비판하는 것을 시작으로 출정을 거부하다 효수될 뻔한 순무영 좌별장, 병란에 신속하게 대응하지 못한 감사와 병사, 적에 포로로 잡힌 박천군수, 소규모의 적이 두려워 도주하면서 구원을 청한 용천부사, 홍경래군에 항복하고 그들의 벼슬을 받은 철산부사, 항복하고 벼슬을 받았을 뿐 아니라 더 나아가 거짓으로 자기의 죄를 씻으려 한 선천부사, 의병장을 돕지 않아 죽게 만든 함종부사와 순천군수, 처참한 살육을 자행한 절도사와 관군 등 수다한 관군 측 인물과 관군에 대한 비판으로 점철하고 있다. 이런 점에서 이 작품이 제 임무를 다하지 못한 당시 관리들에 대한 질책과 비난이 핵심을 이루고 있다는 지적은[71] 적절하다고 할 수 있다.

---

71) 소재영(b), 532면.

그리고 작자는 전란의 고통과 참상에 많은 관심을 기울이고 있다. 앞에서 인용하지는 않았지만 작품 속에는 전장으로 출병하는 군사들이 "말 머리에서 우는" 부모, 처자, 동생들과 이별하는 장면이 제시되어 있다. 또 그들이 돌아와 가족과 재회하는 장면에서는 "그 듕의 한 두 사름 ᄉ망인들 엇슬손냐 / 쳔니고혼을 아모리 위휼ᄒᆞᆫ들 / 져의들 부자지친 원한을 어이 ᄒᆞᆯ고"라고 하여 전사한 군사의 원한과 가족의 슬픔을 제시하고 있기도 하다. 이러한 부분들은 이 작품이 단순히 역사를 기록하는 데 그치지 않고 문학적 재창조를 시도하고 있다는 것을 말해주는 것으로 작자는 전란으로 인해 이름 없는 군사들의 가족이 겪어야 했던 이산과 사별의 고통을 놓치지 않고 있다. 뿐만 아니라 정주성의 농성과 포위 상황 부분에서는 전란의 고통을 겪는 것도 부족해 전염병까지 돌아 시체가 쌓이고 곳곳에 백골이 나뒹군다고 하면서 '무죄ᄒᆞᆫ 억만챵싱'의 고통을 제시하고, 정주성 공격 부분에서는 참혹한 살육 장면을 제시하면서 '칼 끝의 뼈다귀요 창 끝의 고기'라는 말로 그러한 상황을 극적으로 표현하고 있다.

그런데 이러한 전란의 고통과 참혹함은 홍경래군에 의해 촉발되고, 그것에 적절히 대응하지 못하고 살육을 자행한 관군에 의해 확대·증폭된 것이다. 따라서 전란의 고통과 참상을 구체적으로 제시하고 있는 것은 그러한 전란이 없어야 한다는 인도적 차원의 문제를 넘어 홍경래를 비롯한 난의 주동자와 관군 측 인물에 대한 강한 비판적 의미를 담고 있는 것이라 할 수 있다.

요컨대 작자는 이 작품을 통해 단순히 난의 주동자를 비판하는 것을 넘어서서 난의 원인을 제공하고, 전란의 고통과 참상을 확대·증폭시킨 조정과 관군 측 인물들의 책임을 집중적으로 문제 삼음으로써 홍경래란이라는 역사적 사건을 나름대로 재해석하고 있다고 할 수 있다. 작자는 난의 주동자들에 대해 '흉얼(凶孽)을 자작(自作)'하여 천벌을 면할 수 없다 하고, 그들을 추종한 사람들에게는 "하날 갓튼 놉흔 은혜 아는다 모로는다 / 튱효를 다 ᄇᆞ리고 도젹을 ᄯᆞ로더니 / 이제와 보게 되니 무어시 유익하니"라고 책망하여 봉건 지배체제에 순응하도록 경계하고 있다. 마찬가지로 관군 측 인물들에 대한 비판에도 그들이 봉건 체제를 지탱하는 사대부로서, 또 관리로서 자기의 임무와 사명을 자각하고 그것을 실천할 수 있어야 한다는 윤리적 명제가 전제되어 있는 것이 사실이다. 그러나 그럼에도 불구하고 작자는 홍경래란을 봉건 지배체제에 대한 단순한 반역 사건이 아니라 지배층의 여러 문제로 인해 야기·확대된 처참한 전란으로 파악하고,[72] 이를 <정주가>라는 가사를 통해 문학적으로 형상화하였다. 이처럼 조선후기 가사가 역사적 사건을 다루는 실기문학적 성격을 지니기도 했으며, 그리고 그러한 사건을 작자 나름의 의식을 통해 재해석, 재창조하고 있는 것을 보여주고 있다는 점에서 이 작품이 지닌 의의를 찾을 수 있을 것이다.

4. 맺음말

<정주가>는 홍경래란을 다룬 장편 가사로 홍경래란 직후인 19세기 초 이희현에 의해 창작되었다. 이 글에서는 아직 충분한 논의가 이루어지지 못한 이 작품을 대상으로 작자와 창작 배경, 구조와 작가의식 등 작품 이해를 위한 기본적인 문제들을 구명하고자 하였다. 논의의 결과를 요약하면 다음과 같다.

이 작품의 작자 이희현은 글씨와 시에 능했고, 해학과 풍류를 즐기는 성격을 지니고 있었다. 그는 김조순, 김려 등과 긴밀하게 교유하고 있었는데 세도가 주변의 부정적 행태들에 대해서는 비판적 태도를 갖고 있

72) 이는 이희현 자신이 지배층의 일원이면서도 김조순과 같은 세도가 주변의 부정적인 행태에 비판적인 태도를 지녔던 사실과 어느 정도 연관될 수 있는 것으로 보인다.

었던 것으로 보인다. 그리고 그가 <정주가>라는 가사 작품을 창작하게 된 데에는 무엇보다도 여러 편의 가사를 직접 창작한 부친 이운영의 영향이 있었을 것이며, 또 굳이 홍경래란을 대상으로 한 데에는 자신이 세 차례나 고을 수령을 지낸 서북 지방에 대한 관심, 특히 홍경래가 자신이 수령으로 있던 강서와 이웃한 용강 출신이었다는 사실, 그리고 수령직을 누차 역임한 자신의 경험과 그로 인해 갖게 된 의식 등이 작용하였을 것으로 짐작된다.

<정주가>는 홍경래란의 시말을 시간적 순서에 따라 서술하고 있다. 하지만 세부적인 사건을 구체적으로 묘사하고 그러한 사건들을 유기적으로 연결하는, 일관되고 체계적인 구조를 갖추기보다는 시간적 순서에 따른 서사 진행을 큰 틀로 하면서 중요하다고 생각되는 부분적인 사건이나 상황을 그때그때 확대하면서 관련 인물들의 행동과 태도를 집중적으로 제시하는 구조를 지니고 있다. 작자는 이러한 구조적 틀에 따라 서술의 초점을 이동해가면서 관군 측의 인물들, 홍경래군의 인물들, 그리고 특정한 상황과 장면들을 구체적으로 제시하고 있다.

작품의 서두에서는 홍경래란의 원인으로 서북 지방에 대한 차별을 제시하여 조정의 정책과 사대부들의 태도에 문제를 제기하였다. 그리고 이러한 서두 부분에 이어 작자는 서술의 상당량을 난에 제대로 대응하지 못한 고을 수령들을 비롯하여 부정적인 행태를 보인 관군 측 인물들에 대한 비판에 할애하였다. 또한 작자는 전란의 고통과 참상에 많은 관심을 보이고 있는데 그것을 촉발한 것은 홍경래군이지만 그것을 확대・증폭시킨 것은 관군 측의 인물들로 파악하고 있기 때문에 전란의 고통과 참상에 대한 작자의 관심은 관군 측에 대한 비판과 연결되고 있다. 물론 작자는 홍경래를 비롯한 난의 주동자들을 철저히 비난하면서 그들을 추종한 사람들에 대해서는 충효를 버린 결과가 어떠하냐며 신랄한 책망을 하고 있다. 따라서 작자가 홍경래란의 정당성과 의의를 인정하고 있는 것은 결코 아니지만 지배층의 여러 문제로 말미암아 난의 빌미가 제공

되고, 전란의 고통이 확대된 것으로 파악하고 있다고 할 수 있다. <정주가>는 이러한 작가의식을 문학적으로 형상화하고 있는바 이 작품의 의의는 우선 여기에서 찾을 수 있을 것이다.

Ⅱ. <동유가>의 서술방식과 작가의식

1. 머리말

산수 유람의 체험을 노래하거나 기록하는 것은 어느 시대에나 있는 일이다. 그런데 조선후기, 특히 18~9세기에는 사족들 사이에 금강산을 중심으로 한 관동지방의 유람이 대거 유행하고, 그러한 여행 체험을 산수유기(山水遊記)나 기행한시, 국문 기행가사 등의 형태로 기록하거나 형상화하는 것이 관례화되다시피 했던 것으로 보인다. 이 글에서 다루고자 하는 <동유가> 역시 그러한 시대적 분위기 속에서 산출된 기행가사 중 한 편이다.

<동유가>를 처음 발굴, 소개한 이상택 교수는 이 작품이 하버드대학교 연경도서관(燕京圖書館)에 소장되어 있음을 밝히고, 작품에 나타난 행위와 사건의 진행에 대한 상황 설명, 서경과 서사의 치밀성, 빈한한 하층민 생활에 대한 관심 등을 검토하여 이 작품이 강한 산문성을 지니고 있음을 확인하였다.[1] 이어 조세형은 이 작품의 작자의식과 문체의 관계에 주목하여 중세적 지향과 근대적 지향의 공존이라는 작자의식의 혼효가 서정적 문체와 주제적 문체의 혼효, 유기적 구조와 일화적 구조의 혼효와 관련되는데 이는 전기가사에서 충족되지 않고 잠재되어 있던 문학적 관습들을 후기가사에서 본격적으로 충족시키고자 한 것으로 잠재적 언어들을 표면적 언어로 자리바꿈하게 된 담당층의 의식 변화의 결과라

1) 이상택, 「금강산 기행가사 <동유가(東游歌)>」, 『한국고전시가작품론』 2, 백영 정병욱 선생 10주기추모논문집 간행위원회, 집문당, 1992.

고 하였다.[2] 이에 대해 한소연은 <동유가>의 작자가 이중적인 세계관을 담보하고 있다기보다는 보편적인 인간에 대한 애정을 지닌 인물로 보아야 한다며 작품의 형식과 문체, 작가의식 등을 검토하였다.[3] 이후 최강현은 작자와 창작시기를 탐색하여 작품 속에서 확인할 수 있는 작자에 대한 정보를 바탕으로 이 작품이 홍정유(洪鼎裕)에 의해 1862년(철종13)에 지어진 것으로 추정하였다.[4]

한편 <동유가>의 존재가 알려지면서 기행가사, 혹은 조선후기 가사를 대상으로 한 연구에서 <동유가>에 대한 논의가 부분적으로 이루어지기도 하였다. 정한기는 진술방식에 따라 기행가사의 유형을 나누면서 <동유가>를 화자가 대상에 대하여 객관적 거리를 유지하고, 화자가 부분적으로 3인칭 서술자의 역할을 하고, 구어체가 개입된 '독백보고변모형'으로 분류하였다.[5] 또 유정선은 <동유가>에 생활문화에 대한 관심과 사실적 묘사가 두드러진 점을 지적하고, 금강산 유람이 유흥적 성격을 띠면서 종래의 사대부 문사들 사이에 이루어져 왔던 경건한 산수 유람의 의미가 희석화되었는데 이러한 변화는 도시에서 일상적 유흥을 즐기는 정서적 체험과 관련되어 있는 것으로 보인다고 하였다.[6] 조세형은 후기가사의 표현 특성을 살피는 자리에서 다시 <동유가>를 언급하였는데 명사 또는 명사구를 차이를 전제로 하여 나열하거나, 통사구조의 형식적 요소를 반복하면서 인물의 행동을 열거하는 부분 등을 들어 인접한 사물들의 나열 그 자체에 관심과 흥미를 보였던 당대인들의 표현방식이 반영되어 있다고 하였다.[7]

---

2) 조세형(a), 「후기 기행가사 <동유가>의 작자의식과 문체」, 『선청어문』 21, 서울대, 1993. 9.
3) 한소연, 「<동유가> 연구」, 고려대 교육대학원 석사논문, 1996.
4) 최강현, 「<동유가>의 지은이를 살핌 -하바드대학본 금강산기행가사를 중심하여-」, 『한국시가연구』 6, 한국시가학회, 2000.
5) 정한기, 『여행문학의 표현과 창작배경』, 월인, 2010.
6) 유정선, 『18 · 19세기 기행가사 연구』, 역락, 2007, 113~7면.
7) 조세형(b), 「후기가사의 표현 특성과 그 문학사적 의미」, 『한국시가연구』 22, 한

이와 같은 논의들을 통해 <동유가>의 작자와 창작시기, 그리고 전기 가사와 구별되는 작품의 성격들이 확인됨으로써 <동유가>를 조선후기 기행가사의 하나로 자리매김할 수 있었다. 그런데 작품이 지닌 표현적 특성이 작품의 일부분을 중심으로 논의되거나 작가의식이 실제 작자와 긴밀하게 조응되면서 논의되지 못한 감이 없지 않다. 이에 여기에서는 작품 전반에 걸친 형식과 표현의 특성을 살피고, 그것이 실제 작자의 의식과 어떻게 연관될 수 있는지 검토하고자 한다. 이러한 논의를 통해 이 작품의 서술방식과 작가의식에 대한 이해가 심화되기를 기대한다.

2. 작자와 창작 배경

앞에서 언급한 바와 같이 최강현에 의해 <동유가>의 작자와 창작 시기가 추정된 바 있다. 그는 작품 속에 제시된 작자와 관련된 사실들, 곧 장인이 능주목사(綾州牧使)를 지냈고, 당시 회양부사(淮陽府使)가 진외종대부(陳外從大父)이며, 옥국재(玉局齋) 이운영(李運永, 1722～1794)이 진외고조(陳外高祖)라는 점,[8] 그리고 작자가 24세에 사마시에 급제했고, 34세에 금강산 여행을 하고 이 작품을 창작했다는 점 등을 고려하여 이 작품이 홍정유(1829～1879)에 의해 1862년경에 창작되었을 것이라고 하였다.

옥국재가 진외고조라는 것은 옥국재의 손녀가 작자의 할머니라는 것

국시가학회, 2007.

8) 작자는 '금강문' 세 글자를 진외고조인 옥국재공이 썼는데 회양대부가 다시 깊게 새기도록 했다 하고, 만폭동에 옥국재가 바둑판을 새기고 '삼산국' 세 글자와 그 옆에 '수운' 두 자를 썼다고 하였으며, 효운동에서는 옥국재의 친필 제명을 확인했다고 하여 옥국재에 대한 관심을 지속적으로 드러내고 있다. 옥국재 이운영이 만폭동에 바둑판을 새긴 것은 그가 금성현령으로 있던 1770년의 일이다(이승복, 「옥국재 이운영에 대한 전기적 고찰」, 『고전문학과 교육』 7, 한국고전문학교육학회, 2004, 172면 참고).

인데 옥국재는 손녀가 여럿이고, 그 손녀들의 손자 또한 여러 명이다.[9] 그런데 "어와 이 ᄂᆡ 연긔 이모(二毛)의 ᄯᅩ 두 ᄒᆡ라 / 삼팔의 소과칭명 거연이 십지로세", "이ᄯᅢ는 어ᄂᆞ ᄯᅢ고 임슐 모츈 염팔이라"라는 작품 속 서술을 통해 최강현도 지적한 것처럼 작자가 임술년에 34세이니 기축년에 태어났고, 또 24세 때인 임자년에 사마시에 급제한 것을 알 수 있다. 『사마방목』을 조사한 결과 옥국재를 진외고조로 둔 사람 가운데 이 조건에 부합하는 사람은 홍정유밖에 없었다. 따라서 <동유가>는 홍정유가 1862년 금강산을 여행하고 지은 작품으로 확정해도 무리가 없을 듯하다.

그렇다면 작자가 진외종대부라고 한 당시의 회양부사는 누구인가. 19세기말에 작성된 「회양군읍지(淮陽郡邑誌)」에는 작자가 금강산을 여행하던 1862년 당시의 회양부사가 이정재(李定在)로 기록되어 있다.[10] 그런데 이 이정재는 바로 옥국재의 손자이고, 가사 <정주가>를 지은 이희현(李羲玄)의 아들이며, 홍정유 할머니의 친동생이다.[11] 작자가 회양에서 환대를 받으며 본격적인 금강산 유람에 나설 수 있었던 것은 회양부사와 작자의 이런 관계 때문이었다. 한편 이러한 사실에서 '진외종대부(陳

9) 『한산이씨양경공파세보(韓山李氏良景公派世譜)』 권4, 한산이씨양경공파보소, 1982 참고.

10) 「회양군읍지(淮陽郡邑誌)」, 『강원도읍지(江原道邑誌)』 6, 서울대학교 규장각, 1997, 453면. 「회양군읍지」에는 이정재가 경신년(1860)에서 계해년(1863)까지 재임한 것으로 되어있는데 규장각에 소장된 『진신외임안(搢紳外任案)』에는 경신년 7월에 부임하여 계해년 2월까지 재임하였다고 하여 좀 더 구체적으로 기록하고 있다. 그리고 최강현은 홍정유의 장인 이병례(李秉禮)가 1796년(병진) 2월부터 1799년(기미) 12월까지 능주목사로 재임하였다고 하였으나(앞의 글, 225면) 『진신외임안』에는 1854년(갑인) 3월부터 1855년(을묘) 12월까지 재임한 것으로 기록되어 있다. 또 『사마방목』에는 동명이인인지는 알 수 없으나 이병례가 1797년 생으로 1834년 진사시에 급제한 것으로 되어 있다. 홍정유가 1829년생임을 감안하여 옹서 간의 나이 차이를 고려할 때 『진신외임안』의 기록이 타당한 것으로 생각된다.

11) 『한산이씨양경공파세보』 권4, 415, 433면 참고. 이정재는 족숙(族叔) 이희익(李羲翼)에게 출계(出系)하였는데 1799년에 출생하여 1831년 사마시에 급제하고, 성주목사(星州牧使)를 지냈으며, 1868년에 세상을 떠났다.

外從大父)'가 기존 연구들에서 지적한 것처럼 진외종(陳外從)의 대부(大父)를 가리키는 것이 아니라 진외가(陳外家)의 종대부(從大父), 곧 할머니의 남자 형제를 지칭한다는 것을 알 수 있다.

홍정유에 대해서는 족보를 근거로 홍정유 본인과 그 조부, 부모, 자녀에 대한 기본적인 사실들이 소개된 바 있는데[12] 그와 그의 가문에 대해 좀 더 구체적으로 살펴보자. 홍정유의 본관은 남양(南陽)인데 병자호란 때 순절한 삼학사(三學士) 가운데 한 사람인 홍익한(洪翼漢)의 후손이다. 홍익한은 후금이 자기들의 칭제(稱帝) 문제를 상의하자며 사신을 보냈을 때 사신의 처형을 주장하는 상소를 올리는 등 척화를 강하게 주장하고, 병자호란 때에는 심양에 끌려가서도 그 뜻을 굽히지 않다가 결국 죽음을 당하였다.[13] 이후 국가에서는 그 절의를 높이 평가하여 여러 차례 증직을 하였는데 홍정유는 이러한 홍익한의 9대손으로 홍익한의 제사를 직접 받드는 봉사손(奉祀孫)이었다.

홍정유의 고조 홍술조(洪述祖, 1738~1798)는 청주목사 등을 지내고 이조참의에 추증되었는데[14] 영조가 그 사람됨이 정명(精明)하다고 하였다 한다.[15] 금천현감과 순천부사로 있을 때 백성을 진휼한 공을 크게 인정받기도 하였다.[16] 부인 한산 이씨(韓山李氏)는[17] 남편이 세상을 떠나자 6일 만에 스스로 목숨을 끊어 조정에서 정려를 하였다.[18] 홍정유의 증조 홍양묵(洪養默, 1764~1836)은 24세에 처음 관직에 나아가 조경묘(肇慶

12) 최강현, 앞의 글, 229~30면.

13) 강화도가 함락될 때 홍익한의 아들 홍수원(洪晬元)은 살해당하고, 부인 허씨와 홍수원의 아내인 며느리 이씨는 자결하였다.

14) 이조참의에 추증된 사실이 족보(『남양홍씨세보(南陽洪氏世譜)』, 남양홍씨중앙화수회, 1991)에는 기록되어 있지 않지만 『승정원일기』(고종 5년 12월 4일조)에서 확인할 수 있다.

15) 송환기(宋煥箕), <목사홍공묘갈명 병서(牧使洪公墓碣銘 幷序)>, 『성담집(性潭集)』 권21.

16) 『정조실록』, 8년 4월 21일조, 17년 6월 25일조.

17) 이헌중(李獻重)의 딸인데 이헌중은 홍정유 할머니의 증조부인 이기중(李箕重)과 8촌간이다.

18) 송환기, 앞의 글.

廟)[19] 참봉이 되었는데 이조에서 신병이 중하고, 30세 이상이라는 규정에도 맞지 않으니 개차(改差)하자고 하였으나 정조는 "이 사람이 누구의 자손이던가"라며 허락하지 않았다.[20] 이후 열 두 고을을 맡아 다스리고 돈령부 도정을 역임하였는데 공수(龔遂)와 황패(黃覇)의 풍모가 있어 일세에 이름을 떨쳤다고 한다.[21] 공수와 황패는 중국 한나라 때 선치(善治)로 유명한 지방관들이다. 홍정유의 조부 홍재현(洪載顯, 1789~1848)은 광흥창수를 지냈고, 아버지 홍건후(洪健厚, 1805~1863)는 화순현감, 영천군수, 청도군수 등을 역임했는데[22] 연암의 손자인 박규수(朴珪壽)와 동서 간이기도 하였다.

홍정유에 대한 족보의 기술은 간략한데 『승정원일기』 등을 통해 약간의 사실들을 추가로 확인할 수 있다. 이를 종합해보면 홍정유는 자가 희경(羲卿), 호가 추포(秋圃)인데 1829년에 태어나 24세 때인 1852년 식년진사시에 급제하였다. 이후 1869년 선공감(繕工監) 부봉사(副奉事), 1870년 상서원(尙瑞院) 부직장(副直長)과 직장(直長), 1871년 사헌부(司憲府) 감찰(監察)과 형조좌랑(刑曹佐郞), 1872년 형조정랑(刑曹正郞)과 종묘서령(宗廟署令) 등을 지냈다. 이어 외직으로 나아가 1873년 강서현령(江西縣令), 1875년 옥천군수(沃川郡守)가 되고, 1878년 김해부사(金海府使)를 거쳐 무주부사(茂州府使)로 옮겼다가 이듬해인 1879년 51세로 세상을 떠났다.

그는 강서현령으로 있을 때 유생들에게 열흘마다 제술(製述)을 시험하여 문풍을 창도하고, 무사들은 날마다 기예를 익히게 하여 무사(武事)를 권장하고, 송사는 당장에 판결하여 서리가 간계를 부리지 못하게 하며, 재앙을 구제하여 베푼 것이 많아 백성이 다 은혜에 감복하였다고 한

---

19) 전주에 있는 조선 왕실의 시조를 모신 사당.

20) 『일성록』, 정조 11년 6월 22일조, 7월 18일조.

21) 盖公有龔黃之風 鳴於一世(이유원(李裕元), 「춘명일사(春明逸史)」, 『임하필기(林下筆記)』 권29).

22) 족보에는 홍건후의 관직이 청도군수로만 기재되어 있으나 실록을 통해 화순현감과 영천군수 등을 지낸 사실을 확인할 수 있다.

다.[23] 그리고 홍정유는 한말의 문장가인 김윤식(金允植)과 서로 사돈 간이기도 하였다.[24] 홍정유의 아들 홍사필(洪思弼, 1856~1918)이 김윤식의 사위였던 것이다. 홍사필은 문과에 급제하고 장령, 응교, 시독 등 여러 관직을 역임했다.

홍익한에서 홍정유에 이르기까지 직계로는 크게 현달하여 정승, 판서와 같은 고위 관직에 오른 사람은 없다. 하지만 앞에서 살핀 바와 같이 홍정유 가문의 사람들은 절의를 지킨 충신의 자손이라 하여 국왕과 사대부들의 존중을 받으면서 그러한 예우에 나름대로 부응하려 했던 것으로 보인다.

홍정유 가문과 직접 교유한 사람들을 일일이 확인하기는 어렵지만 앞에서 언급한 혼인 관계, 그리고 홍정유의 6대조인 홍간(洪侃)의 묘표와 고조인 홍술조의 묘갈을 송시열(宋時烈)의 후손인 송환기(宋煥箕)가 짓고, 또 홍정유의 5대조 홍철명(洪哲明)의 애사를 조관빈(趙觀彬)과 김종후(金鍾厚)가 지은 사실 등을 통해 홍정유의 가문이 노론계열에 속한다는 것을 알 수 있다. 그리고 <동유가>가 서울을 출발하여 다시 서울로 귀환하는 여정을 다루고 있는데 돌아오는 과정에 "잘 잇더냐 삼각산아 우리 고향 거의로다"라는 서술이 있는 것을 보면 작자는 대대로 서울에 살고 있었음을 알 수 있다. 따라서 홍정유의 집안은 이른바 노론계 경화사족(京華士族)에 속한다고 할 수 있다.

그렇다면 홍정유가 어떻게 국문으로 가사를 짓게 되었는가. 이에 대해서는 그가 어릴 적부터 가사와 친숙했기 때문이라는 점을 생각해 볼

---

23) 『승정원일기』, 고종 11년 11월 23일조.

24) 홍정유와 김윤식의 교유를 보여주는 시가 김윤식의 문집인 『운양집(雲養集)』 권2에 수록되어 있기도 한데 <시월십일일 구아위금우회덕송씨지문 여솔이왕 근례지익일야 여송송석기로의령재 홍추포정유옥천재 안담박영식회덕재 송환성종오감역급기제초정종렴 춘운종학 공부(十月十一日 駒兒委禽于懷德宋氏之門 余率以往 巹禮之翌日夜 與宋松石綺老宜寧宰 洪秋圃鼎裕沃川宰 安澹泊榮植懷德宰 宋喚醒鍾五監役及其弟草庭鍾濂 春雲鍾學 共賦)>가 그것이다. 이 시의 제목에서 홍정유의 호가 추포(秋圃)라는 것을 확인할 수 있다.

수 있을 듯하다.

> 아! 이것은 제 진외고조 옥국재공(玉局齋公)과 진외증조 황주공(黃州公)께서 지으신 언사가곡(諺詞歌曲)입니다. 제 할머니께서 평소 입으로 읊고 손으로 베끼셔서 우리들로 하여금 또한 일찍이 욀 수 있도록 하셨습니다. 금년 봄 난릉(蘭陵) 척숙(戚叔)께서 저에게 말씀하시기를 "내 증조부와 조부께서 지으신 언가(諺歌)를 예전에 베껴둔 것이 있었는데 여러 해 전부터 없어져서 살펴보고 기억할 곳이 없게 되었네. 다만 그대 집에 돌아가신 고모님께서 손수 베끼신 것 한 벌이 있을 뿐이니 그대는 나를 위해 한 벌 베껴 주겠는가?"라고 하셨습니다. 저는 그렇게 하겠다고 하였는데 그 후 저 또한 연고가 있어 진작 그 말을 실천하지 못하다가 이제야 비로소 베껴 보내게 되었으니 저에게 다른 뜻이 있었던 것은 아닙니다. 대개 제 할머니께서 손수 이 책을 베껴 두신 것은 우리 외손들로 하여금 이런 글이 귀중해서 오래 전해져야 한다는 것을 알게 하려고 그러신 것입니다. 아! 본가에 마침내 베껴 놓은 것이 없어져서 뒤에 태어날 자손들이 장차 어느 조상이 어떤 글을 지었는지 모르게 된다면 깊이 탄식할 만합니다. 이것이 비록 언사가곡이나 조상이 남긴 글이며, 옛일을 상고할 만한 것이 또한 많습니다. 설사 인쇄하여 세상에 전할 수는 없다 하더라도 자손 된 사람들이 어찌 집집마다 한 벌씩 갖고 있지 않을 수 있겠습니까? 그래서 우직한 말로 난릉 아저씨께 받들어 아뢰니 혹시라도 제 말을 크게 허물치 않고, 제 마음을 헤아려 주실까 합니다. 이 책을 베끼면서 저는 무한히 슬픈 회포를 금할 수 없었으니 우리 아저씨 또한 짐작하실 것입니다. 계해년 12월 17일 척질(戚侄) 홍정유가 난릉 척숙께 적어 올림.[25)]

---

25) 嗚呼 此卽我眞外高祖玉局齋公曁眞外曾祖黃州公所著諺詞歌曲也 我祖妣平日口誦而手寫 使不肖輩亦嘗竊誦矣 今春蘭陵戚叔向余道 我曾王考王考所著諺歌 舊有謄草 而年來見佚 無處攷記 只有君家先姑母主手寫一本而已 君幸爲我謄示一本焉 余曰 諾 伊後余亦有故 不能趁時踐言 今始精寫專送 余亦非有他意 盖我祖母手寫

위는 이운영과 이희현 부자의 가사 작품을 수록한 『언사(諺詞)』가 그 후손의 집에서 없어지자 이희현의 손자인 난릉(蘭陵) 이승검(李承儉)이 홍정유에게 부탁하여 홍정유가 자기 할머니가 필사해 놓은 『언사』 한 벌을 베껴 보내면서 뒤에 붙인 필사기이다. 인용문 속의 '황주공(黃州公)'은 황주목사를 지낸 이희현을 가리킨다. 이 글은 1863년 12월 17일에 쓴 것인데 이 책을 베끼면서 슬픈 회포를 금할 수 없었다는 것은 홍정유의 할머니가 그 전년 7월에 세상을 떠났기 때문일 것이다. 어쨌든 여기에서 주목할 것은 홍정유가 할머니의 영향으로 옥국재 부자의 가사를 욀 수 있었다는 것이다. 홍정유가 금강산 여행 체험을 가사로 형상화한 데에는 이처럼 어릴 적부터 가사와 친숙할 수 있었던 집안의 환경이 자리 잡고 있었다. 이제 작자가 금강산 여행 체험을 어떤 방식으로 구성하고 서술하였는지 살펴보기로 한다.

3. 서술방식

1) 일기 형식을 통한 여정과 견문의 확대

이 작품은 서두에 유람의 동기를 제시한 후 서울을 출발하여 금강산을 유람하고 다시 서울로 돌아오기까지의 전 여정을 기술하고 있다. 금강산 기행가사 가운데 출발과 귀환의 여정을 다룬 작품들이 있지만 이 작품만큼 그것을 자세하게 다루고 있는 작품은 찾기 어렵다.[26] 먼저 여

此書而置者 使不肖外裔知有此等文字珍重久傳而然也 噫 爲本孫家遂無謄本 後生子孫將不知何祖作何樣文字 深庸慨然 此雖諺詞歌曲 祖先之遺什也 古事之可考者亦多 縱未能剞劂專世 爲子孫者可不家〃藏一本乎 故以愚直之說 奉聞于蘭陵叔主倘不以太過其言 默諒其心歟 此書之謄上 余不禁無限悲愴之懷 我叔亦庶幾窺之矣昭陽大淵獻 大呂旣生魄 戚侄洪鼎裕書呈于蘭陵戚叔.

26) 이에 따라 조세형은 이 작품을 서사(여행의 동기), 본사1(목적지로 가는 도중), 본사2(목적지에 대한 서술), 결사(회정 및 감회)의 네 부분으로 구분하였다(앞의 글

행의 동기부터 살펴보자.

인ᄉᆡᆼ천지간의 남ᄌᆞ신 되여나셔
ᄇᆡᆨ연을 사는 즁의 하올 일도 만흘시고
님하의 독셔ᄒᆞ여 문한을 셩취ᄒᆞᆫ 후
닙신양명 길흘 드러 치군ᄐᆡᆨ민 일슴으며
그 남은 ᄒᆞᆫ가ᄒᆞᆫ ᄯᅢ 명산ᄃᆡ천 가보아야
비로쇼 세상의셔 칭지왈 ᄃᆡ쟝부라
ᄐᆡᄉᆞ씨 이십 시의 강회의 쟝유ᄒᆞ고
소영빈 십구세의 경ᄉᆞ의 ᄃᆡ관ᄒᆞ니
문쟝이 발휘ᄒᆞ고 공업도 진취ᄒᆞ다
어와 이 ᄂᆡ 연긔 이모의 ᄯᅩ 두히라
삼팔의 소과칭명 거연이 십ᄌᆡ로세
공명의 두은 ᄠᅳᆺ지 업다야 ᄒᆞ랴만ᄂᆞᆫ
가국이 ᄐᆡ평ᄒᆞ고 이 ᄉᆞ이 일 업ᄉᆞ니
납극을 졍니ᄒᆞ고 ᄒᆡ량을 슈습ᄒᆞ여
젼유암의 일ᄉᆡᆼ 고벽 동쇼문의 쳔니 유람
ᄒᆡᆼ쟝을 ᄯᅥᆯ쳐ᄂᆡ여 어ᄃᆡ로 향ᄒᆞ리요
ᄒᆡ동 명구의 풍악이 웃듬이라
삼산지봉ᄂᆡ요 오악지형남이라
승지명산의 동반이 긔 뉘런고
시붕은 고롱이요 운셕은 능암이라
고두로 짐 지우고 능사 샹좌 신진이와
오인이 연공ᄒᆞ여 동협으로 드러갈ᄉᆡ
이ᄯᅢᄂᆞᆫ 어ᄂᆞ ᄯᅢᆫ고 임슐 모츈 염팔이라

(a), 190면).

작자는 남자가 대장부로 일컬어지기 위해서는 문한(文翰)을 성취하여 입신양명한 다음 한가한 때 명산대천을 유람해야 한다고 하면서 사마천(司馬遷)이 20세 무렵에 강회(江淮)를 유람하여 문장을 이루고, 소철(蘇轍)이 19세에 경사(京師)에서 큰 벼슬을 하였다고 하여 젊어서 문한을 성취하고 입신양명한 예를 들었다.[27] 이어 작자는 자기가 24세에 소과에 급제한 후 10년이 지난 지금까지 공명을 이루지는 못했다면서 이제 한가한 때를 만나 유람에 나선다고 하였다. 소과 급제를 언급한 것은 자기가 젊은 나이에 어느 정도의 문한을 갖췄다는 뜻일 것이고, 이후 공명을 성취하지는 못했으나 천석(泉石)을 찾아 천리를 유람하겠다는 것은 그렇게 함으로써 대장부가 갖춰야 할 요건의 하나를 더 충족시키겠다는 말일 것이다.

물론 이러한 진술의 이면에는 공명에 뜻을 두고는 있으나 환로에 나아가지 못하고 있는 데에서 오는 갑갑하고 우울한 심정의 해소가 유람의 동기라는 의미가 담겨있을지 모르고, 따라서 천리 유람을 대장부의 일로 간주한 것은 스스로를 위로하고 변명하는 것일 수 있다. 하지만 작품에서 그러한 작자의 내면을 유추할 수 있는 단서를 찾기 어렵다. 이는 설사 작자가 그러한 심정에서 유람에 나섰다 하더라도 그것이 그리 심각한 수준이 아니었다는 것을 말해주는 것이라 할 수 있다. 어쨌든 작자는 시를 수작할 친구, 가동(家僮) 등 다른 네 사람과 함께 1862년 3월 28일 유람 길에 나섰다.

27) 여행체험을 기록한 글에서 사마천, 소식 혹은 소철을 거론하는 경우를 가끔 볼 수 있다. 예를 들어 “아! 사마천(司馬遷)은 장쾌(壯快)한 유람을 하면서 문장(文章)을 이루었고 소식(蘇軾)은 멀리 유배를 가서 영외(嶺外)의 문장을 지었으니 모두 기이한 경관이 그들의 가슴을 장쾌하게 만든 것이다(이명준(李明俊)의 산수유기 <유금강일록(遊金剛日錄)>)”, “한(漢) 태사(太史) 사마천(司馬遷)과 송(宋) 명유(名儒) 소자유(蘇子由)의 유명만세(遺名萬歲) 좋은 문장 강산지조(江山之助) 아니런가?(작자미상의 가사 <봉래청기>)”, “이십에 남유강회(南遊江淮) 사마천(司馬遷)의 문장이요(조윤희(趙胤熙)의 가사 <관동신곡>)” 등에서 보듯 이들을 거론하는 것은 대개 산수 유람을 통해 문장력을 기를 수 있다는 것을 제시하기 위해서이다.

작자는 흥인문(興仁門)을 나선지 수일 후 회양에 도착하고, 거기에서 며칠을 머문 다음 다시 금강산을 향해 출발하였다. 금강산 기행가사들을 보면 출발지에서 금강산까지의 여정은 간략하게 제시하는 일반적이다. 예를 들어 "동대문(東大門) 내달아서 관왕묘(關王廟) 지난 후에 / 무너미 점심하고 비운돌 넘어 들어 / 정부(征夫)를 만나 보면 전로(前路)를 자세 물어 / 포천(抱川), 철원(鐵原), 김화(金化), 금성(金城) 차제(次第)로 지나도다."[28]와 같이 몇 군데의 지명을 통해 거쳐 간 여정을 간략히 제시하거나, 혹은 거기에 더하여 "영평의 금수정(金水亭)을 아니 보지 못하리라. / 삼십리를 들어가니 기이(奇異)하고 온자(溫慈)하다. / …… "[29]와 같이 도중에 자기가 둘러 본 승경(勝景) 몇 군데를 간략히 소개하는 정도이다. 이는 이 작품들의 작자가 금강산까지의 여정보다는 목적지인 금강산의 승경 완상에 더 큰 관심이 있었기 때문이다.

<동유가> 작자의 목적지 역시 금강산이다. 하지만 그는 상당한 지면을 할애하면서 금강산까지의 여정과 견문을 자세하게 제시하였다. 천리 유람의 대상이 목적지인 금강산 한 곳에 한정되지 않았던 것이다. 다시 말하면 금강산은 물론 그곳으로 가고, 그곳에서 돌아오는 여정의 모든 것이 관심의 대상이었던 것이다.

> 이십구일 죠반 후의 ᄃᆡ원암 잠간 보니
> 뜰 아ᄅᆡ 셧는 반숑 크고도 졀묘ᄒᆞ다
> 졀 뒤 고ᄀᆡ 너머셔니 북바위 ᄃᆡ로로다
> 심은솔 문암이의 다락원 즁화ᄒᆞ고
> 의졍부 셔히랑이 츅셕녕 너머셔니
> 양쥬 ᄯᅡ 다 지ᄂᆡ고 포천이 여긔로다

---

28) 박순우(朴淳愚), <금강별곡>, 『금강산 기행가사집』, 이경수 외 주해, 강원대 출판부, 2000, 35면.

29) 이상수(李象秀), <금강별곡>, 위의 책, 132면.

잘 잇거라 삼각산아 오난 길의 다시 보자
뷘 터 지나 솔모로의 팔십니 와 슉쇼ᄒᆞ니
이날은 쟝날이라 취라헌쇼 요란ᄒᆞ다
삼십일 일작 ᄯᅥ나 파발막 얼픗 지나
구쟝거리 조반ᄒᆞ고 숫쟝터 만셰교의
포쳔을 지나셔니 영평이 여긔로다
ᄇᆡᆨᄉᆞ는 형결ᄒᆞ고 이슈가 합뉴한ᄃᆡ
봉황ᄃᆡ 어드메오 ᄇᆡᆨ노쥬 여긔 잇ᄂᆡ
계변 고셕샹의 올나 안ᄌᆞ 두류 보니
봉만은 연미하고 화류 난만한ᄃᆡ
물ᄉᆡ는 오락가락 경치가 마니 죠타
십니 양문역의 ᄒᆡ 낫즌 되엿시되
도보 원힝이 ᄉᆡᆼᄂᆡ의 쳐음이라
발 알푸고 몸 곤ᄒᆞ여 일작이 안혈하고
ᄉᆞ월 쵸일〃의 느즉이 발힝ᄒᆞ여
느릅졍 조반하고 굴을ᄂᆡ 지나오니
일도 청계가 보ᄀᆡ산 발원ᄒᆞ여
곳〃지 긔암괴셕 구경쳐 되야잇다
셔기울은 영평이오 실ᄊᆡ는 쳘원이라
풍젼역 즁화ᄒᆞ니 노뷔가 심ᄒᆞᆫ지라
촌〃 젼진ᄒᆞ야 어염계 다〃르니
맛참 김화 역마 구실노 나셧다가
뷘 말노 회환키의 슌긔로 삭슬 타고
가로ᄀᆡ 고ᄀᆡ 너머 일셰가 져믄지라
홰 잡히고 발힝ᄒᆞ여 지경터 슉쇼ᄒᆞ니
이십니 ᄯᅩ 왓시며 쳘원 김화 졉계로다

위는 홍인문을 나서서 개운사(開運寺)에서 하룻밤을 자고 난 작자가 이후 3일간의 여정에 대해 서술한 것이다. 먼저 29일은 개운사 근처의 대원암(大圓庵)을 둘러보면서 구경한 반송에 대한 느낌을 간략히 기술하고, 문암이[水踰里], 다락원[樓院], 의정부, 서해랑이[西五郎], 축석령(祝石嶺) 등 거쳐 간 지명을 열거하여 여정을 제시한 다음, 솔모로[松隅里]에서 잠을 잤다고 하였다. 30일 역시 지명을 중심으로 여정을 소개하고, 영평에 들어서서 백로주(白鷺洲)를 구경한 사실과 그에 대한 감상을 제시하고, 이어 양문역(梁門驛)에 도착해서는 발이 아프고 피곤하여 더 가지 않고 일찍 쉬었다고 하였다. 그 다음날은 아침과 점심 먹은 곳을 들어 여정을 제시하면서 중간에 굴울내[雲川]의 천변 경치를 소개한 다음, 삯말을 만나 빌어 타고 날이 저물어 횃불까지 밝히고 나아가서 숙소에 들었다고 하였다.

지나는 곳의 지명을 열거하여 여정을 제시하면서 간간이 거쳐 간 승경에 대한 소개나 감상을 간략히 제시하는 것은 앞에서 말한 바와 같이 금강산 기행가사에서 흔히 볼 수 있다. 하지만 하루의 일정을 서술하면서 날짜를 앞에 밝히고, 전부는 아니지만 세 끼 밥 먹은 곳과 잠을 잔 숙소, 그리고 그날 간 거리 등을 제시하고, 또 피곤하여 일찍 쉬거나 삯말을 얻어 탔다거나 하는 여행과 관련된 크고 작은 일들을 제시하는 것은 다른 금강산 기행가사에서 흔히 보기 어렵다는 점에서 일단 주목할 필요가 있다.

이처럼 여정과 승경을 제시하고, 매일의 정확한 일정을 제시하며, 여로에서 겪거나 일행들 사이에 있었던 일들을[30] 제시하는 방식은 그 내용이 달라질 뿐 이후의 일정에서도 그대로 반복된다. 그런 한편 작자는 자기가 관찰한 지역민들의 삶의 모습, 혹은 사소한 견문에도 관심을 기

30) 일행들 사이에 있었던 일의 예로는 작자가 4월 2일 김화를 거쳐 3일 금성 창도역(昌道驛)에 도착하였을 때 자기가 든 주점을 동행인 고룡과 능암이 알지 못하도록 해서 두 사람이 작자를 찾느라 고생을 하도록 한 것과 같은 경우를 들 수 있다.

울인다.

[1]

쳘원브터 이리 오며 참〃이 살펴보니
산슈는 즁쳡ᄒᆞ고 인가는 희소ᄒᆞᆫᄃᆡ
사력이 견강ᄒᆞ여 썅결이로 밧츨 갈고
쥬막의 기름 업셔 관솔노 불혓는ᄃᆡ
방구셕의 흑을 발나 연통쳐로 만들고셔
아릐다가 아궁 ᄂᆡ고 불 싸히듯 하는고나
기버들 뷔여다가 바자쳐로 겨려ᄂᆡ여
칙마젼 둘너 막아 우타리 삼아잇고
읍져와 역졈 즁의 초요히 사는 집은
얄븐 청셕 너화 쪽을 집 우흘 덥헛는ᄃᆡ
미늘 다은 틈 속으로 하늘이 비최인다
도모지 깁흔 두메 풍속이 돈박하여
셰간사리 집 슈장이 무〃하고 신션ᄒᆞ다

[2]

쵸ᄉᆞ일 만반시의 운음이 희발커늘
……
그 가온ᄃᆡ ᄃᆡ쳔 잇고 슈십여 간 다리 노화
이쪽은 김셩이오 져편은 회양이라
하류 쳔탄의 되박 거로 ᄆᆡ야두고
장마의 다리 쓰면 힝인을 건넨다네
……
노방의 셕비 ᄒᆞ나 우습고 신긔하니
좌슈 현아모의 션좌비라 ᄒᆞ엿더라

칠송정 지나올 졔 큰 소나모 ᄒᆞ나 셔〃
두어 아람 되엿시며 열아믄 길 놉하ᄂᆞᆫᄃᆡ
마츰 어옹 ᄒᆞ나 지나다 일은 말이
져 솔이 일너오ᄃᆡ 병ᄌᆞ호란 격것다네
드ᄅᆞᄆᆡ 신긔ᄒᆞ여 ᄌᆡ삼 회고 돌쳐보고
고ᄀᆡ 둘 또 너머셔〃 회양부의 드러가니
ᄒᆡᄂᆞᆫ 아직 덜 져물고 젼후 삼ᄇᆡᆨ 팔십니라

[1]은 작자는 금성에 이르렀을 때 그 동안 철원에서 김화를 거쳐 금성에 이르기까지 자기가 '참참이' 살펴본 지역민들의 삶의 모습을 소개하고 있는 부분이다. 땅이 단단해 소 두 마리가 끄는 쟁기로 밭을 갈고 채마밭은 갯버들로 울타리를 둘렀다고 하여 그들의 농사짓는 방법을 소개하였다. 또 관솔로 불을 켜고 방구석에 연통을 달아 그 밑에 아궁이를 내고 웬만큼 사는 집은 청석(靑石) 조각으로 지붕을 이었는데 연결 부위의 틈으로 하늘이 보이는 등 세간살이나 집 단장이 어설퍼 보인다고 하며 그들의 주거 방식과 형태를 제시하였다.

[2]에서는 먼저 금성에서 회양으로 가는 도중에 넓은 개천에 놓여있는 긴 다리를 본 사실과 아울러 사람들에게서 하류에 매어놓은 조그만 거룻배는 장마 때 다리가 떠내려가면 사용한다고 들은 말을 소개하고 있다. 이어 길가에 서있는 격에 맞지 않는 비석을 본 사실과 그것에 대한 생각을 간략히 제시하고, 또 큰 소나무를 보자 그 규모를 설명하고 그 소나무가 병자호란을 겪었다는 어옹의 말을 소개하면서 자기의 느낌을 짧게 덧붙였다. 이처럼 작자는 여로에서 마주친 특징적인 사물들을 제시하고, 그에 대한 사람들의 전언, 그리고 자기의 느낌 등을 서술하고 있다.

서울 지역과 다른 삶의 모습과 방식을 자세히 관찰하고 그것을 한 군데에 모아 구체적으로 서술하거나 여로에서 마주친 특징적인 사물의 면

모를 제시하는 것은 여정의 모든 것이 작자의 관심사였다는 것을 말해준다. 이와 같이 작자는 여정과 승경, 매일의 일정, 여로에서 있었던 일 뿐 아니라 자기가 관찰하거나 전해들은 내용까지 구체적으로 제시하고 있다.

작자는 서울을 떠난 지 이레 만인 4월 4일 회양에 도착하여 회양부사인 진외종대부를 뵙고 수일간 관아에 머물렀는데 작자는 회양에 머무는 동안 보고, 듣고, 먹고, 느끼고, 생각한 것 등등을 날짜별로 자세히 기술하였다. 5일에는 관아와 주변 풍경을 구경하고, 6일에는 회양대부와 함께 경치가 좋은 수장헌이라는 정자에 가서 주위의 풍광을 둘러보고 강변에 무사들이 습사(習射)하는 것을 보자 자기도 활을 쏘아본 후 목은(牧隱) 영당(影堂)을 찾았다. 그런 가운데 작자는 자기가 먹은 음식에 대해서도 관심을 보였다.

앗가 슈쟝헌의 졈심을 먹을 젹의
닝면의 송병ᄒᆞ고 화젼을 지져 노코
졈병을 브치ᄂᆞᆫᄃᆡ 물의다 가로 타셔
밀ᄀᆡ쩍 모양으로 얇게 븟쳐ᄂᆡ여
ᄉᆞ면으로 두루 말아 인졀미 모양 갓다

시간을 거슬러서 점심 때 먹은 냉면, 송편, 화전(花煎), 부꾸미 등을 소개하고 있는데 아마 부꾸미를 만드는 방식이나 만든 모양이 서울과 달랐던 모양이다. 지난 시간을 돌이켜 자기가 관찰한 것을 자세하게 기술하는 경우를 앞에서도 보았는데 위에서도 대상을 세밀하게 관찰하여 제시하려는 작자의 태도를 다시 확인할 수 있다.

8일 작자는 군노(軍奴)를 앞세우고 금강산으로 출발하였다. 군노는 내외금강산의 큰 절과 고성, 통천의 길청으로 보내는 회양부 이방의 공문을 지니고 있었다. 작자는 승경에 대한 기대가 크고 마음도 급했겠지만 길을 나서면서 우연히 보게 된 회양부중의 초파일 등석(燈夕) 풍속을 놓치지 않고 서울과 비교하여 제시하기도 하였다.

작자는 금강산을 향하면서 "벽쳔 시닉길이 풍악으로 버더시니 / 뎡송강 관동별곡 의연도 의연홀ᄉ"라고 하였다. 본격적인 금강산 유람에 나서면서 송강의 <관동별곡>을 생각하고, "화천(花川) 시냇길이 풍악(楓岳)으로 뻗어있다"[31]는 <관동별곡>의 표현을 빌어온 것이다. 그런데 송강이 '화천 시냇길이 풍악으로 뻗어있다'는 한 문장으로 금강산까지의 여정을 압축해 버린 반면 여로의 모든 것이 관심의 대상이었던 작자는 '벽천 시냇길이 풍악으로 뻗어있다'는 한 마디 말로 여정을 대신할 수 없었다. 여전히 날짜별로 자세한 일정과 여정, 있었던 일들을 제시하고, "광셕브터 이리 오며 산협으로 통흔 길이 / …… / 골〃이 흘느는 물 곳〃지 딕쳔일셰 / 혹승혹보하여 모도 다 구경쳐라"처럼 지나쳐 온 풍광을 정리하여 서술하기도 하였다.

서울을 떠난 지 11일, 회양을 떠난 지 3일째 되는 4월 10일 오후 작자는 드디어 장안사(長安寺)에 도착하여 이후 보름 동안 내외금강산을 두루 둘러보았다. 힘든 행로를 마다하지 않으면서 승경을 찾아 완상하였는데 외금강에서 날씨 때문에 둘러보지 못한 만물초(萬物草), 금란굴(金蘭窟) 등 몇 곳은 후일을 기약하고 25일 회양부로 돌아온다. 금강산 유산(遊山) 체험도 날짜별로 자세하게 서술되어 있고 경물(景物)에 대한 묘사가 비교적 길게 이어지기도 한다.

작자는 회양부에 돌아와 수일을 머물면서 다시 수장헌에 나아가 놀이를 즐기기도 하다가 28일 출발하여 5월 4일 서울로 돌아왔다. 오는 길에 영평에 이르러서는 어릴 적 친구를 찾아보기도 하고, 그곳의 명소인 금수정(金水亭)과 창옥병(蒼玉屛)을 구경하기도 하였으며, 양문대신(梁門大臣)이라 불리던 이서구(李書九)의 종손 집에서 하룻밤을 머물기도 하였

31) 이경수 외 주해, 앞의 책, 11면.

다. 돌아오는 길이 회양으로 갈 때와 같았지만 작자는 갈 때 보지 못한 곳을 둘러보기도 하면서 보고 들은 인상적인 것들을 제시하는 데 인색하지 않았다.

가리마고ᄀᆡ 지나 무러고ᄀᆡ 너머오니
옹긔졈 이곳진ᄃᆡ 오지그릇 만드는 양
ᄆᆡ통 아ᄅᆡ 갓튼 나모 흑 ᄂᆡ여 올녀 노코
두 발노 돌니면셔 두 손으로 흑을 만져
조악 빗듯 비져ᄂᆡ여 칼노 비혀 ᄶᅡ로 노니
항아리 ᄯᅮᆨ박이의 귀ᄊᆡ 등속 되거고나
삼십니 구장터의 졈심ᄒᆞ고 ᄯᅩ ᄯᅥ나셔
비 맛고 이십니 와 솔모로 숙소ᄒᆞᆯ 제
그 집의 계집 쥬인 며ᄂᆞ리를 ᄭᅮ짓는ᄃᆡ
윤쳑이 바히 업시 샹욕조차 너허가며
요년〃〃 요악ᄒᆞᆫ 년 불여오 갓튼 년아
누름밥 그 만ᄒᆞᆫ 것 네 형이나 조곰 쥬지
ᄀᆡ를 모도 ᄲᅩ다주니 네 어미 아비러냐
어룬이 말 무르면 보로통 ᄒᆞ고 셔〃
ᄃᆡ답도 아니ᄒᆞ니 너만 년이 그러ᄒᆞ냐
양즙 ᄶᅡ 노하둔 것 된장의 드러붓고
기름 ᄶᅡ 담아논·것 거더차 업지르고
ᄭᆡ소곰 복가 둔 것 물 타셔 ᄂᆡ버리고
두부를 사다 쥬고 반찬ᄒᆞ라 ᄒᆞ엿더니
시렁 우희 언져두고 쥐 다 주어 보ᄂᆡ시니
열 모의 ᄒᆞᆫ 모왼들 쓸 데가 무어시니
너 어머니 그 사ᄅᆞᆷ이 ᄉᆞ돈 노릇 잘ᄒᆞ엿지
션ᄎᆡ 간 것 다 먹고셔 니불 소음도 아니 두고

찰하리 셔울 갓다 종으로나 팔아먹지
너 ᄃᆞ려오노라고 교군이야 마삭이야
ᄂᆡ 빗지 긔예 넘어 밤낫으로 허덕이니
방졍맛고 망ᄒᆞᆯ 년아 쥬리방치 안길 년아
잇다감 두드리며 의젓잔코 잡상스러
아모리 샹것신들 무식도 ᄒᆞᆯ 거이고
고롱을 도라보고 곡직을 논란ᄒᆞ다

앞부분에는 옹기점의 오지그릇 만드는 모습을 보고 그 방법을 자세하게 서술하였다. 지역민들의 삶의 모습과 방식에 관심을 갖고 관찰을 게을리 하지 않던 작자는 외금강을 유람하는 도중에도 그 지역 사람들의 소금 굽고, 고기 잡는 법에 주목하기도 하였는데 돌아오는 길에도 예외는 아니어서 옹기 만드는 모습에 시선을 고정시켰던 것이다.

흥미로운 것은 뒷부분인데 하룻밤 묵게 된 숙소의 안주인이 며느리를 꾸짖는 말을 장황하게 인용하고 있다. 눌은밥을 개에게 주었다는 것을 시작으로 마음에 들지 않는 며느리의 태도와 행동을 꾸짖고 그 친정어머니까지 싸잡아 흉보다가 마침내는 욕을 퍼붓는 전 과정을 제시하였다. 작자는 윤척(倫脊) 없이 상욕조차 넣었다거나, 의젓잖고 잡상(雜常)스럽다거나, 무식하다거나 하여 안주인의 말과 태도에 비판적인 거리를 두기는 하였다. 하지만 작자는 이 일을 두고 친구와 곡직을 논란할 정도로 관심을 기울이면서 그 말을 장황하게 인용하였다. 사람들의 삶의 모습과 방식에 관심을 갖고 그것을 치밀하게 관찰하던 작자는 그와 관련된 비속한 내용의 서술까지도 꺼리지 않았던 것이다.

<동유가>는 현재 거론되고 있는 금강산 기행가사 중 분량이 가장 많은 작품으로 추정된다.[32] 그것은 가고 오는 여정에서 보고, 듣고, 있었

32) 정한기가 기행가사의 창작 연대, 작자, 분량 등을 정리한 결과에 따르면 4음보 1행을 기준으로 하였을 때 <동유가>는 1,092행에 달해 조사 대상에 포함된 금

던 모든 것을 서술하려고 했기 때문이다. 작자의 여행 목적이 금강산 유람에 있었지만 관심의 대상은 그것에 한정되지 않았다. 작자는 자기가 관심을 기울이고, 자기의 관심을 끌었던 대상을 될 수 있는 대로 자세하게 서술하려 하였다. 그런데 그러한 작자의 의도는 일기 형식의 도입을 통해 실현될 수 있었다. 물론 일기 형식이 아니라도 자세하고 구체적인 서술이 가능할 수 있다. 하지만 금강산 기행가사 가운데 <동유가>처럼 완벽한 일기의 형식을 취한 작품이 없고, <동유가>만큼 많은 분량에 걸친 구체적 서술이 이루어진 작품을 찾기 어렵다는 점을 고려하지 않을 수 없다.

요컨대 작자는 가사 장르에서는 비교적 낯선 일기 형식을 도입함으로써 하루도 거르지 않고 날짜별로 여정과 승경은 물론 날씨, 먹고 잔 곳, 매일 간 거리, 겪거나 있었던 크고 작은 일, 자기가 관찰한 지역민들의 삶의 모습과 방식, 풍속, 음식 등을 제시할 수 있었고, 그로 인해 지명을 열거하여 여정을 간략히 제시하면서 간간이 마주친 승경을 소개하고 감상을 제시하는 다른 작품들보다 금강산을 오가는 여정과 견문에 대한 서술이 확대되었던 것이다. 이제 이러한 작품의 서술적 특성을 고려하면서 작자의 유산 체험과 경물의 제시 양상을 살펴보자.

2) 유산 체험과 경물의 객관적 제시

장안사에 도착한 작자는 숙소를 정한 후 장안사와 주변의 풍광을 둘러보고 나서 금기(襟期)가 쾌활하고 안계(眼界)가 절승하니 전로(前路)에 있는 경개를 가히 짐작하겠다며 유산의 기대에 부푼다. 이튿날 작자는 주마간산 비격(非格)이니 남녀(藍輿) 타서 무엇하겠느냐며 "소챵 옷 거더 믹고 메토리 들메흔 후 / 지로승 압셰우고 셕경의 막딕 집허" 길을 찾아

강산 기행가사 11편 중 분량이 가장 많았다(앞의 책, 15~6면 참고).

나섰다. 남여를 타고 편히 둘러보기보다는 직접 걸어 다니면서 승경을 자세하게 살펴보겠다는 것이다.

[1]
히은암 녑흐로셔 빅쳔동 챠자 가니
명원동 닉물 쥴기 져근 비폭 되엿시며
삼인봉 둘닌 뫼히 셕벽이 더옥 조타
외나모 비탈길노 명연담 올나가니
십여 간 반셕 샹의 빅셜이 분〃ᄒᆞ다
김동거ᄉᆞ 과왕젹을 듕의게 얼픗 듯고
셕양[상?]의 삭인 일홈 ᄃᆡ강 건져 보온 후의
도로 쟝안ᄉᆞ의 졈심ᄒᆞ고 고쳐 써나
만쳔교 샹뉴 건너 지쟝암 잠간 보니
암ᄌᆞ가 정소ᄒᆞ여 공부 더러 잇ᄃᆞ
ᄃᆞ시 ᄂᆞ려 닉를 건너 셕가봉 압흐로셔
오리봉 쳐다보니 형용이 방불ᄒᆞ다
옥경ᄃᆡ 올나 안ᄌᆞ 명경ᄃᆡ ᄇᆞ라보니
ᄉᆞ오십 쟝 너른 바희 반공의 셔잇난ᄃᆡ
청산 진면목을 비쵀여 보랴던지
일편 능화경을 조일의 거덧는닷
그 아릐 밧친 층ᄃᆡ 쏘 구십 쟝 되것고나

[2]
지로승 압세우고 오뉵니 올나가니
……
측빅[빅?]나무 얽혀진듸 그 틈으로 길이 나셔
쌕력이도 당기오며 바위돌도 붓들고셔

미륵봉 압희 가니 뎡작 구경홀 졔
슈십 쟝 절벽 우의 올나가야 본다는듸
지로승과 동힝들이 다 모도 못 간드기
안쥬 최슈즈와 다만 둘이 올나가셔
미륵봉 바로 뒤의 넙은 바위 편〃커늘
놉히 안져 두루 보니 ᄉ면이 ◯◯ᄒᆞᄂᆡ
……
식경을 완상ᄒᆞ고 셕벽으로 나려올 졔
험ᄒᆞ고 위틱ᄒᆞ기 ᄂᆡ외산 즁 처음이라
이번 구경길의 장안셔 시작ᄒᆞ여
ᄂᆡ물의 증검다리 못 건널 데 졀반이라
사지목 좁은 길이 ᄉᆡᆼ각ᄒᆞ면 소만ᄒᆞ고
만폭동 지나면서 공즁의 외쏙다리
아릐는 몃 길인지 ᄒᆞ믈며 휘청〃〃
비탈길 허졍진 데 외나무 뼈은 다리
위틱코 ᄋᆡ쓰이되 예 비ᄒᆞ면 틱평이라

[1]은 작자가 백천동(百川洞)을 비롯한 장안사 주변의 승경을 두루 찾아 구경한 내용을 제시한 부분이다. 작자는 자기가 직접 찾아가거나 그 과정에서 마주친 곳들을 순차적으로 열거하면서 그곳의 특징적인 모습이나 거기에 대한 느낌을 '더욱 좋다', '방불하다' 등과 같이 간략하게 제시하다가 옥경대(玉鏡臺)에 앉아서 바라본 명경대(明鏡臺)에 대해서는 그 모습을 다소 길게 비유적으로 묘사하고 있다. 여정에 따라 보게 된 경물이나 승경을 가쁜 호흡으로 제시하다가 인상적인 경물에 대해서는 호흡을 늦추면서 그 모습을 앞의 다른 것들에 비해 비교적 자세하게 제시하고 있는 것이다.

[2]는 미륵봉(彌勒峰)에 올라가 승경을 구경하고 내려오는 과정을 기

술한 것이다. 나무뿌리와 바위를 붙잡고 간신히 미륵봉 아래에 도착한 다음 다른 사람들의 만류를 뿌리치고 기어이 미륵봉에 올라갔다 내려왔다고 하면서 이곳이 내외금강산에서 제일 험하고 위태롭다고 하였다. 승경으로 이어지는 험한 행로를 제시하고, 그럼에도 불구하고 승경을 놓치지 않고 다 보겠다는 작자의 욕망이 드러나 있다고 할 수 있다.

기행가사들은 흔히 인상적인 경물을 중심으로 서술되기 때문에 대단치 않은 경물에 대한 소개나 다음 경물로의 이동 과정은 간략히 처리되거나 생략된다. 그런데 [1]에서는 장안사에 도로 내려와서 점심을 먹었다거나 그리 큰 인상을 받은 것 같지 않은 지장암(地藏菴)을 구경했다는, 생략할 수도 있는 사소한 일들을 빠뜨리지 않고 언급하고 있음을 볼 수 있다. 또 [2]에서는 누구와 어떤 과정을 거쳐 어디를 가서 무엇을 보았는지 구체적으로 밝히고 있기도 하다.

이를 통해 작자는 경물에서 경물로 이어지는, 다시 말하면 경물을 중심으로 한 서술방식보다는 경물과 경물 사이의 시간이나 여정의 단절을 최소화하여 자기가 둘러본 모든 곳을 다소 빠른 호흡으로 제시하다가 인상적인 경물을 만나면 호흡을 늦추면서 그 모습이나 느낌을 구체적으로 제시하는 방식을 취하고 있다는 것을 알 수 있다. 유산 체험을 서술하면서 인상적인 경물을 자세하게 제시하는 것은 당연한 것이지만 작자가 그것에 머물지 않고 자기가 본 경물과 승경을 여정에 따라 남김없이 서술하려 한 것이다.

그렇다면 작자가 인상적이라고 느낀 경물의 제시 양상은 어떠한가.

[3]
이층 법당 드러가셔 ᄌᆞ셔히 구경ᄒᆞ니
십여 장 네 기둥과 닷집은 반공 즁의
칠좌 금불이 느러니 안잣고나
동편의 신션누와 그 녑희 ᄒᆡ은암에

문누마다 목각제명 뷘 틈 업시 부쳣시며
농션젼 지은 집이 원당이 되엿고나
셕가봉 관음봉은 그 놉히 누쳔 쟝의
돌 빗치 약간 희며 필산쳐로 짝가 셧고
지장봉 쟝경봉은 슈빅 쟝 남즛훈딕
토산이 셕기여셔 화초가 난만ᄒᆞ다
관음 지쟝 〃경 삼봉 산 밋마다 암ᄌᆞ 잇셔
셰 곳 다 그 봉이 일홈 ᄯᅡ롸셔 일캇는다
영원동셔 ᄂᆞ리ᄂᆞᆫ 물 슈미 팔담 두 골 물과
만쳔교의 합뉴ᄒᆞ여 북챵으로 흘너가ᄂᆡ
산쳔이 명녀ᄒᆞ고 임학이 요죠ᄒᆞ여
금긔ᄂᆞᆫ 쾌활ᄒᆞ고 안계 졀승ᄒᆞ니
젼노의 잇난 경기 가히 짐작ᄒᆞ리로ᄃᆞ

[4]
식후의 ᄇᆡ를 타고 ᄒᆡ금강 구경갈ᄉᆡ
칠셩봉 바위 지나 ᄒᆡ변으로 소류ᄒᆞ여
일광의 빗최여셔 물속이 ᄆᆞᆰ은 곳의
무슈ᄒᆞᆫ 긔암괴셕 은영하여 뵈이ᄂᆞᆫᄃᆡ
산호가지 방불ᄒᆞ고 쳥강셕도 갓트오며
빨닌 바위 물 그림ᄌᆞ 싱복 겁질 문의로다
슈변의 셧는 봉은 필산쳐로 느러 노혀
형〃식〃이요 묘〃긔〃ᄒᆞ여
인션귀불 간의 각〃 형용 황홀ᄒᆞ다

[5]
큰 폭포 바로 마조 바위의 느러 안져

삼쳔 쳑 ᄂᆞ리ᄂᆞᆫ 물 건너다 ᄇᆞ라보니
셕벽 ᄇᆡᆨ여 장이 병풍쳐로 둘너잇고
허리가 움쳐진 곳 물길이 되엿ᄂᆞᆫᄃᆡ
우후의 셩ᄂᆡᆫ 폭포 몃 층을 봇틔여셔
ᄇᆡᆨ능을 드리오고 옥쥬를 셰웟ᄂᆞᆫ 듯
은하슈 ᄒᆞᆫ 구뷔가 공즁의 드려이셔
바위 밋히 깁흔 소를 담아 부어 ᄊᆡ을 젹의
안ᄀᆡ가 퓌우면셔 ᄇᆡᆨ셜이 날니오니
금강산 폭포 즁의 졔일 장관 여긔로다

[3]은 작자가 장안사에 하처(下處)를 정한 후 둘러본 주변 풍광을 제시한 부분이다. 법당과 주위 건물, 그리고 주변 봉우리의 모습을 제시하고, 각 봉우리 밑에는 그 봉우리 이름을 딴 암자들이 있다거나 장안사 입구 만천교(萬川橋) 아래를 흐르는 물이 어디에서 흘러와 어디로 흘러간다고 설명을 덧붙였다. 이처럼 작자는 관찰한 대상을 비교적 객관적으로 묘사하거나 설명한 다음 '금기가 쾌활하고 안계가 절승하다'는 한 마디로 자기의 감흥을 요약하여 제시하고 있다.

[4]는 해금강에서 본 바닷가 모습을 제시한 것이다. 햇빛이 비치는 물속의 기암괴석과 주변 봉우리를 비유를 통해 묘사한 다음 '사람과 신선, 귀신과 부처의 세계를 넘나드는 그 모습들이 황홀하다'는 자기의 느낌을 요약해서 서술하였다. [5] 역시 마찬가지이다. 구룡폭포(九龍瀑布)를 전체적으로 조망하고, 폭포의 물 쏟아지는 모습을 백릉(白綾)을 드리운 듯, 옥주(玉柱)를 세운 듯하다고 묘사한 다음 '금강산 폭포 중 제일 장관'이라는 자기의 주관적 판단을 끝에 첨부하고 있는 것이다.

이와 같이 작자는 인상적인 경물을 마주했을 때 대상을 객관적으로 묘사, 설명하기도 하고, 비교적 간단한 비유를 통해 제시하기도 하다가 끝에 가서 자기의 감흥을 한 문장으로 압축하여 제시하는 방식을 즐겨

사용하고 있음을 볼 수 있다. 대상의 모습이나 특징에 대한 제시가 작자의 감상이나 감흥, 혹은 주관적 판단에 앞서 큰 비중을 차지하고 있는 것이다. 이는 작자가 대상과 일정한 거리를 유지하면서 그것을 관찰, 제시하는 데 치중하고 있음을 말해주는 것이라 할 수 있다.

다른 경우를 좀 더 살펴보자.

[6]
십왕봉 볼작시면 열 봉오리 놉다 ᄒᆞ고
그 압희 판관봉은 모ᄃᆡ한 모양이오
엽흐로 여러 봉이 구부숨 ᄒᆞ여시니
이거ᄉᆞᆫ 일킷기를 죄인봉이라 ᄒᆞ고
죄인봉 압희 봉은 ᄉᆞ쟈봉이라 ᄒᆞ며
쟝군봉은 갑쥬 형샹 동자봉은 아희 모양
셔편의 샤셕 언덕 옥초ᄃᆡ라 일홈ᄒᆞ기
그곳의 올나셔〃 동편을 ᄇᆞ라보니
ᄇᆡᆨ마봉 흰 빗치 반공의 소사 잇고
촉ᄃᆡ봉 챠일봉은 좌우의 버러졋고
불[북?]으로 흘녀ᄂᆞ려 여러 봉 둘녀시니
마면봉은 말샹 갓고 우두봉은 쇠머리니
십분의 오뉵분이 다 각〃 근ᄉᆞᄒᆞ다
그즁의 샹지쟝봉 지쟝봉 우희 이셔
크고 쏘 놉흔 고로 샹지쟝이라 ᄒᆞᄂᆡ

[7]
팔담으로 가ᄂᆞᆫ 길의 셰두분 차ᄌᆞᄒᆞ니
보덕각시 머리 감던 돌 굼기 깁허 잇고
ᄇᆡᆨ농담 볼작시면 슈셕이 교결ᄒᆞ고

후[흑]룡담 검푸른 물 팔담의 쳣 구뷔오
비파담 둘니 돌이 거문고 복판 갓고
벽하담 물 기운은 안ᄀᆡ가 ᄌᆞ욱ᄒᆞ며
장벽의 분셜담이 구뷔쳐 소뜰젹의
은희가 어듸메오 비셜이 분〃하다
……
도로 나려 물을 건너 진쥬담 바라보니
물 쥴기 후리쳐다 공즁의 쌈ᄂᆞᆫ 방울
만곡 파려쥬를 반의 담아 헤치ᄂᆞᆫ 듯
셕상의 칠언절귀 ᄃᆡ로션ᄉᆡᆼ 친필이라
귀담은 거북 형상 션담은 ᄇᆡ 모양의
장마의 돌이 밀녀 보잘 것 바희 업고
화룡담 깁흔 소가 너루바위 아ᄅᆡ 잇셔
쌈거니 들네거니 변화가 무궁ᄒᆞ다

[6]은 영원암(靈源菴)에서 바라본 시왕봉(十王峰)의 모습을 제시한 것이다. 여기에서 작자는 판관봉(判官峰)이 사모와 관대를 하고 있는 모양이라거나 죄인봉(罪人峰)이 구부정한 모습이라거나 하여 각 봉우리의 이름을 봉우리의 모습에서 확인하고 있다. 이 부분은 여러 금강산 기행가사에 마찬가지 방식으로 제시되고 있어 당시에 관습화되어 있던 것으로 보이는데 어쨌든 작자는 자기 나름의 시선으로 파악한 대상의 모습을 묘사하기보다는 '십분의 오륙분이 다 각각 근사하다'는 말에 드러나 있듯 기존의 비유적 명명(命名)을 대상의 모습을 통해 확인하는 방식으로 경물을 제시하고 있다.

[7]은 내팔담(內八潭)의 모습을 제시하고 있는 부분이다. 팔담 각각의 모습을 비유적으로 드러내고 있는 각각의 이름들이 이미 있어 시왕봉의 경우처럼 팔담의 모습을 그 이름과 견줘보는 것이 관례였다. 위에서도

비파담(琵琶潭)을 둘러싸고 있는 돌이 거문고 같다거나 귀담(龜潭)은 거북이 모양, 선담(船潭)은 배 모양 같다고 한 것이 그런 경우이다. 나머지는 팔담 각각의 모습을 그 자체로 제시하고 있는 듯이 보인다. 하지만 그 역시 팔담의 이름과 관련되어 있음을 금방 알 수 있다. 백룡담(白龍潭)의 수석이 교결(皎潔)하다거나, 흑룡담(黑龍潭)의 물이 검푸르다거나, 벽하담(碧霞潭)의 물 기운이 안개가 자욱한 것 같다거나, 분설담(噴雪潭)의 물이 굽이치니 비설(飛雪)이 분분한 것 같다거나, 진주담(眞珠潭)의 물방울이 유리구슬 같다거나 하는 것들이 그것이다. 경물의 모습과 이름을 직접 견주지는 않았지만 이름과 관련된 모습을 경물에서 찾고 있는 것이다.

이처럼 [6]과 [7]은 경물의 이름과 관련하여 경물의 모습을 제시하는 관습화된 방식으로 대상을 제시하고 있다. 누군가로부터 전해 들었을 이름에 의지하여 공간의 세부를 인식하고 있다는 것은 기존의 관념에 의지하여 공간을 인식하고 있는 것이다.[33] 그런데 이 경우 역시 작자가 대상에 몰입하는 것이 아니라 대상과 일정한 심리적 거리를 유지하면서 대상을 관찰, 제시하고 있다는 점에서는 앞의 [3]~[5]와 큰 차이가 없다고 할 수 있다.

요컨대 작자는 자기의 감흥이나 주관을 드러내기는 하지만 많은 부분을 경물과 객관적인 거리를 유지하면서 그것의 묘사와 설명에 할애하고 있는 것이다. 다음 경우를 살펴보자.

[8]

금강산 만니쳔 봉 눈 압희 버렷는듸
셕양이 비췬 곳의 진면이 완연ᄒᆞ여
동북으로 즁양셩은 눈빗 갓치 희여잇고

33) 염은열, 「기행가사의 '공간' 체험이 지닌 교육적 의미」, 『고전문학과 교육』 12, 한국고전문학교육학회, 2006. 8, 104면.

그 너머 비로봉이 표묘이 소사나며
젼면의 망군ᄃᆡ가 혈망봉과 갓치 셔〃
구름의 소ᄉᆞ나셔 하늘의 다핫시니
앗가 우리들이 져곳으로 왓것마ᄂᆞᆫ
지금 안ᄌᆞ ᄉᆡᆼ각ᄒᆞ니 ᄭᅮᆷ속인 듯 황홀ᄒᆞ여
사람이 날단 말이 허언이 아니로다
ᄇᆡᆨ마봉 아ᄅᆡ 편의 십여 봉 셧ᄂᆞᆸ 봉은
장원ᄉᆞ 영원암의 다 보은 산이로다
즁양셩 안ᄶᅩᆨ으로 ᄯᅩ ᄒᆞᆫ 겹 둘녀시니
상가셥 하가셥봉 웅장ᄒᆞ게 큰 산이고
소향노 ᄃᆡ향노봉 노셕엄이 모양이오
그 아ᄅᆡ 청학ᄃᆡ가 슈구 막아 둘너잇다

[9]
남은 술 가지고셔 헐셩누의 다시 올나
ᄒᆞᆫ 잔식 취ᄒᆞᆫ 후의 승상을 고쳐보니
운ᄋᆡ가 청명ᄒᆞᆫᄃᆡ 어적긔 못보던 봉
구름 밧긔 숨엇ᄃᆞ가 차례로 나셜 적의
영낭봉 금잔듸가 눈셥쳐로 고앗시며
일츌봉 월츌봉은 붓ᄭᅩᆺ 간치 소ᄉᆞ이셔
도모지 셩[셕?]양 송[속?]의 사라셔 움즉인다
져녁밥 갓다 먹고 월식[ᄉᆡᆨ?]을 기ᄃᆞ리니
황혼이 막 지나며 즁천의 ᄐᆡ음졍광
쳔봉만학 간의 명ᄉᆡᆨ이 됴요ᄒᆞ니
헐셩누 절승ᄒᆞᆫ 경 ᄉᆞ시 쥬야 일반이라
여ᄎᆞ 양야 청낭ᄒᆞᆫᄃᆡ 일흥을 못니긔여
승월 완보ᄒᆞ여 큰 절의 와 슉소ᄒᆞ고

……

[8]은 정양사(正陽寺) 헐성루(歇惺樓)에서 바라본 금강산의 모습을 제시한 것이다. 정양사에서 바라보는 풍광이 절승하다는 것은 이미 정평이나 있었다. 송강은 <관동별곡>에서 여산(廬山) 진면목이 여기에서 다 보인다며 그 모습을 다채롭게 묘사하였고, 김창협(金昌協)도 <동유기(東游記)>에서 그 특이한 자태를 다 기록할 수 없다며 명나라 사람 오정간(吳廷簡)이 황산(黃山)을 보고서 반평생 본 것은 모두 흙더미와 돌덩어리뿐이었다고 한 말을 인용하고 나서 지금 이 산을 보니 정말 그렇다고 한 바 있다.[34] 작자는 그곳에서 바라본 봉우리들의 위치와 모습을 보이는 그대로 묘사하면서 풍광 자체에 대한 감흥을 제시하기보다는 자기가 그 곳들을 거쳐 온 것이 황홀하다고만 하였다.

이튿날 작자는 다시 헐성루에 올랐는데 [9]는 그때 바라본 풍광을 제시하고 있다. 술을 가지고 올랐다는 것 자체가 흥취를 즐기겠다는 의도가 있었다는 것을 말해준다. 하지만 그 흥취는 달빛 속을 천천히 걸어 숙소로 돌아왔다는 서술에 한정되어 있다. 여전히 작자는 봉우리들의 모습을 제시하고 있는데 어제와 차이가 있다면 눈썹 같고, 살아서 움직인다고 하여 묘사에 주관적 감흥이 배어 있는 정도이다. 작자가 흥취에 젖어 대상에 몰입하는 순간에도 그것에 대한 서술은 간략하게 처리되고 있는 것이다. 이는 작자가 대상과 객관적 거리를 둔 채 그것을 묘사, 설명하려는 태도가 그만큼 완강하게 작용하고 있다는 것을 말해주는 것이라 할 수 있다.

34) 果其殊狀異姿 不可備述 …… 昔明人吳廷簡見黃山 以爲半生所見 皆土堆石塊耳 今見是山 良然(<동유기>, 『농암집(農巖集)』 권23).

4. 작가의식

앞에서 언급한 바와 같이 <동유가>의 작가의식과 관련하여 기존 연구에서는 중세적 지향과 근대적 지향이 혼효되어 있다거나, 도시에서 일상적 유흥을 즐기는 경화사족에 속하는 작자의 정서적 체험이 반영되어 있다거나 하는 논의들이 있었다. 그런데 중세적 지향과 근대적 지향의 공존은 이 작품의 작가에 한정된 것이 아니라 19세기 문인들에게서 흔히 볼 수 있는 현상일 수 있다. 또 작자가 경화사족에 속한다고 해서 그 의식을 도시의 일상적 유흥의 측면에만 초점을 맞춰 파악하는 것은 이 작품의 작가의식을 협소하게 이해하는 것일 수 있다. 이제 이러한 점들을 고려하면서 작가의식을 살펴보자.

우선 <동유가>에 한정된 것은 아니지만 앞 시대의 금강산 기행가사와 달리 이 작품에서 유교 이념과 관련된 뚜렷한 견해나 주장을 찾기 어렵다. 작자는 송강의 <관동별곡>을 익히 잘 알고 있었다. 주지하다시피 <관동별곡>에서는 대상 경물에서 유교 이념과 관련된 이미지나 덕목을 떠올리는 등 유교 이념이 전편을 일관하고 있다. 그런데 <관동별곡>을 직접 언급할 뿐 아니라 <관동별곡>의 표현이나 발상을 차용하고 있기도 한[35] <동유가>에서는 사정이 다르다. <동유가>에서는 경물에서 유교 이념과 관련된 심상이나 덕목을 연상하지도 않고, 유교적 시각에서 유산 체험을 해석하거나 분식(粉飾)하지도 않는다. 회양으로 가

35) 예를 들어 "벽쳔 시ᄂᆡ길이 풍악으로 버더시니"는 <관동별곡>의 "화천(花川) 시냇길이 풍악(楓岳)으로 뻗어 있다"를, "지로승 압셰우고 셕경의 막ᄃᆡ 집허 / ᄒᆡ은암 녑흐로셔 ᄇᆡᆨ쳔동 챠자가니"는 <관동별곡>의 "행장(行裝)을 다 떨치고 석경(石逕)에 막대 짚어 / 백천동(百川洞) 곁에 두고 만폭동(萬瀑洞) 들어가니"를, "셔진강 ᄂᆞ린 물이 합강졍 압흐로셔 / 북강의 합뉴ᄒᆞ여 한강슈 되엿시니 / 봉ᄂᆡ만이쳐[쳔?]의 십여 봉 그림ᄌᆞ만 / 담아셔 흘녀다가 경강의 다혀 노코 / 읍청누 압구졍의 난화셔 보고지고"는 <관동별곡>의 "진주관(眞珠館) 죽서루(竹西樓) 오십천(五十川) 나린 물이 / 태백산(太白山) 그림자를 동해로 담아가니 / 차라리 한강(漢江)의 목멱(木覓)에 닿이고저"를 고려한 표현과 발상들이라 할 수 있다.

는 도중 신안역(新安驛)을 지날 때에는 주자와 우암(尤菴) 송시열(宋時烈)의 영당이 있지만 바빠서 첨배(瞻拜)를 못한다고 하였다. 후학의 모현지성(慕賢之誠)이 초창(怊悵)하다고 하였으나 유람 길이 바빠서 첨배를 못했다는 사실을 밝히고 있는 것 자체가 작자가 유교 이념에 철저하게 예속되어 있지 않다는 것을 보여주는 것일 수 있다.

또한 작자는 경물에 얽혀 있는 설화를 소개하면서 중의 말이 황당하다거나 노승배(老僧輩) 허황지설 한 두 곳이 아니라는 말을 덧붙이기도 하였다. 하지만 그것은 설화가 황당하다는 데 초점이 있는 것이고 불교 자체를 비판적으로 인식하고 있기 때문은 아니다. 작자는 애초 능암이라는 승려와 동행하고, 열심히 공부하고 정진하는 승려를 소개하기도 하고, 자기를 안내한 각 절의 지로승(指路僧) 이름까지도 밝히고 있다. 따라서 작자가 유자의 입장에서 불교를 비판적으로 바라보고 있지 않다는 것은 확실하다.

이러한 점들은, 결국 작자가 서두에서 대장부가 갖추어야 할 요건을 충족시키기 위해 유람을 떠난다고 하였지만 그것이 유교 이념의 바탕 위에서 군자가 갖추어야 할 덕과 기상을 배양하기 위해[36] 금강산 유람을 떠난다는 의미와 별 관련이 없는 진술이었다는 것을 알려준다고 할 수 있다. 따라서 작자가 금강산 유람에 나선 것은 무엇보다 빼어난 금강산을 자기 눈으로 직접 보겠다는 탐승(探勝)에 대한 욕망 때문일 것이며, 여기에는 서울이 아닌 낯선 곳에 대한 호기심도 크게 작용하고 있었던 것으로 보인다. 작자가 유점사(楡岾寺)의 오탁수(烏啄水)를 보고 듣던 말과 판이하다고 한 것을 보면 작자는 그러한 욕망과 호기심을 충족시키기 위해 <관동별곡>은 물론 금강산 관련 기행문이나 가사들을 읽고 준비하였던 것으로 보인다.

이러한 호기심과 탐승 욕구는 결국 작자로 하여금 자기가 보고, 듣고,

36) 박희병, 「한국산수기 연구」, 『고전문학연구』 8, 한국고전문학연구회, 1993, 214면.

느끼고, 겪은 모든 것을 기록하도록 하였다고 할 수 있다. 일기 형식을 도입하여 금강산을 향해 가고, 또 거기에서 돌아오는 도중의 일정과 견문을 최대한 빠뜨리지 않고 기록하고, 유산의 과정에서도 매일 자기가 둘러본 모든 곳을 다소 빠른 호흡으로 서술하고 있는 것이다. 금강산 기행가사가 이처럼 완벽한 일기의 형식으로 짜인 경우는 찾아보기 어려운데 그것은 기존 연구에서도 지적한 것처럼 <동유가>의 작자가 한문 기행산문인 산수유기(山水遊記)를 염두에 두었기 때문으로 보인다.[37] 모든 산수유기가 그런 것은 아니지만 많은 작품들이 일기 형식으로 이루어져 있다. 또 산수유기는 일반적으로 산수 자연의 아름다움·장엄함·기묘함에 대한 경탄과 풍속·지리·고적·설화에 대한 관심을 보여주는 특징을 지닌다.[38] 작자는 이러한 산수유기를 자기의 낯선 곳에 대한 호기심과 탐승 욕구를 온전히 담아낼 수 있는 효과적인 틀로 인식하여 자신의 가사 작품에 일기 형식을 적극적으로 도입하면서 견문한 모든 것을 자세하게 서술했던 것으로 보인다.

그렇다면 작자는 자기의 여행 체험을 산수유기로 쓰지 왜 굳이 가사로 썼는가 하는 의문이 남는다. 여기에는 두 가지 점이 고려될 수 있을 듯하다. 우선 산수유기로 쓸 경우 한문이라는 표기 수단이 갖는 중세적 보수성과 경건성에서 완전히 자유롭기 어렵고, 또 기(記)가 다른 종류의 글들에 비해 비교적 자유롭게 쓸 수 있는 양식이라 하더라도 그 양식을 지탱하는 나름의 관습적인 틀을 유지하지 않을 수 없다. 따라서 작자가 자기의 다양한 체험을 자유롭게 서술하고자 했다면 산수유기보다는 가사라는 양식을 선택하는 것이 훨씬 유리할 수 있다. 작자는 작품 말미에서 "연로의 우ᄉᆞ온 일 요초ᄒᆞ여 너허시니 / 아모나 보시ᄂᆞ니 짐작ᄒᆞ여 주오실가"라고 하였다. 우스운 일이란 솔모로 숙소에서 안주인이 자기 며느리를 꾸짖은 일을 가리키는 듯하다. 만약 작자가 산수유기를 선택했

37) 조세형(a), 201면 참고.
38) 박희병, 앞의 글, 216면.

다면 이러한 일을 자세히 서술한다는 것은 생각하기 어려웠을 것이다. 작자가 가사 양식을 선택한 또 다른 이유는 집안 부녀자들에 대한 고려 때문일 수 있다. 작자가 가사에 친숙해질 수 있었던 것은 할머니 때문인데 작자가 금강산 유람을 했을 때 할머니가 생존해 있었다. 따라서 할머니를 비롯한 집안의 부녀자들이 작자의 금강산 유람을 간접으로나마 체험할 수 있도록 하기 위해 그들에게 친숙한 가사 양식을 선택했으리라는 것이다.

그리고 작자가 경물을 제시하면서 이념적 환기를 거부하고 대상과 객관적 거리를 둔 채 그것을 묘사, 설명하려는 태도를 강하게 보이는 것은 산수를 바라보는 기본 시각의 변화라는 문학사 내지 예술사의 흐름과 어느 정도 관련된다고 할 수 있다. 17～18세기 김창협과 그 문하의 기행문에서는 이전 시기와 달리 금강산의 실경 그 자체를 관심의 대상으로 삼아 금강산의 아름다움을 표현하는 데 주력하는 사경적 사실주의를 개척하였고, 이것이 이후 후대에 많은 영향을 끼쳤다.[39] 특히 노론에 속하는 작자로서는 앞선 시기 노론계의 학문과 문학을 주도한 김창협과 그 문하의 산수관에 무관심할 수 없었을 것이다. 작자가 김창협에 관심을 갖고 있었다는 것은 작품 속에서 김창협의 시에 차운한 사실을 특기하고 있는 데에서도 확인할 수 있다.

한편 여기에서 하나 더 생각해 볼 수 있는 것은 작자가 경화사족이라는 점이다. 조선후기 경화사족들은 대도시로 변모한 서울 생활을 통해 사회적 변화를 실감하고 전통주자학 일변도에서 벗어나 경제지학(經濟之學), 사장지학(詞章之學), 또는 명물도수지학적(名物度數之學的) 박학풍(博學風)으로까지 학문 세계의 범위를 넓혀갔다.[40] 곧 주자학적 의리・명분론에서 사회 현실을 직시하여 문제를 해결하려 하거나 모든 사물을 학

---

39) 강혜선, 「17・8세기 금강산의 문학적 형상화에 대한 연구」, 『관악어문연구』 17, 서울대, 1992, 101면 참고.

40) 유봉학, 『조선후기 학계와 지식인』, 신구문화사, 1999, 116면 참고.

문적 연구 대상으로 삼아 그 본원과 이치를 궁구하고 해석하는 방향으로 관심의 폭을 확대하였던 것이다. 작자 홍정유도 병자호란 때 순절한 홍익한의 후손이기는 하지만 주자학적 의리·명분론에만 매달리고 있지는 않았을 것이다. 그 역시 당시 경화사족의 학문적 관심과 분위기에서 크게 벗어나 있지는 않았을 것인데 이는 그가 19세기 노론 경화학계의 중심인물들인 박규수, 김윤식과 인척 관계에 있었다는 점에서 짐작해 볼 수 있다. <동유가>에 유교 이념이 탈색되어 있다거나 자기 눈으로 직접 본 대상 모두를 치밀하게 관찰하여 제시하려는 서술태도가 드러나 있다는 것을 이러한 측면에서도 이해해 볼 수 있을 듯하다.

5. 맺음말

이 글은 금강산 여행 체험을 다루고 있는 기행가사인 <동유가>를 대상으로 작자와 창작 배경, 서술방식, 그리고 작가의식을 검토하는 것을 목적으로 하였다. 논의의 결과를 요약하면 다음과 같다.

기존 연구에서 <동유가>는 작품 속에 제시된 단서를 근거로 옥국재 이운영의 진외현손인 홍정유에 의해 1862년경에 창작된 것으로 추정한 바 있다. 가능성을 열어놓고 다시 검토한 결과 작자를 홍정유로 확정해도 무방한 것으로 판단된다. 또 족보 이외의 여러 자료들을 살펴본 결과 홍정유는 병자호란 때 순절한 홍익한의 봉사손이고, 지방관을 역임하면서 많은 치적을 남겨 조정에서 높은 평가를 받았으며, 조선말의 유명한 문장가들인 박규수, 김윤식과 인척 관계에 있던 경화사족이었다. 그리고 홍정유가 국문으로 가사를 창작하게 된 데에는 옥국재 가사를 익히도록 한 할머니의 영향이 컸을 것으로 짐작된다.

<동유가>는 서두에 유람의 동기를 제시한 후 서울을 출발하여 회양에서 며칠 머물다 금강산을 유람하고, 다시 회양을 거쳐 서울로 돌아오

기까지의 전 여정을 서술하고 있다. 다른 금강산 기행가사와 달리 금강산을 오가는 여정과 견문에 대한 서술이 대폭 확대되어 있는데 이는 날짜별로 체험한 모든 것을 기록하는 일기 형식의 도입을 통해 가능할 수 있었다.

금강산 유산 체험의 서술은 경물과 경물 사이의 시간이나 여정의 단절을 최소화하여 자기가 둘러본 모든 곳을 다소 빠른 호흡으로 제시하다가 인상적인 경물을 만나면 호흡을 늦추면서 그 모습이나 느낌을 구체적으로 제시하는 방식으로 이루어지고 있다. 또 경물의 제시에 있어서는 감흥이나 주관을 드러내기도 하지만 대체로 경물과 객관적인 거리를 유지하면서 그것의 묘사와 설명에 치중하고 있음을 확인할 수 있다.

<동유가>에서는 경물에서 유교 이념과 관련된 심상이나 덕목을 연상하지도 않고, 유교 이념의 시각에서 유산 체험을 해석하려 하지도 않는다. 이는 작자가 유교 이념의 바탕 위에서 군자가 갖춰야 할 덕과 기상을 배양하기 위해서가 아니라 빼어난 금강산을 탐승하고 싶은 욕망과 낯선 곳에 대한 호기심 때문에 금강산을 찾았다는 것을 말해주는 것이다.

이러한 욕망과 호기심은 작자로 하여금 산수유기를 염두에 두고 일기 형식 속에 모든 체험을 기술하도록 하였다고 할 수 있다. 그런데 작자가 산수유기가 아닌 가사를 선택한 것은 다채로운 경험을 자유롭게 서술하고, 일차적 독자인 자기 집안의 부녀자들을 고려했기 때문으로 보인다.

그리고 작자가 이념적 환기를 거부하고 경물과 객관적 거리를 유지하면서 그것을 묘사, 설명하려 한 것은 김창협과 그 문하에서 비롯된 사경적 사실주의 산수관의 영향이라 할 수 있다. 아울러 작자가 자기 눈으로 직접 본 대상 모두를 치밀하게 관찰하여 제시하려는 서술태도는 주자학적 의리·명분론 일변도에서 벗어나 사회 현실을 직시하거나 모든 사물을 학문적 대상으로 삼아 그 본원과 이치를 궁구하고 해석하는 방향으로 학문적 관심의 폭을 확대했던 경화사족의 학문적 경향이나 분위기와도 관련된다고 할 수 있다.

앞으로 <동유가>의 성격이 다른 여러 작품과 비교하여 어떻게 같고 다른지 보다 구체적으로 구명되고, 작가의식 또한 보다 치밀하게 분석되어 이 글의 논의가 수정, 보완되기를 기대한다.

Ⅲ.『언사(諺詞)』 원문 및 주석

일러두기

1.『언사(諺詞)』의 기존 영인본(『민족문화연구』 21, 고려대 민족문화연구소, 1988)은 글자가 희미한 곳이 많아 여기에서는 옥국재의 후손이 보관하고 있는 원본을 대상으로 주석을 하였다. 원본의 겉표지에는 희미하여 분명치는 않으나 '家繇'라는 제목이, 속표지에는 '諺詞'라는 제목이 적혀있다. 책 크기는 세로 28.3㎝, 가로 19.6㎝이다.

2. 원문은 2음보를 한 구로 하여 짝이 되는 두 구를 나란히 병기하는 귀글이 가로 7단, 세로 3단으로 필사되어 있는데 여기에서는 그것을 풀어 4음보를 1행으로 기록하였다.

3. 원문의 각 작품 제목 아래에는 '도뎡공가ᄉᆞ', '황쥬공가ᄉᆞ'라고 기록하여 작자를 밝히고 있는데 여기에서도 그대로 기록하였다. '도뎡공'은 돈령부(敦寧府) 도정(都正)을 지낸 적이 있는 옥국재(玉局齋) 이운영(李運永)을, '황쥬공'은 옥국재의 아들로 황주목사를 지낸 현루(玄樓) 이희현(李羲玄)을 가리킨다.

4. 원책의 속표지와 그 이면에 기록된 작품명의 한자어 표기는 국문 제목 뒤 괄호 속에 병기하였다.

5. 띄어쓰기를 하고, 한자어는 괄호 속에 한자를 병기하였으며, 설명이 필요한 어휘에는 주를 달았다.

6. 원문 가운데 오기가 거의 분명하고 굳이 주를 달 필요가 없는 경우에는 [ ] 속에 바른 표기를 제시하였으며, 어휘의 뜻을 명확하게 하기 위

해 한자가 필요한 경우에도 [ ] 속에 한자를 제시하였다.

7. 원본의 마모된 글자는 앞뒤 문맥을 고려하여 기존 연구에서 추정하거나 필자 나름으로 추정한 글자를 본문에 제시하고 그 사실을 주에서 밝혔다.

8. 주석 과정에서는 소재영의 「『언사』연구」(『민족문화연구』 21, 고려대 민족문화연구소, 1988)와 임기중 편저 『한국가사문학주해연구』(아세아문화사, 2005) 등을 비롯한 기존 연구들을 참고하였다.

9. 주를 달지 못한 난해구가 있고, 원문 판독과 주석에 오류가 있을 수 있어 앞으로 완벽한 주석이 이루어지기를 기대한다.

1. 착정가(鑿井歌) 도뎡공가ᄉᆞ

그ᄃᆡ는 속ᄀᆡᆨ(俗客)이라 ᄂᆡ 일홈 어이 알고
오날〃 ᄂᆡ 일홈을 그ᄃᆡ다려 니르리니
인츙(鱗蟲)[1] 삼ᄇᆡᆨ(三百)의 머리 지은 농(龍)이로쇠
죠션(朝鮮)이 부명(賦命)ᄒᆞ야[2] 셩현(聖賢)이 나시도다
삼한(三韓)을 어루만져 한양(漢陽)의 도읍ᄒᆞ니
인물(人物)이 번셩(繁盛)ᄒᆞ고 녀염(閭閻)이 박지(撲地)ᄒᆞ다[3]
어와 옥황샹졔(玉皇上帝) 건쳔문(乾天門)을 여르시고
졔쥬(齊州) 구졈연(九點煙)[4]의 하토(下土)를 구버보샤

1) 인츙(鱗蟲): 비늘 달린 짐승.
2) 부명(賦命)ᄒᆞ야: 천명(天命)을 받아.
3) 녀염(閭閻)이 박지(撲地)ᄒᆞ다: 마을의 인가가 땅에 가득하다. 당나라 시인 왕발(王勃)의 <등왕각서(滕王閣序)>에 '閭閻撲地'라는 표현이 있음.
4) 졔주(齊州) 구졈연(九點煙): 제주(齊州)는 중주(中州), 즉 중국을 가리킴. 구점연(九點煙)은 아홉 개의 운무 덩어리. 제주 구점연은 중국의 구주(九州)도 높은 곳에서 내려다보면 아홉 개의 운무 덩어리로 보인다는 의미임. 당나라 시인 이하(李賀)의 시 <몽천(夢天)>에 '遙望齊州九點煙'이라는 표현이 있음.

일폭(一幅) 홍나됴(紅羅詔)[5]를 슈국(水國)의 젼ᄒᆞ사ᄃᆡ
동문외(東門外) 십니지(十里地)는 쳥뇽(靑龍)이네 직희고
남문외(南門外) 십니지는 젹뇽(赤龍)이네 직히고
셔문외(西門外) 십니지는 ᄇᆡᆨ뇽(白龍)이네 직히고
북문외(北門外) 십니지는 흑뇽(黑龍)이네 직히고
왕셩ᄂᆡ(王城內) 십니지는 황뇽(黃龍)이네 직희여
우물의 물을 ᄲᅮᆷ어 민무(民務)[6]를 니(利)케 ᄒᆞ라
우리는 ᄇᆡᆨ뇽이라 셔방(西方)을 가음아라[7]
반송방(盤松坊)[8] 노쳔[쳠]졍계(盧僉正契)[9] 팔각졍(八角亭) 나린 ᄆᆡᆨ(脈)의
구혈[10]을 졈지(點指)ᄒᆞ여 삼ᄇᆡᆨ 년 거져 이셔
ᄉᆈ리를 ᄒᆞᆫ번 치면 감쳔(甘泉)이 소사ᄂᆞ니
이러므로 셰샹의셔 칭지왈(稱之曰) 초리우물
그러나 슈근(水根)은 유한(有限)ᄒᆞ고 먹그리도 ᄒᆞ도홀ᄉᆞ
아츰이야 져녁이야 ᄉᆡ벽이야 밤듕이야
ᄌᆡ상(宰相)의 집 션ᄇᆡ의 집 호반(虎班)의 집 한량(閑良)의 집
국슈집 팟쥭집 ᄯᅥᆨ집이며 엿집이라
통이로셰 동의로셰 쟝군[11]이야 항셜이야
깃거니 푸거니 이 우물의 운집(雲集)ᄒᆞ니
두레도 ᄉᆡᆨ지우고 족박도 ᄭᆡ이는동
아야지야 살인(殺人)이야 ᄲᅡ홈이 지〃괴고
왜걱데걱 분답(紛沓)[12]이 덥[더]옥 심히

5) 홍나됴(紅羅詔): 붉은 비단에 쓴 조서.
6) 민무(民務): 백성들의 일.
7) 가음아라: 주관하여.
8) 반송방(盤松坊): 조선시대 서울 서부에 속한 행정 구역.
9) 노쳔[쳠]졍계(盧僉正契): 반송방에 속한 행정 구역.
10) 구혈: 구혈(灸穴), 곧 '뜸자리'인 듯함. 지맥을 살펴 우물 팔 곳을 찾는 것을 기맥을 살펴 뜸자리를 찾는 것에 견준 것으로 보임.
11) 쟝군: 장군. 물, 술, 간장 등을 담아 옮길 때 사용하는 오지로 만든 통.

ᄡᆞᆯ을 ᄡᅳᆯ코 팟츨 간들 물 업시 밥이 되며
감곽(甘藿)[13]과 증곤포(蒸昆布)[14]ᄂᆞᆫ 바리로 ᄡᆞ혀 잇고
ᄉᆡᆼᄎᆡ(生菜)와 ᄃᆡ하(大蝦) ᄉᆞ미 아모리 쎄엿신들
이 물이 업게 되면 국이 어이 되올넌고
션[셔]문외(西門外) 쳔만가(千萬家)의 물ᄡᅡ홈 고극(苦劇)터니
그ᄃᆡᄂᆞᆫ 슬긋ᄒᆞ여[15] 녀듕(女中)의 호걸(豪傑)이라
ᄀᆡ연(慨然)이 ᄉᆡᆨ[ᄉᆡᆼ]각ᄒᆞ되 ᄉᆡ 물 어이 못 파리요
올흔손의 자[尺]만 들고 후졍(後庭)으로 드러가셔
지ᄆᆡᆨ(地脈)을 혜아리고 ᄉᆞ방을 둘너보아
차환(叉鬟)[16]을 분부ᄒᆞᄃᆡ 이곳을 깁히 파라
졍셩이 고즉ᄒᆞ니[17] ᄂᆡ 마음 감동ᄒᆞ여
챵ᄒᆡ(滄海)의 ᄡᆞ힌 물을 머그며 ᄉᆡᆷ머ᄂᆡ니
그ᄃᆡ네 북찬[창]하(北窓下)의 감노슈(甘露水)가 졀노 ᄂᆞᆫ다
구양(歐陽) 션ᄉᆡᆼ 고산쳔은 이샹ᄒᆞ기 두 번이요
소동파(蘇東坡)의 셕구졍은 신긔ᄒᆞ기 일반이라
구만니(九萬里) 은하슈가 야반(夜半)의 ᄡᅥ러진가
만괵[18] 파려쥬(玻瓈珠)[19]를 옥호(玉壺)의 담아ᄂᆞᆫ 듯
ᄌᆞ미롭다 그ᄃᆡ 우물 죵요롭다[20] 그ᄃᆡ 우물
졔ᄉᆞ(祭祀)를 밧드으며 빈ᄀᆡᆨ(賓客)을 ᄃᆡ졉(待接)ᄒᆞᆯ 제
취지무금(取之無禁)이요[21] 용지불갈(用之不竭)이라[22]

---

12) 분답(紛沓): 북적거려 어수선함.
13) 감곽(甘藿): 미역.
14) 증곤포(蒸昆布): 찐 다시마.
15) 슬긋ᄒᆞ여: '슬기로워'인 듯함.
16) 차환(叉鬟): 젊은 여종.
17) 고즉ᄒᆞ니: 극진하니.
18) 만괵: 만곡(萬斛). 일만 섬.
19) 파려주(玻瓈珠): 유리구슬.
20) 죵요롭다: 없어서는 안 될 만큼 긴요하다.
21) 취지무금(取之無禁)이요: 가져가도 금하는 사람이 없고.

김장이야 셰답(洗踏)[23]이야 물 걱정 다시 홀가
다홍이야 옥식(玉色)이야 즈지(紫芝)[24]야 초록(草綠)이야
펴라펴라 이 우물의 물 드리기 더욱 죠타
창두(蒼頭)[25] 젹긱(謫客)이 우물길을 니별ᄒᆞ니
오날〃 이 우물은 그디 집 보빅로다
그디는 혜여보소 닉 은혜 엇더ᄒᆞᆫ고
그디는 혜여보소 닉 은혜 니즐손가
닉 은혜 이러ᄒᆞ니 아니 갑고 어이 홀고
속담의 일너시되 일쳔 냥(一千兩)이 두 돈 오 푼
그디 아들 싱일 잔치 빅뇽이 닉 아던가
국왕(國王)이 죤듕(尊重)ᄒᆞ사 디한(大旱)의 긔우(祈雨)홀제
옥빅(玉帛)을 가초아셔 뇽궁(龍宮)의 비러시니
그디만치 인ᄉᆞ(人事) 알고 날 디졉 아니홀가
송아치 삼형졔(三兄弟)를 지상(宰相)을 시겨노코
가막기 노랑둙을 슈(數) 업시 효시(梟示)ᄒᆞ고
슈됵(水族)으로 삼긴 거슨 각젼(各煎)의 모도[26] 쁠고[27]
싱치(生雉)와 졔육[28]으란 씨 업시 모화 노코
굽거니 ᄉᆞ리거니 지〃거니 회(膾)치거니
동디청(東大廳) ᄒᆞᆫ가온디 어두어케[29] 버려 노코
문어(文魚) 젼복(全鰒) 디구(大口) 명틱(明太) 졀육(切肉)을 버려 노코
국슈와 원반뿍기[30] 무진무진 데여 닉며

---

22) 용지불갈(用之不竭)이라: 아무리 써도 없어지지 않는다.
23) 셰답(洗踏): 빨래.
24) ᄌᆞ지(紫芝): 자주색.
25) 창두(蒼頭): 하인.
26) 모도: 모두.
27) 쁠고: 썰고.
28) 졔육: 저육(豬肉, 猪肉). 돼지고기.
29) 어두어케: 어둑하게, 곧 '약간 어두울 정도로'인 듯함.

쪅으로 일홈ᄒᆞᆫ 것 항혀 ᄒᆞ나 색지오리
어져 이져고야 컬〃ᄒᆞ면 어이 홀고
가지김치 빅쳥(白淸)[31] 타셔 미슈[32]로 ᄃᆡ령(待令)ᄒᆞ고
길일(吉日) 양신(良辰)으란 소경의게 갈희여셔
삼듕셕(三重席)[33] 돗벼기의 상빈(上賓)으로 청(請)ᄒᆞ리는
그ᄃᆡᄂᆡ 뚝하 듕의 어ᄂᆞ 님ᄂᆡ 겨오신고
ᄂᆡ 말ᄃᆡ로 이 잔치를 밧비 거힝ᄒᆞ게 ᄒᆞ소
이덕이를 판들 말며 덕남이들 판들 말가
그ᄃᆡᄂᆡ 셰간 슈를 ᄂᆡ 발셔 아라거니
과쳔(果川)셔 시러온 벼 셩뫼셔 드려온 빨
홍쥬(洪州) ᄆᆡ셩이(梅城里)셔 타작(打作)ᄒᆞ야 ᄇᆡ짐ᄒᆞᆫ[34] 것
졀반만 작젼(作錢)ᄒᆞ면[35] 이 잔치 걱정홀가
하물며 의릉참봉(懿陵叅奉) ᄂᆡᄌᆞ봉ᄉᆞ(內資奉事) 상의쳠졍(尙衣僉正) 한셩셔윤(漢城庶尹)
션혜낭청(宣惠郎廳) 호죠좌랑(戶曹佐郞) ᄒᆞᆫ 번 ᄒᆞ며 두 번 홀가
녹(祿) 빨과 구ᄎᆡ[36] 돈을 다 혜오면 언마 되며
삼ᄇᆡᆨ뉵십 쥬에 ᄒᆞ나 가는 평양셔윤(平壤庶尹)
왕셩(王城) 반일졍(半日程)의 죵요로은 김포군슈(金浦郡守)
그ᄃᆡ네 ᄃᆡ즉(大職) 아비 환녹궁(宦祿宮)[37]이 져러ᄒᆞ니
이십 년 청ᄇᆡᆨ(淸白)으란 날 위ᄒᆞ야 조곰ᄒᆞ다

---

30) 원반쀼기: 원밥수기. 떡국에 밥을 넣어 끓인 음식.
31) 빅쳥(白淸): 빛깔이 흰 꿀.
32) 미슈: 꿀물에 미숫가루를 탄 음료.
33) 삼듕셕(三重席): 예로써 대접하기 위해 세 겹으로 깔아놓은 자리.
34) ᄇᆡ짐ᄒᆞᆫ: 뱃짐한. 배로 실어온.
35) 작젼(作錢)ᄒᆞ면: 물건을 팔아 돈을 장만하면.
36) 구ᄎᆡ: 구채(驅債). 관원이 녹봉 이외에 사사로이 부리는 하인의 급료로 받는 돈이나 물건.
37) 환녹궁(宦祿宮): 벼슬과 녹봉의 운수.

글노셔 탐(貪)이 되며 뉘라셔 나무랄가
소경의게 월니(月利) ᄂᆡᆫ들 어ᄃᆡ가 업다 ᄒᆞᆯ가
뇽(龍)이라 ᄒᆞᄂᆞᆫ 거ᄉᆞᆫ 셩곳 ᄂᆡ면 어려우니
ᄂᆡ 말ᄉᆞᆷ 올히 녁여 인ᄉᆞ(人事)을 차리랴면
며ᄂᆞ리 죵 아희을 오날노셔 분부ᄒᆞ야
도마라도 ᄶᅡᆨ가 노코 찬칼이나 가라 노코
노구솟[38] 가마 ᄉᆡ옹[39] 징반 ᄃᆡ졉 슈져들은
기와쟝 갈늘[40] 마아[41] 죠촐이 삣가시고[42]
것잣[43]시나 무러 ᄭᅡ고 호초(胡椒)[44]라도 마으라소[45]
나롯시 셕ᄌᆞ라도 먹이[어]야 영감이니
ᄂᆡ 마음 즐거워야 그ᄃᆡ도 깃브리니
쳔 년ᄃᆡ(千年代) 만 년ᄃᆡ(萬年代)의 오복(五福)이 구비(具備)ᄒᆞ리

2. 슌챵가(淳昌歌) 도뎡공가ᄉᆞ

슌창(淳昌) 하리(下吏) 최윤ᄌᆡᄂᆞᆫ 지원극통(至冤極痛)[46] 발괄소지(白活所志)[47]
ᄉᆞ도젼(使道前)의 알외ᄂᆞ니 명졍쳐결(明正處決)[48] ᄒᆞᄋᆞᆸ실가
구월(九月) 십ᄉᆞ일(十四日)은 담양안젼(潭陽案前)[49] ᄉᆡᆼ신(生辰)이라

---

38) 노구솟: 노구솥. 놋쇠나 구리로 만든 솥.
39) ᄉᆡ옹: 새옹. 놋쇠로 만든 작은 솥.
40) 갈늘: 가루를.
41) 마아: 찧어서.
42) 삣가시고: 씻어서 가시고.
43) 것잣: 겉잣. 껍데기를 까지 않은 잣.
44) 호초(胡椒): 후추.
45) 마으라소: 찧으라고 하시오.
46) 지원극통(至冤極痛): 지극히 원통함.
47) 발괄소지(白活所志): 소장을 올려 관아에 억울함을 하소연함.
48) 명졍쳐결(明正處決): 올바르게 밝혀 처결함.

소인(小人)의 관ᄉ쥬[50]는 젼긔삼일(前期三日)[51] 치진(馳進)홀 졔
소인이 수비(隨陪)[52]로셔 힝ᄎ(行次)를 비힝(陪行)ᄒ야
광쥬(光州) 고을 목ᄉ도(牧使道)와 환[화]슌(和順) 창평(昌平) 남평(南平) 원님
십ᄉ일 죠식(朝食) 후의 일졔이 모히시니
방장셩찬(方丈盛饌)[53]은 ᄃ탁(大卓)의 버러 노코
ᄉ듁관현(絲竹管絃)은 화각(畫閣)의 나렬(羅列)ᄒᄃ
쳔운묘곡(天韻妙曲) 장셩(壯盛)한 몸 상좌(上座)의 안자 잇고
도ᄂ(道內)의 졔일곡(第一曲)은 담양(潭陽) 슌창(淳昌) 명기(名妓)들이
가무(歌舞)를 ᄃ령(待令)ᄒ여 이날은 보ᄂ 후의
십오야(十五夜) 붉은 달의 후약(後約)이 어듸메오
호남(湖南) 소금강(小金剛)의 쳔셕(泉石)을 차즈시랴
뉵쥬(六州)[54] 화ᄀ(華蓋)[55]는 청산(青山)의 나붓기고
오마쌍젼[정](五馬雙旌)[56]은 풍님(楓林)으로 드러갈 졔
징〃(錚錚) 옥픽(玉佩)는 거름거름 우러잇고
낭〃(朗朗) 항언(恒言)[57]은 마상(馬上)의셔 슈답(酬答)홀 졔
동산아류(東山雅遊)와 농문상셜힝(龍門賞雪行)의
녀기(女妓)의 싸로기는 ᄌ고(自古)로 잇ᄂ지라
도화츈ᄉ(桃花春色) 빅옥안(白玉顔)이 냥〃(揚揚)이 셩군(成群)ᄒ야

---

49) 담양안전(潭陽案前): 담양부사(潭陽府使)를 가리킴. 안전(案前)은 하급 관원이 상관을 높여 지칭하는 용어임. 이때의 담양부사는 작자 이운영(李運永)의 부친인 이기중(李箕重)임.
50) 관ᄉ쥬: 관사주(官事主), 곧 '관청 일의 주가 되는 것'인 듯함.
51) 젼긔삼일(前期三日): 삼일 전에.
52) 수비(隨陪): 고을 수령이 행차할 때 따라다니며 섬기는 아전.
53) 방장셩찬(方丈盛饌): 사방 한 길 정도로 잘 차린 음식.
54) 뉵쥬(六州): 여섯 고을. 여기에서는 담양, 순창, 광주, 창평, 화순, 남평을 가리킴.
55) 화ᄀ(華蓋): 수레 덮개.
56) 오마쌍젼[정](五馬雙旌): 고을 수령의 행차. 한나라 때 태수가 다섯 마리의 말이 끄는 수레를 탔고, 당나라 때 절도사에게 한 쌍의 깃발을 하사한 데에서 연유함.
57) 항언(恒言): 일상적인 말.

셰마경군(細馬輕裙)으로[58] 힝헌이[59] 뒤를 셔니
창안빅발(蒼顔白髮) 화슌(和順) 원님 녀낭(女娘)의게 다졍(多情)ᄒᆞ사
산회슈곡쳐(山回水曲處)의 돌쳐보기 자즈시니
소인(小人)은 하인(下人)이라 말게 안기 황송ᄒᆞ와
올낫다가 나렷다가 나렷다가 올낫다가
삼각산(三角山) 고골(苦骨)[60] 풍뉴(風流) 몃 번인 쥴 모를로다
망〃(忙忙)이[61] 나렷다가 다시 올나 타노라니
셕양(夕陽) ᄃᆡ노하(大路下)의 실족(失足)ᄒᆞ야 너머지니
셕각(石角)[62]이 종횡(縱橫)ᄒᆞᆫᄃᆡ 콩티ᄌᆞ[太]로 잣바지니
팔다리도 부러지고 엽구리도 쒸다르니[63]
에혈[64]이 황용ᄒᆞ와[65] 흉격(胸膈)이[66] 펴지압고[67]
금녕(禁令)이 지엄(至嚴)ᄒᆞ와 ᄀᆡ쫑도 못 먹습고
병셰(病勢)가 긔괴(奇怪)ᄒᆞ와 날노 졈〃 위즁(危重)ᄒᆞ니
푸닥거리 경 닑기는 다 쓰러 거즛 일의
이졔는 홀일업셔 쥭을 쥴노 아홉더니
곰〃 안자 ᄉᆡᆼ각ᄒᆞ니 이거시 뉘 탓신고
강쳥[쳔](剛泉)[68]셔 ᄇᆡᄒᆡᆼ(陪行)ᄒᆞ던 기ᄉᆡᆼ들의 탓시로다
네 쇠뿔이 아니런들 ᄂᆡ 담이 문허지랴
속담(俗談)의 니른 말솜 예붓터 이러ᄒᆞ니

58) 셰마경군(細馬輕裙)으로: 작은 말을 타고 가벼운 치마를 나부끼며.
59) 힝헌이: 행헌(行軒)의, 곧 '행차의'인 듯함.
60) 고골(苦骨): 뼈를 수고롭게 하는, 곧 몹시 힘 드는.
61) 망〃(忙忙)이: 몹시 바쁘게.
62) 셕각(石角): 돌부리.
63) 쒸다르니: '삐어서 당기니'인 듯함.
64) 에혈: 어혈(瘀血).
65) 황용ᄒᆞ와: 황용(荒茸)하여, 곧 '마구 어지러워'인 듯함.
66) 흉격(胸膈)이: 흉격에, 곧 '가슴에'인 듯함.
67) 펴지압고: 퍼지옵고.
68) 강쳥[쳔](剛泉): 호남 소금강으로 일컬어지는 강천사(剛泉寺) 계곡을 가리킴.

소인의 죽는 목숨 그 아니 불샹흔가
소인이 죽삽거든 져 년들을 샹명(傷命)흐소[69]
불샹이 죽는 넉슬 위로흐야 쥬옵실가
실낫ᄀ치 남은 목숨 하늘갓치 ᄇ라니다
어화 놀나고야 살옥(殺獄)이 나단 말가
형방녕니(刑房營吏) 가음아라 뎡범(正犯)을 잡혀셰라
도화신 츈운신은 담양부(潭陽府)의 발관(發關)흐고[70]
슈화신 차셤신[71]은 슌창군(淳昌郡)의 발관흐니
지ᄌ(持字)[72]는 팔 자르고[73] 셩화(星火)를 만이 박아
형방ᄉ령(刑房使令) 압녕(押領)흐여 도관(到官) 즉시 착송ᄌ(捉送哉)라
션화당(宣化堂) ᄃ좌긔(大坐起)[74]의 분부(分付)를 듯자와라
너희는 어이흐야 사름을 죽게 흔다
샹인자(傷人者) 져죄(抵罪)흐고[75] 살인자(殺人者) 죽는 법은
뉼문(律文)이 소〃(昭昭)흐니 네 무슨 발명(發明)흘다[76]
슌챵 하리 최윤ᄌ가 죽기곳 흐게 되면
너희 등 ᄉ기신(四箇身)이 무ᄉ(無事)키 어려우니
장(杖) 팔십(八十)이 되올넌지 틱(笞) 오십(五十)이 되올넌지
형문일ᄎ(刑問日次)[77] 거졔(巨濟) 남히(南海) 위원(渭原) 벽동(碧潼) 삼슈(三水) 갑산(甲山)

69) 샹명(傷命)흐소: 목숨으로 변상하게 하시어.
70) 발관(發關)흐고: 관문(關文)을 보내고.
71) 차셤신: 기존 연구에서는 '차겸신'으로 읽었으나 필사자의 습관적인 글씨체를 고려하여 여기에서는 '차셤신'으로 읽음.
72) 지ᄌ(持字): 지방 관아에서 공문이나 물건을 지고 다니는 사람.
73) 자르고: 단단히 동여매고.
74) ᄃ좌긔(大坐起): 관청의 우두머리가 나와서 공무를 봄.
75) 져죄(抵罪)흐고: 죄의 경중에 따라 그에 상당한 형벌을 받게 하고.
76) 발명(發明)흘다: 무죄를 변명할까.
77) 형문일ᄎ(刑問日次): 죄인을 때리는 형문을 시행하는 데 정해진 하루의 회수와 정도. 여기에서는 '규정에 따라 형문을 가하고' 정도의 의미로 쓰임.

동셔남북(東西南北) 간의 어딕로 보닐넌지
샹쳐(傷處) 유무(有無)를 주셔이 젹간(摘奸)[78] 후의
속딕젼(續大典) 펼쳐 노코 죠률(照律)을 홀 거시니
우션 너희 등은 다짐[79]을 두엇셰라
흰빅주[白] 도릐치고[80] 그 아릭 좌촌(左寸)호고[81]
크나큰 칼 목의 메워 영옥(營獄)으로 나리우니
의녀(醫女) 츈운신은 금년(今年)이 ᄉ오(四五)읍고
의녀 도화신은 금년이 삼팔(三八)이오
의녀 슈화신은 금년이 오〃(五五)읍고
의녀 차셤신은 금년이 삼칠(三七)이라
죄범(罪犯)이 듕(重)타 호샤 져리 힝하(行下)[82]호읍시니
슈화(水火)의 들나신들 감히 거역(拒逆)호리잇가
죽입시나 ᄉ로시나 쳐분(處分)딕로 호려니와
의녀 등도 원통호와 소회(所懷)를 알외리니
일월(日月)갓치 붉자오신 슌찰ᄉ도젼(巡察使道前)의
호 말숨만 알외읍고 장하(杖下)의 죽어지라
의녀 등은 기싱(妓生)이요 최윤지는 아젼이라
기싱이 아젼의게 간셥(干涉)홀 일 업ᄉ읍고
화슌 ᄉ관(使官) 뒤도라 보시기는
굿타여 의녀 등을 보시려 호시던지[83]
산 조코 물 죠흔 딕 단풍(丹楓)이 욱어지니

78) 젹간(摘奸): 옳지 못한 일의 유무를 자세히 조사함.
79) 다짐: 소송에 관계된 사람의 진술이 틀림없음을 확인하여 제출하는 문서. 다짐기.
80) 도릐치고: '둘레를 둥글게 둘러싸고'인 듯함.
81) 좌촌(左寸)호고: 죄수를 신문하기 전에 작성하는 수결(手決)을 하고. 왼손 중지(中指)의 첫째와 둘째 마디 사이의 길이를 재어 그림으로 그림.
82) 힝하(行下): 원래는 놀이가 끝난 후 기녀에게 주는 보수를 가리킴.
83) 원문에는 '화슌 ᄉ관 뒤 도라 보시기는'과 '굿타여 의녀 등을 보시려 호시던지'가 서로 짝을 이루는 귀글 형태로 필사되어 있음.

경물을 완상(玩賞)ᄒᆞ려 우연이 보시던지
아젼이 졔 인ᄉᆞ(人事)로 졔 말긔 ᄂᆞ리다가
우연이 낙마(落馬)ᄒᆞ여 만일의 죽ᄉᆞ온들
이 어인 의녀 등의 살인이 되리잇가
기ᄉᆡᆼ이라 ᄒᆞᄂᆞᆫ 거ᄉᆞᆫ 가련(可憐)ᄒᆞᆫ 인ᄉᆡᆼ(人生)이라
젼답(田畓) 노비(奴婢)가 어ᄃᆡ 잇ᄉᆞ오며
ᄡᆞᆯ ᄒᆞᆫ 죰 돈 ᄒᆞᆫ 푼을 뉘라셔 쥬올넌가
먹ᄉᆞᆸ고 닙ᄉᆞᆸ기를 졔 버러 ᄒᆞᄋᆞᆸᄂᆞᆫᄃᆡ
교방습악(敎坊習樂)의 오일(五日)마다 ᄃᆡ령(待令)ᄒᆞ고
셰누비 ᄲᅣᆼ침질과 셜면ᄌᆞ(雪綿子)[84] 소음[85] 퓌기
관가(官家) 이력(履歷) 맛ᄌᆞ와셔 쥬야(晝夜)로 고초(苦楚)ᄋᆞᆸ고
ᄃᆡ소(大小) 별셩(別星)[86]이 오락가락 지나갈 졔
차모[茶母][87]야 슈쳥(守廳)이야 구실노 나셧ᄂᆞᆫᄃᆡ
ᄒᆞᆫ 벌 의복(衣服)이나 하[88] 츄(醜)케나 아니ᄒᆞ고
큰머리 노리개를 남만치나 ᄒᆞ노라니
쥬야로 탄식ᄒᆞ고 기ᄉᆡᆼ인쥴 원(怨)ᄒᆞ더니
갓득의 셜운 듕의 운슈(運數)가 고이ᄒᆞ와
슌ᄉᆞ도(巡使道) 분부ᄂᆡ의 벗보기를 금(禁)ᄒᆞ시니
어러도 죽게 되고 굴머도 죽게 되여
이제ᄂᆞᆫ 홀일업시 죽을 쥴노 아ᄋᆞᆸᄂᆞ니
죵아리를 맛ᄉᆞ와도 만〃(萬萬)이 원통홀ᄃᆡ
연〃약질(軟軟弱質)[89]이 젼목(全木)[90] 칼을 목에 메고

---

84) 셜면ᄌᆞ(雪綿子): 풀솜.
85) 소음: 소옴. 솜.
86) 별셩(別星): 왕명을 받은 신하.
87) 차모[茶母]: 관청의 식모 노릇을 하는 천비.
88) 하: 크게. 많이.
89) 연〃약질(軟軟弱質): 매우 연하고 약한 체질.
90) 젼목(全木): 두꺼운 널.

뇌경(雷霆) 갓튼 엄위하(嚴威下)의 졍신이 아득ᄒᆞ와
문목닋(問目內)[91] ᄉᆞ영[연](辭緣)[92]을 황공(惶恐) 지만(遲晩)ᄒᆞᄂᆞ이다[93]
어허 그럿터냐 상품(上稟)[94] 그러ᄒᆞ다고야
슌창 하리 의송(議送)[95] ᄉᆞ연(辭緣) 졀〃(節節)이[96] 모함(謀陷)이요
너의 등 ᄉᆞᄀᆡ신을 ᄒᆡ가방송(解枷放送)[97]ᄒᆞ거온
너의 말 드러ᄒᆞ니 졀〃이 ᄀᆡ연(蓋然)ᄒᆞ다[98]
감병ᄉᆞ(監兵使) 수령(守令)님ᄂᆡ 듕이어니 속(俗)이어니
상덕을 홀작시면 홀 ᄃᆡ곳 ᄒᆞ엿셰라
그려도 션비를 ᄊᆞ롸야 오복(五福)이 구젼(俱全)ᄒᆞ리라

3. 슈로죠쳔ᄒᆡᆼ션곡(水路朝天行船曲)[99] 도뎡공가ᄉᆞ

어긔ᄲᅡ 지국총 지국총 어긔ᄲᅡ
닷 들고 돗츨 달고 ᄇᆡ ᄶᅴ우고 노 져허라
ᄇᆡ ᄶᅴ여라 ᄇᆡ ᄶᅴ여라 이 ᄇᆡ 타고 어ᄃᆡ 갈고
뉵노(陸路)란 어ᄃᆡ 두고 목도(木道)[100]을 죠ᄎᆞᄂᆞᆫ고
도산(塗山)의 집옥(執玉)홀 졔[101] 이 ᄇᆡ를 탓돗던가

91) 문목닋(問目內): 죄인을 신문하는 조목 안의.
92) ᄉᆞ영[연](辭緣): 문서나 말의 내용.
93) 지만(遲晩)ᄒᆞᄂᆞ이다: 자백하나이다.
94) 상품(上稟): 여쭙는 말.
95) 의송(議送): 관찰사에게 상소함.
96) 졀〃(節節)이: 말마다.
97) ᄒᆡ가방송(解枷放送): 목에 씌운 칼을 벗기고 석방함.
98) ᄀᆡ연(蓋然)ᄒᆞ다: 그러리라고 생각된다.
99) 속표지와 그 이면에는 한자 제목이 '水路朝天曲'으로 적혀있음.
100) 목도(木道): 수로(水路), 해로(海路).
101) 도산(塗山)의 집옥(執玉)홀 졔: 도산에서 옥을 잡고 예를 표할 때. 우(禹)임금이 도산(塗山)에 제후들을 모아 회합할 때 참여하여 옥과 비단을 잡고[執玉帛] 예의를 표한 제후가 만국(萬國)이 되었다 함(윤주필, 「<수로조천행선곡>의 원전

빅마(白馬)로 죠쥬(朝周)홀 제[102] 이 길노 녜엿던가
억셕당년(憶昔當年)[103]의 듕화문물(中華文物) 셩(盛)홀 적의
오운(五雲)이 어린 곳의 모든 별이 둘너시니
만국(萬國) 광비(筐篚)[104]가 이곳의 모혓더니
경심(驚心)홀손 북닉소식(北來消息) 이 어인 고월식[105]고
삼빅 년(三百年) 금능왕긔(金陵王氣) 일죠(一朝)의 쇠잔(衰殘)흔다
풍진(風塵)[106]이 홍동(澒洞)ᄒ니[107] 북극(北極)이 어듸메오
우리 죠션(朝鮮) 군신(君臣)이사 능망황조망극은(能忘皇朝罔極恩)가[108]
일 년(一年) 일도(一度) 죠공녜(朝貢禮)를 아모리 닷그랸들
만리관하(萬里關河)의 간괘가[109] 노절(路絶)ᄒ니
거린〃(車轔轔) 마소〃(馬蕭蕭)[110] 어느 길노 향홀손고
만절필동(萬折必東) 창히슈(滄海水)가 일죠(一條)[111]로만 남아고나
홍무(洪武) 만녁(萬曆) 우로택(雨露澤)의 ᄌ라구 ᄌ란 남글
톱 독긔 자귀 ᄃ픽 이 빅를 무어닉고

비평과 의미 재고찰」, 『국문학논집』 22, 단국대 국어국문학과, 2013, 258면 참고). 이때 북부여의 해부루가 조회하였다 함(허목(許穆), 「관서지(關西誌)」, 『미수기언(眉叟記言)』).

102) 빅마(白馬)로 죠쥬(朝周)홀 제: 옛날 미자(微子)가 백마를 타고 주나라에 조회했던 일을 가리킴. 미자는 은나라 주왕(紂王)의 서형(庶兄)인데 은이 멸망한 후 주나라 성왕(成王)에 의해 송(宋)의 제후로 봉해져 은나라의 남은 백성들을 다스렸음.

103) 억셕당년(憶昔當年): 옛날을 회상함.

104) 광비(筐篚): 조공품을 담은 광주리. 조공.

105) 고월식: '고월색(古月色)'인 듯함. '古月'은 '胡'의 파자(破字)로 오랑캐를 뜻하기도 함.

106) 풍진(風塵): 병란(兵亂).

107) 홍동(澒洞)ᄒ니: 잇달아 일어나니.

108) 능망황조망극은(能忘皇朝罔極恩)가: 능히 황제 조정의 망극한 은혜를 잊을 수 있는가.

109) 간괘가: 간과(干戈)가. '간과'는 전쟁.

110) 거린〃(車轔轔) 마소〃(馬蕭蕭): 수레는 삐걱거리고 말은 우는데. 인린(轔轔)은 삐걱거리는 소리, 소소(蕭蕭)는 말이 우는 소리를 나타냄.

111) 일죠(一條): 한 가닥.

홍나일원[월](紅羅日月)[112] 우공ᄉᆞ(禹貢絲)[113]로 바ᄃᆡ 북의 ᄧᆞᆫ 비단

가의 자 바ᄂᆞ 실노 이 돗츨 지어ᄂᆡᆫ네

ᄇᆡ ᄯᅴ워라 ᄇᆡ ᄯᅴ워라 이 ᄇᆡ 타고 어ᄃᆡ 갈고

신쥬(神州)[114]를 북망(北望)ᄒᆞ니 만ᄉᆞ(萬事)가 샹심(傷心)ᄒᆞ다

슈환졍[115] 슬픈 바람 홍두화(紅桃花)가 다 지거다

오호도(嗚呼島)[116] 찬 물결의 한일(寒日)이 져무럿ᄂᆡ

듕뉴격즙셔(中流擊楫誓)[117]ᄂᆞᆫ 일반의ᄉᆞ 딘(晉) 죠젹(祖逖)이

도동히이사(蹈東海而死)[118]ᄂᆞᆫ 만고고풍(萬古古風)[119] 노듕년(魯仲連)이

셩사(星使)[120]ᄂᆞᆫ 노궁(路窮)ᄒᆞᆫᄃᆡ[121] 옛 곡죠(曲調)만 나마고야

비풍하쳔(匪風下泉)[122] 셜운 눈물 창명슈(滄溟水)의 더으노라

무지(無知)ᄒᆞᆫ 교룡(蛟龍)[123] 경악(鯨鰐)[124] 풍낭(風浪)이나 짓지 마라

---

112) 홍나일원[월](紅羅日月): 붉은 비단 같은 해와 달, 또는 그러한 정성이나 충절(윤주필, 앞의 글, 260면 참고).

113) 우공ᄉᆞ(禹貢絲): 천하의 공물로 올리는 누에 실(위의 글, 같은 곳 참고).

114) 신쥬(神州): 중국.

115) 슈환졍: 수황정(壽皇亭). 이자성(李自成)의 농민 반란군이 북경을 포위하자 명나라 마지막 황제 의종(毅宗)이 목을 매어 자살한 정자(신현웅, 「옥국재 이운영 가사의 특성과 의미」, 서울대 석사논문, 2010, 57면 참고).

116) 오호도(嗚呼島): 진(秦)나라 말기 전횡(田横)과 그를 따르던 오백 명의 사람이 제나라 부흥 운동을 하던 곳으로 전횡이 한왕 유방을 섬기기를 거부하고 낙양에서 자결을 하자 오백 인사 모두 오호도에서 자결하였음.

117) 듕뉴격즙셔(中流擊楫誓): 진(晉)나라 때 석륵(石勒)의 난을 평정하러 가던 조적(祖逖)이 양자강 중류에서 노로 뱃전을 치며 중원을 맑게 하지 못하면 살아서 돌아가지 않겠다고 맹세한 일을 가리킴.

118) 도동히이사(蹈東海而死): 전국시대 때 노중련(魯仲連)이 진(秦)나라를 황제로 섬기자는 말을 듣자 자기는 동해에 가서 빠져 죽을 뿐이라며 거절한 일을 가리킴.

119) 만고고풍(萬古古風): 만고의 드높은 풍모.

120) 셩사(星使): 사신.

121) 노궁(路窮)ᄒᆞᆫᄃᆡ: 길이 끊어졌는데.

122) 비풍하쳔(匪風下泉):『시경(詩經)』의 두 편명인 <비풍>과 <하천>. <비풍>은 회국(檜國)의 정치가 어지러워지자 사람들이 주나라의 번성했던 시절을 생각하며 부른 노래이고, <하천>은 조국(曹國)의 사람들이 주나라 왕실의 쇠미함을 한탄한 노래로 모두 작은 나라가 큰 나라를 그리워하고 그 쇠미함을 한탄한 노래들임.

죠션국(朝鮮國) 봉명ᄉᆞ신(奉命使臣) ᄃᆡ명(大明)으로 가노ᄆᆡ라
황하슈(黃河水) 일쳔 년의 다시곳 ᄆᆞᆰ거된면
우리도 만국(萬國)이 졔항(梯航)[125]홀 졔 고쳐 올가 ᄒᆞ노라

4. 초혼ᄉᆞ(招魂辭) 도뎡공가ᄉᆞ

넉시야 넉시로다 망자시(亡子氏)의 넉시로다
ᄇᆡᆨ골(白骨)이 진토(塵土) 되여 청산(靑山)의 무쳐신들
풀미자 일편정녕(一片精靈) ᄉᆞ라질 졔 이실손가
표〃탕〃(飄飄蕩蕩)ᄒᆞ야[126] 허궁[127]의 ᄯᅥ여시니
ᄉᆞᄒᆡ(四海) 망〃(茫茫)ᄒᆞ여 어ᄃᆡ 가 의탁(依託)홀고
구만리(九萬里) 쟝천상(長天上)의 거긔나 가 잇는가
넉시야 넉시로다 망자시의 넉시로다
사름이 쥭어갈 졔 인녁(人力)으로 사로랴면
안연(顔淵)이 쥭어갈 졔 공ᄌᆞ(孔子ㅣ) 아니 살오시며
양귀비(楊貴妃) 쥭어갈 졔 당명황(唐明皇)이 못 살오랴
ᄉᆞᄉᆡᆼ(死生)이 ᄌᆡ쳔(在天)ᄒᆞ니 도망치 못ᄒᆞᄂᆞ니
넉시야 넉시로다 망자시의 넉시로다
진시황(秦始皇)의 ᄐᆡ자(太子) 부소(扶蘇)[128] 칼 쓧희 쥭어 잇고
한(漢) 쟝군(將軍) 긔신(紀信)[129]이는 불 쓧희 쥭어 잇ᄃᆞ

123) 교룡(蛟龍): 용의 한 종류.
124) 경악(鯨鰐): 고래와 악어.
125) 졔항(梯航): 험한 산을 사다리를 놓고 올라가고, 바다를 배를 타고 건넌다는 의미로 아주 멀리 가거나 멀리서 오는 것을 가리킴.
126) 표〃탕〃(飄飄蕩蕩)ᄒᆞ야: 정처 없이 떠돌아.
127) 허궁: '허공(虛空)'인 듯함.
128) 부소(扶蘇): 진시황의 장자로 진시황 사후 재상 이사(李斯)와 환관 조고(趙高)의 거짓 조서에 따라 칼로 자결하였음.

당(唐) 젹 왕자안(王子安)[130]은 물의 ᄲᅡ져 쥭어시니
그ᄯᅵ의 보게 되면 비명(非命)인 듯ᄒᆞ건만은
도모지 혜어보면 시역명(是亦命)인지라
넉시야 넉시로다 망ᄌᆞ시의 넉시로다
오동방(吾東方) 임진년(壬辰年)의 국운(國運)이 불ᄒᆡᆼ(不幸)ᄒᆞ야
왜션(倭船) 쳔만(千萬) 슈가 불일(不日)의[131] 범경(犯境)ᄒᆞ니
팔노(八路)[132] 삼경(三京)[133]이 어육(魚肉)이 되단 말가
니튱무(李忠武)[134] 송동ᄂᆡ(宋東萊)[135]ᄂᆞᆫ 차례로 슌절(殉節)ᄒᆞ고
난여(鸞輿)[136]ᄂᆞᆫ 파쳔(播遷)ᄒᆞ사 만상(灣上)[137]의 머무럿다[138]
션침(仙寢)[139]은 회신(灰燼)ᄒᆞᆫ ᄃᆡ[140] 죵ᄉᆞ(宗社)가 망극(罔極)ᄒᆞ다
졔봉(霽峰) 고션ᄉᆡᆼ(高先生)[141]과 듕봉(重峰) 됴선ᄉᆡᆼ(趙先生)[142]이
의병(義兵)을 챵솔(倡率)ᄒᆞ고 도젹(盜賊)을 치랴다가
강약(强弱)이 부동(不同)ᄒᆞ고 셰궁녁진(勢窮力盡)ᄒᆞ야
금산군(錦山郡) 경양산의 젼군이 함몰(咸沒)ᄒᆞ니[143]
쟝공권모ᄇᆡᆨ인(張空拳冒白刃)[144] 사장(沙場)의 누은 송장

129) 긔신(紀信): 한왕 유방이 초나라 군대에 포위되어 위태로운 지경에 이르렀을 때 한왕인 체 항복하여 한왕을 구하고 자기는 초왕 항우에 의해 불에 타 죽음.
130) 왕자안(王子安): 초당(初唐)의 시인 왕발(王勃). 자안은 자(字)임.
131) 불일(不日)의: 며칠 내에.
132) 팔노(八路): 팔도(八道).
133) 삼경(三京): 서울, 개경, 평양.
134) 니튱무(李忠武): 충무공 이순신(李舜臣).
135) 송동ᄂᆡ(宋東萊): 동래부사 송상현(宋象賢).
136) 난여(鸞輿): 왕이 타는 수레.
137) 만상(灣上): 의주(義州)를 가리킴.
138) 머무럿다: 원본에는 '머무'의 뒤 두 글자가 마모되어 보이지 않는데 기존 연구에서 '럿다'로 판독하여 여기에서도 이를 따름.
139) 션침(仙寢): 왕이나 왕비의 능.
140) 회신(灰燼)ᄒᆞᆫ ᄃᆡ: 타고 남은 재가 되었는데.
141) 고션ᄉᆡᆼ(高先生): 고경명(高敬命). 임란 때의 의병장으로 호는 제봉(霽峰).
142) 됴선ᄉᆡᆼ(趙先生): 조헌(趙憲). 임란 때의 의병장으로 호는 중봉(重峰).
143) 함몰(咸沒)ᄒᆞ니: 모두 죽으니.
144) 쟝공권모ᄇᆡᆨ인(張空拳冒白刃): 빈주먹을 뻗어 흰 칼날에 대항함.

ᄒᆞ나 둘 셋 넷 다ᄉᆞᆺ 뉵 칠 팔의 구 십이요
열노셔 ᄇᆡᆨ(百)이 되고 단ᄇᆡᆨ(單百)으로[145] 칠ᄇᆡᆨ(七百)이라
넉시야 넉시로다 망자시의 넉시로다
오호도(嗚呼島) 오ᄇᆡᆨ의사(五百義士) 넷말노 드럿더니
금산군 졍양산의 오늘〃 보앗노라
ᄉᆞ십만(四十萬) 장평ᄀᆡᆼ졸(長平坑卒)[146] 넷말노 드럿더니
금산군 졍양산의 오늘〃 보앗노라
넉시야 넉시로다 망ᄌᆞ시의 넉시로다
ᄉᆞ양(斜陽)[147] 고젼장(古戰場)의 구즌 비ᄡᆞᆯ ᄲᅮ릴 젹의
잔나뷔 파람 불고 귀물(鬼物)이 츄〃(啾啾)ᄒᆞ다
황진무초(荒榛蕪草)[148]의 오연(烏鳶)[149]이 탁장(啄腸)ᄒᆞ니[150]
ᄇᆡᆨ슈청산(白水靑山)의 고아(孤兒) 과부(寡婦) ᄋᆡ〃곡(哀哀哭)[151]을
넉시야 넉시로다 아는다 모로ᄂᆞ다
산〃이 흣터졋는 진ᄉᆞ(塵沙)[152] 듕 마른 ᄲᅧ를
부쳐님 ᄉᆞ례[舍利]쳐로 낫〃치 쥬어 모화
자좌오향(子坐午向)[153] 분금(分金)ᄒᆞ야[154] 만져(萬杵)로[155] 봉츅(封築)ᄒᆞ니[156]
삼쳑(三尺) 마렵분(馬鬣墳)[157]이 공산상(空山上)의 놉고 놉하

---

145) 단ᄇᆡᆨ으로: 단백(單百)으로. 일백(一百)씩 헤아려.
146) 장평ᄀᆡᆼ졸(長平坑卒): 장평(長平)에 파묻힌 군사. 중국 전국시대(戰國時代) 때 진(秦)나라가 장평 전투에서 조(趙)나라 군사 40만 명을 포로로 잡아 생매장한 일을 가리킴.
147) ᄉᆞ양(斜陽): 저무는 날.
148) 황진무초(荒榛蕪草): 거친 숲 무성한 풀.
149) 오연(烏鳶): 까마귀와 솔개.
150) 탁장(啄腸): 창자를 쪼니.
151) ᄋᆡ〃곡(哀哀哭): 구슬픈 통곡.
152) 진ᄉᆞ(塵沙): 모래 먼지.
153) 자좌오향(子坐午向): 정남향.
154) 분금(分金)ᄒᆞ야: 나침반으로 방향을 똑바로 정하여.
155) 만져(萬杵)로: 만개의 달구로. 곧 많은 사람들이 모여 달구질을 많이 하여.
156) 봉츅(封築)ᄒᆞ니: 봉분을 쌓으니.
157) 마렵분(馬鬣墳): 말의 목덜미 같이 생긴 봉분.

녁시야 녁시로다 아는다 모로는다
무지목동(無知牧童)도 공경홀 쥴 다 아옵고
삼산(三山) 과긱(過客)도 사롬마다 타루(墮淚)ᄒᆞ니
허다ᄒᆞᆫ 튱혼열빅(忠魂烈魄) 뉘〃신 쥴 모로거니
자손의 잇고 업기 알 ᄌᆡ가 뉘 잇던가
비가(悲歌) 일곡(一曲)을 빅양님(白楊林)의 고음(高吟)ᄒᆞ니[158)]
녁시야 너시로다 신막동셔남북ᄉᆡ라[159)]

5. 셰장가(說場謌)[160)] 도뎡공가ᄉᆞ

달강〃〃〃〃〃〃〃〃〃〃〃〃
셰장 셰쟝 우 셰쟝의 강남(江南) 져ᄌᆞ 어졔 가셔
밤 ᄒᆞᆫ 되를 어더다가 독 안의 너허더니
어러[161)] 감은[162)] ᄉᆡ양쥐가 다 ᄭᅡ먹고 다만 ᄒᆞ나 남아시니
밋 업슨 가마의 물 업시 살마ᄂᆡ여
썹질과 본월낭은[163)] 누구을 쥬ᄌᆞ 말고
너희 외죠(外祖) 한아버지 긔나마 쥬어볼가
바질업슨[164)] 츙쳥감ᄉᆞ(忠淸監司) 임진년(壬辰年)의 얼픗 와셔
관문(關文) 노코 면천군슈(沔川郡守) 날 죠ᄎᆞ 보ᄂᆡ더니[165)]

---

158) 고음(高吟)ᄒᆞ니: 소리 높여 읊조리니.
159) 신막동셔남북ᄉᆡ라: 신막동서남북새(神漠東西南北塞)라, 곧 '혼령이 사방에 아득하도다'인 듯함.
160) '세장'은 어린아이와 손을 맞잡고 앞뒤로 흔드는 이른바 '세장질'이라는 놀이를 가리키는 것으로 그 어원이 불분명한데 『언사』의 속표지 이면에는 그 제목이 '說場謌'로 적혀 있음.
161) 어러: '머리'의 오기(誤記)인 듯함.
162) 감은: 검은.
163) 본월낭은: 본의(本衣)일랑은. 본의는 속껍질.
164) 바질업슨: '부질없는'인 듯함. 할 일 없는.

이졔라도 ᄉᆡᆼ각ᄒᆞ면 뮙고 뮙고 또 뮙도다
고마[166] 슈영(水營) ᄉᆡᆼ복(生鰒)[167]이야 아산(牙山) 평ᄐᆡᆨ(平澤) 황셕슈어(黃石首魚)[168]
양지 방쥭 황금부어(黃金鮒魚) 두 눈 굼기[169] 말동말동
광쳔장(廣川場) 비웃[170]슨 ᄒᆞ 흔ᄒᆞ니 데여 두고
기다ᄒᆞᆫ 낙지로셔 넙젹ᄒᆞᆫ 곳게로셔
오증어 쏠독이을 ᄉᆡ오[鰕]를 ᄃᆡ바치라
이리 조흔 ᄒᆡ삼(海蔘) 진미(珍味) 숣속의나 먹어본가
도연명(陶淵明)의 ᄑᆡᆼᄐᆡᆨ녕(彭澤令)을 가는 듯 도라오니
이졔라도 ᄉᆡᆼ각ᄒᆞ면 뮙고 뮙고 또 뮙도다
다ᄃᆡ단 졈살낭은 너고 나고 둘이 먹ᄌᆞ

6. 임쳔별곡(林川別曲) 도뎡공가ᄉᆞ

게 있는가 주인 한멈 ᄂᆡ 말 잠간 드러보소
어제 밤 셔리 후의 참도 찰ᄉᆞ 구돌이야
한멈의 아ᄅᆡ목은 덥고 차기 엇더ᄒᆞᆫ고
진 죠반 마른 음식 죠셕(朝夕)으로 지어ᄂᆡ니

---

165) 1772년(임진년) 작자의 사돈 송재경(宋載經)이 충청감사가 되어 오자 면천군수(沔川郡守)로 있던 작자가 상피제(相避制)에 의해 체직되었던 일을 가리킴.

166) 고마: 고마(古馬). 박윤묵(朴允默)의 <충청수영운주헌상량문(忠淸水營運籌軒上樑文)>에 '永革古馬 傳稱姑蘇'라는 표현이 있어 보령(保寧)의 충청수영이 있던 곳을 '고마'라고 지칭하고 있는데 '고마'는 '고마한(古馬韓)'을 줄인 것인 듯함. 충청수영이 있던 곳의 풍광이 중국의 고소산(姑蘇山)과 흡사하다는 것은 김정희(金正喜)가 수영성 안에 있는 영보정(永保亭)을 노래한 <영보정가>의 '道是山水似姑蘇 樓名寺扁都相蒙'에서 확인할 수 있음.

167) ᄉᆡᆼ복(生鰒): 익히지 않은 전복(全鰒).

168) 황셕슈어(黃石首魚): 참조기.

169) 굼기: 구멍이.

170) 비웃: 청어(靑魚).

늙으니 허물ᄒᆞᆯ가 나 조곰 드러가셰
어져 긔 뉘신고 유셩(儒城) 손임 아니신가
나그ᄂᆡ 치우시니 쥬인이 무료(無聊)ᄒᆞ오[171]
누츄(陋醜)ᄒᆞᆷ을 허물 말고 이리 드러오〃소셔
어허 무던ᄒᆞ다 궁둥 씃〃하여 온다
ᄆᆡᆼ셰치 오늘밤은 나가지 못ᄒᆞᆯ노다
한멈의 쎡국 사발 몃 그릇 되엿ᄂᆞᆫ고
한멈의 옷가ᄉᆞᆷ의 손 조곰 너허 보셰
어져 놀나고야 흉악흉악(凶惡凶惡) ᄇᆞ라볼가
어졔 오날 쑴ᄌᆞ리가 슈럭슈럭 ᄒᆞ더라니
오늘밤의 쑴을 쑤니 슐가락을 더져 뵈데
셰상 쳔하 만고 조션 팔도의도 긔괴(奇怪)ᄒᆞ다
ᄉᆡᆼ원(生員)님 손을 곱아 ᄂᆡ 나흘 혜여 보오
갑ᄌᆞ(甲子) 을츅(乙丑) 병인ᄉᆡᆼ(丙寅生)의 환갑(還甲) 진갑(進甲) 다 지ᄂᆞ고
슈인[172]의 ᄉᆞ물 ᄒᆞ고 ᄯᅩ 한 살 더 먹엇ᄂᆡ
이졔 무슨 마ᄋᆞᆷ 이셔 셔방 품의 ᄌᆞ리잇가
어져 그 말 마소 늙은 말이 콩 마달가
너도 늙고 나도 늙고 두 늙으니 셔로 만나
너만 알고 나만 알고 귀신도 모르리니
인젹〃(人寂寂) 야심〃(夜深深) 황혼 괴[173] 오날이라
범증(范增)[174]의 문자로 급격물실(急擊勿失)ᄒᆞ야[175]
얼픗[176] ᄡᅳ릇치면[177] 긔 무어시 관계ᄒᆞᆯ고

---

171) 무료(無聊)ᄒᆞ오: 조금 부끄러운 생각이 드오.
172) 슈인: 쉰.
173) 괴: 괴외. 고요함.
174) 범증(范增): 초나라 항우(項羽)를 두운 지략가. 항우에게 유방(劉邦)을 죽일 것을 권하기도 하였는데 결국 유방 측의 계교로 항우의 의심을 받고 쫓겨났음.
175) 급격물실(急擊勿失)ᄒᆞ야: 급히 공격하여 기회를 잃지 말아서. 여기에서는 '급히 일을 치러 기회를 잃지 말아서' 정도의 의미로 쓰임.

이 냥반 어딕 냥반 져다지 밋쳐는고
싱원님도 냥반이니 냥반다이 힝셰(行世)ᄒᆞ야
마상(馬上)의 봉한식(逢寒食)[178]과 화소함젼셩미쳥(花笑檻前聲未聽)[179]을
사랑(舍廊)의 놉피 안자 풍월(風月)이나 ᄒᆞᆯ 거시지
셴나롯 나븟기고 바지츔의 손을 너코
여염(閭閻)으로 단이면서 계집 츄심(推尋) 우습도다
빅노규어격(白鷺窺魚格)[180]을 어딕 가 빅오신고
오쟝머리 드러지고[181] 염통머리 섁져 뵌다
닉 나히 칠십 넘어 여든 쑬의 드러시니
만일의 실셩(失性)ᄒᆞ야 벗보기를 ᄒᆞ올진딕
청춘소년(青春少年) 한삼(汗衫) 자리 세상의 무슈ᄒᆞ고
농산쟝 덕평쟝(德坪場)이 면화(棉花) 흥졍ᄒᆞ는 놈과
딕구(大口) 쟝ᄉᆞ 황우(黃牛) 쟝ᄉᆞ 젼냥(錢兩)이나 잇는 놈이
샹평통보(常平通寶) 늑자박이 쥬머니의 월넝졀넝
인[이]런 놈을 품어 자고 샹덕이나 ᄒᆞᆯ 거시지
싱원님 두 쥬먹은 ᄉᆞ력초권공〃시요
소쳔[182] 한 푼 콩싸기[183]도 업는 쥴 번이 알고
어ᄂᆞ 바삭이[184]가 싱원님 품어 잘가
닉 아들 득손이는 급장이[185] 겸 고직이[186]

---

176) 얼픗: 얼른.
177) 쓰릇치면: 쓸어버리면. 여기에서는 '해치워버리면' 정도의 의미로 쓰임.
178) 마샹(馬上)의 봉한식(逢寒食): 말 위에서 한식(寒食)을 맞으니. 당나라 시인 송지문(宋之問)의 시 <도중한식(途中寒食)>의 첫째 구.
179) 화소함젼셩미쳥(花笑檻前聲未聽): 난간 앞의 꽃이 웃지만 소리는 들리지 않네.
180) 빅노규어격(白鷺窺魚格): 백로가 물고기를 엿보는 격.
181) 드러지고: 드리워지고. 아래로 처지고.
182) 소쳔: 소전(小錢). 황동으로 만든 청나라에서 쓰던 작은 돈. 우리나라에서는 '쇠천'이라 하여 엽전에 섞어 쓰기도 하였음.
183) 콩싸기: 콩짜개. 두 쪽으로 갈라진 콩.
184) 바삭이: 바사기. 사물에 대한 이해가 부족하고 인격을 제대로 갖추지 못한 사람.

닋 쏠년 초심이는 슈겁힝슈(水汲行首)[187] 난든 번의
아잡 삼촌 ᄉ오촌의 늣손ᄌ 오라번닋
삼반하인(三班下人)[188] 군관청(軍官廳)의 닋 일쪽(一族) 뉘 아닐고
반야삼경(半夜三更)[189]의 ᄒᆞᆫ 소ᄅᆡ곳 웨게 되면
항우(項羽)의 쥬머귈지 댱비(張飛)의 팔다실[릴]지
셩식(性息)[190]의 소 갓튼 놈 가랑닙희 불붓는 놈
더벙머리 억병[191] 먹고 위쑥비쑥 다 모혀셔
싱원님 셴샹토를 뒤쳐들고 ᄌ쳐들고
귀밋ᄃᆡ기 ᄒᆞᆫ번 치면 벼록불이 펄〃 나고
넙젹ᄒᆞᆫ 잔등이를 뇌고(雷鼓)[192]를 울니고셔
양미간(兩眉間)을 향ᄒᆞ야셔 ᄒᆞᆫ번 튁견 ᄒᆞ게 되면
싱원님 죠고만 몸 츄풍낙엽(秋風落葉) 어더 볼가
ᄌᆡ[灰] 무덤 두엄 발체[193] 콩틔ᄌ[太]로 잣바져셔
아야지야 살인(殺人)이야 안팟쉽츄 뉘 되실고
언비쳔니(言飛千里)ᄅᆞ니 이 말이 공쥬(公州) 가면
싱원님ᄃᆡᆨ 안아셔는[194] 노발(怒發)이야 ᄃᆡ발(大發)이야
치마 칼 젼반[195] 곤장(棍杖) 발치 귀양 뉘 가실고
이 냥반 열업셔도[196] 그런 말 다시 마오

---

185) 급장이: 급창(及唱)이. 군아(郡衙)에서 부리는 사내 종.
186) 고직이: 고(庫)지기, 고직(庫直). 관아의 창고를 지키는 사람.
187) 슈겁힝슈(水汲行首): 수급행수. 관아에서 물 긷는 관비(官婢)의 우두머리.
188) 삼반하인(三班下人): 지방 관아의 하인.
189) 반야삼경(半夜三更): 한밤중 삼경에. 삼경은 밤 11시부터 새벽 1시 사이.
190) 셩식(性息): 타고난 본성.
191) 억병: 한량없는 술.
192) 뇌고(雷鼓): 하늘에 제사지낼 때 치는 북.
193) 발체: 발치에.
194) 안아셔는: '알아셔는, 곧 알아서는'인 듯함.
195) 젼반: 인두 판.
196) 열업셔도: 성격이 단단하거나 단정하지 못하여도.

어허 통분(痛忿)ᄒᆞ다 ᄃᆡ욕(大辱)을 보거고나
양반을 모로고셔 네라셔 그리ᄒᆞᆯ다
가믄(家門)을낭 뭇지 마라 월산ᄃᆡ군(月山大君) 증손(曾孫)이라
감종실(監宗室)[197] 니른 말은 차ᄉᆡᆼ(此生) 고지 듯지 마라
물망(物望)이 거룩ᄒᆞᆫ손 고암쟝의(考巖掌議)[198] ᄒᆞ엿고나
초국(楚國)의 삼녀ᄃᆡ부(三閭大夫) 굴원(屈原)이 ᄂᆡ 동갑(同甲)의
일이삼ᄉᆞ 차려 혜면 칠십셰(七十歲)가 ᄂᆡ 나히라
쟝ᄌᆞ(莊子) 쳔독(千讀) ᄆᆡᆼᄌᆞ(孟子) 쳔독 아기 쪅의 공부ᄒᆞ야
시부의〃ᄌᆞ표락은 ᄒᆡᆼ뉴슈ᄃᆡ긔벽시라
왕희지(王羲之) 됴ᄆᆡᆼ부(趙孟頫)의 ᄒᆡᄌᆞ(楷字)로셔
공도회(公都會)[199] ᄇᆡᆨ일쟝(白日場)[200]의 증별시(增別試) ᄃᆡ소과(大小科)의
일등(一等) 이등(二等) 쟝원(壯元) 둘직 ᄆᆡ방(每榜)의 고등(高等)ᄒᆞ니[201]
구만리(九萬里) 쟝천상(長天上)의 츔[202] 밧고 긔약(期約)더니
경화(京華)[203]의 진신ᄃᆡ부(縉紳大夫) 날 모로이 뉘 잇시며
호우(湖右)[204] 일도(一道)의 모〃(某某)ᄒᆞᆫ[205] 어루신ᄂᆡ
ᄒᆞᆫ 번 보고 두 번 보아 다 우리 친구로다
젼승지(前承旨) 듕화부사(中和府使) 쥭ᄌᆞ사ᄌᆞ ᄒᆞᄂᆞᆫ 의(義)[206]요
너희 고을 안젼(案前)임도 소시(少時) 젹의 노니럿다

---

197) 감종실(監宗室): 종친부(宗親府) 감(監)의 자격이 있는 임금의 친족.
198) 고암쟝의(考巖掌議): 고암서원(考巖書院)의 장의(掌議). 고암서원은 송시열(宋時烈)과 권상하(權尙夏)를 배향한 서원으로 정읍(井邑)에 있음. 장의는 성균관을 비롯한 교육기관에서 공부하는 유생들의 임원.
199) 공도회(公都會): 관찰사나 유수(留守)가 자기 지방 유생들에게 보이는 소과 초시.
200) ᄇᆡᆨ일쟝(白日場): 유생들의 학업 장려를 위해 각 지방에서 시행하는 시험.
201) 고등(高等)ᄒᆞ니: 등급이 높게 급제하니.
202) 츔: 침.
203) 경화(京華): 번화한 서울.
204) 호우(湖右): 충청도.
205) 모〃(某某)ᄒᆞᆫ: 누구누구라고 손꼽을 만한.
206) 의(義): 남과 맺은 골육 같은 관계.

안ᄃᆡ의 손힝슈(孫行首)와 ᄂᆡ 동ᄂᆡ 박좌슈(朴座首)ᄂᆞᆫ
ᄂᆡ 풍ᄎᆡ(風采) 흠모(欽慕)터니 노ᄅᆡ(老來)의 이리 되니
심회(心懷)를 둘 듸 업셔 ᄉᆞ방(四方)으로 쥬류(周流)ᄒᆞ니
황계츄야(荒鷄秋夜)[207] 젹막(寂寞)ᄒᆞᆫᄃᆡ ᄀᆡᆨ(客)의 잠이 더옥 업셔
ᄇᆡᆨ두옹(白頭翁) ᄇᆡᆨ두파(白頭婆)가 냥〃상ᄃᆡ쳥등하(兩兩相對靑燈下)[208]라
다 마른 밧쪽이를 잇ᄂᆞᆫ 쥴 번이 알고
냥반이 취〃ᄒᆞ여 조곰 달나 ᄒᆞ엿신들
동냥은 못 쥬다ᄉᆞ 쪽박조차 ᄭᆡ칠소냐
네 말을 드러ᄒᆞ니 졀〃(節節)이[209] 통분ᄒᆞ다
본관(本官)[210]의 졍장(呈狀)ᄒᆞ고[211] 영문(營門)의 〃송(議送)ᄒᆞ야
속ᄃᆡ젼(續大典) 펼쳐 노코 ᄉᆞ부능욕(士夫凌辱) 죠률(照律)ᄒᆞ야
쟝일ᄇᆡᆨ(杖一百) 형문일치[차](刑問日次) 류삼쳔니(流三千里) 원지졍ᄇᆡ(遠地定配)
일죵뉼문(一從律文)ᄒᆞ야[212] 의법시힝(依法施行)ᄒᆞ랴더니
곰〃 안자 ᄉᆡᆼ각ᄒᆞ니 그러치 아니ᄒᆞ다
나그ᄂᆡ야 쥬인(主人)이야 삼년ᄂᆡ(三年內)의 졍(情)이 깁허
계집의 고만 말을 ᄶᅩᆨ가ᄒᆞ여[213] 무엇ᄒᆞ리
챵낭자취(滄浪自取)[214]ᄂᆞᆫ[른] 옛말이 날 소기랴
하ᄒᆡ(河海) 갓튼 ᄃᆡ도량(大度量)의 부지일소(附之一笑) 무가ᄂᆡ하(無可奈何)[215]

---

207) 황계츄야(荒鷄秋夜): 닭 우는 가을 밤. 황계(荒鷄)는 새벽이 되기 전 밤중에 우는 닭을 가리킴.

208) 냥〃상ᄃᆡ쳥등하(兩兩相對靑燈下): 둘이 푸른 등불 아래 상대함. '양양상대(兩兩相對)'는 본래 둘씩 서로 대(對)가 된다는 의미임.

209) 졀〃(節節)이: 말 한마디 한마디가.

210) 본관(本官): 해당 고을의 수령.

211) 졍장(呈狀)ᄒᆞ고: 소장(訴狀)을 관청에 바치고.

212) 일죵뉼문(一從律文)ᄒᆞ야: 한결같이 법을 따라.

213) ᄶᅩᆨ가ᄒᆞ여: 다그쳐서. 따져서.

214) 챵낭자취(滄浪自取): 좋은 말을 듣거나 나쁜 말을 듣는 것이 모두 자기에게 달려있다는 의미임.

215) 부지일소(附之一笑) 무가ᄂᆡ하(無可奈何): 일소(一笑)에 붙여야지 어쩔 수가 없다.

아희야 말 닉여라 고향(故鄕)으로 도라가자
어져 뒤쏙뒤 붓그러워 어이 갈고

7. 뎡쥬가(定州歌) 황쥬공가ᄉ

별 보아라 별 보아라 셔방의 혜셩(彗星) 낫다
이 어인 딕살년(大殺年)[216]이 평안도(平安道)가 우심(尤甚)ᄒ고
일쳔 년(一千年) 기ᄌ국(箕子國)의 왕회[화](王化)를 모로던가
묘청(妙淸)의 난니(亂離) 후의 셔북(西北)을 계한(界限)ᄒ여
궁마(弓馬)[217]로 딕졉ᄒ니 원한(怨恨)이 믹치다가
효경(梟獍)[218]의 무리들이 요언(妖言)을 지어닌다
긔병(起兵)ᄒ다 긔병ᄒ다 다복동(多福洞)[219]셔 긔병ᄒ다
몬져 가자 몬져 가자 가산군(嘉山郡)의 몬져 가자
불샹ᄒ다 불샹ᄒ다 뎡군슈(鄭郡守)[220]가 불샹ᄒ다
향안(鄕案)을 직희다가 인심(人心)을 일허던가
인병부(印兵符) 구지 잡고 봉젹(鋒鏑)[221]을 몬져 바다
한강션싱(寒岡先生)[222] 유손(遺孫)으로 부자병명(父子並命)[223] 참혹ᄒ다
병조판셔(兵曹判書) 집의(執義) 증직(贈職)[224] 은졸(隱卒)[225]도 쟝ᄒ시고

216) 딕살년(大殺年): 큰 흉년.
217) 궁마(弓馬): 활 쏘고 말 타는 일.
218) 효경(梟獍): 효파경(梟破獍)과 같은 말로 악인을 가리킴. 효(梟)는 어미를 잡아먹는 올빼미, 파경(破獍)은 아비를 잡아먹는 짐승.
219) 다복동(多福洞): 홍경래가 기병한 가산(嘉山)의 동리 이름.
220) 뎡군슈(鄭郡守): 정시(鄭蓍).
221) 봉젹(鋒鏑): 창끝과 화살촉.
222) 한강션싱(寒岡先生): 정구(鄭逑, 1543~1620). 광해군 때의 학자로 호가 한강(寒岡)임.
223) 부자병명(父子並命): 부자가 운명을 같이 함. 정시(鄭蓍)와 그 아버지 정로(鄭魯)가 함께 죽은 것을 가리킴.
224) 병조판셔(兵曹判書) 집의(執義) 증직(贈職): 정시에게는 병조판서가, 그 아버지

슈쳥기싱(守廳妓生) 연홍(蓮紅)이ᄂᆞᆫ 셩의(誠意)도 갸륵ᄒᆞ다
가장즙물(家藏什物) 다 파라셔 초종(初終)을 당ᄒᆞ고야
불근 비단 명정(銘旌) ᄃᆡ가 압셔거니 뒤셔거니
ᄃᆡ동강(大同江) 슬픈 바람 고향(故鄕)으로 가노ᄆᆡ라
박셕(礴石)[226]이 홍졔원(弘濟院)의 됴ᄀᆡᆨ(吊客)도 만흘시고
ᄌᆡ상(宰相)이야 무쟝(武將)이야 명관(名官)이야 남힝(南行)[227]이야
거리거리 느러셔〃[228] 튱혼(忠魂)을 위로ᄒᆞ니
ᄃᆡ쟝부(大丈夫) ᄒᆞᆫ번 죽어 영광(榮光)도 그지업다
ᄋᆡ다를ᄉᆞ ᄋᆡ다를ᄉᆞ 뎡쥬목사(定州牧使[229]) ᄋᆡ달을ᄉᆞ
듕군(中軍) 놈 알욀 젹의 호령(號令)도 못ᄒᆞ던가
ᄉᆞᄃᆡ문(四大門) 구지 닷고 슈셩(守城)ᄒᆞᆯ 쥴 모로던가
필마단기(匹馬單騎)로 어드메로 가단말고
ᄯᅴ[帶] 사이 병부(兵符) ᄶᅵᆫ 이 잇돗던가 업돗던가
안쥬셩(安州城) 구류(拘留)ᄒᆞ여 ᄉᆞ사로 ᄉᆡᆼ각ᄒᆞ면
명현(名賢)의 ᄌᆞ손(子孫)으로 이 어인 모양인고
오십니(五十里) ᄇᆡᆨ샹누(百祥樓[230])의 살긔(殺氣)도 영농ᄒᆞ다
김듕군(金中軍) 죵형졔(從兄弟)가 무ᄉᆞᆫ 일 의논ᄒᆞ고
밤듕만 니러나셔 ᄒᆞᆫ칼의 쥭엿ᄂᆞᆫ고
구의산 푸른 빗치 삼일을 두류(逗遛)ᄒᆞ니[231]

정로에게는 집의가 추증되었음.

225) 은졸(隱卒): 임금이 죽은 신하에게 애도를 표하는 일.

226) 박셕(礴石): 박석고개[礴石峴]. 서울에서 서북 지방으로 가는 길목에 있는 고개. '박셕이'는 '박셕의', 곧 '박석고개에'인 듯함.

227) 남힝(南行): 음직(蔭職).

228) 느러셔〃: 원본에 '러'자 부분이 마모되어 보이지 않으나 기존 판독처럼 의미를 고려하여 '러'로 읽음.

229) 뎡쥬목사(定州牧使): 이근주(李近冑). 홍경래군이 정주성 아래에 와서 핍박하고 이속들이 내응하여 성문을 열어주자 인신과 병부를 잃어버리고 단신으로 안주(安州)로 도주함. 이후 아들이 자원하여 공을 세움으로써 목숨을 구해 장성(長城)으로 정배됨.

230) ᄇᆡᆨ샹누(百祥樓): 안주성에 있는 누대로 청천강에 임해 있음.

민쳡ᄒᆞᆯ손 안쥬목ᄉᆞ(安州牧使)232) 일〃이 거록ᄒᆞ다
ᄉᆞ당(祠堂)을 ᄆᆡ안(埋安)ᄒᆞ고233) 문집(文集)을 깁히 뭇고
어린 아들 부탁ᄒᆞ고 실ᄂᆡ(室內)의게 영결(永訣)ᄒᆞ고
칼 집고 ᄂᆡ려셔니 일신(一身)이 호연(浩然)ᄒᆞ다
남문(南門) 밧 져자 거리 집신을 다 거두니
ᄌᆞᄂᆡ〃 웃지 마소 쁠 ᄃᆡ를 어이 알쇠
관군(官軍)이 모힌 후의 낫〃지 ᄂᆞᆫ화 쥬니
요긴(要緊)도 ᄒᆞ거니와 병법(兵法)이라 ᄒᆞ리로다
함종부ᄉᆞ(咸從府使)234) 슌쳔군슈(順川郡守)235) 칠읍군(七邑郡) 거ᄂᆞ리고
칠불ᄉᆞ(七佛寺)236) 죠분 목의 쳥쳔강(淸川江) 건너가니
승평(升平)237) 이ᄇᆡᆨ 년(二百年)의 군용(軍容)도 볼 것 업다
긔특ᄒᆞ다 곽산군슈(郭山郡守)238) 일지군(一枝軍)을 자쳥ᄒᆞᄂᆡ
사령방(司令房) 구류ᄒᆞᆫ 놈 뉘라셔 ᄊᆡ여ᄂᆡᆫ고
동ᄉᆡᆼ ᄌᆞ식 쥭은 쥴을 아던가 모로던가
ᄇᆡᆨ니(百里) 밤 도보(徒步)ᄒᆞ야 입공자효(立功自效)239)ᄒᆞ랴 ᄒᆞ고
잔병(殘兵)을 슈습ᄒᆞ야 션봉(先鋒)을 자당(自當)ᄒᆞᄂᆡ
져 놈들 거동 보소 류걸(流乞)을 군ᄉᆞ 삼아
왜인(倭人)인 듯 호인(胡人)인 듯 왼 뜰의 가득ᄒᆞ니
양진(兩陣)이 교합ᄒᆞ야 천지(天地)가 진동ᄒᆞᆫ다
이 ᄡᆞ홈 니긔기ᄂᆞᆫ 누구가 원공(元功)인고

---

231) 두류(逗遛)ᄒᆞ니: 머물러 떠나지 않으니.
232) 안쥬목ᄉᆞ(安州牧使): 조종영(趙鍾永).
233) ᄆᆡ안(埋安): 신주(神主)를 무덤 앞에 묻음.
234) 함종부ᄉᆞ(咸從府使): 윤욱렬(尹郁烈).
235) 슌천군슈(順川郡守): 오치수(吳致壽).
236) 칠불ᄉᆞ(七佛寺): 안주성 북쪽 청천강 가에 있는 절.
237) 승평(升平): 나라가 태평함.
238) 곽산군슈(郭山郡守): 이영식(李永植).
239) 입공자효(立功自效): 실수나 과오가 있는 사람이 공을 세워 속죄함.

송님(松林)[240] 삼빅호(三百戶)를 일야(一夜)의 불지르니
건너간다 건너간다 딕정강(大定江)[241]을 거너간다
너머간다 너머간다 식별녕[曉星嶺][242]을 너머간다
납청졍(納淸亭)[243] 찬비 밤의 〃라난 놈 몃 놈인고
드러간다 드러간다 뎡쥬셩(定州城)의 드러간다
쥭여쥬소 쥭여쥬소 홍경닉(洪景來)[244]를 쥭여쥬소
홍경닉들 졔 탓시랴 니의져(李禧著)[245]의 탓시로다
니의져들 무엇 알고 우군측(禹君則)[246]의 꾀옴이라
우격(羽檄)[247]이 교치(交馳)ᄒᆞ여[248] 구듕(九重)[249]의 알외오니
셩상(聖上)이 혁노(赫怒)ᄒᆞ사[250] 슌무녕(巡撫營)을 셜닙(設立)ᄒᆞ고[251]
딕쟝(大將) 듕군(中軍) 죵〃관(從事官)은 일딕(一代)의 듕망(衆望)이요
오군문(五軍門)[252] 일등(一等) 졍병(精兵) 열두 초(哨)[253] 푸러닉여
도챵검극(刀槍劍戟) 됴총(鳥銃) 등물(等物) 샹〃품(上上品) 갈희여셔

---

240) 송님(松林): 박천군(博川郡)에 있는 동리 이름.
241) 딕정강(大定江): 가산(嘉山) 동쪽을 흐르는 강으로 박천(博川)과 경계를 이룸.
242) 식별녕[曉星嶺]: 가산 서쪽에 있는 고개로 정주(定州)로 가는 길목에 있음.
243) 납청졍(納淸亭): 가산과 정주 경계에 있는 정자.
244) 홍경닉(洪景來): 1811년(순조 11) 12월 가산 다복동에서 기병하여 여러 고을을 점령하였으나 송림 전투에서 패하여 정주성에서 100여 일간 농성하다가 1812년 4월 19일 정주성이 함락될 때 총에 맞아 죽음.
245) 니의져(李禧著): 이희저. 본래 역속 신분으로 재력을 바탕으로 향권에 도전하기도 하였는데 우군칙의 권유로 홍경래란에 가담하여 재정적인 지원을 하다가 정주성이 함락될 때 의병장 함의형(咸義衡)에 의해 죽음을 당함.
246) 우군측(禹君則): 우군칙. 홍경래와 봉기할 것을 모의하고 반군을 지휘하다가 정주성이 함락된 후 붙잡혀 처형됨.
247) 우격(羽檄): 군사상(軍事上) 급하게 보내는 격문.
248) 교치(交馳)ᄒᆞ여: 번갈아 말을 달려.
249) 구듕(九重): 구중궁궐의 줄임말.
250) 혁노(赫怒)ᄒᆞ사: 대단히 성을 내시어.
251) 셜닙(設立)ᄒᆞ고: 원본에 '셜'자의 'ㅅ' 부분이 마모되어 글자가 불분명하나 기존 연구의 판독에 따라 '셜'로 읽음.
252) 오군문(五軍門): 훈련도감, 총융청, 수어청, 어영청, 금위영.
253) 초(哨): 군대 편제의 단위로 군사 100명이 1초가 됨.

긔치(旗幟)가 나렬(羅列)ᄒᆞ고 듕군(中軍)이 션발(先發)ᄒᆞᄂᆡ
쟝안(長安) 사녀(士女)들이 골〃이 구경ᄒᆞᆫ다
모화관(慕華館) 찬 바람의 빅막(白幕)을 고쟝(高張)ᄒᆞ고
쥬육(酒肉)이 님니(淋漓)ᄒᆞ여[254] 면〃(面面)이 작별ᄒᆞ니
부모 쳐ᄌᆞ 동ᄉᆡᆼ 드리 말 머리의 우ᄂᆞᆫ 말이
공 니루고 도라오면 니곳의셔 다시 보셰
연죠문(延詔門)[255] 셔양ᄃᆡ의 경ᄉᆡᆨ(景色)도 참혹ᄒᆞ다
남양부ᄉᆞ(南陽府使) 김쳐한(金處漢)이 무ᄉᆞᆫ 일로 쇠 쓰다가
효시(梟示) 젼지(傳旨) 나린 후의 영옥(營獄)의 갓치거다[256]
도젹이 완게(完計)ᄒᆞ야[257] 셩지(城地)를 웅거ᄒᆞ니
그ᄶᅴ의 감병ᄉᆞ(監兵使)ᄂᆞᆫ 무엇슬 ᄒᆞ엿던고
ᄃᆡ계(臺啓)를 뉸죵(允從)ᄒᆞ사 찬빈(竄配)를 ᄒᆞ엿고나[258]
박쳔군슈(博川郡守)[259] 구셰(九歲) 아들 노ᄉᆡ 타고 도라와셔
도젹의 ᄒᆞ든 거동 료〃(了了)이[260] 젼ᄒᆞ오니
그 아비 무죄(無罪)키ᄂᆞᆫ 아들의 덕이로다
ᄐᆡ쳔현감(泰川縣監)[261] 어듸 가고 ᄂᆡᄒᆡᆼ(內行)들[262] 도보ᄒᆞ노

---

254) 님니(淋漓)ᄒᆞ여: 넘쳐 흘러.
255) 연죠문(延詔門): 중국 사신을 맞이하던 영은문(迎恩門)의 옛 이름.
256) 남양부사 김쳐한(金處漢)이 자산부사(慈山府使)에 임명되고 다시 순무영 좌별장(左別將)이 되었으나 병을 핑계로 출정하려하지 않자 순무영에서 출정 일에 효시할 것을 청하였음. 나중에 그 아들이 자원 출정하여 공을 세움으로써 목숨을 건져 청도(淸道)에 정배되었음.
257) 완게(完計)ᄒᆞ야: 계책을 완전하게 하여.
258) 당시 평안감사 이만수(李晩秀)는 홍경래란이 일어나도록 제대로 다스리지 못하였고, 평안도 병마절도사는 이해우(李海愚)는 홍경래군이 정주성에 들어간 이후 보름 동안 한 번의 전투도 제대로 치르지 않고 시간만 보냈다 하여 모두 삭직되고, 이어 사헌부와 사간원의 청에 의해 이만수는 경주(慶州)로, 이해우는 순창(淳昌)으로 유배되었음.
259) 박쳔군슈(博川郡守): 임성고(任聖皐).
260) 료〃(了了)이: 분명하게.
261) ᄐᆡ쳔현감(泰川縣監): 유정양(柳鼎養).
262) ᄂᆡᄒᆡᆼ(內行)들: 길을 가는 부녀자들.

감병ᄉ(監兵使[263]) ᄉ로 가셔 호령(號令)이 엄명(嚴明)ᄒ니[264]
열군(列郡)이 진동ᄒ야 젼구(戰具)를 슈습ᄒ고
ᄃ진(大陣)의 도라와셔 셩하(城下)의 찰쥬(札駐[265])ᄒᄂ
탄환흑ᄌ셩(彈丸黑子城[266])을 십면(十面) ᄆ복(埋伏)ᄒᄂ고나
뇽골셩(龍骨城[267]) 숨은 도적 무어시 무셔워셔
뇽쳔부ᄉ(龍川府使[268]) 도피ᄒ고 구원(救援)을 청ᄒ던고
평셔도독(平西都督) 격셔(檄書) 글을 뉘라셔 지여쥰고
션쳔부ᄉ(宣川府使[269]) 쳘산부ᄉ(鐵山府使[270]) 만 번이나 쥭이고져
양반(兩班)의 ᄌ식으로 염치(廉恥)도 뎐혀 업다
오리졍(五里程) 연후ᄒ고[271] 듕군 투자(投刺[272]) 어이 업다[273]
좌우의 삼반하인(三班下人[274]) 붓그럽도 아니턴가
김챵시(金昌始[275]) 목아지를 뉘라셔 버혀관ᄃ
듕간의 횡탈(橫奪)ᄒ야[276] 졔 공(功)을 삼으랴노[277]
무신년(戊申年) 셩쥬 일이 두 번 잇기 어렵도다
어와 놀납고야 영변(寧邊) 도적 놀납고야

263) 교체된 감사는 정만석(鄭晩錫), 병사는 박기풍(朴基豊)임.
264) 엄명(嚴明)ᄒ니: 엄격하고 분명하니.
265) 찰쥬(札駐): 임금의 명으로 관원이 어느 곳에 머뭄.
266) 탄환흑ᄌ셩(彈丸黑子城): 탄환이나 사마귀[黑子]만큼 아주 좁은 성.
267) 뇽골셩(龍骨城): 용천부(龍川府)에 있는 산성.
268) 뇽쳔부ᄉ(龍川府使): 권수(權琇).
269) 션쳔부ᄉ(宣川府使): 김익순(金益淳).
270) 쳘산부ᄉ(鐵山府使): 이장겸(李章謙).
271) 연후ᄒ고: 연후(延候)ᄒ고, 곧 '마중하고'인 듯함.
272) 투자(投刺): 윗사람을 만날 때 미리 명함(名銜)을 전하는 일.
273) 김익순이 홍경래군에게 항서를 써 보내고 여염집에 머물다가 그 다음날 적장을 만나 주육(酒肉)을 대접받고 군관전령(軍官傳令)에 제수된 일을 가리키는 듯함(『순조실록』 12년 2월 3일조 참고).
274) 삼반하인(三班下人): 지방 관아의 하인.
275) 김챵시(金昌始): 홍경래군의 부원수.
276) 횡탈(橫奪)ᄒ야: 가로채 빼앗아.
277) 김익순이 다른 사람이 벤 김창시의 목을 자기가 벤 것처럼 바친 일을 가리킴.

좌영듕군(左營中軍) 김우학(金遇鶴)이 김니ᄃᆡ(金履大)[278]의 ᄉᆞ돈으로
졔 부ᄉᆞ(府使) 쥭이고셔 ᄂᆡ응을 ᄒᆞ랴 ᄒᆞᄂᆡ
운산군슈(雲山郡守)[279] 긔수(幾數) 알고 귀예말 ᄒᆞᄂᆞᆫ고나
쟝ᄃᆡ(將臺)의 좌긔(坐起)ᄒᆞ고 즉지(卽地)의[280] ᄒᆡᆼ형(行刑)ᄒᆞ니
만일의 지체터면 큰 변을 어이 ᄒᆞᆯ고
졀통ᄒᆞ다 뎡경ᄒᆡᆼ(鄭敬行)[281]이 국은(國恩)을 모로던가
화심(禍心)[282]을 포장(包藏)ᄒᆞ고 일죠(一朝)의 종젹ᄒᆞᄂᆡ
삼만 냥(三萬兩) 진ᄌᆡ말[283]이 음흉(陰凶)도 음흉ᄒᆞ다
묘당(廟堂)[284]은 젼혀 속고 슈령(守令)을 차송(差送)ᄒᆞᄂᆡ
쳔근녁ᄉᆞ(千斤力士) 니졔초(李濟初)[285]ᄂᆞᆫ 미련ᄒᆞᆫ 힘ᄲᅮᆫ이라
곽산(郭山)골 뒤고ᄀᆡ의 쳣 빠홈 위ᄐᆡᄒᆞ다
녕니(怜悧)ᄒᆞᆫ 안쥬장교(安州將校) 무어시라 달ᄂᆡ여셔
칼 노코 항복(降伏)ᄒᆞ니 그 ᄠᅳᆺ을 미들소냐
윤함죵(尹咸從)[286] 칼을 드러 즉셕(卽席)의 버혀ᄂᆡ니
후환(後患)을 더러시니 시비(是非)를 그만두소
의쥬(義州)ᄂᆞᆫ ᄃᆡ도호(大都護)라 의ᄉᆞ(義士)도 만흘시고
김견신(金見臣) 허항(許沆)이가 차례로 이러나니
왕능(王陵)의 어미[287]런가 셔〃(徐庶)의 어미[288]런가

---

278) 김니ᄃᆡ(金履大): 홍경래군의 일원으로 홍경래가 정주목사로 임명하였음.
279) 운산군슈(雲山郡守): 한상묵(韓象默).
280) 즉지(卽地)의: 즉석에.
281) 뎡경ᄒᆡᆼ(鄭敬行): 철산 사람으로 홍경래의 난이 일어나자 조정에서 곽산군수(郭山郡守)를 제수하였으나 홍경래란에 참여하였다가 최치륜(崔致倫)에게 생포됨.
282) 화심(禍心): 남을 해치려는 마음.
283) 진ᄌᆡ말: 뒷말.
284) 묘당(廟堂): 조정(朝廷).
285) 니졔초(李濟初): 홍경래군의 선봉장. 함종부사(咸從府使) 윤욱렬(尹郁烈)이 거느리는 관군과 곽산에서 싸우다가 붙잡혀 효수됨.
286) 윤함종(尹咸從): 함종부사 윤욱렬.
287) 왕능(王陵)의 어미: 서한(西漢)의 명신(名臣) 왕릉의 어머니. 항우(項羽)가 왕릉의 어머니를 붙잡아 놓고 왕릉에게 귀순할 것을 강요하자 아들 왕릉에게 유방

손잡고 경계ᄒᆞ되 왕사(王事)[289]의 쥭으라ᄂᆡ
경젹(勍敵)[290]을 몬져 치고 ᄃᆡ진의 도라오니
병셰(兵勢)도 졍강(精强)ᄒᆞ고 의긔(義氣)도 백ᄇᆡ(百倍)로다
최치륜(崔致倫)[291] 치렵이ᄂᆞᆫ 근간(勤幹)[292]도 근간ᄒᆞ다
삼월(三月) 십구일(十九日)의 밤 빠홈 ᄃᆡ단ᄒᆞ다
삼경냥(三更量) 흐린 달의 가마니 엄습(掩襲)ᄒᆞ니
쟝창ᄃᆡ검(長槍大劍)이 좌우(左右)로 츙돌(衝突)ᄒᆞ야
관군(官軍)인지 젹병(敵兵)인지 셔로 시살(弑殺)ᄒᆞᄂᆞᆫ고야
가련ᄒᆞᆫ 허션젼(許宣傳)[293]이 혼ᄌᆞ 담당ᄒᆞ다가셔
열〃ᄒᆞᆫ 튱혼의ᄇᆡᆨ(忠魂義魄) 원학(怨鶴)[294]이 되단 말가
졔경욱(諸景彧)[295] 쥭을 젹의 긔 뉘라 보앗던고
고셩(孤城)의 월훈(月暈)ᄒᆞᆫᄃᆡ[296] 쌍졀(雙節)이 거록ᄒᆞ다
듕간의 무ᄉᆞᆫ 일노 유언(遺言)이 낭ᄌᆞ(狼藉)ᄒᆞ여
셔로 시긔(猜忌)ᄒᆞ다가셔 의죠(疑阻)[297]가 깁허가니
본심(本心)을 ᄇᆞᆰ히랴고 일ᄉᆞ(一死)를 결단ᄒᆞᄂᆡ
그 아ᄃᆞᆯ 셔울 와서 홍총각(洪總角)[298]의 간을 ᄂᆡ여
찬물의 씻고 삐셔 졔(祭) 지ᄂᆡ고 먹ᄂᆞᆫ고나

(劉邦)을 따르라는 말을 남기고 자살하였음.

288) 셔〃(徐庶)의 어미: 중국 삼국시대 때 재사(才士) 서서의 어머니. 조조(曹操)가 서서의 어머니를 억류하고 거짓 편지로 서서를 불러 서서가 유비(劉備)를 떠나 조조에게 오자 자결하였음.

289) 왕사(王事): 왕에 관한 일, 곧 국가 일.

290) 경적(勍敵): 강한 적.

291) 최치륜(崔致倫): 의주부(義州府) 장교로 정경행 등을 생포하여 바침.

292) 근간(勤幹): 부지런하고 성실함.

293) 허션젼(許宣傳): 허항(許沆).

294) 원학(怨鶴): 원망의 울음을 우는 학.

295) 졔경욱(諸景彧): 서울에서 자원 출정하여 소모장(召募將)으로서 정주성을 공격하다 총에 맞아 전사함.

296) 월훈(月暈)ᄒᆞᆫᄃᆡ: 달무리 지는데.

297) 의죠(疑阻): 의심하여 멀리함.

298) 홍총각(洪總角): 홍경래군의 선봉장으로 정주성이 함락될 때 사로잡혀 처형됨.

져런 일 보게 되면 츙분(忠憤)이[299] 졀노 ᄂᆞᆫ다
쥭은 후 통졔ᄉᆞ(統制使)ᄂᆞᆫ 헛 공명(功名) 무엇ᄒᆞ리
튱쳥병ᄉᆞ(忠淸兵使) 회령부ᄉᆞ(會寧府使) 그 아니 거록ᄒᆞᆫ가
박듕군(朴中軍)[300] ᄀᆡ차(改差)ᄒᆞ고 뉴별쟝(柳別將)[301] ᄃᆡ신ᄒᆞ니
남한산셩(南漢山城) ᄃᆡ한고[302]ᄂᆞᆫ 헛소ᄅᆡᄲᅮᆫ이로다
디뢰포(地雷砲) 승긔젼(神氣箭)은 다 ᄡᅳ러 거즛게라
셩상(城上)의 젹쟝 놈들 부도셜(不道說)[303] 놀나고야
져 놈들 잡아ᄂᆡ여 만단(萬端)이나 쥭이고져
쳥어 장사 소곰 장ᄉᆞ 간계(奸計)도 무슈ᄒᆞ다
평셔ᄎᆡᆨ문(平西策問) 졔(題)를 ᄂᆡ여 과거(科擧)ᄂᆞᆫ 무ᄉᆞᆷ 일고
향교(鄕校) 셔원(書院) 치졔(致祭)ᄒᆞ기 우람(愚濫)[304]도 우람ᄒᆞ다
ᄒᆞᆫ 달 지나 두 달 지나 ᄉᆞ월(四月)이 거의로다
간과(干戈)[305]ᄂᆞᆫ 챵양(搶攘)ᄒᆞᆫᄃᆡ[306] 여역(癘疫)[307]은 무ᄉᆞᆷ 일고
ᄡᆞ히ᄂᆞ니 송장이요 곳〃시 ᄇᆡᆨ골(白骨)이라
구즌 비 찬 바람의 귀곡(鬼哭)이 츄〃(啾啾)ᄒᆞ다
무죄(無罪)ᄒᆞᆫ 억만챵ᄉᆡᆼ(億萬蒼生) 하ᄂᆞ님 아ᄋᆞᆸ소셔
왕ᄉᆞ(王師)[308]가 포로(暴露)ᄒᆞ야[309] 츈하(春霞)를 소요(逍遙)ᄒᆞ니

---

299) 츙분(忠憤)이: 충의로 인해 일어나는 분. 원본의 '분'자 부분에 좀 먹은 구멍이 있고 그 밑에 받침 'ㄴ'만이 남아 있는데 기존 연구에서는 뚫린 구멍으로 보이는 뒷장의 'ᄒᆞᆫ' 때문에 '훈'으로 판독하여 '츙훈(忠勳)'으로 읽었으나 앞뒤 문맥을 고려하여 여기에서는 '츙분(忠憤)'으로 읽음.
300) 박듕군(朴中軍): 박기풍(朴基豊).
301) 뉴별쟝(柳別將): 유효원(柳孝源).
302) ᄃᆡ한고: 대한고(大寒苦). 매서운 추위로 인한 고초.
303) 부도셜(不道說): 무도(無道)한 말.
304) 우람(愚濫): 어리석어 분수를 모름.
305) 간과(干戈): 전쟁.
306) 챵양(搶攘)ᄒᆞᆫᄃᆡ: 몹시 혼란스럽고 어수선한데.
307) 여역(癘疫): 전염병.
308) 왕ᄉᆞ(王師): 임금의 군대.
309) 포로(暴露)ᄒᆞ야: 들판에서 지내 비바람을 맞아.

융의(戎衣)를 뎡(定)ᄒᆞ고셔[310] 어ᄂᆞ 날 도라갈고
셔셩(西城) 밧 지도(地道)파기 헛공부 아니 될가
다져셰라 다져셰라 쳔근(千斤) 화약 다져셰라
하로밤 벽녁(霹靂) 소릐 무어시 붕탁(崩坼)[311] ᄒᆞ[ᄒᆞᆫ]고
틔산(泰山)이 문허지나 황하슈(黃河水) 터졋ᄂᆞᆫ가
됴슈(鳥獸)가 경찬(驚竄)ᄒᆞ고[312] 암곡(巖谷)이 진탕(震盪)ᄒᆞ니[313]
표묘(縹緲)ᄒᆞ든[314] 셔문누(西門樓)가 형톄(形體)도 젼혀 업다
열두 영(營) 군ᄉᆞ들이 일시의 졔긔(齊起)ᄒᆞ야[315]
챵 들거니 칼 들거니 업더지며 곱더지며
드러가자 드러가자 뎡쥬셩(定州城)의 드러가자
어린아희 계집 외에 만나거든 다 죽여라
이 셩즁(城中)의 잇ᄂᆞᆫ 놈을 옥셕(玉石)을 갈힐소냐
칼 끗희 ᄊᆡᆨ다괴요 창(槍) 끗희 고기로다
남문(南門) 밧 녀쟝(女墻)[316] 밋틔 잣바진 놈 긔 뉘런고
홍담갑[317] 은투구의 홍경ᄂᆡ(洪景來) 아니런가
다라낫다 다라낫다 우군측(禹軍則)이 다라낫다
오영(五營)의 비관(秘關)[318]ᄒᆞ고 ᄉᆞ면의 근포(跟捕)[319]ᄒᆞ니
김니ᄃᆡ(金履大) 등 일곱 놈은 함거(檻車)의 올나가고

---

310) 융의(戎衣)를 뎡(定)ᄒᆞ고셔: '전쟁을 하여 난리를 평정하고서'인 듯함. 융의는 군복을 가리키는데 『서경(書經)』「무성편(武成篇)」에 '무왕(武王)이 한번 융의를 입고 싸워 천하를 평정하였다[一戎衣定天下]'는 말이 있음.
311) 붕탁(崩坼): 무너져 갈라짐.
312) 경찬(驚竄)ᄒᆞ고: 놀라 달아나고.
313) 진탕(震盪)ᄒᆞ니: 몹시 흔들려 울리니.
314) 표묘(縹緲)ᄒᆞ든: 아득하던. 아득히 높던.
315) 졔긔(齊起)ᄒᆞ야: 일제히 일어나.
316) 여장(女墻): 성가퀴.
317) 홍담갑(紅毯甲): 붉은 모포로 만든 갑옷인 듯함.
318) 비관(秘關): 비밀로 보내는 관문.
319) 근포(跟捕): 죄인을 찾아 쫓아가 잡음.

니이져(李禧著) 부ᄌᆞ 형졔 난병(亂兵)의 쥭어고나
원악(元惡)[320]을 다 자부니 협[협]죵(脅從)[321]을 어이 ᄒᆞ리
이쳔사ᄇᆡᆨ명(二千四百名)을 한칼의 쥭엿다ᄂᆡ
죠빈(曹彬)[322]이 강남(江南)의셔 몃 사ᄅᆞᆷ 쥭엿던고
그 광경 ᄉᆡᆼ각ᄒᆞ니 몸의 셔리 결노 는다
뎡원현감(定原縣監)[323] 님ᄌᆡ슈(林栽洙)가 당일의 도임(到任)ᄒᆞ니
녀염(閭閻)도 소슬(蕭瑟)ᄒᆞᆯᄉᆞ 관속(官屬)이 긔 뉘러니
ᄀᆡᆨᄉᆞ(客舍) 동헌(東軒) ᄎᆡᆨ방(冊房)마다 검흔(劒痕)이 낭ᄌᆞ(狼藉)ᄒᆞ다
공방(工房) 아젼(衙前) 신칙(申飭)ᄒᆞ여[324] 슈리(修理)를 ᄌᆡ촉ᄒᆞᄂᆡ
독마다 ᄡᆞᆯ이 잇고 궤마다 돈이 잇다
도젹의 ᄡᅳ든 거시 만민(萬民)의 고혈(膏血)이라
낫〃치 슈습ᄒᆞ야 ᄇᆡᆨ셩을 안집(安集)[325]ᄒᆞ소
ᄉᆞ륜(絲綸)[326]이 측달(惻怛)ᄒᆞ사[327] 십 년 급복(給復)ᄒᆞ오시니[328]
젹의라[329] 셔토민(西土民)아 왕언(王言)을 듯ᄌᆞ와라
하날 갓튼 놉흔 은혜 아는다 모로는다
튱효(忠孝)를 다 ᄇᆞ리고 도젹(盜賊)을 ᄯᆞ로더니
이졔 와 보게 되니 무어시 유익(有益)ᄒᆞ니
도라간다 도라간다 ᄃᆡ군(大軍)이 도라간다

---

320) 원악(元惡): 악한 일의 주모자.
321) 협[협]죵(脅從): 악인에게 위협을 받아 복종한 사람.
322) 죠빈(曹彬): 송나라 초기의 장군으로 강남을 정벌하면서 한 사람도 함부로 죽이지 않았다 함.
323) 뎡원현감(定原縣監): 정주목사. 정주목이 홍경래란 이후 정원현으로 강등되었던 것으로 보임.
324) 신칙(申飭)ᄒᆞ여: 단단히 타일러 경계하여.
325) 안집(安集): 편안하게 함.
326) ᄉᆞ륜(絲綸): 임금의 조칙(詔勅).
327) 측달(惻怛)ᄒᆞ사: 가엾게 여기고 슬퍼하시어.
328) 급복(給復)ᄒᆞ오시니: 부역을 면제하여 주시니.
329) 젹의라: 적의(適矣)라. '마땅하도다'인 듯함.

파발마(擺撥馬) 슉쥭발[330]을 뉘라셔 감초앗노
류딘(留陣)ᄒᆞ고 사획(査核)ᄒᆞ야 보는 ᄃᆡ 베혀 다니
ᄉᆞ률(師律)[331]이 엄슉ᄒᆞ니 일군(一軍)이 습복(慴伏)ᄒᆞᄂᆡ[332]
안쥬(安州) 평양(平壤) 호군(犒軍)ᄒᆞ고[333] 황쥬(黃州) 송도(松都) 잠간 쉬여
오월(五月) 초뉵일의 경셩(京城)의 득달(得達)ᄒᆞ니
님쟝군(林將軍) 몽듕소(夢中疏)가 신통이도 맛거고나
쟝ᄉᆞ(將士)의 가쇽(家屬)들이 구룸갓치 모히여셔
반가와 ᄒᆞ는 거동 그려두고 보고지구
그 듕의 한 두 사름 ᄉᆞ망(死亡)인들 엇슬손냐
쳔니고혼(千里孤魂)을 아모리 위휼(慰恤)ᄒᆞᆫ들
져의들 부자지친(父子至親) 원한(怨恨)을 어이 ᄒᆞᆯ고
남문누(南門樓) 헌괵네(獻馘禮)[334]는 져의 보고 ᄒᆞ실소냐
죠고마ᄒᆞᆫ 도젹놈을 오뉵삭(五六朔)의 평졍ᄒᆞ니
공죄(功罪)로 비교ᄒᆞ면 죄 면키 어렵도다
죠졍(朝廷)이 의논ᄒᆞ야 훈봉(勳封)키는 그만두고
공뇌(功賴)[335]을 분등(分等)ᄒᆞ야 차례로 쟝용(獎用)ᄒᆞᄂᆡ[336]
남살(濫殺)ᄒᆞᆫ[337] 뉴효원(柳孝源)이 특별이 삭직(削職)ᄒᆞ니
아셩상(我聖上) ᄃᆡ쳐분(大處分)이 광명(光明)도 광명ᄒᆞᆯᄉᆞ
사ᄌᆡ(死者ㅣ)가 유지(有知)ᄒᆞ면 응당 감격ᄒᆞ오리라
어즙아 놀랍고야 이 어인 ᄋᆡᆨ운(厄運)인고
오ᄇᆡᆨ 년(五百年) 심인후틱(深仁厚澤)[338] 반셕(盤石)가치 공고(鞏固)ᄒᆞ야

330) 슉쥭발: 슉쥭(菽粥) 바리, 곧 '콩죽 짐'인 듯함.
331) ᄉᆞ률(師律): 군율.
332) 습복(慴伏)ᄒᆞᄂᆡ: 두려워 굴복하네.
333) 호군(犒軍)ᄒᆞ고: 음식을 베풀어 군사를 위로하고.
334) 헌괵네(獻馘禮): 역적의 목을 바치는 의식.
335) 공뇌(功賴): 공을 세워 나라에 힘이 됨.
336) 쟝용(獎用)ᄒᆞᄂᆡ: 표창하고 등용하네.
337) 남살(濫殺)ᄒᆞᆫ: 사람을 함부로 죽인.

초튁(草澤)[339]의 발호(跋扈)ᄒᆞᆫ 놈 뉘라셔 ᄀᆡ유(開諭)ᄒᆞᆯ고
셩문(星文)[340]을 그릇 보고 긔한(飢寒)을 못 견ᄃᆡ여
부호(扶護)[341]를 빙ᄌᆞ(憑藉)ᄒᆞ고 우민(愚民)을 션동ᄒᆞ야
어린아희 우물이요 나는 나뷔 등잔이라
흉얼(凶孼)을 자작(自作)ᄒᆞ니 텬쥬(天誅)[342]를 도망ᄒᆞ랴
셩은(聖恩)이 관ᄃᆡ(寬大)ᄒᆞᄉᆞ 져희들 죡과(足過)ᄒᆞ라[343]
뇽사(龍蛇)[344]를 젹ᄌᆞ(赤子)[345] 삼하 함여유신(咸與惟新)ᄒᆞ오시니[346]
일노(一路)가 광명(光明)ᄒᆞ여 어졔런가 그졔런가
시화셰풍(時和歲豊)ᄒᆞ야[347] 격양가(擊壤歌) 부르오니
곳〃이 경셩경운(景星慶雲)[348]이 만〃세지틱평(萬萬歲之太平)이라

8. 발문[349]

嗚呼 此卽我眞外高祖玉局齋公暨眞外曾祖黃州公所著諺詞歌曲也 我祖妣平日口誦而手寫 使不肖輩亦嘗竊誦矣 今春蘭陵戚叔向余道 我曾王考王考所著諺歌 舊有謄草 而年來見佚 無處攷記 只有君家先姑母主手寫一本而已 君幸爲我謄示一本焉 余曰 諾 伊後余亦有故 不能趁時踐言 今始精寫專送 余亦非有他意

338) 심인후틱(深仁厚澤): 깊은 은덕과 두터운 은택.
339) 초튁(草澤): 초야(草野).
340) 셩문(星文): 천문.
341) 부호(扶護): 붙들어 보호함.
342) 텬쥬(天誅): 천벌.
343) 죡과(足過)ᄒᆞ랴: 넉넉히 지내랴.
344) 뇽사(龍蛇): 용과 뱀. 여기에서는 흉포하여 교화시키기 어려운 백성을 가리킴.
345) 젹ᄌᆞ(赤子): 임금의 치하에서 그 은택을 받는 백성.
346) 함여유신(咸與惟新)ᄒᆞ오시니: 모두 함께 새롭게 하시니.
347) 시화셰풍(時和歲豊)ᄒᆞ야: 시절이 태평하여 풍년이 들어.
348) 경셩경운(景星慶雲): 상서로운 별과 구름. 국가에 상서로운 징조가 나타날 때 쓰는 말임.
349) 아무런 제목 없이 필사에 관한 사실을 행초(行草)로 기록하고 있음.

盖我祖母手寫此書而置者 使不肖外裔知有此等文字珍重久傳而然也 噫 爲本孫家邃無謄本 後生子孫將不知何祖作何樣文字 深庸慨然 此雖諺詞歌曲 祖先之遺什也 古事之可考者亦多 縱未能剞劂專世 爲子孫者可不家〃藏一本乎 故以愚直之說 奉聞于蘭陵叔主 倘不以太過其言 黙諒其心歟 此書之謄上 余不禁無限悲愴之懷 我叔亦庶幾窺之矣 昭陽大淵獻 大呂旣生魄 戚侄洪鼎裕書呈于蘭陵戚叔

[번역]

아! 이것은 제 진외고조 옥국재공(玉局齋公)과 진외증조 황주공(黃州公)께서 지으신 언사가곡(諺詞歌曲)입니다. 제 할머니께서 평소 입으로 읊고 손으로 베끼셔서 우리들로 하여금 또한 일찍이 욀 수 있도록 하셨습니다. 금년 봄 난릉(蘭陵)[350] 척숙(戚叔)께서 저에게 말씀하시기를 "내 증조부와 조부께서 지으신 언가(諺歌)를 예전에 베껴둔 것이 있었는데 여러 해 전부터 없어져서 살펴보고 기억할 곳이 없게 되었네. 다만 그대 집에 돌아가신 고모님께서 손수 베끼신 것 한 벌이 있을 뿐이니 그대는 나를 위해 한 벌 베껴 주겠는가?"라고 하셨습니다. 저는 그렇게 하겠다고 하였는데 그 후 저 또한 연고가 있어 진작 그 말을 실천하지 못하다가 이제야 비로소 베껴 보내게 되었으니 저에게 다른 뜻이 있었던 것은 아닙니다. 대개 제 할머니께서 손수 이 책을 베껴 두신 것은 우리 외손들로 하여금 이런 글이 귀중해서 오래 전해져야 한다는 것을 알게 하려고 그러신 것입니다. 아! 본가에 마침내 베껴 놓은 것이 없어져서 뒤에 태어날 자손들이 장차 어느 조상이 어떤 글을 지었는지 모르게 된다면 깊이 탄식할 만합니다. 이것이 비록 언사가곡이나 조상이 남긴 글이며, 옛일을 상고할 만한 것이 또한 많습니다. 설사 인쇄하여 세상에 전할 수는 없다 하더라도 자손 된 사람들이 집집마다 한 벌씩 갖고 있지 않을 수

350) 난릉(蘭陵): 옥국재의 증손이며 현루의 손자인 이승검(李承儉)의 호.

있겠습니까? 그래서 우직한 말로 난릉 아저씨께 받들어 아뢰니 혹시라도 제 말을 크게 허물치 않고, 제 마음을 헤아려 주실까 합니다. 이 책을 베끼면서 저는 무한히 슬픈 회포를 금할 수 없었으니[351] 우리 아저씨 또한 짐작하실 것입니다. 계해년(1863) 12월 17일 척질(戚侄) 홍정유(洪鼎裕)가 난릉 척숙께 적어 올림.

351) 홍정유가 이 글을 쓰기 전 해인 1862년 7월 자기 할머니가 세상을 떠났기 때문임.

찾아보기

ㄱ

ㅎ

옥국재 가사 연구

초판 1쇄 인쇄 • 2013년 9월 11일
초판 1쇄 발행 • 2013년 9월 17일

저 자 • 이승복
발행인 • 박성복
발행처 • 도서출판 월인
서울특별시 강북구 노해로25길 61(수유2동 252-9)
등 록 • 제6-0364호
등록일 • 1998년 5월 4일
전 화 • (02) 912-5000
팩 스 • (02) 900-5036
www.worin.net

ISBN 978-89-8477-548-0 93810

값 17,000원